普通高等教育"十二五"规划教材·经济管理类核心课系列

企业信息管理学

（第四版）

司有和　编著

科学出版社

北　京

内 容 简 介

本书介绍企业信息管理的基本概念、特征、社会功能和认识误区；详细论证了企业信息管理的普遍原则，提出一个全新的企业信息管理学的理念和学科体系框架；阐述企业信息基础设施的建立，企业计算机信息系统的运行、维护和应用管理，涵盖了企业战略信息管理、企业竞争情报管理、企业文献信息系统管理在内的企业非计算机信息系统的管理，以及企业信息化建设项目的实施、企业信息的管理程序、企业信息管理者等六大内容。

本书可供在校信息管理类、企业管理类和其他管理类专业的本科生和研究生作教材，可供各类企业做企业信息化培训教材，也可供在职人员自学。

图书在版编目（CIP）数据

企业信息管理学/司有和编著. —4 版. —北京：科学出版社，2016.6
普通高等教育"十二五"规划教材·经济管理类核心课系列
ISBN 978-7-03-048465-9

Ⅰ. ①企⋯ Ⅱ. ①司⋯ Ⅲ. ①企业管理–信息管理–高等学校–教材 Ⅳ. ①F270.7

中国版本图书馆 CIP 数据核字（2016）第 119642 号

责任编辑：兰 鹏 王丹妮/责任校对：贾娜娜
责任印制：徐晓晨/封面设计：蓝正设计

科 学 出 版 社 出版
北京东黄城根北街 16 号
邮政编码：100717
http://www.sciencep.com

北京建宏印刷有限公司 印刷
科学出版社发行 各地新华书店经销
*

2003 年 5 月第 一 版 开本：787×1092 1/16
2016 年 6 月第 四 版 印张：18 1/2
2020 年 7 月第二十四次印刷 字数：439 000
定价：48.00 元
（如有印装质量问题，我社负责调换）

第四版前言

《企业信息管理学》能出第四版，应该感谢使用本教材的广大老师和同学，应该感谢科学出版社的陈亮、彭楠、兰鹏等同志的辛勤编辑，更应该感谢出版社营销部门的同志善于营销，使本书一印再印，才有了现在的第四版第19次印刷。

2010年6月，我从重庆大学退休之后，就回到老家安徽省合肥市，过着退休后的安逸生活。业余时间，在中国科学技术大学科技传播系兼授两门课，在中国科学技术大学出版社帮助看看书稿，聊以度日。本来已经不参与"企业信息管理学"课程的教学工作了，不想再操这份心。可是出版社专门找来，言辞恳切，盛情难却，也就答应了。

修订工作开始后，本人尽力搜索了第三版出版之后5年内出版的有关信息管理的图书和发表的论文。在国家图书馆网站用"企业信息管理"为检索词，检索到2010年以后新出版的书名带有"企业信息管理"的图书共有10种。在国内著名的中国知网（CNKI）中国学术期刊（网络版）上，用"企业信息管理"为检索词，检索到2010年以后新发表的以"企业信息管理"为关键词的论文361篇。然后将这些图书一一购买、论文选择下载了一部分，将其中新的研究成果汇入本书第四版。

这次修订，由于自认为第三版的全书结构还比较科学，所以在章的设置上，保留了第三版的8章设置，章题也没有作改动。但是，为了保证本书内容的先进性和新颖性，每章都有一些变动。概括起来就是四句话：保留本书的基本特色，增加应该补充的内容，删去不需要的内容，调整不合理的顺序。

（1）保留本书的基本特色。例如，关于"信息并不就是资源，信息的资源意义取决于持有信息的人对信息的管理""信息管理不仅仅是对信息的管理，还包括对信息活动的管理""信息系统管理不仅仅是使用计算机进行的计算机信息系统的管理，还包括不使用计算机的非计算机信息系统的管理""对计算机信息系统的管理不仅仅是系统的运行和维护，还包括计算机信息系统的应用管理""无论是计算机信息系统的管理，还是非计算机信息系统的管理，其管理水平的高低，取决于信息管理者的素质、修养和能力"等反映本书特色的内容，均保留未动。

（2）增加应该补充的内容。本次修订在全书结构上，增加了"开篇案例""延伸阅读""案例分析""实操练习题"等新的单元。全书所使用的案例，全部与原文出处进行了核对和改写，使之更加能够启发学生思维、帮助学生理解本书的原理。此外，还增加了若干个第三版没有的新案例。

尤其是第三版的4.4节中，介绍了办公自动化系统（OAS）、企业网站、企业电子商务（EC）的管理。由于受到全书篇幅的限制，这三项内容介绍得过于简单。与其说得简单、不全面，不如不说。所以，本次修订时删去了这一节的设置。但是，这方面的内容学生应该知道，所以在第4章的思考题里增加了一种"实操练习题"，由学生自行利用网络，查找这三个方面的内容，然后向全班宣讲。这样既可以给学生以锻炼，又可以使学生学到本教材里没有讲到的内容。

（3）删去不需要的内容。本次修订删去的内容有三处：第一处是第三版的 1.1.4 小节，该小节中的"信息管理与常规管理并存一体"，移到 1.2 节的信息管理特征中作为"个性特征"的内容。第二处是第三版的 4.4 节的设置，改为实操练习题。第三处是"信息采集方法"中的"问卷调查的有关知识"和"学术性文献检索的思路"。

（4）调整不合理的顺序。只有一项，是第 1 章、第 3 章、第 7 章，原来的章节层次过多，各级标题序号复杂。这次则将这几章原来的第三层款级标题上提为"节"。

这样，既保证了第四版继承了第三版体系结构的先进性、内容的合理性，又保证了和本书第三版的连续性，方便使用本书第三版的老师继续使用本书。

对于我个人，我是尽全力进行这次修订工作的，但是毕竟能力有限，修订版难免挂一漏万。因此，欢迎广大读者批评指正。

最后，我要重复上两版"前言"中都说过的意思："信息管理学"课程在信息管理与信息系统专业课程体系中属于"原理"的范畴，是专业基础课，处于统领全局的地位，其内容体系应该完整地覆盖信息管理专业学生所需知识的全部范畴。但这并不等于说本专业人才知识结构中所需要的知识全部都由"信息管理学"这一门课程来提供。例如，关于计算机硬件、编程等知识，关于信息处理的数据挖掘方法、数理统计方法、回归分析方法等，在本课程中点到即可，详细内容应该由另外的专门课程来解决；某些要求学生必须具备的能力也只能通过另外单设实验课来解决。我觉得，这是本书的定位。本书这一次修订，也是遵循这一定位思想进行的。

我根据本书的内容，专门制作了多媒体授课课件，选用本书的老师和有兴趣的读者可以通过以下邮箱 jingguanfa @ mail.sciencep.com 联系科学出版社获取；也可以直接和我本人联系索取，联系方式：siyouhe@163.com。

司有和

2016 年 1 月 6 日

于合肥中国科学技术大学

目录

第1章

绪论 ·· 1

1.1 企业信息 ·· 2
1.2 企业信息管理 ·· 14
1.3 企业信息管理的认识误区 ·· 24
1.4 企业信息管理学 ·· 30

第2章

企业信息管理的原则 ··· 36

2.1 系统原则 ·· 37
2.2 整序原则 ·· 42
2.3 激活原则 ·· 49
2.4 共享原则 ·· 64
2.5 搜索原则 ·· 72

第3章

企业信息基础设施的建立 ··· 81

3.1 企业信息基础设施概述 ·· 81
3.2 企业信息系统开发的认识准备 ··· 84
3.3 企业计算机信息系统开发的方法 ·· 92
3.4 企业计算机信息系统开发的步骤 ·· 99
3.5 企业信息管理制度的建立 ··· 107

第 4 章

企业计算机信息系统的管理 ········· 114

- 4.1 企业计算机信息系统的运行和维护 ········· 115
- 4.2 企业计算机信息系统的应用管理 ········· 119
- 4.3 企业计算机信息系统管理的其他内容 ········· 128

第 5 章

企业非计算机信息系统的管理 ········· 134

- 5.1 企业非计算机信息系统管理概述 ········· 135
- 5.2 企业战略信息管理 ········· 138
- 5.3 企业竞争情报的管理 ········· 143
- 5.4 企业文献信息系统的管理 ········· 149
- 5.5 其他常见企业信息活动的管理 ········· 159

第 6 章

企业信息化建设项目的实施 ········· 181

- 6.1 企业信息化及其管理 ········· 181
- 6.2 企业信息化管理的内容 ········· 186
- 6.3 企业信息化水平的测评 ········· 206

第 7 章

企业信息的管理程序和方法 ········· 215

- 7.1 企业信息的采集 ········· 216
- 7.2 企业信息的加工 ········· 228
- 7.3 企业信息的存储 ········· 233
- 7.4 企业信息的传播 ········· 235
- 7.5 企业信息的利用 ········· 238
- 7.6 企业信息的反馈 ········· 242

第 8 章

企业信息管理者 ········· 246

- 8.1 企业信息管理者概述 ········· 247

8.2 企业信息管理者的素养能力及其内容 ··· 253
8.3 企业信息管理者的自我提高 ··· 271

主要参考文献 ··· 288

第1章

绪　　论

开篇案例

香农的信息定义错啦？不会吧？

企业信息管理学课下课后，于平和张新在走廊上散步。

于平说："张新，我还是没有听明白，信息究竟是什么？"

张新说："你真是死脑筋。老师不是已经说过了，早在1948年信息论的创始人香农就说过了：信息是可以消除不确定性的东西。"

"啥叫消除不确定性？"

"这不简单，比如，上大学之前，我不认识你，我就对你具有不确定性。9月份来大学报到后，我们认识了，你的那个长相、身高、脾气，我都知道了，消除了我对你的不确定性。你的长相、身高、脾气对于我来说就是信息。"

"这我知道。"于平仍旧不明地问："那我现在的长相、身高、脾气对你来说还是不是信息？"

"当然是啊！"

"那就不对了，你已经认识我了，这个时候我的长相、身高、脾气对你来说已经不会消除不确定性了，因为你对我已经没有不确定性了。"

"你这样说，是有道理。"张新若有所思，"未知的信息可以消除不确定性，已知的信息就不具备这个功能了……"

"是啊，但是已知的信息也是信息啊！"

就在他俩热烈讨论的时候，英语课代表婷婷和外籍英语老师迎面走过来，婷婷的英语口语棒极了，直接和英语老师用英语对话，有说有笑，从他们两个面前走了过去，他们两个一句也没有听懂。

"于平，她们在说什么？"张新问于平。

"我也听不懂。"于平说。

"肯定很有趣，你看他们两个笑得那么开心。"

"问题来了，"于平突然心头一震，问张新："你说，她们两个的对话，对于我们俩来说是不是信息？"

张新没明白于平的用意，下意识地接上就说："当然是信息，我们知道他们两个说得很热火，只不过是我们两个都不懂的信息。"

"都不懂？"

"是啊，都不懂。"

"都不懂，能消除你的不确定性吗？"

"不——能——"张新这才明白于平的用意，犹豫地说出两个字。

"既然不能消除不确定性，那还是信息吗？！"

（本案例是本书根据信息的定义设计编写的。本案例的答案见下文。）

讨论题：

1. 你认为香农的信息定义对不对？为什么？
2. 案例中，于平的分析是否正确？为什么？
3. 根据这一案例，说说在给概念下定义的时候要注意哪些事项？

1.1 企业信息

1.1.1 信息与企业信息的定义

1. 信息的定义

"信息"一词，作为科学概念，是20世纪20年代在通信理论中以专门术语的方式提出来的。此后，信息的概念被很快延伸到物理学、计算机科学、分子生物学、社会科学等许多领域，概念的内涵在延伸的过程中不断地被加以扩展。

由于不同的研究者从不同的侧面提出自己的定义，顾及自己研究的熟悉的那个方面，也就忽略了自己不熟悉的方面，定义也就难免有其局限之处，即使是某些被视为经典的定义也是如此。咋一看，还可以。仔细一分析，就有漏洞。

定义中这种似是而非的现象，带有一定的普遍性，本书在第二版中曾经详细地分析了五、六种常用定义存在的局限性[①]，本书在下面的"延伸阅读"中摘了其中三种，供大家参考。所以，定义表述，实际上就是信息的处理，它的要求应该是：定义的文字应该能够覆盖被定义对象的全部要素，既不要超过其外延，也不要小于其内涵。

在人类社会和自然界中，事物的存在状态、运动形式、运动规律及其相互联系、相互作用的状况和规律，总是通过一定的媒介和形式（如声波、电磁波、图像、文字、符号等）来使其他事物接受的。这些能被其他事物接受的、表征该事物并以此区别于其他事物的那些信号，就是该事物向外发出的信息。

---

① 司有和. 企业信息管理学. 2版. 北京：科学出版社，2007：1-3

所以，信息是事物本质、特征、运动规律的反映，是事物之间相互联系、相互作用的状况和规律的反映。不同的事物有不同的本质、特征、运动规律。人们就是通过接受事物发出的信息来认识该事物，将该事物区别于其他事物的。

由此，我在 2001 年出版的《信息管理学》一书中这样给信息定义："信息是按照一定的方式排列起来的信号序列所揭示的内容。"①

所谓"信号"，指的是从信源发出的，能够引起信宿接受的各种客观存在的"刺激"。"刺激"是信息存在的条件，没有刺激就没有信息的传递。当这些"刺激"也就是"信号"，按照可以揭示某种内容所特有的方式排成序列时就成为信息。

"序列"是信息的本质特征，是揭示信息内容的主要手段，序列不同，即使"信号量"相同，所揭示的内容也不同。例如：

例句 1："A_1 和 A_2 是不完全相同的"

例句 2："A_1 和 A_2 是完全不相同的"

这两个例句的信号量是相同的，但是它们所揭示的内容是不一样的，造成内容不同的原因就是信号排列的顺序不同，即"信号序列"不同。

汉语里的回文现象就鲜明地反映了这一特征。例如，回文对联"客上天然居，居然天上客"，上下联 5 个字完全一样，就是序列不同，含义也就完全不同，组成了一个妙趣横生的工整的对联。

再如，回文诗的《暮春》"纤纤乱草平滩，冉冉云归远山，帘卷堂空日永，鸟啼花落春残"，倒过来读"残春落花啼鸟，永日空堂卷帘，山远归云冉冉，滩平草乱纤纤"，就成了另一首风格不同的诗了②。

上面所述的序列不同，属于二维空间的序列不同。还有三维空间的序列不同。人们熟知的 DNA，中文名称叫"脱氧核糖核酸"，是由两条脱氧核苷酸长链，通过总共只有四类的、若干对碱基连接在一起，扭曲组成一个双螺旋结构大分子。可见，组成 DNA 分子的成分就是脱氧核苷酸长链和四种碱基。就是这五种不同的成分，以不同的数目、不同的顺序组成了千姿百态的人类世界和生物界。

2006 年，我撰写《信息传播学》，在收集资料的时候发现，德国哲学家克劳斯曾给信息定义："纯粹从物理学角度而言，信息就是按一定方式排列的信号序列，但仅此一点构不成一个定义。毋宁说，信息必须有一定的意义。……可见，信息是由物理载体和意义构成的统一体。"③

2001 年，我给信息定义时没有见到克劳斯的这个说法。这个定义和本人的定义是完全一致的：都使用了"信号序列"的概念，克劳斯说的"有一定的意义"，和本人定义中的"所揭示的内容"是一个含义。应该说，我们是不谋而合。

2. 企业信息的定义

根据上文信息的定义，可以这样给企业信息定义：企业信息是按照企业组织活动规律

---

① 司有和. 信息管理学. 重庆：重庆出版社，2001：4

② 关于《暮春》回文诗的作者，有称为陈子高，但查无此人。宋代有陈克，字子高，但无此诗。又称是宋代的陈朝老，有此诗

③ 转引自《传播学原理》。http://wenku.baidu.com/view/b21c042f647d27284b735199.html[2015-12-29]

的方式排列起来的信号序列所揭示的内容。

企业信息是社会信息的重要组成部分,是企业管理工作中企业管理人员之间、企业管理人员与企业员工之间、企业人员与企业外人员之间传递的,反映企业管理活动和管理对象的状态、特征和反映企业目标、需求、行为的消息、情报、数据、语言、符号等各种信号序列的总称。在企业管理活动中形成的文件、报表、簿册、档案等就是企业信息的物化表现形式。

延伸阅读

信息定义的局限性

信息论奠基人香农的信息定义:信息是用来消除不确定性的东西。

在人类最初的通信活动中,确实是把对方不知道的内容告诉对方,也就是说信息确实具有消除不确定性的功能。

然而已知信息不能消除受信者的任何不确定性,但是它仍旧是信息,是已知信息。同样,不懂的信息也不能消除受信者的任何不确定性,它也是信息,是不懂的信息。可见,香农的定义没有把已知信息和不懂的信息包括进去。

控制论创始人维纳的信息定义:信息是人和外部世界相互作用的过程中同外部世界互相交换的内容的名称。

在人类的生产性控制活动中,人从机器获得所需要的信息,再将控制信息输给机器。这里,人与外部世界(机器)的相互作用和交换的内容确实是信息。

但是,存在于生产控制活动、乃至存在于"人和外部世界"中的信息,只是社会信息,此外还有存在于动物与动物、动物与自然界、自然界与自然界之间的信息。例如,群居动物之间的呼唤,太阳上黑子爆发对地球上无线电通信的干扰,月球绕地运转导致地球上产生的潮汐现象等。可见,维纳的定义范畴过窄,没有把动物信息和自然信息包括进去。

还有,人类和外部世界互相交换的内容,不仅有信息,还有物质和能量。可见,维纳的定义范畴又过宽了,把不是信息的能量和物质也包括进来了。

国内学者的信息定义:"信息是经过加工的、能为接收者的行为和决策产生影响的数据"[1],信息是"经过分析处理的数据资料"[2],"信息是按照用户决策的需要经过加工处理的数据"[3]等。

首先,有"经过加工"的信息,也有没有加工的信息。有"对客观世界产生影响""用户决策的需要"的信息,也有不能产生影响、用户不需要的信息。所以,是否"加工"、是否"需要"不是信息存在的必要条件。

其次,什么是数据?学界的认识是:数据是对客观事实的记录。那么,很显然,被记录下来的信息是数据,没有被记录下来的自然不是数据,但它应该仍旧是信息。因此,以

---

[1] 张金隆. 管理信息系统. 2版. 北京:高等教育出版社,2012:17
[2] 夏洪胜,张世贤. 企业信息管理. 北京:经济管理出版社,2014:3
[3] 杜栋. 信息管理学教程. 2版. 北京:清华大学出版社,2004:16

"数据"作中心词来定义信息就把不是数据的信息给漏掉了。

第三,这三个定义还存在一个共同的不足,都把信息仅仅局限在人类世界。其实,信息有四大类:社会信息、自然信息、生物信息和机器信息。信息的定义应该涵盖这四个方面。

1.1.2 企业信息的特征

1. 企业信息的一般特征

企业信息,首先是信息,所以它具有信息的一般特征。

1) 普遍性和客观性

这是指信息具有独立于人的主观意识之外、普遍地、客观地存在于人类社会和自然界的特征。

信息的普遍性表现在:信息既存在于有生命的有机界(动物界、植物界、微生物界、人类社会),也存在于无生命的无机界(自然界、机器、建筑物等)。它可以是物质的特征和物质运动状态的反映,也可以是人类大脑思维的结果;可以是现场直播的电视信号,也可以是千年古墓中的随葬品。总之,信息是普遍存在的,信息无时不有,无处不在。

信息的客观性表现在:信息虽然是看不见、摸不着的,但是它确实是可以被人感知、被人处理、被人利用的。自然界的信息也确实可以被信息接受体所接受,并对接受体产生作用。所以信息是客观存在的,是独立于人的主观意识之外的、不以人的主观意志为转移的。

这是因为世界是物质的,物质世界处于运动之中。物质及其运动的普遍性决定了信息的普遍存在性。物质世界的客观性决定了信息的客观性。

至于由主观思维产生的信息,应该也是客观的。

因为思维是特殊物质——大脑——的功能,大脑是客观存在的物质,由这种物质产生的信息自然是客观的。包括人的主观臆测,也应该是客观存在的信息,因为他确实"臆测"了,只不过这种"臆测"所得到的信息没有应用价值,甚至有害罢了。

信息的普遍性和客观性特征,使得人类可以通过自己的各种感觉器官去感知信息、识别信息和利用信息,为人类服务。

2) 依附性

又称作:寄载性。这是指信息必须依附于一定的物质载体才能存在的特征。

信息是看不见、摸不着的,稍纵即逝的。它只有依附于一定的物质载体才能存在下来。但是,载体本身不是信息。人类在认识过程中,先接触的是载体,然后才是感知载体上承载的信息内容。

信息所依附的载体,有语言、文字、符号、形体、表情等表意型载体,有声波、电磁波(光波)、网络等无形的承载型物质载体,还有纸张、磁带、光盘、电缆、光纤等有形的承载型物质载体。

信息的依附性特征,使人类可以不受时间和空间的限制,通过存储载体来存储信息,通过累积载体来累积信息,通过传递载体来传播信息。这就是"信息的可存储性""信息的可累积性""信息的可传递性"。

3）可塑性

这是指信息在被主体接受之后，可以被主体加工处理，可以在各种载体之间转换的特征。

感知后的信息，可以将其加工处理成自己所需要的形式，既可以进行各种表意型载体的转换，也可以进行各种物质型载体的转换。比如，将一篇中文论文翻译为英文，将一组数据制成一个表格或坐标图。或者自己唱一首歌将其录入磁带，将一篇报纸发表的新诗输入网络。这种特征又被称作信息的"可转换性"。

可塑性特征对信息管理的影响，表现为两点：一是它使人类可以按照自己的需要来加工信息，提高信息的使用价值；二是因此导致信息可伪性的产生。

所谓"可伪性"，指的是客观存在的信息，由于可塑性的存在，会因为信息发出者或信息接收者或传播过程的原因，而偏离源信息内涵，产生信息差的现象。

通常，我们把这种"偏离源信息内涵"的信息称作"伪信息"。

由于产生的原因不同，伪信息可分为三种。①认知型伪信息。这是由于信息接收者自身的素质、修养、能力以及所处环境的不同，使他们对同一个信息做出不同的理解，或者理解得不全面，或者没有能够与环境联系起来理解，从而造成信息差，形成伪信息。②传播型伪信息。这是信息在传播过程中，因为主观的或客观的等各种各样的传播原因使信息量受到损失，或者掺入了冗余信息，使信息接收者接收到的信息内容已经不是源信息所具有的那些内容了。③恶意型伪信息。这是信息发出者出于个人的目的，故意采取夸大、欺骗、捏造、篡改等手段制造的伪信息。

4）共享性

这是指信息借助载体获得传播之后，不会因传播而失去和消失，能够为传播者和受传者共同拥有的特征。

这一点和物质体不同。物质体从一方传递给另一方之后，受方获得了该物质体，传方就失去了该物质体。信息从一方传递给另一方之后，受方获得了该信息，传方并没有失去该信息，仍旧拥有该信息。这就是信息的共享性。

所以，也就有了萧伯纳的"苹果和思想"的著名格言：你有一个苹果，我有一个苹果，我们交换之后，双方各自还只有一个苹果。你有一个思想，我有一个思想，我们交换之后，双方各自就都有两个思想了。

共享性是信息区别于物质、能量的重要特征。

信息的共享性特征对信息管理的影响，也表现为两个方面：一方面它使信息成为取之不尽、用之不竭的资源。任何一个信息，只要生产一次，不论你使用多少次，也不会把它用完，大大减少了信息利用的成本；另一方面它给信息管理带来许多困难。比如，组织中的信息安全问题、在信息市场中的信息交易问题就变得复杂、难以处理了，因为未经你的许可，他人也可以共享你的信息。

5）使用价值的不确定性

又称使用价值的相对性。指的是信息的使用价值是不确定的，相对于不同的信息使用者而不同的特征。

信息具有潜在的使用价值，特定的信息能够满足人类特定的需要。可是，信息的使用价值是不确定的。同一个信息,不同的使用者由于其自身的素质、修养、能力以及所处环境的不同,会得到不同的使用效果。

案例 1.1　一条消息,两种使用价值

韩国三星公司的吉他在美国很畅销,几乎占领了美国的吉他市场。一天,三星公司在洛杉矶的一名雇员从报上看到一条消息:美国最后一家吉他工厂将要关闭。他高兴得跳了起来,情不自禁地说:"我们的愿望终于可以实现啦!",立即把这一喜讯报告给韩国国内的三星总部。

三星总部在获知这一信息后,高管们却觉得不是喜讯。他们认为:吉他是美国自由精神的象征,它的消失就像牛仔的消失一样会令美国人难以接受。美国国会一定会通过法律保护这一具有象征意义的产业。于是,三星公司决定,在美国还没有采取措施之前,大批向美国进口吉他。

果然,三个月后美国国会通过一项法案,大幅度提高吉他的进口关税,这等于禁止其他国家的吉他进口美国[①]。

在这个案例中,洛杉矶三星公司的雇员,和国内三星公司总部的企业高管,他们面对的是同一个信息:美国最后一家吉他工厂将要关闭,却得出完全不同的两个结论。这个信息,对于雇员来说,只是一厢情愿,自寻乐趣,没有一点意义;对于企业高管,就具备"资源"意义了,因为他们据此为企业获取了尽可能大的经济利益,那些已经进口的吉他是不会再加税的了。

信息使用价值的相对性特征,使得信息具有极大的使用潜力,使得人们可以通过提高自己的素质、修养和能力,来获得满足自己需求的使用价值。

2. 企业信息的个性特征

企业信息作为"企业"的信息,又具有区别于其他信息的个性特征。

1) 社会性

这是指企业信息总是或多或少地带着企业所在社会阶段烙印的特征。企业是社会的细胞,企业的一切活动不可能脱离其所在的那个社会,所以企业的活动都是一种社会活动。企业信息则来源于企业的社会活动。企业为了自身的生存和发展,需要不断地从社会获取各种信息加以利用,同时自身又是企业信息的来源,不断地向社会提供信息,以满足社会的需要。

可见,企业活动的主体是人,企业信息是人与人之间传递的一种社会信息,并借助于信息的发出者和接收者能够共同理解的文字、数据、符号、图表、音像等媒体,为着企业的一定目的在社会上传播。所以,在某一个社会环境中传播的企业信息,总是或多或少地带着那个社会阶段的烙印。比如,计划经济时期的中国企业所产生的企业信息,和今天社会主义市场经济条件下的中国企业所产生的企业信息,就表现出不同的内容和形式。这就是企业信息的社会性。

企业信息的社会性特征,要求企业信息管理者必须从企业所处社会的实际情况出发,

---

① 挖掘吉他商机,从三星看情报部门如何工作. 钢铁经理人, http://bm.icxo.com/read.jsp?newsid=147088[2015-12-30]

不能脱离现实社会许可的条件；要按照社会发展的客观规律来处理企业的信息管理活动，遵守所处社会的各种法律法规，不能违背社会发展的规律。

2）经济性

这是指企业信息可以反映企业经济活动的状况或者本身具有经济价值的特征。因为企业是一种经济组织，企业的一切活动都是为了创造经济价值，赢得经济利益。这种组织需要的信息和由这种组织产生的信息，自然也就不可避免地带有极强的经济性。

企业信息经济性特征的定义表明：一方面企业信息是来自经济组织、经济活动、经济领域的信息，另一方面企业信息本身具有经济价值。企业信息的获取和利用需要付费；而企业使用信息之后又可以为企业增加利润，给企业带来经济效益。比如，咨询公司为企业进行管理诊断，提出提升企业竞争力的方案，这自然是企业信息。这一信息不仅来自经济领域，而且是要向要求咨询的企业收费的，要求咨询的企业可能就因为此方案的实施，而获得巨大的经济效益。

企业信息具有经济性特征，并不表示企业信息都必然是经济信息。许多非经济信息，如政治信息、科学技术成果信息、社区文化信息等社会信息和水旱灾害、地震、台风等自然信息，在某些特定条件下都可能转变为企业信息。

一般的社会信息、自然信息转化为企业信息是有条件的。通常，那些处于企业管理部门最关心的目标范围内或者与此目标关系密切的信息，具有某种广泛性意义和参考价值的信息，各种突发性的、打乱正常管理秩序的社会政治事件信息和自然灾害信息，对于全局有一定影响的倾向性信息等，当他们能够进入并影响企业管理活动时，才有可能转变为企业信息。

比如，两名员工上班时在办公室里谈论孩子报考大学问题时所传递的信息就不是企业信息，但是如果所谈问题的具体内容带有普遍性，诸如企业员工为了孩子报考大学影响本职工作，在企业内比较普遍，需要干预才能解决，且已被企业管理者了解，进入企业管理领域，这时这一信息就转变为企业信息了。

不论是什么信息，只要一转变为企业信息，就具备经济性特征，就可能会给企业带来一定的经济效益，或者可能增加企业的经济消耗。

企业信息的经济性特征，要求企业信息管理者必须建立强烈的经济观点，学会利用企业信息的经济性特征为企业赢得利润，降低企业的运行成本。

3）时效性

这是指企业信息对企业产生有效作用具有时间限制的特征。

它包括两层含义，一是信息本身具有生命周期，信息一经生成，企业管理者获得它的时间越短，其使用价值越高；在信息的生命周期内，获取它的时间越迟，其使用价值就越小；时间的延误，会导致信息使用价值的衰减甚至消失。二是有些信息虽然是很早就生成的陈旧信息，但是企业管理者在决策中需要这一信息时能够及时地得到它，该信息仍旧会具有使用价值。

许多信息管理学论著在论及企业信息的时效性时，只注意到上述的第一种情形，强调企业管理者在信息发生后要尽快地获得，即所谓在第一时间获得它。其实第二种情形也是信息时效性特征的体现。正因为第二种情形的存在，才要求企业管理者做好信息管理工作，在需要某一信息时，能够及时地得到它。

企业信息的时效性特征，要求企业信息管理者必须建立强烈的时间观点，学会及时抓住刚发生的信息，注意掌握和积累与企业工作相关的各类信息。

4）连续性

这是指企业信息的发生与发展，具有前后连续、相互关联、不会中断的特征。企业的生存和发展，是企业在与其内外系统相互协调、不断循环和螺旋式上升的连续过程中实现的。

企业信息管理活动的过程也是一个连续过程。企业信息源源不断地产生和流通着。它不会中断，即使这个企业消亡了，新的企业又会诞生，一个社会的企业信息流是源源不绝的。信息的连续性，反映了事物的发生、发展的过程，反映了事物发展前后不同阶段之间的相互关系。正因为如此，我们可以根据信息来分析竞争对手的状况，可以根据信息来预测自己的未来发展趋势。企业信息的连续性特征，要求企业信息管理者必须学会根据时间序列的企业信息来预测自己的未来发展趋势，或分析竞争对手的动态。

1.1.3 企业信息的类型

企业信息是一个庞大的概念体系。使用不同的分类标准，可以得到不同的信息类别体系。常见的有表 1.1 所示的几种类型。

表 1.1 信息的分类标准及其类型

企业信息的分类标准	划分后的种类
企业信息的内容	企业技术信息、企业管理信息、企业文化信息
企业信息的传递范围	公开信息、内部信息、保密信息
企业信息的来源	内源性信息、外源性信息
企业信息的价值程度	高值信息、潜值信息、低值信息、无值信息、负值信息

1. 高值信息

这是指那些使用价值很高的信息。它是企业竭力寻求的。具体又分为机会信息、战略信息、竞争信息、环境变动信息、反馈信息等。

机会信息，指对于企业来说是可能获得大好发展机会的信息。比如，与企业相关的新产品、新技术、新资源、新材料、新市场等。

战略信息，指对于企业来说是至关重要、涉及企业长远利益和生存发展等重大问题的信息。这类信息有时来自机会信息。当机会信息的持有者从战略的角度来认识和理解该信息时，该信息就有可能转变为战略信息。

机会信息、战略信息的使用价值并不在于信息本身，在于获取该信息的人对该信息可能导致的企业重大收益（机会）或战略意义的认识，才会成为机会信息或者战略信息。经济过程是不可逆的，机会的错过是企业的极大损失。

战略信息可能来自企业的高层领导，也可能来自参与决策的智囊人物或局外人。

战略管理越来越被企业所重视，战略信息也自然在企业中显得越来越重要。所以战略信息管理的问题被早早地提上议事日程。

竞争信息，指关于竞争对手、竞争环境、本企业竞争策略等方面的信息。在今天市场竞争激化的条件下，掌握竞争信息对于提到企业竞争力具有明显意义。关于这一点，将在5.3节中作详细介绍。

环境变动信息，指企业所处的自然环境和社会环境变动的信息。如社会、政治、经济、科学技术、文化等，都是企业生存的重要外部环境。社会环境的不断变化给企业的发展带来了许多不确定性，所以及时地掌握环境变动信息，预测环境对企业的影响，及早采取措施，才可以使企业立于不败之地，不断地获得发展。这方面的知识，也在5.3节中介绍。

反馈信息，指企业在生产过程、经营管理过程中实施各种决策和管理措施后，获得的关于这些决策和措施实施结果的信息。它是企业管理者总结经验和发现管理中存在问题，及时地坚持好的做法，修正、补充或重新设计新的决策方案的重要依据。反馈信息的获得和利用，在企业管理中地位很重要，它直接反映企业管理者的管理控制水平。

2. 潜值信息

这是指那些具有潜在使用价值的信息。这有两种可能，一种是指在信息采集到手之后没有马上就认识到其具有使用价值的信息；另一种是在信息刚采集到时，虽然认识到其具有使用价值，但是企业还不具备实施这一信息的条件，该信息仍旧不能实施，这种信息也属于潜值信息。

可见，潜值信息和高值信息的划分，是相对的。二者是可以相互转化的。对于潜值信息，什么时候认识到它的作用，或者经过激活使该信息具有使用价值，则潜值信息就转变为高值信息了。对于马上就认识到具有很高使用价值的高值信息，如果企业不具备实施这一信息的条件，则高值信息就转变为潜质信息。

案例1.2 世界上第一个移动电话

1973年4月的一天，一名男子站在纽约街头，掏出一个约有两块砖头大的"大哥大"打了一通，引得过路人纷纷驻足侧目。这个人就是摩托罗拉公司的工程技术人员、手机的发明者马丁·库帕。这是世界上第一个移动电话，是打给他在亚历山大·贝尔实验室工作的一位竞争对手的[①]。

可见，"大哥大"早在1973年就出现了。而振兴诺基亚的总裁奥里拉是1992年才任职的。可见，对于诺基亚来说，"大哥大"这个战略信息，在1992年之前是潜值信息。

潜值信息一般就是企业平时收集的各种与企业生产、发展有关的文献资料等，各级管理者在管理工作实践中形成的经验、体会等。

潜值信息的存在，要求企业管理者要注意信息的平时积累，只有实现了潜值信息的大量储备，在机遇出现的时候，就可以把握机遇，获得成功。

3. 低值信息

这是指那些对于企业来说，仅仅具有可以维持企业正常运转、使用价值很低的信息。比如，企业日常活动中产生的、没有太多使用价值的通知、报告、报表、信函、电话记录、

---

① http://zhidao.baidu.com/question/35641834.html? si=16 [2015-12-30]

订单、广告等。这些信息不能没有，没有它们企业就不具备维持运行的最起码条件，但是它们只能使企业维持现状，不能使企业获得发展。企业内这类信息比较多也是难免的。但是，如果企业管理者整天埋在公文、报表堆里，把主要精力放在处理这些低值信息上，实在是时间和精力的极大浪费，是本末倒置，是管理的失误，会影响企业竞争力的提升和阻碍企业发展的。

4. 无值信息和负值信息

无值信息又称无害信息，这是指对企业没有使用价值、也不会对企业产生不良影响的信息。比如，下班后，工人小王喜欢看武侠电视剧，小李喜欢下象棋等，这些信息在一般情况下对企业并没有使用价值，但是也没有不良影响。企业内应该允许无值信息的存在。如果管理者能够注意到这些无值信息，并有意识地加以满足，使员工的心境在工余时能够得到很好的调节，可以促进员工的生产性行为，从而使无值信息产生间接的使用价值。

负值信息是指对企业管理产生负面作用的信息。这类信息可能是某些人故意制造的假信息，也可能是信息传播过程中由于各种障碍造成的失真信息，也可能是信息采集者的理解不当造成的失真信息，这些信息对企业管理者的决策是没有帮助的，需要信息管理者能够予以识别，并加以排除。

1.1.4 企业信息的功能

信息的功能，指的是信息自身所具有的社会作用。企业信息的功能，指的是企业信息在企业生存、发展的历程中能够对企业自身和环境所产生的作用。

信息的这种作用有正面的，也有负面的。这需要企业信息管理者恰到好处地把握，充分发挥企业信息的正面功能，避免或减少企业信息的负面功能。

具体来说，企业信息的功能包括以下3个方面。

1. 企业信息的中介功能

这是指信息是人类认识客观世界的中介物、企业信息是企业管理者认识管理客体的中介物的功能。

人类是认识的主体。人类对客观世界的认识，是通过对客观世界所发出的信息的接收、加工之后而感知的。客观世界如果不发出信息，或者客观世界发出的信息没有为人类所接收，人类就无法对客观世界产生任何认识。

人类又是改造客观世界的主体。人类对客观世界的每一个改造措施和行为，都是依据对客观世界信息的分析和加工，形成新的更高层次的认识，然后通过实践反作用于客观世界，实现对客观世界的改造。

可见，信息作为中介，贯穿于人类认识世界、改造世界的全过程。

企业信息是信息的一种，企业信息也具有中介功能。它主要表现为：企业管理者对企业管理客体的认识，是通过对管理客体所发出的信息的接受、加工之后而感知的；是依据对管理客体信息的分析和加工，形成新的更高层次的认识，然后通过实践反作用于企业的管理客体，对企业进行管理，实现企业的目标。

企业管理客体发出的信息包括四个方面：一是关于管理客体自身特点的信息；二是关于管理客体变化规律的信息；三是关于管理客体未来发展趋势的先兆信息；四是该管理客

体所发出的信息中，同时隐含着的有关其他客体的信息。

例如，企业管理者可以通过市场发出的信息来了解市场发展变化的趋势，作为企业制订营销计划的依据；通过员工发出的信息了解员工的个人需求，是企业实施人力资源管理的必要条件；通过对竞争对手发出的信息来了解企业面临的挑战，是企业制定竞争战略的前提和基础；通过了解企业所处竞争环境的信息，为企业进行内外协调提供依据。

不过，如果企业管理者对于竞争对手"明修栈道，暗渡陈仓"的信息认识不足，就会对竞争对手的行为做出错误判断。当然，这也是中介功能的作用，不过这是中介功能的负面作用。

至于，有学者认为信息具有"管理与协调功能""科学功能""信息是科学决策的依据"的功能，本书认为这其实都是信息中介功能的引伸。本书在第二版上对此已经作了论证，这里就不再赘述了。

信息的中介功能，使得信息成为现代企业管理的基础。在现代企业管理中，除了人流、物流、资金流之外，还存在着信息流。而且人流、物流、资金流也同时表现为企业的信息流。管理的计划、组织、人员配备、指挥、控制等职能的实现，都是以信息作为依据的，都是对信息流的管理和控制，管理者的决策、被管理者对决策的执行，各部门之间的协调，组织活动的有序进行等都是以信息为中介来实现的。信息活动贯穿于管理活动的全过程。没有信息就无所谓管理。

2. 企业信息的诱导功能

这是指信息具有诱发信息接受者产生该信息所能导致的某种行为的功能。

因为信息具有可接受性和共享性特征，所以任何信息都可以为人们所接受和共享。信息接受者在接收到信息后，该信息立即在信息接受者的头脑中占据一定的位置，并使信息接受者将自己头脑里原有的需求信息与之相联系来进行思维，使信息接受者产生该信息所能产生的某种动机，当这种新动机占据主导地位时，则使信息接受者产生该信息所能导致的行为。这就是信息诱导功能产生的机制。

所有的信息都具有这种功能，企业信息尤其如此。

比如，在市场环境中，企业的品牌名称就是一种特定的信息。品牌名称信息的诱导功能，表现为品牌信息能够在第一时间抓住特定的信息接受者（消费者）的注意力，然后诱导消费者，使其产生进一步了解本品牌商品信息的行为。

消费者的购物行为源于他们自身的需要。这种需要不仅仅是一种对物质的需要，还是一种对信息的需要，只不过对信息的需要一部分是从物质需要中派生出来的，另一部分是为了满足个体在心理上的需求。当消费者由于物质和精神的需求进入市场，这些需求在头脑中，或者是十分明确的，或者是潜在的，主观上还没有直接意识到的。当他在货架前巡视时，实质上就是一种信息的搜索。当某一个品牌的名称正好和他明确的、或潜在的需求相一致时，这种商品就会被他注意到，使它产生注视该商品的动机，从而使消费者完成对该商品的从无意注意到有意注意的过程。这时，诱导功能强的品牌名称信息会进一步作用消费者的大脑，吸引他进一步产生了解该商品全部信息的动机，当这种动机越来越强，达到一定程度时，就必然导致消费者进一步详细地了解该品牌商品的情况。至此，不论消费者最后是否购买该品牌商品，品牌名称信息的诱导功能已经完美地实现了，即信息诱导功能已经产生并成功地影响了消费者。

相反，如果品牌名称信息与目标消费者的需求相违背，则可能会诱导出消费者的厌恶、反感或抵触情绪；如果品牌名称信息和品牌所代言的商品不匹配，也就是与目标消费者对该商品的需求不匹配，则会诱导出目标消费者对该商品的困惑不解，从而放弃对该商品的进一步了解，也就无法产生购买动机。这也是诱导功能产生的作用，只不过这是负面作用[1]。

企业品牌名称信息的诱导功能作用机制是如此，其他企业信息也具有诱导功能，其作用机制也是如此。

比如，电视新闻节目中播出2015年10月26日至29日在北京召开的党的十八届五中全会决定，全面实施一对夫妇可生育两个孩子的政策。这个消息就会诱发出在那些从事房产、教育和基础设施领域的企业家设法寻找该"全会决议"文本的行为。这一行为的产生，就是因为这个信息正好和这些企业家头脑中明确的或潜在的需求（喜欢）相一致：伴随着新生人口数量的增加，对房产、教育和基础设施的需求会迅速增加，从而使他们产生注视该信息，并产生进一步了解该信息全部内容的动机，当这种动机越来越强，达到一定程度时，就导致产生进一步详细地了解该信息全部内容的行为。至此，不论这些企业家是否将这个"全会决议"读完，这条新闻的信息诱导功能已经完美实现了。

3. 企业信息的资源功能

又称经济功能，指信息具有促进社会经济产生、发展和增强经济效益的功能。企业信息也具有促进企业经济产生、发展和增强企业经济效益的功能。

信息的资源功能主要表现在以下几个方面。

首先，信息本身就是财富，具有经济价值。许多信息本身就是商品，可以在市场流通而创造财富。新的生产工序、新的生产工具制作方法、新的操作方法、新的工艺、新的技术、新的设计方案，都是信息，都可以通过替代旧工序、旧方法、旧工艺、旧技术和旧的设计方案而产生新的经济效益。

其次，利用信息可以间接创造财富。使用信息可以使非资源转化为资源而创造财富；使用信息可以取代劳动力、资金和材料，替代传统资源而创造财富；将信息要素注入生产力系统，可以提高劳动者的素质，从而缩短劳动者对生产对象的认识及熟练过程，引发提高生产力系统的质量和效率而创造财富。使用信息可以加快决策速度和保证决策正确，从而降低时间成本和减少决策失误，减少企业的经济损失，等于创造了财富。

第三，利用信息可以使国民经济产业结构合理化，使产业结构与国民经济发展更加协调，使各产业部门之间更加协调。利用信息还可以有利于产业结构的高级化，有利于劳动就业结构高级化，有利于产品结构的高级化，有利于投资结构、消费结构和贸易结构的高级化。

关于信息资源概念的范畴，有人认为：广义的信息资源包括信息本身、信息人员、技术、设备等信息要素的集合[2]。这种说法欠妥。

---

[1] 姜浩，司有和. 运用信息诱导功能提高品牌命名的水平. 商业时代，2003（23）：22

[2] 王悦. 企业信息管理. 北京：中国人民大学出版社，2014：159

本来，信息的资源功能，就应该只是指信息本身。当然也应该包括技术，因为技术本来就是信息的一种，使用任何一种技术，都是属于信息利用的范畴。除此之外不应该再涉及其他非信息的方面。

信息人员，人本身不是信息；设备本身也不是信息。我们只能说，人是人力资源，设备是物质资源。它们只是在信息资源意义实现的过程中发挥了作用。这些非信息的方面要素不应该是信息资源。

这就如同煤炭，我们说煤炭是资源，就只是指它那种能够燃烧、提供热量的物质所具备的功能。虽然没有挖煤工，我们就得不到煤炭；虽然没有挖煤的铁镐或采煤机，我们也挖不出煤炭；虽然我们不去点燃煤炭，煤炭就不会自动燃烧；但是我们不能说挖煤工、挖煤机和烧煤人也是煤炭资源。挖煤工、挖煤工具和烧煤人，只是煤炭资源意义实现的条件，不是煤炭作为资源的条件。

同理，信息人员、信息设备是信息资源意义实现的条件，不是信息作为资源的条件。信息的资源属性是由信息本身决定的，不能把"信息资源"和"信息资源意义的实现"这两个概念混淆、等同了。

鉴于信息具有资源属性，所以一切能够产生和存储信息的空间位置也被称作信息资源。如图书馆、信息中心、数据中心、档案馆、数据库等。因为这些位置都是信息资源蕴藏之处。如同我们说煤矿矿山是煤炭资源一样。

信息资源、物质资源和能量资源共同构成了现代人类社会资源体系的三大支柱。没有物质，什么也不存在；没有能量，什么也不会发生；没有信息，任何事物都没有意义。物质向人类提供材料，能量向人类提供动力，信息向人类提供知识和智慧。

尤其是信息，它是人类借以对其他资源进行有效管理的工具，人类对各种资源的有效获取、有效分配和有效使用，直至推动社会经济的发展，促进人类社会的进步，都是通过对信息资源的开发利用来实现的。

■ 1.2 企业信息管理

1.2.1 企业信息管理的必要性

1. 企业信息资源意义的实现在于对信息实施管理

由于企业信息使用价值相对性特征的存在，所以企业信息的资源功能并不表示企业信息可以自动地实现其资源意义，必然地产生对企业管理者有用的价值。

物质资源的资源功能是客观的、确定的，资源的获得与开发者无关，资源意义的实现与使用者无关。还是以煤炭为例，不论它是否被开采，其可以燃烧的资源功能是确定的、客观的。不论是现代化的采煤工，还是个体小煤窑的雇工都可把它开采出来，其作为资源的获得，与开发者无关。不论是高级知识分子，还是大字不识的家庭主妇都一样能使它燃烧，其资源意义的实现与使用者无关。

信息作为资源就不同了。信息资源的资源功能是不确定的。信息的资源意义不会必然地、自动地、无条件地实现。信息作为资源的获得，与开发者有关，不同的信息开发者在同一个信息资源库开发出来的信息，其资源意义是不相同的；而对于同一信息，其资源意义的实现，不同的使用者也是不相同的。

案例 1.3　在市场营销专业领域流传的一个故事

某制鞋厂厂长派了两个营销人员去某地考察鞋市场行情。两天后，第一个营销人员回来说："厂长，那里没有鞋市场，因为那里的人没有穿鞋的习惯。"

过了几天，第二个营销人员回来说："厂长，那里的鞋市场潜力可大着呐。"厂长问："不是说那里的人没有穿鞋的习惯吗？"

第二个营销人员回答说："是的，那里的人是没有穿鞋的习惯，但是如果我们工作做得好，让那里的人都愿意穿鞋，那么鞋的市场潜力就大得不得了。"[1]

案例中两个营销人员面对的是同一个信息：那里的人没有穿鞋的习惯。这个信息，对第一个营销人员来说只具备知识的意义，知道有那么一个地方的人不穿鞋。对第二个营销人员来说就具备资源意义，他据此发现了一个巨大的潜在的鞋市场。

我们虽然没有办法去核实这个案例，但是与这个案例非常相似的是中国的啤酒市场。在中国人还没有喝啤酒的习惯时，在中国生产第一瓶啤酒的人就经历了第二个营销人员的那种思考。

案例 1.4　农夫山泉有点烦

人们都知道农夫山泉的著名广告词："农夫山泉有点甜"。可是，在 2000 年夏天，《中国经营报》却打出了"农夫山泉有点烦"的大字标题[2]。

原来是农夫山泉在它的新闻发布会上公开宣称，天然水具有强大的生命活力，而纯净水"纯净"得连人体需要的微量元素都没有了，因此长期饮用纯净水对人体健康没有好处。当场就有记者表示反对：农夫山泉这样做会遭到纯净水厂家的强烈反对，会向法院起诉的。而农夫山泉当场表示：好啊！你告就是了。只要你告，法院一受理，媒体就会报道。这样，更多的人就知道了天然水和纯净水的区别，把农夫山泉和纯净水进一步区别开来，这恰恰是农夫山泉所希望的，正中了农夫山泉的计中计[3]。

果然不出所料，那些纯净水厂商为还自己一个清白之身，进行了激烈的反击，把农夫山泉告上法庭。一时间各大媒体纷纷报道这场官司。所以说"农夫山泉有点烦"。

那么，究竟是天然水好，还是纯净水好呢？这是一个谁也说不清楚的问题。就如同吃苹果要不要削皮：削皮吧，皮里有很多维生素，可惜了；不削皮吧，皮上沾有农药；其实这本来是不成问题的问题，你要削就削，不削就不削。

那么，农夫山泉为什么要这样做呢？这是由企业所面临的形势决定的。

因为本来过去的饮用水市场，是农夫山泉、乐百氏、娃哈哈三大巨头，呈"三国鼎立"的局面。可是，就在 2000 年年初，乐百氏、娃哈哈加盟了世界著名的法国达能饮用水巨头，使得原来饮用水市场形势瞬间变成了"二对一"。在形势十分严峻的情况下，农夫山泉打出"天然水与纯净水营养价值的区别"的旗号，采用的是"差别化营销战略"。后来

---

[1] 根据市场营销专业口头传播案例改编，2015
[2] 农夫山泉有点烦. http://wenku.baidu.com/view/7b4f1a68b84ae45c3b358c65.html[2015-12-30]
[3] 相晓冬. 农夫山泉：计中设计. 中国经营报，2000，13（13）：6

的事实证明，农夫山泉的这一招是正确的。只过了两年，乐百氏就被达能公司彻底挤垮了，四个创业的元老集体辞职了，娃哈哈也知自身难保，除了娃哈哈纯净水，也增加了娃哈哈果汁饮料、娃哈哈童装了。农夫山泉依靠自身对信息的开发保住了自己，直到后来有人要收购农夫山泉，农夫山泉仍旧坚持这一战略①。

对于"天然水与纯净水营养价值区别"这样一个争议很大、尽人皆知、不可能有确切结论的陈旧知识，多少专家学者、企业总裁都知道这一信息，谁也没有意识到它有什么资源价值，独独农夫山泉的经营者用它来为企业服务了。

综上所述，企业信息"资源"意义的实现，不在于信息本身，也不在于你是否掌握这一信息，而在于你掌握信息后对信息的思考和围绕信息所进行的策划，即对信息和信息活动进行的管理。

可见，信息并不就是资源。信息只是信息，它不可能自动地变为企业管理者的资源，不会必然地对企业管理产生作用。信息是被动的，只有管理者将其活化之后才会成为企业的资源。我们只能说企业信息可能成为企业资源，要将这种可能性变为现实性，就必须对企业信息和企业信息活动实施管理。

可见，企业信息管理是企业信息资源意义实现的必要前提条件。

所以，"信息就是资源"说法不妥。它给人一种误导，使人以为信息资源和物质资源一样，只要有了信息就有了资源。

信息经济学家奈斯比特说过，没有经过整理的信息，不是我们的朋友，甚至是我们的敌人，当然更不是财富和资源。

美国前国家公共服务署首席信息官（CIO）托马斯·巴克霍尔兹说得更明白："信息是一种需要管理的资源。"②

2. 企业环境的变化要求企业实施信息管理

企业环境是指围绕着企业的空间及其中可以直接、间接影响企业生存与发展的各种自然因素和社会因素的集合。

根据环境的范围，可以将企业环境划分为企业内部环境和企业外部环境。

内部环境包括：管理主体（管理者）、管理客体（被管理者、财、物、时间、信息）、管理媒介（信息）、管理工具（机构、法规、操作工具等）、管理目标。

外部环境包括：社会环境和自然环境。社会环境又包括：人口环境、经济环境、技术环境、政治法律环境、社会文化环境、国际环境、市场环境、行业环境。通常把前面六种合称为一般社会环境。

21世纪的企业所面临的外部环境，主要是指社会环境，处于急速变化的过程之中。企业管理者只有把握这些变化的特征，才能驾驭变化，赢得成功。

首先，企业面临着更大的竞争压力。企业间的竞争越来越激烈，竞争的激烈程度表现为竞争层次高、竞争的参与者多、市场需求变化快、竞争对手的反应也快。企业面对着越

---

① 杨铁清，鲁怡. 农夫山泉将成为新唐·吉诃德. 中国经营报，2002，4（10）：3

② 托马斯·巴克霍尔兹. 明天的面孔——信息水平：开启后信息时代的钥匙. 黄瑾，等，译. 北京：北京工业大学出版社，2000：8

来越复杂的客户需求，客户消费水平越来越高，从满足基本生活需求的低层次需求上升为满足高层次的心理需求，从温饱型消费转向享乐型消费、休闲型消费。企业面临的市场也呈现出高度的不确定性，越来越难以预测。企业的各项成本和费用也因此不断攀升，企业利润率越来越低。

其次，全球经济一体化、尤其是"互联网+"的影响。20世纪中叶以来，在世界范围内，跨国公司的数目急剧增长，世界贸易组织（WTO）成员国越来越多，占全世界70%的国家都已是WTO的成员国，各成员国都必须遵照统一的规则、标准体系、市场规范和经商惯例来进行企业生产经营活动。

"互联网+"正以雷霆万钧之力、迅雷不及掩耳的速度铺天盖地而来。人类正通过无数个彼此相连的计算机终端和纵横交错的电子网络紧密地联系在一起，资本、信息、技术、能源、人力资源突破国界在全球范围内大量、迅速地流动，整个世界正走向经济一体化，并由此直接导致竞争从本土竞争转化为国际竞争，经济领域的"世界大战"在持续进行，信息大国掌握着信息标准的制定权，传统的国土侵略、经济侵略，已经转化为信息侵略等。

第三，传统经济学理论影响下的企业经营实力、组织结构、运营模式、管理方法都已经不能适应形势的需要，工业经济时代顶礼膜拜的规模经济、专业化分工、垂直一体化、进入壁垒等已经失去昔日的光环，代之而来的是柔性管理、反应能力、学习能力、管理变革、流程再造、电子商务、标准化管理等。

综上所述，企业面对着迅速变化的环境，只有一个选择：适应环境。所谓适应环境就必须走社会信息化的道路。这已经为越来越多的人们所认识。不搞信息化就要落后，落后就要挨打，就会在当代信息战争面前毫无还手的能力。

目前，发达国家的社会信息化水平已经远远地超过了我们。

据中国信息年鉴网公布的最新的信息："2009～2010年世界各经济体信息化程度排名"中，瑞典居第一，新加坡居第二，中国是第37名。不过，和本国近四年的水平比还是逐年上升的（表1.2）。

表1.2 世界各经济体信息化程度和全球数字经济排名

世界各经济体信息化程度[①]					全球数字经济排名[②]			
国名	2010	2009	2008	2007	国名	2010	2009	2008
瑞典	1	2	2	2	瑞典	1	2	3
新加坡	2	4	5	3	丹麦	2	1	5
丹麦	3	1	1	1	美国	3	5	1
美国	5	3	4	7	荷兰	5	3	7
捷克	36	32	36	34	委内瑞拉	55	55	52
中国	37	46	57	59	中国	56	56	56

① 转载自：中国信息年鉴网. 世界经济论坛. 2009～2010年世界各经济体信息化程度排名. http://www.cia.org.cn/xxc/xxc_index_95.htm[2015-12-30]

② 中国信息年鉴网. http://www.cia.org.cn/xxc/xxc_index_96.htm [2015-12-30]

据中国信息年鉴网报道:"2010 年全球数字经济排名和得分",中国连续三年均排名第 56 位,比委内瑞拉还要低(表 1.2)。

可见,我国社会信息化的任务已经是迫在眉睫、刻不容缓了。而企业信息化是社会信息化的基础,非做不可。近年来,我国企业信息化已经在全国展开,企业信息化的浪潮已经影响到企业管理的方方面面。企业要实施信息化就必须进行信息管理。所以,企业环境的剧烈变化要求企业实施信息管理。

1.2.2 企业信息管理的定义

企业信息管理是信息管理的一种。

信息管理,在英语中是 Information Management,简称 IM。日语中是"情报管理"。作为一个术语,在全世界的范围内已经广泛使用开来。

企业信息管理包括两个方面,一是对"企业信息"的管理,二是对"企业信息活动"的管理。

1. 企业信息管理是对企业信息的管理

对企业信息的管理应该按照"采集-加工-存储-传播-利用-反馈"的内容和程序进行(图 1.1)。

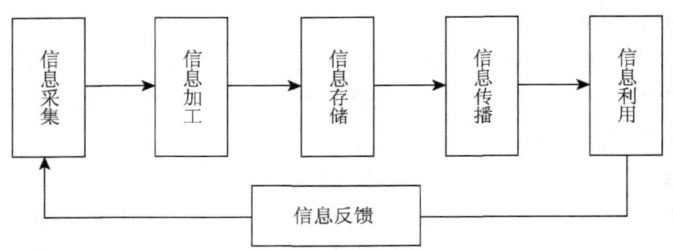

图 1.1 对企业信息进行管理的内容和程序

这个程序规定了对信息进行管理的 6 项工作及其先后次序。这 6 项工作,哪一项都不能少,少了某一项,信息管理工作就会出差错;这 6 项工作的先后次序也不能颠倒,因为每一步都是在为下一个步骤做准备,提前做下一步的工作,不是无法进行,就是浪费劳动。

关于对企业信息进行管理的具体内容在本书第 7 章再做详细介绍。

2. 企业信息管理是对企业信息活动的管理

企业信息活动指的是企业管理者为了达到生产、采集、传播、加工、使用、保护信息和充分实现信息资源意义的目的所开展的各种活动。

人类的信息活动分为 3 个基本层次:一是个人的信息活动,二是组织的信息活动,三是社会的信息活动。企业信息活动属于组织的信息活动。

企业信息活动的类型很多。比如,企业信息生产活动有:信息开发、技术创新、流程再造、组织创新、竞争情报、电子商务、虚拟企业等。企业信息发布活动有:新闻发布会、产品展览会、商品交易会、市场营销会等。企业信息保护活动有:申请专利、签订合同、注册商标和域名、著作权保护、信息存储安全等。企业信息利用活动有:商务洽谈、个别谈话、CIO 体制的实施、品牌塑造、企业形象塑造、信息化工程、管理控制、战略信息管理、信息行为的法律道德管理等。企业信息服务活动有：企业信息提供服务、企业信息咨询服务等。

正因为企业信息活动是以实现企业信息资源意义为目的的，所以它是企业管理者的有意识、有目的的活动，不是自然发生的，需要事先精心策划，必须成为企业信息管理的对象并加以管理，才可能达到管理者预期的目的。单纯地把信息作为管理对象而忽略信息活动是不全面的。

案例 1.5　企业老总当众喝涂料的故事

2000 年 10 月 10 日上午 9 时，位于北京三里河的中国建筑文化中心建筑展览馆门前，北京富亚涂料公司正在进行"真猫真狗喝涂料，富亚涂料安全大检验"的宣传活动。广场上人山人海，人越聚越多。其中还有动物保护协会的成员，有的在愤怒地演说，有的高举着大幅标语、漫画，坚决反对用小动物做试验。9 时 20 分左右，当企业准备正式让小猫小狗喝涂料的时候，动物保护协会的人士就冲上主席台抢小猫小狗，互相之间拉扯起来，场上一片混乱。

大约争执了半个多小时，富亚公司的总经理蒋和平望着喧嚣的人群，从容不迫地说："我被你们保护动物的精神感动了，我今天若是让小猫小狗喝了涂料就成罪人了。但是，涂料确实是我设计的，我知道没有毒，你们不信，我来喝！"说罢，蒋和平舀起涂料倒进杯子，脖子一伸，"咕嘟、咕嘟"足足喝了大半杯。顿时，全场爆发出雷鸣般的掌声和喝彩声[①]。

这是一个非常成功的信息发布会。第二天，新华社播发了一篇 700 字的通稿，全国至少有 200 多家媒体转载了这则消息，富亚一鸣惊人，到富亚涂料专卖店购买涂料的人疯长，全国各地的订单也纷至沓来。

后来，一次偶然的机会，我在北京讲学时，知道内情的人告诉我，那些动物保护协会的人大部分是涂料厂自己的职工，总经理喝涂料是事先策划好了的。这使我更加佩服，这真是一次精心策划的信息活动。因为总经理真的喝了涂料，并没有欺骗群众，试想如果不是这样，在信息发布会一开始，涂料公司总经理就说，这涂料是我自己设计的，我保证没有毒，你们不信，我当场喝给你们看。那就绝对没有后来那样的效果。

案例 1.6　北极绒"明修栈道，暗度陈仓"

2001 年春天，在保暖内衣市场获得成功的北极绒公司决定进军羽绒服市场，在 3 月份的北京中国国际服装节上，北极绒就向业内人士表现出拼抢 2001 年冬季羽绒服市场的决心。同时放出大量收购鸭绒的信息，还对外宣称，已经投入巨资买下东北一家养鸭场，说是为企业的产、供、销一条龙做准备。这些信息使得鸭绒服厂家认为北极绒是要生产鸭绒服。

结果，当年 9 月 1 日，北极绒生产鹅绒服的广告像炸弹一样投向了消费者，也投向了全无准备的同行。9 月 6 日，鸭绒服厂家为挽救危局，联合起来召开现场直播的专家论证

---

① 富亚赌命，一喝成名. http://www.anfone.com/design/FY/2014-11/732183.html [2015-12-30]

会，企图辟谣鸭鹅之争，但是现场会上专家之间展开了激烈争论，"鹅绒、鸭绒到底谁好"最后没有结论。10月15日，羽绒服界最大的厂家波士登公司宣布，鹅绒服确实比鸭绒服好，他们公司也要生产鹅绒服。行业老大一发话，别的企业也就不再闹了，"鸭鹅大战"这才结束。结果，2001年的冬天，全国的鹅绒服销售一空，而鸭绒服竟然积压了3000万套[①]。

在这场被称作"2001年冬天的鸭鹅大战"中北极绒公司大获全胜，其中最重要的原因就是2001年春天的北极绒的信息发布工作。它的高明之处有两点：其一，它使用了模糊语言，只说"拼抢羽绒服市场"，并没有说是生产鸭绒服，还是生产鹅绒服。其二，它只说买了一个养鸭场，并且是真的买了养鸭场，但是并没有说买养鸭场是为了生产鸭绒服。认为北极绒要生产鸭绒服，那是信息发布活动中听众的认识，实际上是一种"错觉"。所以，买养鸭场是"明修栈道"，搞鹅绒服是"暗度陈仓"。这同样不愧是一次精心策划的信息活动。

案例1.7 歌星演唱会的不欢而散

2000年的一天，杭州某企业举办"歌星演唱会"进行企业产品信息发布。当天晚上，离开会还有半个多小时，广场上人越聚越多，已经是上千人了，大多数是追星族，盛况空前。企业的管理人员在台上坐着，心安理得，十分高兴。

就在这个时候，来了几个警察，走到台上，也没有和企业人员打招呼，拿起话筒就说话："国家法律规定，凡是超过800人以上的群众集会，必须事先申报，获得批准之后才能开会。今天的这个会没有事先申报，现在到会人数已经超过1000人了，这种集会是违法的！请同志们自动离开会场。"结果，到场的人"轰"的一声就解散了[②]。

很显然，这是一次失败的信息发布会。它说明企业管理者对信息发布会缺少事先策划，或者说策划得不够、不全面。因为与会人数超过法律规定的情形是可能发生的，这在事先策划时就应该预见到。不仅要有所预见，并且要策划一旦发生应该如何处理。事实说明，他们没有预见到。

当然，他们没有预料到事件的发生，与他们法规知识的缺乏、法律意识的淡薄不无关系。这是他们平时缺少采集相关法律知识信息的结果。

这三个案例充分说明，信息活动需要事先精心策划，你这样策划它就这样发生，你那样策划它就那样发生，如果不策划它就不会发生。也许你会说这是大实话，但是它是规律。策划得好，可以为实现组织目标做出大的贡献；策划得不好，就可能会给组织带来损失。所谓策划，就是对信息活动进行管理。

企业内大部分活动都是信息活动。信息活动不只是指与计算机系统有关的活动，如工作会议、技术创新、申请专利、商务洽谈、商品交易会、个别谈话、信息化工程、流程再造、管理控制等，这些活动都是信息活动，都需要事先精心策划，精心管理，以便使它们向有利于实现组织目标的方向发展。

---

① 明修栈道，暗度陈仓——2001北极绒鹅绒服"差异化营销"实战案例. http://www.mie168.com/job/2003-08/67825.htm [2015-12-30]

② 根据2000年《中国经营报》所载报道改编

至于企业信息活动如何进行管理，由于每一种信息活动都要精心策划，并没有一个统一的程序和方法，所以只能是具体问题具体分析。本书将在第 5 章详细介绍：企业战略信息管理、企业竞争情报的管理、企业文献信息系统的管理、企业信息公开的管理、企业会议的管理、企业知识管理、企业信息行为的法律道德管理等 7 种企业信息活动管理的具体内容。

综上所述，《企业信息管理学》在第一版中就给企业信息管理这样定义：

企业信息管理是企业管理者为了实现企业的目标，把信息作为待开发的一种资源，把信息和信息活动作为企业的财富和核心，充分使用信息技术和管理理论，对信息的采集、加工、传播、存储、共享和利用进行管理，对企业信息活动中的人、技术、设备和时间进行协调和运行，以谋求企业可能的最大效益的实践活动的全过程。

简言之，企业信息管理是企业管理者为了实现企业目标，对企业信息和企业信息活动进行管理的过程。

在企业信息管理中，与企业相关的信息和信息活动，是管理的客体对象，以信息流代替常规管理中的物质流、资金流，管理原则遵循信息活动的固有规律，建立相应的管理方法和体系，实现企业的各项管理职能。

1.2.3 企业信息管理的特征

1. 企业信息管理的类型特征

企业信息管理是管理的一种，所以它具有管理的一般属性特征，如管理是为了实现组织的目标、管理主体是具有一定知识和水平的管理者、管理对象是组织活动、管理本身是一个过程等，在企业信息管理中同样具备。

企业信息管理是信息管理的一种，所以它具有区别于其他管理的特征：一是管理的对象是非人、财、物的信息和信息活动；二是管理行为不限于在工作现场，企业信息管理行为无时不有，无处不在。

企业信息管理作为一个专门的独立的信息管理类型，还具有区别于其他信息管理、为自己所独有的特征：管理的客体对象是企业信息和企业信息活动。

2. 企业信息管理的时代特征

当代的企业信息管理和过去相比，有如下特点。

第一，信息量猛增。随着经济全球化、一体化，以及"互联网+"的普及化，各个国家各个地区之间的政治、经济、文化的交往越来越频繁；任何一个企业组织同其他外部实体的联系越来越多；企业组织对本领域内部、本领域与相邻领域之间的关系以及环境的信息都要了解，以致信息量猛增。

第二，信息处理和传播的速度加快。当今社会的各级企业管理决策中，时间要素越来越重要；在管理控制中，反馈信息越快，控制越有效，损失也就越小，所以，就对信息的处理和传播的速度提出了更高的要求。

第三，信息处理的方法日趋复杂。随着管理工作对信息加工的要求越来越高，信息处理的方法也就越来越复杂。过去在信息加工中，多数是一种经验性的加工，有计算也只是简单的算术运算。现在不同了，数理统计方法、运筹学方法、计量经济学方法、计算机方法、互联网技术等都引入企业管理的范畴，不仅计算方法复杂，而且计算的工作量也非常之大，还需要用计算机来处理数据。

第四，信息处理所涉及的领域不断扩大，关系更加复杂。从知识范畴上看，信息处理工作涉及经济理论、管理科学、企业管理学、社会科学、行为科学、心理学、计算机科学等学科的知识；从技术上看，信息处理涉及计算机技术、互联网技术、通信技术、办公自动化技术、测试技术、复印复制技术等。

3. 企业信息管理的个性特征

企业信息管理作为一种管理模式，并不是额外加给企业管理者的一项管理任务，企业的信息管理与企业的常规管理是并存一体的。这就是企业信息管理的个性特征。

企业常规管理是企业管理中的企业生产过程管理、质量管理、人力资源管理、物资管理、营销管理、财务管理等所有非信息管理的管理活动的总称。常规管理的提法，在国内的管理学著述中尚未见到。本书提出这一概念是为了便于和信息管理相区别，下面我们就集中讨论企业常规管理与信息管理并存一体的特征。

首先，如果把企业比作人体，那么，企业的高层班子就是大脑，企业的计算机信息系统和非计算机信息系统就是企业的神经网络系统，把企业的上上下下、边边角角联系起来，在大脑的指挥下，通过信息管理活动，实现企业肌体的协调运作。在这里，信息管理过程就是神经反射调节的过程。人体离开了神经网络系统一刻也不能生存。企业也是如此。企业管理每一个环节的任务，只有借助信息管理才能完成，企业信息管理覆盖了企业所有的管理工作。

其次，从常规管理的过程来看，就是"计划-实施计划-总结工作，制订新的计划"的过程。从管理的本质来看，管理过程就是管理者将自己的意图（计划）变为员工行为（实施计划）的过程。从信息管理角度来看，管理者确立意图的依据是信息，因此管理者必须进行信息采集、信息存储；管理者意图产生的过程是信息加工的过程；管理者要让被管理者了解意图，就必须进行信息传播；被管理者要把管理者的意图变为行为，即执行"意图"或者管理者自己执行"意图"，则都是信息利用；最后，管理者了解"意图"执行的结果，就是信息反馈。

可见，信息管理过程的"信息采集、信息存储、信息加工、信息传播、信息利用、信息反馈"六个环节贯穿于常规管理的全过程，企业的信息管理与常规管理并存一体。

第三，从常规管理的职能来看，虽然不同管理学派的表述并不完全一致，但是其基本核心内容包括"计划、组织、领导、控制"还是较为一致的。我们分析这四大职能的具体内容，也发现常规管理职能的实现与信息管理密切相关，企业信息管理与企业常规管理也是并存一体的。

也许有人说，既然企业信息管理与企业常规管理并存一体，那么做好了企业常规管理，不就是做好了企业信息管理吗？其实不然，信息管理与常规管理并存一体，不仅不能说明可以用企业常规管理代替企业信息管理，恰恰说明企业常规管理之所以效果不佳，其原因之一就是企业信息管理工作没有做好。

因为这是客观存在的事实，是企业管理的客观规律，不是你承认不承认的问题，而是你只能照着去做，必须学会实施的问题。它要求企业管理者的管理理念，必须从单一的企业常规管理的理念，转换到"并存一体"的理念上来。

1.2.4 企业信息管理的内容

企业信息管理是一个崭新的命题，无论是在理论上，还是在实践上，其内容都在不断地发展变化着。综合已有的研究成果，应包括以下几个方面。

1. 企业信息基础设施的建立

企业信息基础设施，指的是能够维持本企业信息管理需要的最起码的信息系统及其相关设施。本来，任何一个企业都存在着信息系统。因为企业在成立的那一天，信息系统伴随着企业行政管理系统和生产管理系统就自然生成了，只不过这种自然生成的信息系统并不一定完全符合企业信息管理的需要。所以，企业信息管理的第一项任务，就是建立本企业的信息基础设施。

这一工作主要包括：企业计算机信息系统和信息网络的开发，信息技术装备的配置，企业非计算机信息系统（包括企业信息机构、企业信息资源设施以及企业信息管理工作规章制度等）的建立，企业信息管理工作人员的配备。关于企业信息基础设施建立方面的详细内容见本书第 3 章。

2. 企业信息系统的管理

当我们将企业信息系统建立起来后，接下来的工作就是对系统进行管理。

由于企业信息系统包括：计算机信息系统（在线信息系统）和非计算机信息系统（非在线信息系统）两大部分，所以信息系统的管理也包括这两部分。

企业计算机信息系统的管理，主要包括：计算机信息系统的日常运行与维护，计算机信息系统的应用管理，以及系统的修改、重建和审计，还有系统内人员的管理等。这方面的内容详见本书第 4 章。

企业非计算机信息系统的管理，主要包括：企业非计算机信息系统的运行管理，非计算机信息系统的开发、改善与重建，还有企业战略信息管理，企业竞争情报管理、企业文献信息系统管理、企业信息公开管理、企业会议管理、企业知识管理、企业信息行为的法律道德管理等。这方面内容详见本书第 5 章。

3. 企业信息化建设项目的实施

企业信息化建设，是企业实现信息管理的必要条件。企业必须从思想观念、管理模式、技术设备、组织机构等许多方面，对自身进行一次全新的信息化改造。只有这样，才有可能全面实现信息管理，提升企业竞争力。

这方面的工作主要包括：技术信息化，这是企业信息化的前提和基础；管理信息化，这是实现企业信息化的手段；人员信息化，这是企业信息化的核心；以及"三化"的具体内容和信息化水平的测评。这方面的内容详见本书第 6 章。

4. 企业信息和信息活动的管理

关于企业信息的管理，主要是指对企业信息的采集、加工、传播、存储、利用和反馈，包括管理的原则、程序、要求和方法。详见本书第 2、7 章。

关于企业信息活动的管理，内容十分广泛，包括：计算机信息系统的运行和维护管理，竞争情报、知识管理等非计算机信息系统、企业信息化项目管理等。这方面的内容就是本书的第 4、5、6 章所说的内容。

5. 企业信息管理者及其提高

企业建立一支高素质的、能够及时为管理者决策服务的信息管理者队伍，是搞好企业信息管理工作的根本保证。这里所说的信息管理者，不只是指计算机管理信息系统中的系统主管人员、程序员、录入员和其他操作人员，而且包括企业 CIO、各级管理者和各级信息管理部门的工作人员。

企业信息管理者的提高，包括：实施企业 CIO 管理体制，企业信息管理师的职业认证，以及企业信息管理者自我提高的理论和方法。上述内容本书在第 8 章再予以介绍。

1.3 企业信息管理的认识误区

目前，企业管理者对信息管理还存在一些认识误区，成为提高企业信息管理水平的障碍，成为推进企业信息化的障碍。这主要表现在以下 3 个方面。

1.3.1 企业信息管理就是利用计算机进行管理

这种认识，有一定道理，但是并不全面。我们完全承认计算机信息系统的强大功能和巨大的处理信息的潜在能力，而且在系统功能范围内的事件，计算机系统可以不知疲倦地长时间连续工作下去，并保证准确无误。所以，我们一定要建立和使用计算机信息系统，把计算机信息系统管理好。

但是，计算机系统并不是万能的，它还存在以下两个方面的问题，自己解决不了，需要人来解决。

1. 计算机信息系统并不能解决自身的一切问题

（1）系统的输入信息，计算机系统不会自主鉴别、筛选、复核。要让计算机系统工作，就必须向系统输入信息。可是，哪些信息可以输进系统，哪些信息不需要输进系统，哪些信息根本就不能输进系统，计算机系统本身是不会自主识别的。当输入信息表明，原先的行动目标已经发生变化了，系统并不能自主改变原来的行为。这一切都必须由人来做。这些关于系统输入信息的鉴别、筛选、复核等工作，就是不使用计算机系统的企业信息管理工作。

案例 1.8　军事演习的导弹击落了民航客机

2001 年 10 月 4 日，乌克兰军队正在黑海东部克里米亚半岛的东部海域进行地对空导弹射击无人驾驶靶机的军事演习。演习先后发射了 20 多枚地对空导弹，结果其中一枚却打中了远在 300 公里以外的黑海南部上空的一架民航客机。该民航机是俄罗斯西伯利亚航空公司的一架飞机，是从以色列飞往新西伯利亚的 1812 航班，机上 66 名乘客和 12 名机组人员全部遇难[①]。

我们并不怀疑苏联奠定了坚实基础的乌克兰导弹部队制导系统的水平。但是，当导弹错误地飞向黑海南部上空，接近民航客机时，民航机的标志信息自然也就输入导弹的制导

---

① http://news.qq.com/a/20140718/000965.htm [2015-12-31]

系统，可是导弹却不能识别那是一架不该打下来的民航客机，仍旧"认为"那就是它要击毁的"靶机"，继续撞了过去。

再如，山东某大学一位教授，在国外进修时研究乳腺癌治疗取得成果，在国外刊物连续发表了两篇论文。他高兴地告诉国内同行，可以在网上检索到他的论文。可是，国内同行根据他所说的路径却检索不到。他很奇怪。后来回国后他才知道，国内的网络增加了过滤功能，这两篇论文中都有"乳房"一词，被当作黄色信息给过滤掉了。可见，计算机系统不能识别同样含有乳房一词的信息，哪些是黄色信息，哪些是医学论文。

（2）计算机系统本身不能做出正确决策。计算机系统确实具有强大的功能，系统在获得指令后，可以进行十分复杂的运算，并能够很快得到准确无误的运算结果。但是，系统也就仅此而已，根据系统输出的运算结果，究竟应该做出什么样的决策，系统并不会直接做出选择，还是需要人来完成。

案例1.9　击落伊朗民航机的原因：美军少校的错误

1988年7月3日，从阿巴斯港飞往阿联酋迪拜的655次航班、伊朗民航公司的一架空中客车A300，在飞经海湾南部地区上空时，其航线正好与美国海军"文森斯"号导弹巡洋舰的航线相交叉，在伊朗客机距"文森斯"号约14公里时，遭到了"文森斯"号发射的导弹袭击，客机随即起火，坠落于大海之中，机上290人全部遇难，无一生还[①]。

第一次海湾战争过去十年时，凤凰卫视的记者采访了当年在"文森斯"号上执勤的两位美军少校。一位具有指挥权的少校说：当时，"文森斯"号再三向这架民航机发出警告都未见回答，并且发现该机正向"文森斯"号俯冲，而且速度很快，我才奉命向它开火的。另一位少校说：当时并不是这样，屏幕上显示的是飞机正在爬升，而且速度很慢。该记者从有关部门设法调出当时的计算机硬盘，存储信息显示飞机当时确实是在爬升，速度很慢[②]。很显然，美军舰载计算机系统是世界一流的，显示的信息是准确无误的，可是根据世界一流的计算机系统提供的准确无误的信息，美军现场指挥人员却做出了错误的决策。显然，这是使用系统的人出了差错。

（3）系统的建设和系统功能的发挥同样取决于人。

企业信息化已经推行多年，许多企业都建立了计算机信息系统和网络。但是，这些建立起来的信息系统和网络的功能要完全发挥出来，并不在于系统本身，而在于使用系统的人。比如，2015年2月3日中国互联网络信息中心（CNNIC）发布的第35次关于中国互联网络资源数量调查报告称：截至2014年12月，全国使用互联网办公的企业比例为78.7%，可是，开展电子商务进行在线销售的只有24.7%，最高的行业也只占38.4%（图1.2）；开展电子商务进行在线采购的只有22.8%，最高的行业也只占36.5%（图1.3）。可见企业网站的利用率很低[③]。

---

① http://www.xcar.com.cn/bbs/viewthread.php?tid=20138246 [2015-12-31]
② 凤凰卫视中文台.海湾战争十周年专题节目.2003
③ 中国互联网络信息中心（CNNIC）.第35次关于中国互联网络资源数量调查报告.http://news.mydrivers.com/1/381/381898.htm [2015-12-31]

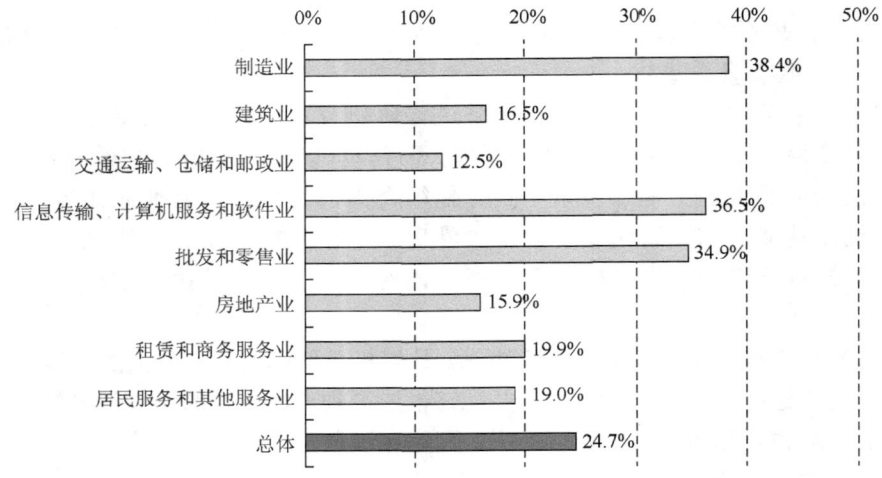

图 1.2 部分行业开展电子商务进行在线销售的企业比例

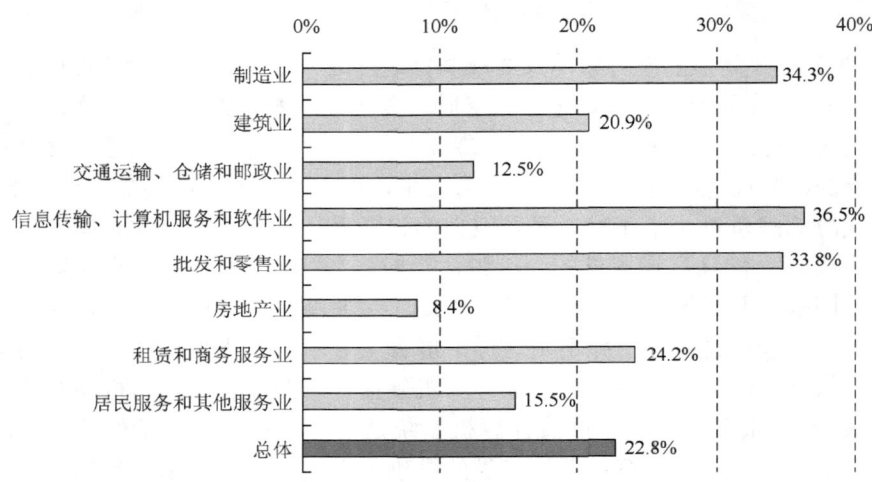

图 1.3 部分行业开展电子商务进行在线采购的企业比例

资料来源：CNNIC：第 35 次关于中国互联网络资源数量调查报告（2015-02）

这种在已经建好、投入使用的系统中功能闲置的现象，具有一定的普遍性，不仅在中国是如此，在国外也是如此。据报道，被誉为"ERP 流程之父"的奥林·汤普森（Olin Thompson），专门从事企业 ERP 重组等项目。他调查了 100 多个进行重组的企业发现，在一些企业建设的新系统里，有 20%的功能在旧系统中就有，只是平时没有使用[①]。

很明显，这些已经建好的信息系统和网络的作用没有发挥出来的原因，是人员素质、信息管理水平跟不上。

2．计算机信息系统并不能解决企业的一切问题

与上述情形同时存在的是计算机信息系统并不能解决企业内的所有问题，企业内还有

---

① 张丽锋，刘珺．CEO 如何对信息部门放心．ATM 前沿论丛，2005（25）：17

许多信息管理的任务是不能用计算机系统来解决的。

（1）计算机系统对于例外问题无能为力。计算机系统是一种"人-机系统"，由信息源、信息接收器、管理者、信息处理机组成。其功能是收集、存储、处理和传播信息，为企业管理服务。它的优点是可以大大提高处理那些重复出现的、例行问题的效率，可以及时提供该系统功能范围内可以提供的总体信息。我们在设计系统时，固然可以尽可能地使系统的功能全面一些，把一切遇到的、可以用计算机处理的问题，都编到程序里去。

但是，系统的程序一旦设计好之后，功能的目标和处理信息的范围就固定了，在出现例外问题、出现系统程序没有包括的问题时，系统就无法处理了。而例外问题的管理，在企业中总是会经常发生的，需要企业信息管理者直接去处理。

（2）企业某些外部重要信息的捕获，计算机系统无能为力。企业在生产、经营活动过程中需要的信息，确实有许多都可以从计算机系统中获得。但是，不可否认，还有许多重要信息并不出现在计算机系统和网络中。如报刊、电视、广播、社会活动、个人交际中都可能遇到对企业来说是非常重要的信息。这些媒介和场合下重要信息的获取，全靠企业管理者个人采集信息的信息管理能力。

此外，即使在计算机系统和网络中出现了重要信息，如果发现信息的企业管理者缺乏信息采集意识，不认识该信息的重要性，同样还会让这一信息丢失。

案例 1.10 康泰克退出市场的机遇

2000 年 11 月 16 日，我国国家卫生部鉴于感冒药中的 PPA（苯丙醇胺）成分可能导致脑血栓，诱发中风，宣布停止生产和销售 15 种含有 PPA 成分的感冒药，康泰克胶囊位居第一。康泰克是国内销售量最大的一种感冒药，凭借着药品本身的高质量和"主要用于缓解感冒初期症状"的功能，占有感冒药市场 40%的份额。它的退出，留下了巨大的市场空间。奇怪的是，直到 2001 年 9 月 4 日"新康泰克"重登市场，在长达 292 天的时间里，国内竟然没有一家感冒药产品来抢占这空出来的市场份额，乘机取代康泰克的市场地位。"新康泰克"依然雄居感冒药市场[①]。

这种千载难逢的商机，不是靠计算机信息系统可以抓住的。它之所以没有被利用，只能说明我国制药行业的管理者的信息意识太淡薄了，信息管理的水平太低。

案例 1.11 一张旧报纸提供的商机

重庆某橡胶股份有限公司叶先生，一次去昆明出差，住进宾馆后，发现室内的抽屉里有一张昆明钢铁公司的《昆钢报》，是几天前的一张旧报纸，显然是上一位住房旅客不需要而丢下的。就在他把报纸揉成一团准备扔进纸篓时，突然发现报上有一条简讯：昆钢公司材料供应厂即将进行改扩建招标。一个念头闪电般从头脑中掠过："材料供应厂改扩建，必然要增添新设备，新设备里会有输送机，输送机上需要橡胶输送皮带"，他想到这里，立刻根据报上的电话询问昆钢公司：材料厂设备招标开始没有？要不要输送带？对方回

---

① 谢丹. 康泰克事件与危机管理. http://wenku.baidu.com/view/74d969aad1f34693daef3e32.html [2015-12-31]

答，招标还没有开始，输送带与输送机合一招标。

他回到重庆，立即在重庆四处打电话寻找输送机厂，结果找到重庆钢铁研究院下属的输送机厂，马上与之联系，对方正在准备投标，且正为没有找到合适的输送带厂家着急。于是两家一拍即合，联合行动，一举中标。其中输送带一项获得订货300多万元[①]。

叶先生到昆明出差，并不是为了调查昆钢材料厂改扩建工程招标去的，能够在事先毫无思想准备的情况下，从一张废弃的旧报纸上发现商机，并能从昆明到重庆地把发现的商机变成现实的效益，这种商机的获取，靠的不是计算机系统，全凭他个人的素质、修养和能力，计算机信息系统并没有帮他什么忙。

（3）企业内部员工信息的获取，计算机系统无能为力。在企业内部，有许多信息是管理者实施管理所必需的，尤其是企业员工的信息，他们的精神状态、工作态度、思想压力、个人困难等信息，都是管理者管理工作所需要的。这些信息的采集，无法从计算机系统上获得，只能是管理者通过与员工的直接接触、进行面对面地沟通来获得。

此外，企业管理者要利用非正式组织来获取信息、处理信息，要进行企业战略策划，要获取竞争对手的信息等，这些都是不能用计算机进行管理的。

前微软（中国）有限公司总裁高群耀曾经撰文说："如果不涉及职员见面交流的需求和企业安全的保障体系，微软可以不需要办公室，所有的人都回家上班工作。"[②]很明显，在微软这样一个高度信息化的企业里，计算机系统也不能代替一切管理工作。

可见，计算机系统并不能解决企业内的所有问题，企业还有许多不使用计算机的信息管理任务。运用计算机信息系统进行管理只是信息管理的一部分。

1.3.2　企业信息管理就是对信息部门的管理

在企业内，这种认识还比较普遍，以为企业信息管理工作就是管好企业的信息部门，具体的信息管理工作是信息部门的任务。

因此，企业设置一个信息主管（CIO），或者是指定一名副总经理来兼管，企业的高层管理者（CEO）通常是不管信息管理工作的。

产生这种认识的原因，可能与传统的财务管理、人事管理的理念有关。因为在一般单位里，财务管理就是财务部门的事，人事管理就是人事部门的事，企业高层管理者只要抓好财务部门、人事部门就可以了。所以，当信息管理提到议事日程上来的时候，自然也就认为信息管理就是对信息部门的管理。

其实，这种认识是不全面的。这主要有以下两个方面的原因。

1. 信息管理与财务管理、人事管理有所不同

常规管理中的财务部门、人事部门，其工作的内容、规律和方法，企业高层管理者都是懂得的。他们能够理解部门工作人员提出的方案、建议，并有能力判断这些方案、建议的正确或错误。他们会支持财务部门、人事部门的正确方案，不会同意财务部门、人事部

---

① 根据教学中MBA学员的作业改编，2015年
② 高群耀. 用网络管理微软. 中国经营报，2000，7（37）：11

门的错误方案，做出违背财务工作、人事工作规律的错误决策。所以，看起来企业高层管理者好像只是在管理财务部门、人事部门，实际上他们自己是直接参与财务管理、人事管理的。

但是，信息管理则不同。信息管理是一种新兴的管理模式，企业高层管理者一般并不懂得或并不熟悉信息管理的规律、方法和内容。那么，一个不懂得信息管理的总经理（CEO），就没有能力判断信息部门或信息主管（CIO）提出的建议、方案是否正确，有可能轻易否定信息部门或CIO的正确建议，也可能会盲目肯定信息部门或CIO的错误方案，做出违背信息管理规律的错误决策。

所以，为了管好信息部门，企业高层管理者要学会如何进行信息管理。

2. 信息部门和企业高层管理者的管理角度不同

企业的信息部门作为一个职能部门，他们工作的出发点，本能地就是比较注意本部门目标的实现，对于企业的总目标一般都不关心，往往很不关心，甚至为了部门目标不惜损害企业的总目标。而企业高层管理者的工作出发点总是企业的总目标，高层管理者认为有意义的信息、思想、做法，信息部门的工作人员不一定能够认识到，因而有可能丧失许多机会。更何况在非信息部门里也有许多信息管理的任务，也需要企业高层管理者检查、督促那些部门的人员去从事信息管理。所以，企业高层管理者（CEO）的职责要求他必须学会从事信息管理。

综上所述，正如吴启迪教授指出的，企业信息化向企业最高领导者提出了挑战——对CEO的要求：把信息管理作为企业管理的主业。所以，企业信息管理应该成为CEO熟悉的经常性管理业务[①]。

1.3.3 企业信息管理就是企业信息资源管理

这种认识，在企业里有，在高校信息管理学教师中也有。持这种认识的人多数是基于信息管理发展阶段的观点。

关于信息管理的发展，现在普遍认为经历了三个阶段：传统文献信息管理、现代信息技术管理、当代信息资源管理。后来，也有人提出还有竞争情报管理、战略信息管理（知识管理）等，所以认为是五个阶段。不过，后者也都认为竞争情报管理和战略信息管理是信息资源管理的发展。而当今社会已经进入第三阶段或者第五阶段，即信息资源管理阶段。所以，信息管理就是信息资源管理，企业信息管理也就是企业信息资源管理。

其实，这种认识并不妥当。因为上述各个阶段并不是前后更替的，并不是进入信息技术管理时期后，传统文献信息管理就结束了；也不是进入信息资源管理时期之后，信息技术管理就结束了。

将信息作为资源进行管理，确实标志着信息管理进入了信息资源管理时期，但企业同时还需要对企业文献信息进行管理，还需要运用信息技术对在线信息进行管理。企业内信息资源管理、文献信息管理、信息技术管理是三者同时存在的。所以，企业的信息资源管理仅仅是企业信息管理的一部分。

---

① 吴启迪. 关于信息化带动工业化的若干思考. 现代信息技术，2002（3）：1

在企业信息化进程中，有的企业见效不大，有的半途而废，有的企图一劳永逸，结果欲速则不达，有的只见设备不见人，甚至出现企业信息化只见花钱不见效果的"投资黑洞"现象等，究其原因与以上三大认识误区有关。

所以，尽快地提高企业管理者对企业信息管理的认识，走出认识误区，是推动企业信息化、提高企业信息管理成效、提升企业竞争力的关键。

1.4 企业信息管理学

企业信息管理学，是以企业信息管理活动的具体实践及其管理成果为研究对象，研究企业信息管理活动的基本规律和方法的学问。

企业信息管理学是企业管理学与信息管理学的交叉学科。

企业信息管理学是企业管理学中的一个独特的分支，是信息管理学理论在企业管理实践中的应用所产生的结果。

1.4.1 企业信息管理学的研究对象

1. 研究对象与学科成立的关系

毛泽东同志在《矛盾论》中说："科学研究的区分，就是根据科学对象所具有的特殊矛盾性。"[①] 可见，独有的研究对象是衡量学科能否独立存在的标准。

当我们在比较两个学科时，就是比较两个学科的研究对象。

如果二者完全相同，则只是同一个学科；如果二者相互交叉，部分重合，那是两个学科，是两个相互交叉的学科；如果前者包容在后者之中，则前者是后者的子学科；如果二者既不相同，又不包容，那就是两个不同的学科（图1.4）。

任何一种理论，只要具备了特定的研究对象，就具备了发展成为一门独立学科的必要条件，即使该理论体系尚不完善，非牛非马，也是如此。

所以，确立企业信息管理学的研究对象，不仅仅是学科研究的需要，也是学科自身发展的需要。

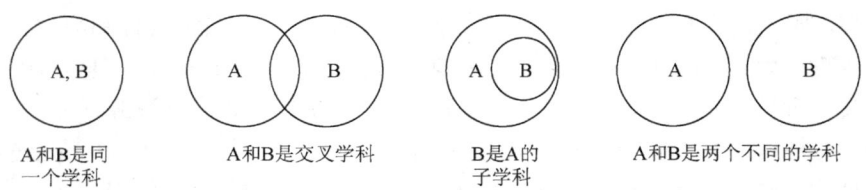

A和B是同一个学科　　A和B是交叉学科　　B是A的子学科　　A和B是两个不同的学科

图1.4　学科研究对象与学科独立性的关系

注：图中圆圈A表示学科A研究对象的范畴，圆圈B表示学科B研究对象的范畴

2. 企业信息管理学研究对象的分析

企业信息管理学的研究对象，是整个企业信息管理活动的全过程和信息管理活动的结果。

---

① 毛泽东. 毛泽东选集（合订一卷本）. 北京：人民出版社，1964：284

"全过程"指的是企业信息管理活动的全过程,包括信息的采集、加工、处理、存储、传播、利用以及资源配置、系统开发、技术更新、运行维护、管理决策等全部企业信息管理活动的过程。研究企业信息管理,首先是研究信息管理活动的过程,研究这一过程每一个环节对最终管理成效产生影响的规律和作用机制,为企业信息管理者提高信息管理水平提供理论指导。企业管理者要提高信息管理的水平,就必须从企业信息管理活动过程中每一个环节入手,才能达到目的。

"结果"指的是各种各样企业信息管理活动的结果。

之所以用"结果"一词,是指既包括成功的企业信息管理活动的成果,也包括那些平平的、失败的企业信息管理实践。企业信息管理活动的结果,形式多样,有书面的,也有口头的;有过去的,也有现在的;有成功的,有平平的,也有失败的;有自己亲身经历的,也有他人的实践或经验。

将"结果"作为研究对象,既要研究结果本身,也要研究出现这一结果的过程;既要注意那些成功的优秀的信息管理成果,也研究那些平平的、失败的信息管理实践;研究在这些信息管理实践的过程中,对获得成功产生作用的有哪些具体环节和作用机理,找出经验和规律来;研究造成平平乃至失败结果的有哪些具体环节和作用机理,找出解决的办法来。

企业信息管理活动的结果,无论是成功的,还是平平的、失败的,都是企业信息管理客观规律的具体体现,研究它,可以更直接地帮助我们寻找、总结企业信息管理的规律,建立更接近于实际的企业信息管理理论。

3. 企业信息管理学的学科独立性

根据对企业信息管理学研究对象的分析,我们看到它与任何一个学科的研究对象都不完全重合,是任何一个学科的研究对象也代替不了的,局部研究对象的交叉是由学科交叉所决定的。所以,企业信息管理学研究对象的唯一性决定了企业信息管理学的学科独立性。

(1)企业信息管理学与信息学。信息学的研究对象是信息和信息活动,与企业信息管理学的研究对象完全不同,所以它们是两个不同的学科。

(2)企业信息管理学与信息传播学。信息传播学的研究对象是信息传播的实践,其中自然会涉及信息传播的管理;企业信息管理学中虽然也涉及信息传播的管理,但是仅仅是企业内的信息传播,仅仅是企业信息管理活动过程中的一个环节,并不涉及信息传播的其他问题。可见,二者的研究对象在信息传播管理上有交叉,所以,它们是交叉学科。

(3)企业信息管理学与信息产业学。我在《信息产业学》(2001)中指出:信息产业学的研究对象是信息产业的产业形态和产出形态。在这个定义中所说的"产业形态",就包括信息企业和非信息企业的信息管理问题。企业信息管理学的研究对象是涵盖一切企业的,自然包括信息企业在内。可见,二者在信息企业的信息管理上是重合的,即二者的研究对象也有交叉,它们也是交叉学科。

(4)企业信息管理学与信息管理学。我在《信息管理学》(2001)中指出:信息管理学的研究对象是一切信息管理活动的全过程和管理结果。

这里的"全过程"和"结果"是包容了企业信息管理活动"全过程"和"结果"的,

就是说，信息管理学的研究对象包容了企业信息管理学的研究对象，所以企业信息管理学是信息管理学的子学科。

1.4.2 企业信息管理的学科体系

具备独有的研究对象，只是学科成立的必要条件，就是说，学科能够独立。但是学科是否已经独立，则在于该学科是否已经形成了独立的较为成熟的理论体系。加上这一条，学科成立就具备了充分条件。用数学术语来说，当某一命题具备了充分、必要条件之后，该命题即可成立。学科的建立也是如此。

随着企业信息管理研究的深入，企业信息管理学的基本内容不断丰富，理论体系已经初步成熟。综合已有成果，企业信息管理学的学科体系包括以下六点。

(1) 企业信息管理的基本理论。主要研究企业信息管理的定义、分类、特征、社会功能；企业信息管理的原则、程序、方法、体系结构等基本理论，企业信息管理的形成与社会、政治、经济发展的关系，及其成长条件与兴衰理论等。

(2) 企业信息基础设施及其建立的理论。主要研究企业信息基础设施的概念、特征、组成结构，企业计算机信息系统和信息网络的开发，信息技术装备的配置，企业非计算机信息系统（包括企业信息机构、企业信息资源设施以及企业信息管理工作规章制度等）的建立，企业信息管理工作人员的配备等。

(3) 企业计算机信息系统及其管理的理论。主要研究企业计算机信息系统（即在线信息系统）的日常运行与维护，企业计算机信息系统的应用管理的内容、系统管理制度、标准化，系统的审计、再开发、改善和重建，企业电子商务、办公自动化系统、企业网站等企业专门计算机信息系统的管理，以及企业信息化的概念和信息化建设的管理。

(4) 企业非计算机信息系统及其管理的理论。主要研究企业内非计算机信息系统（即非在线信息系统）的运行管理，企业战略信息管理、企业竞争情报的管理、企业信息公开和保护的管理、企业会议的管理、企业文献信息系统的管理、企业知识管理、企业信息行为的法律道德管理等企业信息活动及其类型、功能、利用等。

(5) 企业信息管理的测度理论。主要研究企业信息管理绩效的测度理论和测度方法，企业信息化水平和绩效的测度理论和方法，包括：测度指标体系的建立、数据采集、测度指标的测定和权重的确定以及计算方法。

(6) 企业信息管理者理论。主要研究企业信息管理者及其群体的概念、范畴，以及他们的素质、修养、能力的内容结构以及三者之间的作用机制，企业管理者信息行为理论，企业信息管理者及其群体的素养能力的自我提高等。

1.4.3 企业信息管理学的产生与发展

1. 企业信息管理学产生的原因

1) 企业信息管理活动发展的需求

随着知识经济、信息经济的发展，企业和市场的信息化程度越来越高，企业的信息活动越来越广泛，企业信息现象越来越复杂，企业对信息和信息活动管理的需求越来越强烈，使得企业信息管理活动的数量越来越大，发展速度越来越快，于是就提出了探讨企业信息管理活动规律的需求。

此外，在企业管理决策活动中"谋"与"断"的分离，使得专门从事"谋"的信息管理工作从企业管理劳动中分离出来，独立成为一种专门的职业劳动，并迅速发展起来。企业内出现了专门为本企业提供信息管理服务的机构，社会上出现了专门向社会提供信息管理服务的机构和企业。这些专门向内部或向社会提供信息管理服务的企业，要做好服务也迫切需要信息管理理论的指导。

案例 1.12　长安福特公司的崛起

重庆长安福特公司生产的"长安福特"汽车市场效果很好。当年，在长安福特公司成立之前，新的长安福特公司肯定不能沿用老的国有企业长安公司的管理模式，但是究竟应该用什么模式？长安公司找了重庆一所大学、一个咨询公司和广州一个咨询公司，要求他们提出新的长安福特公司管理模式的方案。

这样，长安公司得到了三个方案，他们的任务就是在这三个方案中选择一个作为长安福特公司的管理模式[①]。

在案例中，长安公司使用的是现代科学管理决策的方法。在这个方法中"谋"与"断"就分离开来了。咨询公司专门从事"谋"的工作，而企业管理者的精力和所做工作，则只是在方案的选择上。

2）企业内部信息管理活动发展的需求

在社会信息化程度越来越高的今天，各类企业，不论它是信息企业，还是非信息企业，即通常所说的传统企业，在其日常管理工作中，传统的管理方式已经不敷使用，企业管理者的决策对信息的依赖性越来越强，而决策所需要的信息，不仅其复杂性越来越高，可用性越来越差，而且要获得可用的信息也就越来越困难，所以，企业信息管理的任务越来越突出。这就是说，企业对信息的需求和企业信息管理活动的发展，迫切需要企业信息管理理论的指导。

3）企业信息管理学学科发展的需求

企业信息管理学一旦产生，就担负起指导企业信息管理实践的任务。当前，我国乃至全世界，企业信息管理学理论的发展滞后于企业信息管理的实践，要满足指导企业信息管理实践的需求，十分迫切需要对企业信息管理的规律、方法等理论进行深入、细致、全面的研究。

然而，已有的信息管理理论，包括图书馆学、档案学、情报学等，都只是面向专门信息机构的信息管理理论，并不是关于企业的信息管理理论，其内容范畴也只属于文献信息的范畴。固然，在企业信息管理中也有企业文献信息管理工作的任务，但是企业信息管理不只是文献信息管理，还有其他信息管理任务。可见这些已有的信息管理理论和模式不能完全适合于企业信息管理的需求。

20 世纪 80 年代以来，计算机科学的发展，给企业的信息管理带来了新的转机。随着计算机管理信息系统的发展和深化，从 MIS、DSS 到 SIS，各种各样的计算机软件系统给

---

① 本书作者根据调查材料编写，2015 年

企业管理也确实带来了许多高效处理事务的便利和经济效益。但是，计算机系统毕竟只是工具，并不能帮助管理者处理所遇到的一切信息，更不能代替管理者的思维，不能完全满足企业信息管理的需求。

于是，专门适用于企业管理的"企业信息管理学"问世了。所以，企业信息管理学的产生和发展是学科自身发展的需要。

2. 管理学、信息学和计算机技术领域关于企业信息管理的研究

国内外在管理学、信息学、信息管理学领域和计算机信息技术应用研究中关于企业信息管理的研究，是企业信息管理学得到发展的重要学科渊源。

关于这方面的情况，本书在第二版已经作了详尽的论述，这里就不重复了。

案例分析

案例 1.13 张工程师的决策

2010 年 6 月的一天，重庆渝盛仪表厂的张工程师带着一个三人小分队走访本厂客户来到湖北省荆门第一炼油厂，正好本厂生产的 20 台流量计到货。荆门第一炼油厂在开箱验收时竟然有 12 台精度超差，不合要求，当面提出要退货。张工程师立即到现场了解情况，每台仪器都有出厂合格证。张工程师知道本厂产品出厂要求严格，既然有合格证，说明在厂内的检测设备上是合格的，现在用荆门第一炼油厂的设备检测精度超差，很明显是由于两套检测设备标定系统不同的结果，但要以此说服荆门第一炼油厂接受，很难；邮寄回厂重新调试后再发回来，还可能会是如此；向厂里报告，让厂里派人来修，一是耽误时间，二是很可能也就让自己来修。所以，要尽快修好，只有自己当场调试修理。但是，小分队并没有修理调试的任务，万一调不好，自己责任大。最后，张工程师决定自己当场修理调试。结果花了两天时间将 12 台流量计全部调试合格。

（本书作者根据信息化调研资料改编）

讨论题：

案例中，张工程师的决策过程是一次正确决策的过程。那么，张工程师的决策过程是企业信息管理过程？还是企业常规管理过程？为什么？

［思考题］

1. 什么是信息？企业信息的一般特征和个性特征各包括哪些内容？
2. 企业信息的类型有哪些？我们应该如何应对这些不同类型的企业信息？
3. 企业信息有哪些功能？企业信息具有"管理与协调功能""教育功能""科学功能"的说法对不对？为什么？
4. 什么是企业信息管理？企业为什么要进行信息管理？企业信息管理的特征是什么？它包括哪些内容？在这个问题上有哪几个认识误区？为什么？
5. 为什么说"企业信息管理和企业常规管理是并存一体的"？在企业信息管理实践

中确立这个理念有什么意义?

6. 企业信息管理学的研究对象是什么？为什么说它是独立的学科？

7. 企业信息管理学作为一门学科，同信息学、信息传播学、信息产业学、信息管理学等学科，各是什么关系？为什么？

8. 学科成立的条件有哪些？为什么说即使现在的企业信息管理学科的理论体系并不适当，企业信息管理学还是一门独立的学科？

第 2 章

企业信息管理的原则

开篇案例

三菱公司利用非洲扎伊尔叛乱信息为企业服务

1973 年 3 月的一天早晨,日本东京三菱公司信息分析人员松山,由于头天晚上开了一点夜车,早上起床晚了一点,一边忙着洗漱,一边听着早间电视新闻。突然一条简讯吸引了他,他赶忙走到电视屏幕前,简讯已经播完了。

于是他赶紧吃完早餐,一边嘀咕着"扎伊尔发生了叛乱(扎伊尔今称刚果(金))",一边驾车急匆匆直奔公司。

一到公司,松山拿着刚刚在路上买的一份早报,一边说"扎伊尔发生了叛乱",径直向公司总裁办公室跑去。

总裁说:"扎伊尔与我们相隔万里,它发生叛乱,与我们公司有什么关系?"

松山喘吁吁地说:"不!有关系!同扎伊尔相邻的是赞比亚(图 2.1),那是世界上最重要的产铜基地。如果扎伊尔的叛军一旦向赞比亚移动,进而切断交通,就必然会影响世界市场上铜的数量和价格……"

总裁没等松山把话讲完,激动地站了起来说:"有道理!"立即拿起桌上的电话,拨通了三菱公司驻赞比亚首都卢萨卡分公司的长途电话,命令他们密切注视扎伊尔叛军的动向。

不久,叛军果然向赞比亚铜矿地区移动。这时世界各新闻机构和商界都没有反应,市场上铜价也没有波动,于是三菱公司趁此机会买进大批铜材。

随着扎伊尔局势的变化,世界市场上铜价猛涨。当每吨铜价涨了 60 多英镑时,三菱公司将所购之铜抛出,轻易地赚了一大笔钱[①]。

---

① 据中山大学出版社 1995 版胡继武《信息科学与信息产业》153 页和《乘火打劫之例说:三菱公司发战争财》,http://blog.sina.com.cn/s/blog_4ab8f28f0100070l.html[2015-12-31]所载原文改编

图 2.1 扎伊尔地理位置图

讨论题：

1. 当年扎伊尔发生叛乱，全世界都知道，为什么只有三菱公司一家发财？
2. 三菱公司的这一行为说明了什么样的信息管理原则？
3. 根据这一案例，说说素质、修养、能力三者之间的关系。

企业信息管理的原则，指的是企业信息管理者在实施企业信息管理时观察问题、处理问题的准绳。

实践表明，在不同企业的信息管理中，每一位企业管理者只有按照相同的观察问题和处理问题的准绳行事，才可能获得相似的管理效果。

本章所述的企业信息管理的原则，是在所有企业信息管理活动中都应该遵循的原则。

2.1 系统原则

企业信息管理的系统原则，是以系统的观念和方法，立足整体，统筹全局地认识管理客体，以求获得满意结果的管理思想。

企业信息管理中之所以存在系统原则，理由有三。

（1）因为企业信息管理的客体对象本身就是一个系统，而且是另一个大系统的子系统。这一点现在已是常识了。

（2）企业信息系统是企业信息流的通道，是企业信息功能得以实现的前提和基础，要管理企业信息和企业信息活动，就离不开对企业信息通道（系统）的使用和管理。

（3）企业信息系统是对企业信息和企业信息活动进行管理的重要工具，任何企业信息管理的意图最后都是通过系统实现的。离开了企业信息系统，很难使企业信息管理获得成功。

系统原则的内容包括整体性、历时性和满意化等三个理念。

2.1.1 整体性理念

整体性理念,指的是企业信息管理者在管理中应该把管理客体作为一个合乎规律的由若干个部分组成的有机整体来认识。

具体表现在以下三个方面。

1. 系统整体效应的发挥是以整合合理和管理得力为前提的

"整体效应"指的是:系统的整体功能大于组成系统各个部分的功能之和。

任何系统都是由若干部分组成的,都具有整体效应。所以,在企业管理中许多企业都热衷于企业兼并和整合。

但是,这种整体效应不是自动发生的,也不是必然发生的。整合后新系统的整体效应,是以系统整合时整合合理和整合后管理得力为前提的。

整合合理,指的是整合进新系统的各个部分要具有某种相关性,相关性越强就越合理。管理得力,指的是整合之后,对新系统的管理工作能够跟得上。这两条做到之后,整合后的新系统才具有整体效应。

案例 2.1　王麻子剪刀厂为什么会破产

北京"王麻子"剪刀,始创于清朝顺治八年(1651年),拥有"南有张小泉,北有王麻子"的品牌声誉,新中国成立后成为北京剪刀业的象征。

王麻子剪刀厂1956年公私合营,1959年正式命名挂牌成立。1980年、1988年连续获国家银质奖。20世纪90年代初,企业经济效益创历史最高水平,年上交利润近200万元,企业累计创利税相当于国家建厂投资的4倍以上。

可是,2003年1月,这个在中国剪刀市场一直占据半壁江山的"王麻子"向北京市昌平区法院申请破产[1]。

案例中的王麻子剪刀厂为什么会破产呢?记者在报道此事时,分析其破产的原因之一是"在相关部门的安排下,20世纪90年代中期,王麻子剪刀厂与十几个不相干的企业组成了王麻子工贸集团"。从信息管理原则的角度来看,就是整合不合理,因此不会产生"整体效应",导致失败。

再如,2002年的11月29日,造汽车的重庆"长安"与造酒的宜宾"五粮液"宣布联合起来造"长安星"酒[2],2009年3月28日,"五粮液"又宣布和华晨汽车集团联手造汽车[3],都没有获得满意的结果,其原因就是整合的两个企业相关度几乎为零。这样整合后的新企业没有整体效应,就不会有多大的发展。

还有,在国内高等学校合并中,为了办综合性大学,把理、工、农、医、文、法等学

---

[1] 宋喜燕. 王麻子剪刀厂申请破产. 京华时报, 2003-1-23(B27). http://www.people.com.cn/GB/paper1787/8325/784146.html[2015-12-31]

[2] 五粮液与长安联手出击一亿元酿造"长安星"酒. http://www1.chinaccm.com/12/1203/120301/news/20021017/171320.asp [2015-12-31]

[3] 五粮液"酒后驾车",多元化驶向何方. http://money.163.com/09/0328/10/55G1TGC300252KFB.html [2015-12-31]

科的大学合并，自然具有相关性，但是合并后的新学校的发展并不一样，有好的，也有差的，究其原因，就是有的学校在合并后管理跟上去了，就办得好；有的学校管理跟不上，自然效果就差。

2. 系统是开放的，管理中需要正确处理自身与上位系统的关系

任何一个系统都是开放的，它必然从属于另一个更大的系统，是另一个更大系统的子系统。于是在管理中就有一个自身与上位系统之间的关系问题。

信息管理的整体性原则要求，一项工作，如果在本系统（局部）是可行的，是应该做、需要做的，但是从上位的大系统（整体）来看是不可行的，那么局部就不能"行"，即本系统不能做。

如果从上位的大系统（整体）来看是可行的、必需的，而在局部看来是不可行的，则局部仍旧必须"行"，即本系统必须做。

案例 2.2　合情合理的建议为啥不批准？

某大学的商学院，为了留住年轻教师，决定从本院的创收中提取部分资金，补贴年轻教师购置住房。因为年轻教师按照工龄、职称排队参加全校的分房，一般都要很长的时期才可能实现。这样，高水平的年轻教师就有可能流失，所以商学院的这一动机，无疑是合理的。

但是，消息很快在全校传开，同样具有创收收入的学院就提出，它商学院可以这样做，我们也要这样做；没有较高创收收入的学院也提出，同样在一个大学，它商学院可以做，我们也要这样做，学校应该给我们资金支持。

结果，这件事报到学校之后没有得到批准[①]。

案例 2.3　中国电信"一分为三"的道理

1998 年信息产业部成立时，中国电信与信息产业部完全脱钩，并且"一分为三"，分成移动通信、卫星通信与中国电信。这样，中国电信不仅失去了原先全国垄断的地位，失去了利润大的移动通信业务，而且还背上了如退休职工、电信普遍服务的亏损和原有债务等许多负担，所以，分拆对于中国电信是不利的。但是，电信行业从国家垄断走向市场竞争是世界范围内的大势所趋，中国电信行业要走向世界市场，不尽快地培育、壮大中国的电信企业是不行的，所以中国电信不得不实施"一分为三"的决定[②]。

案例 2.2 结果产生的原因：局部可行、整体上不可行的事，则局部也不能实行。从全校来看，商学院的建议再合理也不能做。而案例 2.3 产生的原因：整体可行、局部上不可行的事，局部必须执行。"一分为三"对于中国电信不利，中国电信也必须去做。

3. 系统是一个整体，处理问题时不能将部分割裂开来认识

系统的整体性质、规律及其功能，存在于各个部分之间的相互联系之中，信息管理者只能从整体和部分的相互关系上来揭示管理客体的运动规律，如果孤立地认识每一部分的性质和规律，就不能揭示系统的整体属性。

---

① 本书作者根据自己的调查结果编写，2015 年
② 柏猛. 别无选择的中国电信. http://www.doc88.com/p-225229334833.html [2015-12-31]

尤其是人们在考察实际工作时，只能一个一个地分别加以考察，所以往往不自觉地把管理客体分割成若干个部分，在分别考察完之后只是机械地叠加起来，没有能够从整体的角度、从相互之间的相互作用和相互制约的角度来思考问题，也就是违背了系统的整体性，以致造成决策失误。

案例 2.4　引进了新的人才，得罪了原有的人才

某教授在引进重庆大学时，学校给了他 2 万元的安家费、1 万元的科研启动费。这时，学校正好有一栋教授宿舍楼竣工，学校分给了他一个三室一厅 90 平米的套房，并说这套房可以买，房价 2.9 万元。某教授很高兴地接受这个引进条件，到重庆大学工作了。可是，不到一个月就有老师满腹牢骚地给学校提意见，说："他是教授，我也是教授，他给重庆大学一天事还没有做，我给你重庆大学都干了一、二十年了，为什么我分不到这样的房子。"[①]

案例中提意见老师所说的话并不错。在实际工作中，有的企业为了引进人才，给了许多优惠条件，如工资、住房等比本企业内部同等水平、同等层次的人才所享受的待遇要高好多倍。这对于吸引企业外部人才固然有很好的作用，但是也显然会对企业内部原有的具有同等水平的人才产生不利影响，甚至会导致引进了新的人才，得罪了原有的人才，不利于留住人才。

从企业信息管理的角度来看，这里的问题就是没有把系统看成一个整体，将系统内的各个部分（引进的人才、原有的人才）割裂开来的结果。

2.1.2　历时性理念

历时性理念，指的是企业信息管理者在管理中必须注重管理客体的产生、发展的过程及其未来的发展趋势，要认识到管理客体是一个随时间推移而变化着的系统，并根据管理客体在变化过程中所表现出来的规律来认识管理客体。

这是整体性理念在时间维上的体现，它要求企业信息管理者在纵的方向上来认识系统的整体性特征。

系统作为一个整体，有一种自适应能力。随着系统内外环境的变化，系统自身能够随之变化，或者变得越来越强，或者变得越来越弱，乃至消亡。企业信息管理者能够把握这种变化的规律，就能够使自己管理的系统走向强大，避免衰退和消亡的发生，即使是避免不了的消亡，也能够寻找到新的发展点。

案例 2.5　企业信息化的最高成熟阶段在变化

企业信息化一般要经历从初级到高级的、不断成熟的成长过程。美国管理信息系统专家诺兰（Nolan）在 1973 年提出、1980 年进一步完善，形成了信息化发展阶段的诺兰模型[②]。诺兰模型表述的最高成熟阶段是企业已经实施了管理信息系统（MIS）。可是，到了 2015 年的今天，MIS 只是一个中级水平的系统，今天企业信息化发展成熟阶段的标志就

[①] 本书作者根据自己的调查结果编写，2015 年
[②] 诺兰模型. http://baike.baidu.com/view/670390.html？fromTaglist [2015-12-31]

不是 MIS 了。这就是一个历时性的标准。

2.1.3 满意化理念

满意化理念，指的是企业信息管理者在管理中必须对管理客体进行优化处理，从整体的观念出发，调整整体与局部的关系，拟定若干可供选择的调整方案，然后根据本系统的需要（目的）和可能（条件），选择满意度最高的方案。

它包括以下两层含义。

1. 企业决策方案的选择标准是"满意"而不是"最优"

在决策方案选择的标准上，实际操作时有三种可能：满足、满意和最优。

"满足"，指的是决策者在找到一个比较适合的方案后，虽然也知道还可以找到更加合适的方案，但是他不愿意再找了，满足于已经获得的方案。

"满意"，指的是决策者找到了最适合于自己的方案。

"最优"，指的是决策者意在寻找客观上属于最好的方案。

很显然，"满足"的标准并不合适，但是"最优"的也不合适，因为在企业管理实践中，那些普遍认为是最优的方案，对于一个具体的企业来说，并不是一定能够给企业管理带来很满意的结果。

决定企业信息管理工作成败的因素很多，某一方案从这一角度来看是最优，从另一角度来看可能就不优了；有的方案从理论上看是最优，但缺少可操作性，无法实施，也就不能选择；或者方案虽然最优，但成本投入太大，也是不值得选择的；或者方案虽然最优，但是本企业实施该方案的条件还不成熟，该方案现在也就不能选择，等等。所以，在实际工作中，只能是权衡利弊，统筹全局，兼顾各方，选择满意度最好的方案。

案例 2.6　"企业文化"管理模式在星龙公司的失败

星龙公司是一个经营业务涉及物业管理、制药和娱乐业的民营企业集团，净资产已经超过亿元。为了解决公司进一步发展所面临的许多困难，公司总裁聘请当地专家组成"专家咨询顾问组"进行诊断。

专家组认为，星龙公司应该以"企业文化管理模式"来代替目前正在实施的家族式管理模式。专家组还专门给公司高层管理者举办"企业文化"讲座，介绍了日本、美国先进企业实施企业文化管理取得的重大成绩，特别强调 IBM、惠普、索尼、松下等世界著名公司无一不是建立了令人称道的企业文化。可是，半年过去了，星龙公司的"企业文化"管理模式并无多大起色，更没有实现当初描绘的美好蓝图[①]。

"企业文化管理模式"在星龙公司的失败，并不能说明企业文化模式不是最好的，也不是 IBM、惠普、索尼、松下等世界著名公司的经验不灵了，是因为星龙公司的现状还不具备实施企业文化管理模式的条件。

因为企业管理一般要经历"经验管理（能人管理）阶段""科学规范管理阶段""企业文化管理阶段"的过程，星龙公司还处于"经验管理阶段"，要跳越"科学规范管理阶段"，

---

① 刘光春. 管理变革——你行走在哪个阶段. 商界，2001，增刊：18

去实施"企业文化管理"是不具备条件的。所以,"企业文化管理模式"虽然是最优的模式,但是,对于星龙公司来说却不是满意的模式。

2. 企业决策的满意化方案,可以通过调整企业信息系统的结构来实现

任何企业信息系统本身都是可以通过人为调整进行优化处理的。经验告诉我们,对于一个系统,局部最优,不等于整体就一定最优;局部不优,也不等于整体就一定不优。在企业信息系统中,组成整体的各个局部会因为组合方式的不同而使整体表现出强弱不同的功能,可能使本来都是最优的局部,却组成了不优的整体,也可能使本来不优的局部,却组成了一个满意的整体。历史上有名的田忌赛马故事就反映了这个道理。

案例 2.7 田 忌 赛 马

战国时期,齐国的田忌喜欢同齐威王赛马。由于齐威王的上马、中马、下马,都分别比田忌的上马、中马、下马要强,而且每次比赛都是上对上、中对中、下对下,所以田忌总是输给齐威王。后来,田忌采用了孙膑给他出的主意,以自己的上马对齐威王的中马,以自己的中马对齐威王的下马,以自己的下马对齐威王的上马,结果是两胜一负,田忌因此赢了齐威王[①]。

这就是中国历史上有名的"田忌赛马"故事。在故事的第一种情形时,齐威王的三个局部都处于优势,也组成了一个强势的整体;田忌的三个局部都处于弱势,组成的是一个弱势的整体。而在第二种情形时,田忌的三个局部仍旧是原来的三个局部,均处于弱势,但是却组成了一个强势的整体。

可见,是孙膑的策略使原来的三个局部弱势,变成了两个局部强势和一个局部弱势,组成了一个强势的整体,成为一个满意的整体。这就是通过改变内部组合对赛马系统的优化处理。

对系统作优化处理必须是局部优化以整体优化为指导,整体优化要通过局部优化来协调,从整体的结构设置和局部的协调相结合来达到优化系统的目的。

2.2 整序原则

企业信息管理的整序原则,是指对所获得的企业信息,按照某种特征进行排序的管理思想。

企业信息管理中存在整序原则的原因如下。

(1)企业信息管理中面临的信息量极大,如果不给予有序排列,查找起来会非常困难,甚至会发生已经采集到的信息,会因一时无法找到,而贻误企业决策的现象。

(2)整序之后,同类企业信息归并一起,就可以显现出这一类企业信息总体的内涵和外延,也能够发现所采信息的冗余和漏缺,以指导下一步信息采集工作。未经整序、散在排列的信息,在阅读后只能显示每一单条信息的内容,不能显示信息整体的相互关系的内容。

(3)同一组信息,由于提取的特征不同,得到的序列也不相同,所以企业信息管理者

---

① 见《史记·孙子吴起列传》

可以根据自己的需要选择信息的特征进行整序，以便获得自己需要的信息序列。

整序原则中有分类整序、主题整序、著者整序、号码整序、时间整序、地区整序、部门整序、计算机整序等方法。

2.2.1 分类整序

分类整序是以信息内容的某一特征作为信息标识，以该特征固有的层次结构体系为顺序的整序方法。它是按照划分的规则对拥有信息进行的划分。

1. 划分的规则

划分，逻辑学名词，是指将母概念（种概念、上位概念）分成为若干个子概念（属概念、下位概念）的过程。通常，这种划分被称作"分类"。

1）书刊资料信息分类的通用标准

作为在企业内提供给员工使用的书刊资料信息，通常使用通用的分类标准（表2.1）。

表 2.1 中国图书馆图书分类法分类体系简表

类号	大类名称	小类举例
A	马列主义、毛泽东思想	
B	哲学	
C	社会科学总论	C93 管理学
D	政治、法律	D63 国家行政管理
E	军事	
F	经济	F06 经济学　F23 会计　F22 企业经济
G	文化、科学、教育、体育	G2 信息与知识传播　G35 情报学、情报工作
H	语言、文字	
I	文学	
J	艺术	
K	历史、地理	
N	自然科学总论	
O	数理科学和化学	
P	天文学、地球科学	
Q	生物科学	
R	医药、卫生	
S	农业科学	
T	工业技术	TF 冶金工程　TH 机械仪表　TK 动力工程 TM 电工技术　TN 电子、电讯 TP 自动化、计算机　TQ 化学工业　TU 建筑
U	交通运输	
V	航空、航天	
X	环境科学	
Z	综合性图书	

国内有三个通用的文献分类标准：一是《中国图书馆图书分类法》（表2.1），简称"中图法"，使用范围最广。二是《中国科学院图书馆图书分类法》，简称"科图法"，主要在中国科学院系统使用。三是《中国人民大学图书馆图书分类法》，简称"人大法"，在中国人民大学发行的"报刊复印资料"中使用。企业的图书馆、资料室可以从中选择一个标准来分类。

2）采用逻辑学划分规则进行分类

对于那些不便使用上述通用标准进行分类的信息，可以按照逻辑学中关于划分的规则来进行分类。逻辑学概念划分理论认为划分必须遵守四大规则：划分必须相称、划分的子项不能越级、划分的子项不要互相交叉重复、每次划分的根据必须同一。

关于这方面的知识，感兴趣的读者可以看下面的"延伸阅读"。

◆ 延伸阅读 ◆

分类时需要遵循的概念划分四原则

逻辑学关于划分的理论告诉我们，划分的规则是：划分必须相称、划分的子项不能越级、划分的子项不要互相交叉重复、每次划分的根据必须同一。当人们对一个对象进行划分时，必须遵循这四条规则，违背这些规则所作的划分是不科学的，就要犯最基本的逻辑错误。企业信息分类时也应当遵循这四个规则。

1）划分必须相称

这指的是划分出的各个子概念的外延之和必须等于母概念的外延，既不能大于母概念的外延，也不能小于母概念的外延。

如果各个子概念的外延之和小于母概念的外延，那么，必定有一些本属于母概念的对象被遗漏了，就犯了"划分不全"或"以偏概全"的逻辑错误。

如果各个子概念的外延之和大于母概念的外延，那么，必定是把某些本不属于母概念范畴的对象当作子概念列了进来，就犯了"多出子项"的逻辑错误。

比如，关于"燃料"的文献信息，可以划分成"液态燃料""固态燃料""气态燃料"三个子概念。它们的外延之和同母概念"燃料"的外延相等。这样划分就是相称的，科学的。

如果划分成"液态燃料""固态燃料""天然气"三个子概念，由于"天然气"只是气态燃料的一部分，故三个子概念外延之和就小于母概念的外延了，属于"划分不全"逻辑错误。

如果划分成"液态燃料""固态燃料""气态燃料""固体材料"四个子概念，由于"固体材料"中有的可以燃烧，有的就不能燃烧，故四个子概念外延之和就大于母概念的外延了，是犯了"多出子项"的逻辑错误。

2）划分的子项不能越级

在划分后的子概念、子子概念体系中，属于哪一层级的子概念只能处在那一层级上，既不能上提，也不能下放。否则，分类体系就会混乱。这叫"子项越级"的逻辑错误。

比如，上述关于"燃料"的文献信息，若划分成"液态燃料""固态燃料""天然气""其他气态燃料"四个子概念，其外延之和同母概念"燃料"的外延是相等的，但是仍然不合要求，因为"天然气"这一个子项是属于"气态燃料"的下位概念，现在放在同"气态燃料"相同的层次上，属于"越级"，不妥。

3）划分的子项不要相互交叉重复

子概念不能相互交叉或重复，又叫子项互相排斥，指的是各子概念之间是不相容关系。如果划分的子概念是相容的，就会出现有一些对象既属于这个子概念又属于那个子概念，在分类体系中引起混乱。这叫"子项相容"的逻辑错误。

比如，上述关于"燃料"的文献信息，若在"气态燃料"下有一个"天然气"的子项，在"液态燃料"下有一个"液化天然气"的子项，这两个子概念是相同的，属于"重复"，不妥。

4）每次划分的根据必须同一

在同一次划分中，使用的"根据"只能是一个，即标准必须同一，不能在同一次划分中，同时采用两个或两个以上的标准。划分标准不同一，划分的结果就会相互包容，混乱不清，犯"混淆根据"的逻辑错误。

比如，关于"燃料"的文献信息，如果划分成"液态燃料""固态燃料""气态燃料""天然燃料""矿物燃料"等五个子项，其中"液态燃料""固态燃料""气态燃料"是根据燃料的"物态"来划分的。"天然燃料"是根据燃料生成的原因来划分的，它和"人工燃料"是同一个分类标准。"矿物燃料"是根据燃料的生态形式来划分的，它和"植物燃料"是同一个标准。可见，这里的同一次划分用了三个标准。

同一次划分的标准不同一，结果就会导致各分类项中都有相同名称的子项，在将具体信息归入各类别时就无法进行操作。比如，使用上述分类体系，一份关于煤的文献，究竟应该归入哪一类呢？因为煤既是固态燃料，也是天然燃料，也是矿物燃料。

2. 分类整序的步骤和方法

对于那些能够使用统一、规范的"图书分类法"进行分类的信息，分类整序的步骤比较简单。因为那些规范的"图书分类法"都已经规定好了分类的体系，并不需要我们去进行划分。我们所做的工作是选定其中一种"图书分类法"，并充分熟悉它的分类体系，然后分析将要对其进行分类的信息群，看每一条信息分别属于分类体系中的哪一级的哪一项，确定后给该信息标上分类号，分类工作就结束了。习惯上，这种工作称作"归类"。

对于那些不便使用"图书分类法"进行分类的信息，可以根据逻辑学划分的规则，按照以下四个步骤和方法进行分类。

1）提取特征，类间整序

这一步说的是：从将要对其整序的信息群中提取一个确定的信息特征，作为划分标准，在分类学中称这种"标准"为"标识"。然后按照上面所说的划分规则，用这个划分标准对所掌握的信息群进行划分，逐级划分出子项、子子项，形成一个上下衔接的类别体系。这就叫类间整序。

类间整序中的信息特征，是指企业信息所表现出来的某些性质。例如：

中关村大成智慧教育产业创新联盟网站在2015年11月12日发表的视频和论文《司有和：中国科学技术大学少年班办学实践对解答钱学森之问的启示》[①]

---

① http://mp.weixin.qq.com/s?__biz=MzIyNDA4ODEzNQ==&mid=400637952&idx=2&sn=ed5b6b7f464bd9a9759d0b3bfe6be579&scene=1&srcid=1231OuhNyjJKelgUpgvtoi4w#wechat_redirect[2015-12-31]

这条信息的特征有：
问题特征：少年班教育，钱学森之问
作者特征：司有和
地点特征：中关村
时间特征：2015年11月
主题特征：解答钱学森之问
载体特征：网络版文件
信源特征：中关村大成智慧教育产业创新联盟

上述特征都可以用来作为分类的标准，究竟具体提取哪一个特征，必须满足"方便用户检索"的原则。因为信息特征的提取，规定了信息整序后的排列规则。而排列规则会直接关系到用户的使用是否方便。信息特征提取不当，会使整序后的信息使用起来很不方便。

比如，企业收发室为了及时将地址不详的信件送到员工的手中，从企业人事部门要来了企业各个分厂、车间的人员名单。这个名单对收发室并不合用，就是因为信息特征提取没有满足"方便用户使用"的原则。企业人事部门编制的员工名单，为了管理上的方便，提取的特征是员工的所在部门。而收发室作为用户所需要的名单，只能是从员工姓名来查找员工所在单位。所以，只有提取姓名特征，对企业全体员工名单进行重新整序，即按姓氏笔划排列，查起来才方便。

2）确定类名，明白单义

分类体系列出之后，给每一层次的每一子项确定一个名称，即类名。类名要做到单义、明白、准确，不要给出"死类名"。

比如，某大学校选修课学生点名册，全校各专业学生都有，排序时先按年级排，每个年级再按专业排，所以专业名称是第三级类名。

可是，在所给的类名中，有一些类名（专业名）就不太合适。比如，"国经"，既可以理解为"国民经济"，也可以理解为"国际经贸"，就不是单义了。再像"工工""材控""金压"等就令人不知所云了。

"死类名"是指用户检索时根本不会想到的那种类名。

3）类内再整，字顺为序

在最低一层的类名之下，如果还有许多信息单元，则需要给这些信息单元再整序。这叫类内整序。

无论是类间整序，还是类内整序，通常是根据所提取的特征确定排序规则。

提取产品名、书名、作者名、出版社名和生产厂家名的，均以名称的字顺为序；提取型号特征、数字特征的，以序号从小到大为序；提取时间特征的，以时间的先后为序；提取功能、学科和内容特征的，以知识体系类型为序。

以字顺为序的，有音序法和形序法两种。

（1）音序法，指以汉字的汉语拼音为序的整序方法。采用汉语拼音法整序，要注意遵守一定的规则：可按汉字语词拼音的首字母为序，也可以按语词的全拼音排序。如"科学技术"，可按"kxjs"排序，也可按"kexue jishu"排序。在全拼音法中，可以按字拼写为序，也可以按词拼写排序。如"科学技术"，可按照"ke-xue-ji-shu"逐字排序，也可按

"kexue-jishu"逐词排序，还可以逐字母对比排序，或逐个汉字的"拼音-字形"相结合的排序。

（2）形序法，指以汉字的笔划为序的整序方法，包括：部首法、四角号码法和笔划笔顺法。

部首法，就是《新华字典》《辞海》中"部首索引"所显示的排序。

四角号码法，一种标识汉字的方法。它将汉字的笔画分成十类，编为"0～9"等十个序号，由汉字四个角的笔画，则可得到由四个不同数字组成的号码，这个四位数的号码就对应着一个汉字。这就是四角号码词典中的排序方法。

笔划笔顺法，是指先按笔划为序，即按信息单元名称首字的汉字笔划从少到多排序，在首字为相同笔划时，再按首字汉字起笔的不同为序排列。

起笔顺序的习惯是"一、｜、丿、丶、乙"。

如果起笔也相同，则按名称的第2个汉字的笔划为序。以下类推。

4）编号得表，基本稳定

给划分出来的类名编号，得到一个由类号、类名组成的"分类表"。

分类确定之后要保持分类表的相对稳定，不要随便改动。必要时可再编"类名索引"。

3. 分类整序的适用范围

分类整序的方法应用十分广泛，既可以用于公用信息的整序，也可用于自用信息的整序。只是在不同领域应用时，方法又有所不同。

1）公用信息资源整序

这指的是企业的图书馆、资料室、文书档案室所藏信息的分类整序。若是文献型信息，应严格按照学科来分类。最好用前面提到的标准分类法进行分类。

若是数据型或事实型信息，则可按实际拥有的信息，自定分类特征，按分类规则进行分类。例如，企业内组织机构的设置，各类档案的排放，财务账目分类体系的确定，各类论文、报告、文稿资料的结构安排，仓库物品的摆放，企业产品目录的排序和企业电话号码簿的编制等，都可以使用分类法来进行整序。不论哪种方法，都要考虑用户使用的方便。

2）自用信息的整序

这可不受分类规则的限制，也不必按学科分类，只要自己明白方便就行。在按分类规则分出的若干子项中，有的子项下自己又没有这方面的信息，就可删去这一子项；有的子项下自己有许多信息，就可再分得细一些。

比如，某人给自用信息分出"国企改革、市场行情、本厂产品、信息化、理论研究……"，其中"理论研究"一项，他只有一两篇文章，也属于国有企业改革的内容，于是就取消了"理论研究"这一项，把文章归入"国企改革"；相反，"市场行情"一项他有许多内容。因为企业的产品在北京、上海、广州、武汉、成都等8个城市都有销售点，所以他就把"市场行情"这一项分成8个子项。

2.2.2 主题整序

1. 主题整序的含义

主题整序是以能够代表信息单元主题的词语作为信息标识、再按词语的字顺为序的整序方法。给信息单元提取主题词的过程通常称作"主题标引"。

主题整序的种类很多，方法规则也比较复杂，一般都是由专门的图书情报专业人员来做的。但是作为企业信息管理者个人，有时也会用到主题整序，如在起草公文时，在撰写论文时，都需要标注主题词或关键词。

2. 主题整序的要求

主题整序的要求主要是主题词选取的要求。通常，要尽可能满足以下3点。

1) 必须选取能够代表信息单元主题的词语

所选词语并不要求一定是被整序信息单元的标题或正文中有的词。在实践中，许多人误以为只是标题上的词，甚至只是把标题中的词分开来写一遍。

比如，某大学学报发表论文《企业与雇员、商家的风险分担合同》时，标注的关键词是：企业、雇员、商家、风险分担、合同。这里标示的关键词，实际上就是将标题上的词分开来写。

可是，论文中的"企业""雇员""商家"并不能表示本文的主题，所以不必标在关键词中。而论文的主题是以委托代理理论为基础，得出帕雷托最优解，让雇员、商家都来承担企业的一部分风险：企业产量高时，雇员收入增加，商家得到回报；产量低时，雇员收入减少，企业得到商家的补偿。因此，论文里提到的"委托代理理论"和"帕雷托分析"却是反映论文主题的词语，应该标在关键词中。

2) 所选择的主题词，应该概念单一、准确

概念的外延应尽可能缩小，尽可能选择最接近信息单元主题的那个层次的词，即最低层次的词。

比如，重庆市某局下发的《关于申报"重庆市信息产业发展资金项目"的通知》所列的主题词是"信息产业、发展资金、项目、通知"。"通知"是公文名称，国务院办公厅关于公文主题词标注规定中明确规定要作为主题词。其他三个词，应该说也是能够代表这份公文主题的词，但是如果改为"信息产业管理、产业发展资金、项目管理"就更贴近公文主题了。

3) 尽可能地选择规范词

学术性文献应该选择正式出版的《汉语主题词表》中所列的规范词，公文用主题词应该选用国务院办公厅发布的《国务院公文主题词表》中所列的规范词。如果实在没有规范词，或者不熟悉主题词表，可以选用本学科内使用频率高、比较通用的词语。这些非规范的词被称作"关键词"。

3. 主题整序的适用范围

主题整序主要适用于公用文献型信息资源和机关公务文书的整序。

在对公用文献信息进行主题标引时，通常根据信息单元的内容选取3~8个主题词，再将各信息单元所选出的主题词按字顺为序排列。以后再有新的信息加入时，若已有的体系中已经有这一词语，则该信息即归入此处；若体系中没有这一词语，则按照字顺将此新词插入适当的位置即可。

2.2.3 其他整序

（1）著者整序，以著者姓名的字顺为序的整序方法。

（2）号码整序，以信息单元的固有序号为序的整序方法。
（3）时间整序，以信息单元发表的时间或事实发生的时间为序的整序方法。
（4）地区整序，以信息来源所在行政区划名称字顺为序的整序方法。
（5）部门整序，以信息来源的部门名称字顺为序的整序方法。
（6）计算机整序，运用计算机的排序功能，给存入计算机的信息进行整序的方法。可以是字顺的、音序的，也可以是分类的、主题的。

2.3 激活原则

激活原则指的是对所获得的企业信息进行分析和转换，使信息活化，能够为我所用的管理思想。

信息管理激活原则的存在，是因为企业信息不会自动地为企业管理者服务，未经激活的企业信息没有任何用处，只有在被激活之后才会产生效用。

信息激活能力是企业管理者信息管理能力的核心。所有的企业管理者都应该学会自己激活信息，还要学会利用"外脑"，即学会请社会上的信息咨询企业或专家为自己激活信息。信息咨询企业是专门为用户作"激活"信息服务的。

信息激活，以信息激活行为的主体为标准来划分，可以分为"个体激活"和"群体激活"两种。

"个体激活"指的是企业信息管理者个人的信息激活行为，具体方法有综合激活法、推导激活法和联想激活法。

"群体激活"指的是企业信息管理者群体的信息激活行为。群体激活是三种个体激活方法的综合运用，具体方法有：头脑风暴激活法、德尔菲激活法、对演激活法等。

2.3.1 个体激活法

1. 综合激活法

这是通过对已经拥有的众多相关信息，进行深入分析和理解，根据需要将它们逻辑地组合起来或加以转换，以求获得新信息的方法。

综合激活法可分为简单综合和辩证综合两种。

1）简单综合

这是"部分相加等于整体"的综合或"1+1=2"的综合，是将已有的众多信息，简单地合并在一起，以求获得新信息的方法。

由于合并信息的方式不同，又可分为以下5种。

（1）纵向综合。这是指将过去的信息和现在的信息合并一处，以求获得新信息的方法。比如，北京火车站的设计，中国古典建筑的外形，候车大厅是现代建筑的薄壳结构，大面积天然采光等，是综合了古今中外的建筑特征信息。

（2）横向综合。这是指将同一时期各种相互关联的、不同区域、不同方面的信息综合一处，以求获得新信息的方法。20世纪80年代，日本松下电视机曾经红极一时。这是因为松下公司分析了当时世界所有著名品牌的电视机，寻找每一品牌电视机最好的部件，然后用这些著名品牌电视机的最好部件,组装出全世界最好的电视机。这就是横向综合激活的方法。

(3) 方面综合,这是指将有关管理客体的某一个方面的全体信息提取出来,以求综合成新信息的方法。

比如,在企业专利战中,此法往往用来对付竞争对手的专利分割手段。因为专利技术反映了企业的最新技术发展动向,所以很受竞争对手的注意。于是企业在申请专利时,为了避免暴露自己的技术发展动向,就有意识地把自己的某一技术分割成若干个小技术,分别去申请专利,以求隐蔽自己技术发展的真实动向。于是,对某一时期内一个企业的全部专利技术进行简单综合,往往可以发现这个企业的技术研究动向。

再如,表 2.2 显示,我国在制定能源政策时,是了解了美、英、法、德、日等五国能源政策后经过简单综合激活确定的。

表 2.2　20 世纪 80 年代运用方面综合法确定我国能源政策

国别	能源资源状况	能源政策的重点	重视煤的液化和气化	开发大陆架石油	研究和采用节能技术	开辟地热太阳能资源	建立核电站
美国	煤炭资源丰富 石油依靠进口	提高煤炭产量	√	√		√	√
法国	优质煤缺乏 石油依靠进口	开采劣质煤为主		√			
英国	石油和原煤均依靠进口	研究采用节能技术为主		√	√		√
德国	无石油资源	开采本国煤炭资源为主	√				
日本	石油和煤都依赖进口	以水力发电为主		√		√	√
中国			√	√	√	√	√

资料来源:李又华,等. 情报研究. 北京:中国科学院文献情报中心,1990:70

(4) 外观综合。这是指将具有某种关联的若干外表现象、外观信息综合一处,以求获得新信息的方法。比如,在上海珠宝商店里可以买到镶有珠宝的 TCL 手机,则采用的是外观综合激活的方法。

(5) 纵横结合的综合,指针对若干拥有的信息,综合运用上述 4 种手段以求获得新信息的方法。比如,日本的钢铁工业发展很快,是因为它综合吸收了奥地利的转炉顶吹技术、美国的高温高压炼钢技术和西德的熔钢脱氧技术。

简单综合还可以用到我们初学写作的实践中。比如,我们通过 CNKI 数据库收集到几篇论文《关于我国中小企业核心能力研究的综述》《企业核心能力:特征、构成及其发展战略》《基于核心能力的现代企业管理》《基于模糊方法的核心能力识别和评价系统》《民营企业核心能力及其构建研究》和《浅谈我国企业核心能力的构建和管理》,那么,我们就可以通过使用简单综合的方法来撰写第七篇论文《××市××民营企业分核心能力的研究》。

2）辩证综合

这是"部分相加大于整体"的综合或"1+1＞2"的综合，是通过对已有信息的多侧面综合，并加以推演和发展，以求获得新信息的方法。它可以是综合后的深化，也可以是由简单综合出复杂，或者是从信息群中发现共同点的综合。

由于综合推演的方式不同，又可分为以下 3 种。

（1）兼容综合。这是将来自不同区域、不同角度、不同方面、不同层次的信息集中起来，兼顾考虑，进行推演，以求达到多样统一的综合。

案例 2.8　英国作家雅各布预测希特勒要发动世界大战

20 世纪 30 年代，希特勒背弃《凡尔赛条约》加快了扩充军备的阴谋活动。1935 年，英国作家伯尔托尔福·雅各布出版了一本名为《战斗情报》的小册子，大声疾呼"希特勒将要发动世界大战"，震动了全世界。

这本只有 172 页的小书，详尽地描述了德国军队从各大军区司令部到参谋部的组织结构，详细地列出了德军各级司令部、各师和各军管区的番号、编制、装备、人数、驻扎地点，甚至连最新成立的装甲师步兵小队也写了进去，而且具体无误地写出了 168 名德军陆军各级司令官的姓名和简历等。

希特勒对此大发雷霆，弄不清楚雅各布是如何窃取了德军组织机构的几乎全部情况。于是派出情报人员从瑞士将雅各布秘密绑架到柏林，并在盖世太保的总部审讯。

结果，雅各布的回答让希特勒及其上下官员目瞪口呆。雅各布说：我的小册子里的材料，全部都是从你们德国的报纸上得来的。比如，书中写的"哈济少将是第 17 师团的指挥官，并驻扎在纽伦堡"，那是纽伦堡报纸上的一则讣告上说的，讣告说新近调住纽伦堡的第 17 师团指挥官哈济少将也参加了葬礼。

在一份乌尔姆报纸的社会新闻栏里有一条消息，报道菲罗夫上校的女儿和史太梅尔曼少校举行婚礼。这条消息说菲罗夫上校是第 25 师团第 36 联队指挥官，史太梅尔曼少校是信号官。这则消息中，还提到一位从斯图特前往参加婚礼的沙勒少将，是当地驻军的师团指挥官[①]。

雅各布将这些来自不同区域、不同角度、不同方面、不同层次的信息集中起来，兼顾考虑，最后达到多样统一，揭示了"希特勒将要发动世界大战"这一最本质的新信息。这就是兼容综合的方法。

（2）扬弃综合。这是对若干内容上相互矛盾的信息，既不是全部抛弃，也不是全部接受，而是辩证地分析，扬弃其中的伪信息，保留真信息的综合方法。

案例 2.9　为了偷袭珍珠港发出的假情报

当年，日本军方为了偷袭珍珠港，从计划到组织实施长达三个月之久。在这期间，为了给偷袭做准备，不得不选择同珍珠港相似的海湾进行军事演习，反复进行模拟训练；派出大批间谍甚至潜艇去珍珠港刺探情报；在外交密电中不得已披露对珍珠港特别感兴趣

---

① 根据中山大学出版社 1995 出版的胡继武《信息科学与信息产业》149 页和 http://wenda.haosou.com/q/1384527815061048[2016-01-07]所载原文编写

等。这些都是日军不得已要做的真信息。

与此同时，为了掩盖其真实意图，又故意做出一些假信息。

比如，与此同时，日本任命与罗斯福总统私交甚厚的海军上将野村为驻美大使。在临近偷袭之前，日本驶往美国檀香山的商船照开不误，还将大批的日本水兵接到东京度假等。在日军的外交密电中，故意发出大量的关于菲律宾、关岛的信息资料，相比之下，有关珍珠港的情报资料最少①。

这些措施扰乱了美军的注意力，帮助日军偷袭珍珠港成功。

在上述案例中，美军对于日军所发出的真真假假的信息不可能不知道，但没有进行扬弃综合，也就没有能够发现日军的真实意图，以致日军飞机都已轰炸结束，许多美国官兵还以为是自己的军队在作军事演习。

再如，前面提到的用简单综合来对付分割专利的案例，于是有的企业为了防止竞争对手的简单综合法，在分割专利时，就在这些技术专利中插入一些其他技术的专利或假专利。所以，扬弃综合法又可以用于对付这种情形。

（3）典型综合。这是根据具有典型意义的局部信息做出整体判断的综合。局部和整体有着某种结构表达上的联系，局部信息包容整体所有信息内容的现象，无论是在自然界，还是在人类社会，具有一定普遍性。

比如，原子结构和太阳系的结构很相似，植物的叶形、果形与整个株形相似，人的耳针穴位系统对应着全身各个部位，人类社会的工厂、村庄、家庭在某些方面就是社会的缩影。这就是"全息"的意思。故本方法又谓之全息综合。

典型综合的关键在于典型性，确实具有典型意义的信息被识别了，被识别的典型性信息所具有的典型意义被准确判断了，典型综合才是有意义的。如果所拥有的信息本身就不具备典型性，那由此综合出来的新信息就不可能是正确的。

案例 2.10 小岗村的典型性

1978 年冬天，安徽省凤阳县小岗村的十几户农民，首创包产到户，包干后的第一个秋收就比上一年增产了 6 倍多。当时，由于"文化大革命"中的左倾思潮还十分严重，包产到户是要被视为"复辟资本主义"的。但是以万里同志为首的中共安徽省委在获得这一信息之后，并没有这样认识，而且还认为这是具有普遍意义的事件，它代表着中国农村经济改革的发展趋势，因而给予大力支持。后来经邓小平同志的总结提高，提出了具有历史意义的"家庭联产承包责任制"②。

案例中，邓小平同志根据小岗村的做法，做出了对当时中国农村整体判断的结论，使用的就是典型综合激活的方法。

3）综合激活的基本要求

要通过有效的综合来激活企业信息，必须注意以下几点。

（1）用于综合的企业信息至少在两个以上。因为如果只有一个企业信息，就无所谓

---

① 能避免下一次突然袭击吗？——情报与判断. http://www.my285.com/js/dsw/012.htm[2016-01-07]
② 何沁. 中华人民共和国史. 北京：高等教育出版社，1997：387

综合了。

（2）综合就是对全部信息进行科学分析，深入揭示信息之间的逻辑关系或其他内在联系，尤其是要能够找到全部信息中若干信息的共同点、交叉点、相似点。这些"联系点""共同点""交叉点""相似点"就是被激活的新信息。

（3）以系统的观念，充分把握综合后新信息的整体效应。综合不是机械合并，综合后的新信息应该表现出综合前诸源信息所没有的新功能和特征。

2. 推导激活法

推导激活是从已知的企业信息出发，根据已知的定理、定律或事物之间的某些联系，进行逻辑推理或合理推导，以求获得新信息的方法。

推导激活法又分为因果推导、关联推导、辐射推导、逆向推导等4种。

1）因果推导

这是根据事物之间的因果关系，从已知的、属于"因"的信息出发，作前因后果的纵向推导，以求获得新信息的方法。

案例 2.11　林家铺子林老板的"一元货"

电影《林家铺子》中有这样一个情节：20 世纪 30 年代，江南小镇上的林家铺子是一个经营杂货的小店。

1937 年 8 月 3 日，日寇侵占上海，大批难民涌到林家铺子所在的小镇。

在这兵荒马乱的年月，林老板为店里的存货着急。他从门缝里看着潮水般的难民从门口经过往镇西的学校涌去。突然，他发现这些难民都没有带洗漱日用品，肯定需要马上添置。于是，决定将脸盆、毛巾、水杯、牙膏、牙刷合并一起，一元大洋一份，连夜准备，第二天一大早，就卖起了"一元货"，结果存货被抢购一空，给摇摇欲坠的小店注射了一剂强心针[①]。

案例中，林老板从难民们没有带生活日用品，想到难民们需要马上添置，这就是因果推导激活的过程。

2）关联推导

这是根据事物之间的已知规律或某种相互关联，从已知信息出发作前后左右的横向推导，获得由已知信息可能引起发生的新信息的方法。

比如，在本章的"开篇案例"《三菱公司利用非洲扎伊尔叛乱信息为企业服务》中，三菱公司根据发生在非洲扎伊尔（现在称刚果（金））的叛乱事件，联想到在空间上与扎伊尔相邻的是世界著名的产铜基地赞比亚，从而获得了一次赚钱的机会。这就是关联推导。

关联推导和因果推导既有区别也有联系。区别在于因果推导是时间上先后的关联，先有因，后有果；关联推导是指与发生的事件在空间上有关联的信息。所以，从广义上说，因果关系是一种特殊的关联，是一种纵向的关联。

3）辐射推导

这是以已知信息为中心，向四周作发散思维，以求获得有用新信息的方法。

---

① 根据电影《林家铺子》的情节改编，2015 年

所谓"发散思维",就是针对某一信息,从不同的多个角度进行思考,寻求可能对自己有用的某一角度。故此法又叫"多角度思考"法。

根据辐射的中心点不同,辐射推导又可以分为以下4种。

(1) 要素辐射。这是指在组成信息的若干要素中,以其中某一个要素为中心进行的辐射推导。比如,某一地区农业大丰收,从这个信息的要素之一"农民收入增加",就可以辐射推导出该地农民购买力上升、储蓄额增长、货运量上升、春节货物供应量大等新的信息。

(2) 功能辐射。这是指以已有信息的功能为中心进行的辐射推导。就是说,已知信息是这一种功能,如果能获得那一种功能,对于我们是不是有利。在下面的案例中,索尼公司使用的就是功能辐射推导激活的方法。

比如,录像机技术是美国安培公司在1956年首创的。不过这种录像机是专门供电视台录制节目用的,体积大,价格贵。日本索尼公司发现这一信息之后,就考虑这种供电视台用的功能,能不能改为供家庭用的功能,于是买了安培公司的录像机技术进行小型化改进,在世界上首先推出了家用录像机产品。这就是功能辐射。

(3) 范围辐射。这是指在已有信息的范围内、以不同的信息处理方法获得新信息的辐射推导。就是说,同样的信息范围,以这种方法处理所得的结果对我们有利,还是以那种方法处理所得的结果对我们有利。

比如,本章最后的[思考题]第10题的表2.4是盛源集团公司开发部历年科研经费情况统计表。该表显示,中长期研究项目的投资越来越少,而短期项目和技术革新项目的投入增加很快,远远超过了中长期项目。一个企业不重视中长期项目,会缺少后劲、会影响公司未来发展的。

如果仅仅依据表格提供的数据,其结论就是盛源集团公司不重视中长期项目。但是,如果我们把数据处理一下,求平均每一个课题的经费,其结果并非如此,中长期项目的总经费是在减少,但是课题数也在减少,而平均每一个课题的经费,不仅没有减少,相反却在增加,增加的数据是:5.28万元、5.42万元、7.17万元、8.67万元、12.37万元,而且增加的幅度比其他两项经费增加的幅度还要大。短期项目和技术革新项目的总经费虽然增加很快,但是课题数也在增加,而平均每一个课题经费的增加幅度,并没有中长期项目的增加幅度大,可见公司还是重视中长期项目的,也就是说公司对中长期项目的投资强度还是在增加的。

可见,分析的数据没有变,还在原来数据的范围内,却激活出不同的结论。这就是范围辐射推导的结果。这种推导的结论,对于企业科研管理工作是有意义的。它告诉企业管理者,中长期项目的管理应该抓的是课题,提高课题的质量,好课题给以大投入,而不要单纯追求中长期项目总经费的增加。

(4) 延伸辐射。这是指以辐射后的新信息为中心再进行辐射的推导。

案例 2.12 查尔斯王子和黛安娜王妃结婚盛典中的生意经

1981年,英王室宣布将为查尔斯王子和黛安娜小姐举行盛大的结婚典礼。消息传出,伦敦的商家都看好是一个赚钱的机会。糖果工厂在糖果包装盒上印上王子、王妃的照片,纺织印染厂家对本厂产品的装潢进行重新设计，标上具有结婚纪念的图案和文字。豪华婚礼给经营者带来了巨大的财路。其中，赚钱最多的是一家小印刷厂。

7月29日盛典举行之时，从白金汉宫到圣保罗教堂的沿街两边里三层、外三层挤满了观看的人群，3.2公里长的距离聚集着150多万人，当站在后排的人们正在为看不到街道中心的场景而发愁的时候，突然听到传来叫卖声："看盛典！看不见的请买潜望镜！一英镑一个！"长长的街道两边，同一个时刻，近百名报童同时叫卖，顷刻之间，几十万个潜望镜被抢购一空[①]。

案例中，所卖的潜望镜不过是一种简易的一次性使用的潜望镜，只是用硬纸板配上平面镜制作而成的，成本很低，这家小小的印刷厂因此赚了很大一笔钱。这就是在别人辐射推导的信息的基础上，作进一步的辐射推导。这个例子同样说明，在管理中的创新，只要你想到了别人没有想到的内容，就是创新。

再如，1989年，美国教师塔塞尔从一份旧资料中发现一组有趣的数字：

$$88209^2+90288^2=126225^2$$

直角边88209，和另一条直角边90288，正好构成回文数字，并且能够满足勾股定理。这个数是偶然的，还有没有其他组。于是，他向学生作了介绍，并说："谁找出第二组，奖励10美元。"

结果，学生佩雷斯找出了两组，其中一组是：

$$125928^2+829521^2=839025^2$$

这引起了塔塞尔的思考：回文勾股数是否存在有限组？结果，他发现：

$$[88209k]^2+[90288k]^2=[126225k]^2$$
$$k=100001,1000001,10000001,\cdots\cdots$$

后来，又有人发现，一条直角边与斜边的互为回文数字：

$$33^2+56^2=65^2$$

而且，3333，5656，6565；33033，56056，65065；330033，560056，650065；333333，565656，656565；33033033，56056056，65065065等都可以满足。

从此之后，回文勾股数的研究成为数论研究领域的一朵奇葩[②]。

这里我们看到，回文勾股数的发现实际上就是对信息进行延伸辐射的结果。

在品牌战略管理中，有一种"品牌延伸"战略，从信息管理的角度看，品牌延伸的本质实际上就是信息的延伸辐射。

4）逆向推导

这是从已知企业信息出发，通过由果到因的思考，或者是向已知信息的相反方向思考，以求获得新信息的方法。

案例2.13 离心法浓缩铀文献减少的原因分析

20世纪50年代，浓缩铀作为制造原子弹的重要原料，它的制作方法有离心法和扩散

[①] 潜望镜营销. http://www.docin.com/p-713582194.html[2016-01-07]
[②] 蒋声. 回文勾股数. 科学, 1999（2）：58

法两种。到 60 年代初，西方国家关于离心法浓缩铀的文献逐渐减少。对此，国际上许多情报人员推理认为：离心法在发展中遇到困难了，无法同扩散法竞争，人们都逐渐放弃了，所以没有文献发表。我国科学技术情报人员并没有满足于这一结论，而是否定了这种推理，从相反方向提出认识，文献发表少了，也可能表明离心法在技术上有了重大突破、有意保密、不予发表的结果。事实果然如此，8 年之后，英国、荷兰、西德三国宣布联合建造离心法浓缩铀工厂，美国突然宣布它已经研制成功 100 公斤分离功单位的大型离心机[①]。

案例 2.13 显示的就是一种逆向推导。这一逆向推导的结论，对于当时中国研制原子弹的工作具有重大意义。

案例 2.14 企业分合看市场，不跟潮流

2000 年初，企业兼并浪潮席卷全世界的时候，安捷伦（中国）科学技术有限公司、原来惠普公司中仪器仪表部分，毅然逆潮流而动，从世界闻名的惠普公司中分了出来，而且连"惠普"这一名称也不要，留给了打印机，启用新的名称"安捷伦科学技术"，成为一家独立的高科学技术企业[②]。

惠普公司本来是从仪器仪表起家的，可是现在一提起惠普，只知道打印机，如果两者继续合在一起，仪器仪表这一部分会被打印机淹没的。所以，在兼并浪潮席卷全球的时候，仪器仪表这部分从惠普公司分了出来。这里，安捷伦的选择，就是一种逆向推导激活。下面案例 2.15 中罗斯福总统的思路，也是一种逆向思维。

案例 2.15 美国驻柏林武官每天报告柏林食品价格

1942 年，罗斯福总统要求美国驻柏林武官每天报告柏林食品商店价格牌上的食品价格。他要从食品价格的变动，反推德国军火生产对国民经济的影响程度，反推德国国库的储备，以及战争对德国整个国民经济的影响和公众的情绪。最后依此并综合其他已经掌握的信息，作为美国是否参战的决策依据。[③]

5) 推导激活的基本要求

要通过有效的推导来激活信息，必须注意以下几点。

(1) 作为"中心"来推导的信息必须是真实的。因为以不真实的信息为"中心""起点"进行推导，其结果自然不可能真实，也就没有实际用处了。

(2) 推导应尽可能遵循一定的规律和联系，作为"中心""起点"的信息，和推导获得的新信息，二者之间应该有某种规律，或者至少有一定的关联。当然激活过程毕竟不是推理过程，允许有一定的灵活性，不必排除想象和经验。

(3) 推导激活所获得的新信息是或然的，是否正确还必须要经过验证。

案例 2.16 朝鲜一次进口 5000 吨钢板之谜

1977 年的一天，日本著名信息专家长谷川庆太郎接到韩国国家安全计划局日本分局

---

① 刘毅夫，等. 科学技术情报工作基本知识. 北京科学技术情报学会，1982：253
② 孙屹. 企业分合看市场. 经济日报，2000，25 (7)：1
③ 宋克振，张凯. 信息管理导论. 北京：清华大学出版社，2005：78

负责人的一个电话,说朝鲜从日本一次进口了 5000 吨钢板,而且急待用货,是用现金支付货款的,怀疑可能是要造装甲车。如果真是用于制造装甲车,将是不得了的大事。要求长谷川调查清楚[①]。

经长谷川了解,原来是日本一家厂商在朝鲜北部建了一座水泥厂,水泥厂九座水泥仓库的地基,在建筑时,由于是冬季,没有对混凝土进行烘烤,使得混凝土中的水分没有干就冻结了,以致地基强度不高,水泥厂投产之后,水泥一入库,地基一承重,就开始倾斜,已经有三座水泥仓库倒塌了,现在急等着用钢板和角铁给其余六座水泥仓库加固。在这个案例中,韩国国家安全局的推导,应该说是正确的,买钢板就有可能造装甲车。但是,究竟是不是造装甲车,这个信息是或然的,需要验证。

3. 联想激活法

联想激活是从已知信息联想到另外一条信息或几条信息,以求获得新信息的方法。经过联想获得的信息,可能是管理者所需要的,或者可以用它们综合成新信息,或者可以从它们中得到启发产生新的信息。

联想和推导不同,联想并不像推导那样经过逻辑推理或者合理推导,而是由此(已知信息)直接想到彼,有时是非逻辑的思维过程,或者是仅仅因为此(已知信息)而得到的启示。

联想激活具体又分为相似联想、接近联想、比较联想三种。

1)相似联想

这是由已知信息联想到与此相似的另一信息,而另一信息是企业管理者需要的新信息的方法。

案例 2.17 肩章上落雪融化的水珠给予的启示

第二次世界大战进入 1944 年,苏联红军对德国军队发起了总反攻。

4 月份,苏军强攻彼列科普,准备解放克里木半岛。彼列科普是通往克里木半岛的重要据点,地势险要,易守难攻。

4 月 6 日的夜间,天降大雪,苏、德军队对峙多天的前沿阵地是白茫茫的一片。次日清晨,苏集团军炮兵参谋长走进温暖的指挥部,肩章上附着的一层冰雪的边缘部分开始融化,水珠清晰地勾划出肩章的轮廓。这一现象被细心的炮兵司令员注意到了,他立即联想到,大雪停止,天气转暖,阵地掩体中的积雪将会很快融化。要想避免掩体中变成泥泞,就必然要清扫其中的积雪。这就会暴露其掩体的轮廓和兵力部署。

于是,炮兵司令员立即命令进行航空照相侦察。发现德军第一道堑壕前后仍旧是一片洁白,一公里内的正面阵地只有少量几处褐色的湿土;而第二、三道堑壕前的积雪则因被大量清出的泥土覆盖而成褐色。显然,第一道堑壕内只有零星的值班哨兵,而第二、三道堑壕内肯定布满了兵力。此外还发现原先暴露的许多目标是假的,因为它们周围的积雪没有任何改变。这一切为苏军实施有效的炮火攻击提供了可靠的依据[②]。

[①] 长谷川庆太郎. 信息力. 北京:中国轻工业出版社,1999:3
[②] 高航. 肩章上融化的雪花带来胜利. http://news.xinhuanet.com/mil/2005-03/29/content_2758298.htm[2016-01-07]

苏军炮兵司令员使用的就是相似联想,他从参谋长肩章上附着的冰雪融化后的水珠清晰地勾划出肩章的轮廓,联想到德军阵地也会有相似的情形发生。

2)接近联想

这是由已知信息联想到与此相接近的另一信息,而另一信息是企业管理者需要的新信息的方法。这里的"接近"是指时间上的接近或空间上的接近。

案例 2.18 哈默的"酒桶生意"

美国的百万富翁哈默,在大学时学的是化学专业。他父亲留给他的是一个药店。后来药店倒闭,到 1933 年时,哈默做的是罗曼诺夫艺术品生意。这时,罗斯福正在竞选美国总统。他在竞选演说中表示要实行新政,废除禁酒令。因为早从 1919 年开始美国就一直是禁酒的。

哈默获得这一信息后,马上联想到禁酒令一解除,酒厂就会恢复生产,那么酒桶的需求量肯定空前骤涨。于是,哈默办起了酒桶厂。届时,禁酒令一解除,哈默的酒桶就被各家酒厂用高价抢购一空①。

哈默在这里并没有作合理推导去办酒厂,而是办了酒桶厂,从"解除禁酒令"到"酒桶厂",两者之间,并不是唯一的必然的结论,哈默的结论是"接近联想"的结果。

《哈默传》的作者称哈默这一做法是"将政治信息转化为经济信息"。这里的"转化"就是一种信息联想激活。

3)比较联想

这是将已知信息与由此联想到的另一信息进行比较,激活产生出企业管理者所需要的新信息的方法。比较时,运用类比的方法叫类比联想,是从两个信息中具有相同特征的部分出发经比较得出其余部分也相似的联想;运用对比的方法叫对比联想,是从两个信息中具有不同特征的部分出发经比较得出其余部分的特征也不同的联想。

比如,有人在报上曾经发表文章,论述在中国加入世界贸易组织之后,中国的汽车业是应该抓整车、还是专攻汽车部件?文中根据几年前台湾电脑业放弃整机、集中优势专攻内存等硬件,以致今天能够在内存硬件上拥有很大市场份额的这一信息,进行类比联想,认为以"专攻汽车部件"为妥。虽然该文的结论正确与否还有待证明,但这一结论则是通过"类比联想"获得的。

4. 联想激活的基本要求

要通过有效的联想来激活企业信息,必须从事物之间的普遍联系入手。因为,世界上的事物本来就是普遍联系的,绝对孤立的事物并不存在,从事物和现象的普遍联系中去发现线索,进行广泛而深入的思考,才是我们所说的联想。

联想不是胡思乱想,也不是什么天才的显示,联想过程中产生的智慧火花,是行为主体刻苦努力、熟练掌握知识、对事物深入思考的结果。

2.3.2 群体激活法

群体激活法,又称专家分析法、专家调查法。它是根据向专家调查,凭借专家的知识

---

① 谭卫东. 经济信息学导论. 北京:北京大学出版社,1989:226

和经验，发挥专家群体的作用，直接或经过简单推算，对需要分析的信息进行综合分析研究，寻求该信息使用价值的分析方法。

专家分析法的种类很多，这里介绍头脑风暴法、德尔菲法和对演法。

1. 头脑风暴法

头脑风暴法是一种以会议的形式进行信息激活分析的方法。它通过与会者共同努力来寻求特定问题的解决方案，是当今世界最负盛名的预测方法。

头脑风暴法是奥斯本（Osborn）于1953年创造的。他认为，社会压力对个体自由表达其思想观点具有抑制作用。为了克服这种现象，他设想了一种新型的结构化会议形式，会上每个人都可以自由地发表自己的观点，即使是即兴的、不成熟的、不完善的想法，也允许当众表达，也不对任何人的观点作评价，即"暂缓评价"。这对于个体创造力的发挥具有积极作用。

1）头脑风暴法的操作要点

（1）与会人员的选择。一般是5～10人，由会议召集者精心选择。选择的要求与会议的目的有关。

如果会议的目的是希望在问题的深度上获得创新性的结果，最好选择具有相同学科背景的人员参加会议。因为他们是同一方面的专家，具有共同的知识基础，他们在一起讨论，不会就本学科内基础性问题发言，只会循着其专业的思路进行深层次的思考，自然是向纵深挖掘。

如果会议的目的是希望在问题的广度上获得创新性的结果，最好选择各方面背景差异较大的人员参加会议。包括不同的经验基础、工作阅历、知识结构等。因为他们的背景不同，但是讨论的又是同一个问题，所以只可能是每一个人从本人的背景出发，围绕要讨论的问题来发表意见，这样他们回答问题的答案就与各个方面都有关，自然是在广度上的开发。

与会者的职业或工作，与将要讨论的问题不必一定相关，与组织内对将要讨论的问题的态度倾向也不必一定相关，可以相关也可以不相关，但是对于头脑风暴法的基本原则应比较熟悉。要注意避免那些唯我独尊或摇摆不定的人与会。

如果与会者中资深人员比较多，面比较广，会给会议主持者带来一些困难，难以驾驭会议进程和方向，但也是获得高质量信息成果的好机会，故应抓住不放，认真对待。

（2）会议进行中，实行"暂缓评价"的原则。会议开始时，会议主持者简单地说一下会议的议题和将要讨论的问题。会议上，与会者之间不争论、不评价、不反驳，允许"怪"论。会议主持者要创造一个轻松愉快的会议气氛，融洽与会者之间的关系，使与会者思想高度自由奔放，能够毫无拘束和顾虑，即兴想到什么就说什么，不求系统全面。与会者在听到别人提出的观点或方案之后，自己又即兴产生了什么新的想法可以马上提出来，以求互相启发、互相补充，尽可能地提出新方案。

（3）会议进行过程中主持者不要发表意见。会议主持者，特别是高层领导者，不要发表意见，避免影响会议的自由气氛，误导会议讨论方向，抑制与会者提出新的想法，而应该是不怀偏见地倾听，在倾听中吸取决策所需要的新信息。

头脑风暴法的优点在于它在创造具有使用价值的新观念、新建议方面十分有效，有时会出现很有意义的思想火化。据报道，运用此法比一般会议产生方案的效率要高 70%。

但是，头脑风暴法也有缺点：

（1）选择理想中的有代表性的专家组比较困难，如果在与会者中有大家熟悉的学者、权威、领导在场，会影响某些人思路的发挥和意见的发表，影响会议气氛的创造和会议的最终效果。

（2）由于是即兴发挥，瞬间思路，加上表达能力的限制，因而逻辑性不强，意见不全面，其中往往掺杂着想象或推测成分，因而需要对会上收集到的意见和方案做好后续的研究论证工作。

（3）如果会议主持者不善于主持会议，或者会议虽然讨论得很好，但未能及时准确地捕捉，也难以获得有效的结果。

2）头脑风暴法运用的案例

美国巴特尔研究所运用头脑风暴法为某石油公司制订从阿拉斯加的油田向美国本土每天运送 200 万桶原油的方案[①]。如图 2.2 所示。

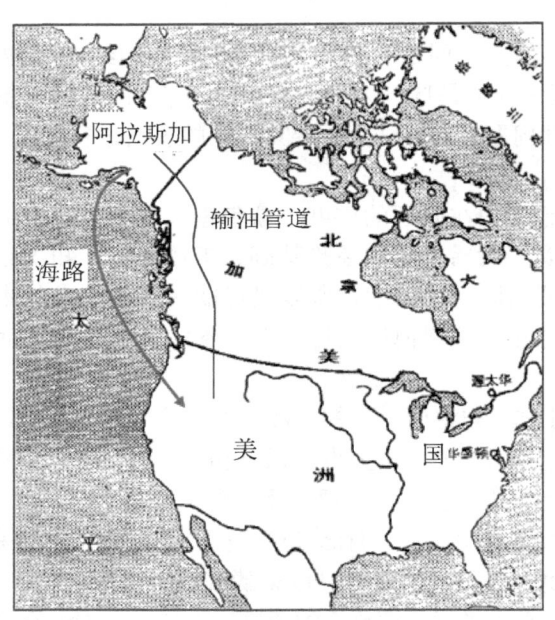

图 2.2　美国本土与阿拉斯加地理位置图

讨论中，首先提出的第一方案：由海路用油船运输。这一方案的优点是不存在技术问题，海洋油船运输技术十分成熟。但是，这一方案很明显存在困难：阿拉斯加处于高纬度，海洋长年结冰，油轮需用破冰船引航，这无疑要增加费用，在起点和终点的码头需建大型油库。海上航行还易受风暴袭击，不安全。

虽然会上没有人说这些问题，但是这些问题确实是存在。于是有人提出第二方案：增设加温系统的油管运输。这一方案的好处是避免海上运输的诸多问题，可以利用成熟的管

---

① 欧阳洁. 决策管理：理论、方法、技巧与应用. 广州：中山大学出版社，2003

道输油技术。

但是，从阿拉斯加穿过加拿大到达美国本土，主要的、相当长的地段都是天寒地冻的区域，过度的低温会使石油的黏滞性加大，以致在输油管内不能自然流动，于是就提出在沿途设加温站，来解决石油在低温下不能流动的问题。但是，这样做又增加了对沿途加温站的管理问题，还需要给各个加温站供给燃料，费用过高，而且油管在加温后容易变形或破裂。

于是，第三个方案提了出来：海水原油混合管道运输。把含有一定量氯化钠的海水加到原油中，使低温下的原油成乳状仍能畅流，这是把汽车防冻液的原理创造性地运用到了输油工程中来。这一方案优点明显：海水取之不尽，用之不竭，增加的费用很少，也解决了石油在低温下黏滞性增大的问题。

然而，在头脑风暴的相互启发下，有人又提出了第四方案：油气合一的管道运输。因为石油本来在地下是油气合一的，熔点较低，采出后油气分开，才使其熔点变高的。于是该方案提出将天然气经适当转化再加回到原油中去，降低石油熔点增加流动性，用普通油管同时输油输气。

第四方案仅管道铺设费一项，就比第三方案节省了近 60 亿美元。

2. 德尔菲法

德尔菲法是群体成员背靠背地相互激活信息的方法，这是德尔菲法不同于头脑风暴法的主要特征。头脑风暴法是群体成员面对面地相互激发的方法。

德尔菲法是在德尔菲法领导小组的主持下，通过匿名函询的方法，就某个问题向专家发出征询意见的调查表，请专家提出自己的看法，然后由领导小组汇总各位专家的意见，整理成一个新的调查表，再发给专家征询意见，如此反复多次，按照最后收集到的比较集中的意见做出最终结论。

德尔菲法是对专家个人预测法和专家会议预测法的改进和深化，并逐步取代了这两种通过专家进行的定性预测法。专家个人预测法容易受专家个人的经历、知识面、时间和实际占有资料的限制，有片面性和较大的误差。专家会议预测法，虽弥补了个人预测的不足，但是容易受会议气氛和权威的误导，或不愿公开表示修正自己的意见，或没有足够的时间和资料佐证自己的发言。

德尔菲法是美国兰德公司于 1964 年创造的。德尔菲（Delphi）是古希腊传说中的神谕之地。德尔菲城内有一个阿波罗神殿，是可以预卜未来的地方。以此命名，是表示本法是一种预测方法。

40 多年来，德尔菲法被广泛地应用在科学研究、企业管理、行政管理等领域。在企业管理领域，常常被用于制定企业的长远规划、战略规划等，特别适用于那种缺少信息资料和历史数据，又较多地受社会、政治、人为因素影响的预测课题。

1）德尔菲法的操作要点

（1）成立德尔菲法领导小组。这个小组由主管本次信息激活分析课题的有关人员参加。参加人员应该包括相关的企业管理者和工作人员。它的主要任务是：负责拟定信息分析课题，编制函询调查表，选择参与的专家，寄发和回收调查表，对每次回收的意见进行汇总整理，分析和处理专家的意见，最后提出信息分析报告。

（2）选择参加分析的专家。专家人数一般以 20~50 人为宜。人数过少，没有代表性，影响分析的结果；人太多了，难于组织，工作量大，尤其是回收的意见难以综合。

选择专家的范围，是根据本次信息激活分析的任务来确定的。通常是选择本领域内多年从事与本课题相关的工作、有一定实践经验的专业研究人员和企业管理干部，既有本部门内的专家，也有本部门外的专家，学科领域不要仅限于企业管理学，还应有社会学、经济学以及相关的自然科学、技术科学的专家。

挑选的办法，本部门内的专家，一般比较熟悉，容易确定；本部门外的专家，可以先由本部门的人员来推荐，再从报刊媒体报道、学术会议、专家名人录中寻找，还可以请第一批确定的专家来推荐。

（3）根据信息分析的任务拟定调查表。调查表是获取专家意见的主要手段，也是分析问题的基础和依据。制表的质量直接关系到分析的结果。通常，德尔菲法使用的调查表有四种类型。

一是开放式调查表。又称专家回答调查表。设计者根据分析的任务给出若干条问题，由专家逐条回答或详细论证。在提出问题时可以对相关的问题作一些说明，帮助专家对所提问题本意的准确理解。这种调查表的优点是专家能自由发表意见，不受任何约束。但是，回收的意见常常非常分散，不利于汇总统计。

二是闭合式调查表。又称选择方案调查表。设计者根据分析的任务列出完成这一任务可能的若干个方案，由专家对各个方案进行评判，指出各个方案的优劣，并给出专家个人选择的结果。这种调查表的优点是，因为方案是事先拟定好的，方案的种类、数量是确定的，便于汇总和统计。但是，事先拟好的方案对专家是一种束缚，如果最好的方案不在其中，就失去了获得最好方案的机会。

三是主观判断调查表。设计者列出未来某事件发生的各种可能，由专家估计各种状态发生的概率，或列出影响某事件发生的各种因素，由专家给出各种影响因素的权重。

四是行动方案调查表。设计者根据掌握的信息，确定分析的目标及若干子目标，并提出达到这些目标可能采取的各种方案，由专家选择其中一种并说明理由，也允许专家根据这些目标提出新的方案。故该表又称为混合式调查表。

（4）向专家匿名发函征询。德尔菲法的匿名发函征询，一般分四轮进行。

第一轮，发给专家的调查表不带框框，只提出需要解决的问题，请专家自由发表意见。回收之后，针对收回的调查表上的内容，归并同类事件，排除冗余事件，保留次要事件，形成第二轮调查表。

第二轮，请专家对第一轮调查表汇总之后列出的事件做出选择和评价，并阐明理由，提出意见。回收后再进行汇总统计。

第三轮，将第二轮汇总的结果再发给专家，请专家对第二轮调查表汇总列出的事件再次做出选择和评价，并要求充分阐明理由。特别是少数不同意见的专家，要请他们详细陈述意见。因为这类意见往往是其他专家忽略的问题，这对其他专家重新思考自己的答案或重新做出判断会产生较大的影响。

第四轮，在第三轮汇总的基础上请专家作第四次回答。

实际操作时并不一定都要经过四轮，主要是看返回的意见是否趋于一致，如果第三轮已经基本一致，三轮就可以结束；如果第四轮意见分歧还比较大，那就还要进行第五轮，直到基本一致。

（5）对专家意见的最后处理。德尔菲法领导小组对最后一轮回收的调查表，进行分析处理，以求获得最后的分析结果，撰写信息分析报告。

至于具体分析处理的方法，限于本书篇幅有限不再赘述，感兴趣的读者可以参看作者在清华大学出版社出版的《竞争情报理论与方法》一书的4.2.2节。

德尔菲法的优点在于，回答问题的专家都有充裕的时间查阅资料，能对需要回答的问题进行深入思考和细致研究；可以集各类专家之长；在几轮反复中专家可以听到不同意见，取长补短，使综合方案趋于全面；由于是匿名征询，有利于各位专家敞开思想，独立思考，不会为少数权威意见或领导看法所左右；遇到对立观点，不至于发生面对面的冲突，有利于各方冷静地思考对方的意见。

德尔菲法的不足是专家的意见多数还只是一种主观的推测、经验，受专家本人学识水平、评价尺度、生理和心理状态等主观因素的制约比较多。

2）德尔菲法运用的案例

20世纪90年代初，上海市曾运用德尔菲法制订黄浦江污染治理的方案。黄浦江流经上海市区的江段约40公里，大小支流50余条，穿越市区和郊区的支流10条。黄浦江水系污染的程度，根据上海自来水公司采用综合评价指数公式计算，污染指数大于5；根据上海市水系水质调查组采用有机污染综合评价公式计算，污染指数大于4，水质黑臭。有关部门从1976～1989年实测信息表明，到1989年为止，黄浦江10条主要支流7条严重污染，3条轻度污染。

鉴于黄浦江严重污染的现状和10年后果预测，提出如下6种治理方案和6大评价要素，请专家帮助选择。

治理方案分别为：

A：污染源的分散处理（工厂内部处理）；
B：逐步建造若干小型污水处理厂；
C：建造大型排污水管，不经长江，直接注入东海；
D：建造大型污水处理厂；
E：引上游清水稀释或利用潮汐稀释；
F：人工复氧。

评价要素分别为：

a：减少黄浦江的COD、BOD、TOC、TOD值；
b：增加黄浦江的DO值；
c：技术上可行，保养方便，运行可靠；
d：经济上可能，投资少，效果好；
e：要求十年左右有显著效果；
f：布局合理（土地利用、城市规划、管理方便）。

在经过四轮征询之后得到表2.3的结果，比较一致的看法是方案D：建造大型污水处理厂。上海市政府采纳了这一意见，取得了比较满意的效果，达到了预期目的。

表 2.3 运用德尔菲法制订黄浦江污染治理方案专家意见统计表

方案	a	b	c	d	e	f	评价值	排序
	20	20	20	20	10	10		
A	2	2	4	4	2	2	280	4
B	3	3	4	4	3	2	320	3
C	5	5	4	3	5	5	440	2
D	5	5	4	5	5	5	480	1
E	3	3	1	1	2	2	200	6
F	3	3	2	1	2	1	210	5

3. 对演法

对演法与头脑风暴法，二者都是群体成员面对面地相互激发的一种方法，其不同之处在于，头脑风暴法采用"暂缓评价"原则，不允许相互争论，而对演法强调的就是相互辩论，互攻对方之短处。对演法与德尔菲法的不同之处在于，德尔菲法是群体成员背靠背的相互激发，而对演法是面对面的相互激发。

对演法要求制订不同方案的小组展开面对面的全面辩论，互攻其短，以求充分暴露其中的不足。或是对某一方案的预先演习，故意让对方挑剔，尽可能地考虑可能发生的问题，使方案趋于完善。此法在重大决策方案的制订中尤为重要。

2.4 共享原则

共享原则是指在企业信息管理活动中，为充分发挥企业信息的潜在价值，力求最大限度利用企业信息的管理思想。

企业信息管理中之所以存在共享原则，是因为信息具有共享的特征。

一个信息为 1 个人占有使用，只发挥了一份作用；如果为 2 个人使用，其作用就增加了 1 倍；为 100 个人使用，其作用就增加 99 倍。这 99 倍的作用在共享之前就是一种潜在的价值。所以，信息的共享可以在企业内使信息相互弥补、相互增强，尤其是可以相互激活，挖掘出信息和信息活动的潜在价值。

共享原则的实现是有条件的。它只可能在具有某种共同利益的范围内实行。在这有限的范围内，既要求范围内的成员贡献自己的信息，又要防范范围之外的人占有本范围的信息。

我们把前者叫"贡献原则"，把后者叫"防范原则"。

2.4.1 贡献原则

贡献原则，指的是企业管理者要善于最大限度地让企业和全体员工将其所拥有的信息都贡献出来,供企业和全体员工使用的管理思想。

贡献原则是实现信息共享的条件之一。包括以下内容。

1. 动员全体员工把信息贡献给企业

员工处于组织的最基层,他们拥有许多最新鲜、最真实、最有用的信息,这些信息与企业的利益息息相关,及时地获得这些信息,对企业信息管理者的决策十分有利。

案例 2.19 普通员工的信息贡献意识

凯诺格公司是美国一家方便食品企业。该公司的一名普通员工科斯特利,一次进城购物,在停车场停车时发现街对面的通用食品公司正在用起重机卸下德国造的双压成型机。他想到自己厂里用的法国成型机,老出问题,不知什么原因,现在看到对手已经换设备了,立即买来照相机和胶卷,隔着街拍照,凭着这些照片,解决了困扰企业的一个大问题①。

案例 2.19 中,如果不是科斯特利的偶然发现、并主动报告公司,仅仅靠企业内专职的信息管理人员是不可能发现的。

因此,企业要造就一种文化,让员工在企业内无话不谈。只有这样,员工的信息才会及时地、源源不断地贡献出来。

2. 把企业内各自独立的信息系统联成局域网

目前,许多企业都相继建立了一个个的计算机信息系统,如企业管理系统、财务管理系统、人力资源管理系统等。但是,往往都是各自独立存在着,成为一个个的"信息孤岛",而系统的使用者却处于一种"自我感觉良好"的状态。这种格局,由于缺乏横向联系,既束缚了自身功能的发挥,也限制了组织整体对信息系统的利用效率。

如果企业把这些各自独立的系统联成局域网,调整和提升各自系统的功能,使企业信息化向更高一级阶段发展,就可以实现各自系统单独存在时所没有的功能,实现各自系统将自己的信息贡献出来,供企业员工共享。

本书第6章的"开篇案例"说的就是典型的"信息孤岛"案例。

3. 企业要及时地向员工公布应该公布的信息

这是贡献原则的另一个重要方面。企业除了需要保密的信息,应该经常地将那些应该向员工公布的信息公布出来,让企业员工共享。如果企业不能做到这一点,员工们也就会渐渐地不向企业贡献信息了。

4. 利用社会公益信息系统和信息市场共享企业外的信息

任何一个国家都有一些社会公益信息系统,如各种互联网的网站、图书馆、展览会、交易会等。这些系统提供的信息是免费的或低费的。这是贡献原则在国家、社会层面的体现。此外,企业还可以通过信息市场的信息商品交易的方式获得信息。这属于信息的有偿贡献。

5. 让员工和管理者都建立起"共享"他人信息的意识

这是贡献原则能够产生作用的前提和关键。因为如果大家把信息都贡献出来了,却没有人想到去使用这些信息,信息是不会自动地产生作用的,就是说共享仍旧没有实现。关

---

① 根据中山大学出版社1995版的胡继武《信息科学与信息产业》153页所载内容编写,2015年

于这一点，国内许多组织并没有引起重视，不说组织员工普遍没有共享他人信息的意识，就是许多信息管理者也没有共享他人信息的意识。

2002 年，上海中药创新研究中心在上级部门的大力支持下，从 2000 年 5 月开始的中医药信息智能化研究项目终于完成，初步建立了一个由多个数据库组成的中医药信息库系统，为传统中医药与现代药物研究结合提供了一个领先世界的数据平台。

可是，在他们给国内 500 多家企业发放了有关这一系统的推介信和意见反馈表，征求他们对信息库的应用要求时，竟然是石沉大海，没有一封回信。

相反，这一信息却受到国外的重视，耶鲁大学的惠德公司在无意中得知这一消息后迅速与中心签约，全面开拓该信息库的国外用户市场。媒体称为"中医药信息库：墙内开花墙外香"[①]。

这里反映的差别，就是共享他人信息的意识的不同。

2.4.2 防范原则

正因为信息是可以共享的，企业的竞争对手也可以共享我们企业的信息，由此产生了严峻的信息安全问题，要求企业管理者严加防范。这就是信息管理的防范原则，也叫安全原则。

1. 企业信息安全问题严重存在

1）恶意侵害

信息技术的飞速发展，虽然给社会带来许多好处，但是也给恶意侵害他人信息的行为送去了工具和武器。这种恶意侵害行为主要表现为以下情形。

（1）直接截获企业信息。这是指侵害方通过技术手段故意设置各种隐患，从企业的网络、电话、传真等各种信息传播通道上直接截获企业信息。

案例 2.20　微软 Windows 操作系统的隐患

微软的 Windows 95 刚推出时，澳大利亚海军就发现，该软件有一个特别的功能，只要一接入互联网，它就会悄悄地把机器内存储的信息发送给微软总部。

Windows 98 的问题更大，在用户通过因特网注册时，系统就能自动地收集用户电脑中的信息，甚至身份鉴别资料[②]。

2000 年 4 月 14 日，微软公司公开在网上承认，在他们的软件中加有一个密码，"利用这个密码确实可以非法地进入全球成千成万的互联网网址"[③]。

而 Windows XP 和 Office XP 为防盗版内置了系统死锁后门和隐私收集程序，这就意味着微软对用户电脑有着绝对的控制权，可以对装有其操作系统的计算机进行毁灭性的激活以及远程控制[④]。

案例 2.21　震动全国的"误杀门"事件

2007 年 5 月 18 日诺顿杀毒软件误杀 Windows 系统的两个文件，结果导致操作系统无

---

① 中医药信息库：墙内开花墙外香. 中国经营报，2002-7-1（25）
② 陈挺，等. 信息安全与国家安全. 首都信息化，2000（3）：1
③ 引自 2000 年 4 月 14 日 "重庆热线" 网新闻
④ 佚名. 紧急呼吁加强应对微软 XP 陷阱. 21 世纪经济报道，2002-10-21（2）

法启动，大规模的政府办公计算机瘫痪。最初几天，人们一直责怪诺顿软件公司提供的杀毒软件竟然犯了这种低级错误。

可是，6月5日中华网上《大家注意了：微软窃取我国家机密》的帖子分析：

① "误杀"的性质：诺顿杀毒时显示的backdoor是后门类型病毒。

② 矛头指向中国内地。"误杀"只发生在 Windows XP 的中文简体字版，国外用户、繁体字版没有影响。

③ 始作俑者是微软。"误杀"发生在诺顿18号更新病毒库的当天，在加了 MS06-070 补丁之后。

唯一的解释就是美国政府下令微软在简体中文版中植入的后门来监控中国网络信息，可以自动地把任何一台计算机的信息送到任何指定的地点[①]。

上述两个案例，都说的是微软公司 Windows 操作系统的隐患。如今，已经发展到 Windows 8。媒体上虽然没有公开说有什么问题，但是 Windows 8 在 2012 年 10 月 26 日发布后，2014 年 5 月 16 日，中央国家机关政府采购中心发出通知，通知的第 5 条要求：国家机关"所有计算机类产品不允许安装 Windows 8 操作系统"[②]。

其中原因，据有关方面解释：因为微软的"暗门"一直存在，但 Windows 8 开始就是"明门"的事了。尤其是 2010 年伊朗爆发的"震网病毒事件"，2014 年的"棱镜门事件"，政府已经无法再继续沉默[③]。

延伸阅读

"震网病毒事件"和"棱镜门事件"

震网病毒事件　震网病毒，又名 Stuxnet 病毒，2010 年 6 月首次被检测出来，是第一个专门定向攻击真实世界中基础（能源）设施的蠕虫病毒，如核电站、水坝、国家电网。伊朗遭到的攻击最为严重，被感染的主机高达 60%。

震网病毒利用了微软视窗操作系统之前未被发现的 4 个漏洞，具有极强的隐身和破坏力。只要电脑操作员将被病毒感染的 U 盘插入 USB 接口，这种病毒就会在没有任何其他操作要求或者提示出现，神不知鬼不觉地取得一些工业用电脑系统的控制权。

从该病毒攻击的时间、技术、手段、目的和行为等多方面来看，完全可以认为发起此次攻击的不是一般的攻击者或组织，专家称其高端性显示这种攻击应为国家行为。2012 年 6 月 1 日的美国《纽约时报》报道，揭露震网病毒起源于 2006 年前后由美国前总统小布什启动的"奥运会计划"。2008 年，奥巴马上任后下令加速该计划[④]。

棱镜门事件　棱镜计划（PRISM），是一项由美国国家安全局（NSA）自 2007 年小布什总统时期起，开始实施的绝密电子监听监控项目。该项目的正式名称为"US-984XN"。

---

① 姜奇平：微软操作系统暗藏监视中方秘密程序？http://news.xinhuanet.com/internet/2007-06/12/content_6229924.htm [2016-01-07]

② 中央国家机关政府采购中心重要通知. http://baike.haosou.com/doc/8601990-8922883.html[2016-01-01]

③ Windows 8-政府禁采购的原因. http://baike.haosou.com/doc/5330800-5565974.html[2016-01-01]

④ 震网病毒. http://baike.haosou.com/doc/4871261-5088938.html[2016-01-01]

2013年6月,前中情局(CIA)职员爱德华·斯诺登揭露了这个项目。他先将两份绝密资料交给英国《卫报》和美国《华盛顿邮报》,并告之媒体何时发表。按照设定的计划,2013年6月5日,英国《卫报》先扔出了第一颗舆论炸弹:美国国家安全局有一项代号为"棱镜"的秘密项目,要求电信巨头威瑞森公司必须每天上交数百万用户的通话记录。6月6日,美国《华盛顿邮报》披露称,从2007年以来的6年间,美国国家安全局和联邦调查局(FBI)通过这一秘密监控项目,直接进入美国网际网路公司的中心服务器里挖掘数据、收集情报,包括微软、雅虎、谷歌、苹果等在内的9家国际网络巨头皆参与其中[1]。

除了微软Windows操作系统的隐患,美国Intel公司推出的奔腾Ⅲ处理器也是来者不善。如今,奔腾Ⅲ已经过时了,又有了奔腾4,还有酷睿和赛扬,这些处理器中有没有类似序列码的东西,他们不说,我们也就无从知道了。

案例2.22 Intel公司奔腾Ⅲ处理器序列码的隐患

早在1999年,美国Intel公司在推出奔腾Ⅲ处理器的时候,为了炫耀奔腾Ⅲ处理器的功能强大,特别提出为了保证电子商务的安全,特别设置了可以用于识别用户身份的序列码。

结果,《光明日报》记者杨谷发出疑问:奔腾Ⅲ处理器的序列码具有重大隐患。通过其内置的序列码,可以将用户与截取的信息一一对应起来,破译出用户的身份和秘密,或者在信息产品中故意留下嵌入式病毒,安装产品隐形通道和可恢复密钥的密码等。据报道,1999年4月13日,Intel公司奔腾Ⅲ处理器的市场部主任在北京与杨谷面对面的交锋中,不得不承认奔腾Ⅲ处理器的序列码,确实带来了个人隐私的泄漏问题[2]。

案例2.23 间谍U盘(SpyCobra)

美其名曰下一代电脑监控技术,你只需将其插入任何一台电脑,15秒内它就在后台自动给电脑安装一个间谍程序[3]。在无任何操作和显示的情况下,优盘内的间谍程序会自动按照预先的设计,将电脑中的全部信息复制到优盘中隐藏起来。当该优盘再次插入连接互联网的计算机时,间谍程序就会迅速将优盘上的信息自动发送到指定的邮箱[4]。

(2)对企业信息系统和网络系统的破坏。这是指侵害者向系统传播病毒,或者是电脑黑客,直接进入企业的信息网络系统,把系统搞瘫痪。

近年来,病毒侵害越来越频繁。据国内知名的金山毒霸网站发布的"2014~2015中国互联网安全研究报告"显示,2014年,共截获电脑病毒样本3587万个,平均每天拦截9.8万个新病毒。2014年,全球曾经中毒的安卓手机数量超过2.8亿部,平均每天80万部安卓手机中毒。2014年,累计拦截新增钓鱼网站524万个,比2013年增长165%[5]。

---

[1] 棱镜门. http://baike.haosou.com/doc/5685827-5898513.html[2016-01-01]

[2] 光明日报记者杨谷挑战英特尔公司. 光明日报, 1999, 8, 4 (1)

[3] 自动安装间谍程序间谍型U盘. http://www.pcpop.com/doc/0/367/367813.shtml[2016-01-07]

[4] 移动存储介质为什么不能在涉密计算机和非涉密计算机之间交叉使用. http://www.jdz.gov.cn/xxgk/bmyd/bmywzs/201007/t20100713_82824.htm[2016-01-07]

[5] 2014-2015 中国互联网安全研究报告 http://bbs.duba.net/thread-23329074-1-1.html [2016-01-07]

同样，电脑黑客攻击的威胁一直存在。早在2002年10月21日，全球互联网的13台根服务器同时遭到来历不明黑客的攻击，其中9台因此陷于瘫痪，中断服务1小时[①]。而且这些攻击持续不断。据报道，2014年的10大安全事件中，有9个是黑客所为。其中，5月eBay的1.28亿活跃用户密码和个人信息被黑客盗取，给eBay造成1800万美元的损失；9月，俄罗斯黑客公布了近500万个Gmail邮箱账号密码；索尼影业遭遇黑客攻击，大量员工、明星的个人信息因此泄露；12月，我国的12306铁路订票网站有13万用户的数据被黑客盗取[②]。

（3）信息战是更高层次的恶意侵害。这个问题直接关系到国家安全。当今世界，国与国之间交战已经主要不是靠军队去攻占对方的领土，而是首先通过破坏对方的信息系统，使对方信息系统瘫痪，指挥失灵，陷于被动挨打的局面。

案例2.24 伊拉克进口的打印机出了问题

1990年9月，伊拉克从法国购买了一批电脑打印机，准备用于防空系统。由于伊法之间的买卖是在暗中进行的，货物不直接运到伊拉克，而是在约旦首都安曼作一下中转。就在飞机刚刚停靠在安曼机场时，一辆工具车驶近了飞机，车上乘坐的是化装成工人的美国中央情报局特工人员。就在法国厂商向伊拉克人交货的半个小时里，其中一台打印机的原装芯片被置换了。置换后的硬盘中预置有被称作"忍者"的病毒。1991年1月17日美军对伊拉克的"沙漠风暴"行动开始时，美军通过遥控激活了这一病毒，该病毒从这台打印机迅速蔓延到伊拉克的防空和情报系统的所有计算机，甚至伊拉克战斗机上的计算机也感染了病毒，伊军统帅部几乎成了瞎子，使伊拉克注定了失败的命运[③]。

2）泄密

这是指企业的机密信息因故发生外泄给企业造成损失。主要有以下几种类型。

（1）保密工作不慎导致的泄密。一些企业员工保密意识淡薄，企业信息工作的疏漏百出，在公开场合、普通电话、无线电话上谈论保密事项，很容易被截听。网上通信方式更是极易被截获，即使加上密码，也难以万无一失。

（2）企业内外勾结的盗窃导致的泄密。有少数人，见利忘义，出卖国家机密或出卖企业机密，虽人数很少，但对国家和企业安全是很大的威胁。

比如，广州好又多公司咨询部的某副科长将公司供货商名址、会员客户通讯录等信息秘密复制，卖给同行业的另一家公司，导致好又多公司经营业绩大幅下降。事发后，该副科长被以盗窃罪判刑2年，罚款2万元。

（3）报刊文章导致的泄密。我国一些特有的先进工艺技术和应该保密的经济信息，常常以科普、新闻消息的方式在报刊上发表，导致泄密。

1981年9月20日我国首次一箭三星发射成功，这说明我国已经掌握多弹头分导重返大气层技术，引起国际上的爆炸性反应。各国驻华武官纷纷返回北京，奉命向大陆官员探

---

① 新华社特稿. 因特网服务器遭受大规模攻击. 贵阳晚报，2002，10，25（6）
② 2014-2015中国互联网安全研究报告 http://bbs.duba.net/thread-23329074-1-1.html [2016-01-07]
③ BitsCN. 计算机病毒成为战场"暗器"，无声无形显峥嵘面目. http://www.bitscn.com/news/hack/200607/33620.html [2016-01-07]

询详细情况，国外情报机构也动用间谍窃取情报，均一无所获。结果，几天后，北京的一家电台播出了《太空奥秘夺桂冠》、一家报纸登出了《我国的第九颗人造卫星》，把这三颗卫星的图样、组装照片、运行轨道、无线电遥测频率全部发表出来。这是一起严重的媒体泄密事件。

（4）由于人员流动导致的泄密。随着我国改革开放的深入发展，企业之间的人员流动越来容易、越来越频繁，这也给企业的信息安全带来隐患。了解企业核心机密信息的人员流出企业，很容易导致企业信息的泄漏。

案例 2.25　重庆美心防盗门的专利"侵权"案

重庆美心·麦森门业有限公司是业内较有名气的一家防盗门企业，他们创造的"整体压弯"技术，是业内首创，但是没有马上申请专利。

后来，参与新产品试制的一名技术人员，跳槽到另一家公司。不到一年，该技术人员将他知道的美心公司"整体压弯"技术，以另一家公司的名义申请了专利。专利获准后，反过来状告美心公司盗用他们的专利，属于侵权，且一审判决时美心公司败诉，法院查封了美心公司防盗门的成品和半成品。案件最后真相大白，美心公司胜诉了[1]。

这个案例就是由于人员流动导致的泄密。在这个问题上，美心公司犯了两个错误：其一，在接触本企业核心机密信息的人员跳槽离开本企业时，企业高层信息管理者应该马上意识到本企业的核心机密信息有可能被泄露，应该马上采取必要的防范措施。其二，企业缺乏信息自我保护意识，在"整体压弯"技术成功之后应该马上申请专利。在这个案例中，那个跳槽的技术人员还不是真正懂得专利法。专利法实施"申请在先"的原则，谁先提出，专利局受理谁的申请。而人员在离开原单位一年内做出的发明创造，专利申请权是原单位的。也就是说，如果那个跳槽人员在一年后申请专利，在这期间你美心公司仍旧没有申请专利，那么你即使有再充足的理由能够证实该技术是这个跳槽人员带过去的，也都没有用了，因为专利法保护先申请的人。

（5）商业间谍导致的泄密。随着我国对外开放和国际交流的日益扩大，国内外、境内外互相往来的人员大量增加，这在客观上给国际商业间谍的窃密活动带来可乘之机。从已经发生的案件可以看出，国外、境外的间谍人员利用合法身份，通过参观、采访、学术交流等合法渠道，窃取我国国家的和企业的机密情报。

比如，据报道，2002年上半年长虹公司彩电出口猛增，引来很多国际商业间谍出没其总部绵阳。通过记者采访、合作采购等多种方法，打探长虹彩电的商业秘密。长虹收到许多日韩记者的采访提纲，问题的详细程度出乎意料[2]。

案例 2.26　澳大利亚力拓集团的"间谍门"案

2009年7月5日，轰动国际的"间谍门"案发生，澳大利亚力拓集团上海办事处的4名员工因涉嫌窃取中国国家机密在上海被拘捕。他们通过不正当商业手段拉拢中国钢铁生产单位相关负责人，刺探到包括中方谈判组内部会议纪要在内的相关机密信息并转交给力

---

[1] 司鲜. 专利权归究竟是谁的. 重庆晚报, 2000, 26 (7): 2
[2] 长虹全球采购40亿美元的机会. 21世纪经济报道, 2003-01-09 (2)

拓[1]。2010年3月29日，上海市第一中级人民法院一审判决4人犯侵犯商业秘密罪，分别判处其有期徒刑7年到14年不等刑期[2]。

3）技术上、观念上的落后

在今天信息社会里，各项技术更新的速度都非常快。企业所掌握的技术，如同逆水行舟，不进则退。技术上落后就要受制于人。所以，技术上的落后，也属于信息安全问题。观念的落后，会导致我们在处理和利用信息时做出错误的决策，甚至是做出了错误的决策还不自知。

比如，我国已经加入了世界贸易组织，对于世界贸易组织的运作规则、观念就要熟悉和掌握，否则我们就识别不了什么是对我们有用的信息，什么是对我们不利的信息。

2. 企业信息保密防范的方式

1）封闭式：通过保密制度保护企业信息

这是将企业信息局限在规定范围内来保护企业信息的方式。就是通常所说的保密工作。它要求企业管理者教育规定范围内的员工，提高保密意识，建立保密制度，健全保密措施，达到将需要保密的信息封闭在规定范围之内的目的。

做好保密工作，有以下4个方面。

（1）明确保密范围。这个范围一般包括：①企业文件保密，包含有商业机密、经营策略、发展部署、技术机密的各类文件、资料、图表的保密。②企业重要会议保密。③企业新闻报道和企业出版物保密。④科学技术创新和涉外保密。

（2）健全保密制度，严肃保密纪律。鉴于企业是由广大管理者和员工组成的，为了保证他们在各自的行为中都能自觉地保护企业机密信息，只有通过建立和健全保密制度，制定严格的保密纪律，来规范企业员工的行为。制度和纪律的具体内容，应根据企业的具体情况来确定。常见的保密纪律有：不要在公共场所或私人交往中谈及企业机密信息。处理公务时，不在没有保密装置的电话、传真机、电传机上谈及企业秘密信息等保密纪律。常见的保密制度有：新闻报道审查制度、企业发言人制度等。有了制度和纪律，还要经常检查执行情况，使制度和纪律不断完善，不流于形式，使保密工作经常化、持久化。

（3）加强保密教育，选好保密人员。企业必须加强对本企业全体成员的保密教育，使他们了解保密工作的重要性，了解新时期企业保密工作的特点，学习保密知识，增强保密观念，遵守保密纪律和制度，养成良好的保密习惯。

（4）严格查处泄密事件。发生失密、泄密、窃密事件后，不论肇事者职位高低，要立即进行查处。"失密"是丢失秘密文件资料、产品图纸、实物的行为。不论丢失物是否找回，是否造成危害，均属失密。"泄密"是向不应知道某一企业秘密信息的人员泄露该秘密信息的行为。"窃密"是采取非法手段窃取、搜集、刺探、收买、出卖、提供企业秘密信息的行为。

具体的追查步骤是：首先，工作人员发现后，应当立即报告直接领导，以便及时采取补救或应急措施，并及时报告上级有关部门。

---

[1] 力拓"间谍门"获突破性进展. http://it.chinabyte.com/335/9019835.shtml[2016-01-07]
[2] 胡士泰因力拓案被判10年. http://news.sohu.com/20100409/n271402298.shtml[2016-06-07]

其次，发生泄密事件的部门，应当迅速查明被泄露事项是否属于企业机密或国家秘密，查清其所涉及的内容和密级、造成或者可能造成危害的范围和严重程度，搞清事件的主要情节和有关责任者，并及时采取补救措施。同时报告有关保密工作部门和上级机关，以便尽可能地减少泄密所造成的损失。

企业成员故意或过失泄露企业秘密，不够刑事处罚的，企业应当依照企业信息保密制度或纪律的规定、并根据被泄露事项的密级和行为的具体情节，给予行政处分。为境外、国外的机构、组织、人员，窃取、刺探、收买、非法提供企业秘密的，应依法追究其刑事责任。

2）技术式：通过技术手段保护企业信息的方式

常见的技术手段有：伪装式、密码式、网络控制、技术创新和数据备份。

伪装式，又称"业务填充"。在发布正常信息的同时，发布一些随机的无意义的数据，即假信息，迷惑信息入侵者，以达到保护核心信息的目的。

密码式，通过给被传输的数据进行加密，使截获该信息者无法读取信息具体内容，或者使用数字签名、数字证书来确认信息的真实性。据报道，国外用于网上信息加密的密码产品，其密钥位数最高已经达到128位。但是，美国政府禁止超过40位的密码产品出口。所以，想买也买不到最好的，更何况保密产品买别人的总是不太放心，应该拥有自主知识产权的保密产品。

网络控制，通过访问控制技术、防火墙技术、入侵检测技术、路由选择技术、反病毒技术、安全审计技术、物理上双网并行等手段来抵御入侵者。

技术创新，通过创造出具有自主知识产权的信息技术及产品，改变技术落后、易受攻击的不安全状态，也是保护信息安全的重要措施。

数据备份，将数据复制一份或数份，加以保存。备份不只是指文件备份，多数情况下是指数据库备份，即将数据库结构和数据同时复制，以便在数据库遭到破坏时能够及时恢复。备份包括本地备份和异地备份。

3）法律式：通过法律保护企业信息的方式

传统的信息保护方式，是一种被动防范的方式。现在，人们开始意识到，应该是规范人的行为，防止窃取他人信息事件的发生，或者加大打击、处罚窃取他人信息行为的力度。所以，在信息保护问题上，目前的主要趋势，不再是以传统的密码学为核心，而是规范人们信息活动的行为，提高人们的素质，通过信息法律、信息伦理，约束人们信息活动的行为，达到保护信息的目的。

通常，企业用来保护企业信息的法律有专利法、商标法、著作权法、合同法和反不正当竞争法。

2.5 搜索原则

搜索原则是企业信息管理者千方百计地寻求有用信息的管理思想。

企业信息管理中之所以存在搜索原则，是因为信息是可以任意索取的，而且任何人在获取后都可以为我所用。所以，剩下来的问题就是你所需要的、不花钱的或花钱不多的信息在哪里？唯一的回答就是自己搜索。

搜索原则的内容，具体地说，包括：强烈的搜索意识、明确的搜索范围和有效的搜索方法。

2.5.1 强烈的搜索意识

意识，哲学范畴的解释是人脑的机能，是人独有的对客观现实的反映。心理学认为，意识是人自觉反映客观现实的心理活动。

那么，信息意识应该是人们独有的对信息的反映，是人们捕捉、判断、整理和利用信息的自觉程度。很明显，信息搜索意识是人们捕捉信息的自觉程度、搜索欲望和搜索动机的集合。

在搜索意识、搜索范围和搜索方法之间，搜索意识的提高，比搜索范围的明确和搜索方法的提高显得更为重要。

因为方法解决的是如何做的问题，意识才解决要不要做的问题。

有了方法，只是会做，但不知道是不是需要做。

有了信息搜索意识，才知道是不是需要做。

只有方法，没有信息搜索意识，遇到信息也不知道去采集。

所以，要提高信息搜索水平，就必须首先提高信息搜索的意识。

案例 2.27　梁伯强的 2 亿元商机来自他会看报纸？

今天的中国指甲钳大王梁伯强，在 18 年前开了一个金属饰品生产企业。有一天，看到一张一年前的旧报纸，上面有一篇短文《话说指甲钳》，他就看了起来，看到其中讲到朱镕基总理在一年前接见全国民营工业企业会议代表时，拿着台湾制造的几个精美的指甲钳说："你们要盯着市场的缺口找活路，比如指甲钳，我们的就不如人家……"

梁伯强看到朱总理的这段话，就思考：朱总理说要"盯着市场的缺口"，接下来说指甲钳，是不是指甲钳就是市场缺口？

梁伯强这样想了，也就这样做了。他调查了国内的指甲钳市场，发现高端产品全部都是日本、韩国和我国台湾的，大陆厂家的产品都是低端产品，摆在小五金商品的柜台里销售。然后又调查了欧洲的指甲钳市场，结果发现全部是高端产品，而且是和妇女的化妆品放在同一个柜台里，称作"个人护理用品"。

于是，他决定选择高端指甲钳市场，将指甲钳定位为"个人护理用品"和礼品。5 年后，他把指甲钳的生意做到了 2 亿元，成为我国的指甲钳大王，他的"圣雅伦"指甲钳享誉全世界[①]。

在上述案例中，如果说信息采集的方法，很简单，就是"听报告""看报纸"。这个方法谁不会呢？可是那些亲耳听到朱总理讲话的人，那些读过那篇小评论的人，不是也会这些方法吗？可是他们没有成功，而梁伯强成功了。

梁伯强的成功，并不在于能够看报纸，而是在于他的信息搜索意识：自觉地将信息和自己联系起来进行思考。

---

① 根据 2003 年《中国经营报》所载仲国栋的《总理的一句话与梁伯强的五亿元商机》改编，2015 年

搜索意识对于企业信息管理者至关重要。它是管理者及时、有效地获取信息的前提。因为任何信息不会自动地来到企业信息管理者面前。就是说，最根本的是在于企业管理者要能够时时、处处都要有一种强烈的搜索欲望和搜索动机。

常见的信息搜索意识有以下 5 种。

1. 凡事先查，有意搜索

这指的是信息管理者在做任何事情之前，都要去查一查有关这一事情的现实和历史情况的信息搜索意识。

这一搜索意识要求信息管理者在做出新的决策方案之前，应该先查一查别人有无做过与此类似的决策？在提出一个新的研究课题时，先查一查别人在这个方面已经做过了哪些研究工作？企业要搞技术创新，先查一查别人在这一技术方面已经做过了哪些工作？要进口生产线，要上一个新的项目，要开辟新的市场，等等，不论做什么事，都应先查一查别人在这些方面已经做过了哪些？还没有做哪些？别人做过的，哪些是做得对的，哪些是做错了的？然后才决定自己如何去做。

著名美籍中国物理学家李政道教授在中国科学技术大学对少年班学生曾经说过，人类之所以会不断地前进和发展，就是因为人类会利用前人已经做过的成果，人类的新一代个体不需要重复前人走过的过程，你们小小的年纪就在谈论相对论，而不需要重复爱因斯坦发现相对论的过程[1]。

所以，前人成功的经验或失败的教训对于我们都是十分宝贵的信息财富，我们如果事先能够获取，就可以少走许多弯路。

案例 2.28　以镁代银工艺的研究

保温瓶为了防止因热辐射造成散热，在内胆壁上镀有一层薄薄的银。由于银是贵重金属，价格高，如果能够用金属镁来代替银，就可以降低成本。20 世纪 60 年代，上海某工厂花了好多时间和经费，终于研究成功了。

由于当时国内还没有实行专利制度，有了发明只能申报发明奖。上级在审查时发现，早在 30 年代一份美国专利就已解决了这个问题。

我们知道，专利法保护一项技术最长时间只有 20 年，期满后可以延长一次，5 年，加在一起只有 25 年。而那份美国专利是 30 年代的专利，到 60 年代肯定已经过了专利保护期，完全可以直接拿来使用了，根本不用费时费钱去研究[2]。

上面的案例从反面告诉我们应该凡事先查，然后再做。

再如，人们都知道著名数学家华罗庚是自学成才的数学家，却不知道他曾经承受过退稿的苦恼。投出去的稿子被一篇一篇退了回来。

那不是他华罗庚论文的水平低，是因为当时他处在闭塞的金坛中学，得不到国内外的数学研究的新信息，使得他发现的一个又一个数学定理都是别人已经发现过了的，所以被退稿了。这真是智力上的极大浪费。

---

[1] 根据本人现场采访记录编写，2015 年
[2] 根据情报学领域口传案例改编，2015 年

华罗庚当时所处的环境,没有条件做到凡事先查,但是他的教训告诉我们,凡事首先搜索是多么重要。后来,华罗庚在他的自传里写道:搞科学研究,一定要充分占有资料,占有资料的目的是了解别人的终点,确定自己的起点①。

2. 内外并举,不可偏废

这指的是企业信息管理者在采集信息时,要同时注意采集企业内部信息和企业外部信息的搜索意识。

但是,在企业内,许多信息管理者在一讲到采集信息时,总是眼睛都是盯着企业外部,从来没有想过,还要注意采集企业内的信息;头脑里想的都是企业内的下属和员工的信息,根本没有想过还要注意采集管理者自身的信息。

这是不恰当的。应该内外并举,不能偏废。

案例 2.29　春都何以跌入困境

1982 年,中国的第一根火腿肠——春都火腿肠——在河南洛阳诞生,并迅速得到市场的青睐,市场占有率一度高达 20%,资产猛增到 29 个亿。可是,到了 2001 年,春都就一落千丈,竟然欠债 13 个亿。在这期间,春都实施过多元化战略、追求规模经济效应、实行过股份制改造,还与外商合资、建立企业集团、资产重组等。然而,这些在国内外屡试屡灵的现代管理新理念,在春都都没有能够发挥作用。究其原因,虽然很多,其中之一,就是春都在每一次发生挫折的时候,都没有能够从内部总结教训,即没有能够从内部获取信息②。

3. 随意获取,抓住不放

这指的是企业信息管理者在事先毫无思想准备的情况下,对于发生在身边的、瞬息即逝的信息流,能够发现其中与自己相关的信息,并且能够及时地抓住不放,进一步予以激活和利用的信息搜索意识。

这一搜索意识的特点在于企业信息管理者事先并无具体的搜索目的,事先并不知道他所需要的信息会出现,没有任何思想准备,是一种偶然的发现。

不过,偶然之中包含有必然。心理学认为,认识主体在没有思想准备的情况下对身边发生的信息产生注意是一种无意注意。

无意注意的产生,往往是由于主体内心长期思考形成的一种潜在需求,只不过主体还没有意识到这种需求的存在,一旦身边的信息与这个潜在的需求相一致,便引起了主体的无意注意。这就是无意注意的产生机理。可见,能够产生无意注意的信息往往就是主体需要的、但还没有意识到的信息。

从这个意义上讲,企业信息管理者在日常工作和生活中,如果发现身边的某一信息似乎对自己有用,当这种"一闪念"产生的时候,不要熟视无睹、充耳不闻,马上就放弃,而应该立即抓住,做进一步思考,在确认无用后再放弃,因为这很可能是一个对自己很有用的信息。

---

① 栾玉广. 方法的科学. 合肥:安徽科学技术出版社,1982:35
② 谢登科,江时强. 春都何以跌入困境. http://www.cnki.com.cn/Article/CJFDTotal-HDKJ200202009.htm[2016-01-07]

本书第1章案例1.11中，说的是叶先生到昆明出差，在事先毫无思想准备的情况下，从一张废弃的旧报纸上发现商机，并能够从昆明到重庆把发现的商机变成现实的效益。并且说，这种商机的获取，靠的不是计算机系统，全凭他个人的素质、修养和能力。什么素质？就是这里说的"随意获取，抓住不放"的信息搜索意识。

4. 确立目标，刻意搜索

这是指企业信息管理者在确定了某一目标信息之后，千方百计地去获取该信息、不达目的绝不罢休的信息搜索意识。

这一搜索意识的特点在于企业信息管理者已经有了一个明确的目标信息，其工作就是去获取该信息的具体内容。所谓"目标信息"是指企业信息管理者想要得到、但还没有获得的信息。这种信息往往是在实际决策中最需要的信息，就其性质来说，就是那种"万事俱备，只欠东风"中"东风"性质的信息。

不过，确定目标信息并不难，难的是如何获得目标信息。

搜索原则中强调这一搜索意识，就是要我们建立一种观念，为了获取目标信息，必须有一种不达目的决不罢休的精神。

本章在最后所附的[案例分析]中介绍的日本炼油设备厂厂商为了获取我国大庆油田产油规模的信息所反映的就是这种搜索意识。因为他要做炼油设备生意，那么中国到底是否需要炼油设备，关键自然就在于大庆油田的产油规模了。他们在"明确"了"目标"之后，为了获得这一目标，确实在"刻意"搜索。

5. 遇有困难，咨询解决

这是指企业信息管理者在工作中遇到困难自己没有能力解决，或者是在确定了目标信息后自身没有能力或者没有时间去采集时，知道寻求社会帮助的信息搜索意识。

这一搜索意识的特点在于将企业信息管理者的自我搜索扩展到求他搜索，请求他人帮助来搜索本企业需要的信息。

由于在管理实践中，决策所需要的信息量越来越大，决策所需信息的质量越来越高，决策的难度也越来越大，企业信息管理者也不是全才，不可能解决本企业的所有问题，也不可能把本企业所需要的目标信息都能采集到，或者由于工作太忙，时间有限，也来不及去解决。企业信息管理者在遇到这种情形时，如果能够意识到去向社会寻求帮助，就是信息搜索意识强的表现。

目前，社会上可供咨询的机构和组织很多。有各类信息处理中心、技术和经济咨询公司、图书馆、科学技术情报机构、大专院校和科研机构，各种行业协会、学会、研究会和各级科协等团体。它们可以帮助企业解决各种问题和困难。

2.5.2 明确的搜索范围

这是指企业信息管理者在采集信息之前，要对采集的范围有明确的了解。

如果范围不明确，或者范围有差错，信息采集意识再强，方法再熟练，也只能是做无用功，找不到所需要的信息。

关于确定采集范围的具体内容本书在7.1节中介绍。

2.5.3 有效的搜索方法

这是指企业信息管理者在采集信息时,使用的各种方法必须恰当、适用。

搜索方法包括:自我总结法、直接观察法、社会调查法和文献阅读法。

为了获得阅读的文献,可采用的途径有:购买、索取、交换、文献检索、委托复制、网上下载等。

关于采集方法的具体内容,本书在 7.1 节中介绍。

案例分析

案例 2.30 日本炼油设备厂商获取中国大庆油田信息的方法

20 世纪 60 年代,中国大庆油田还处于保密时期。日本某炼油设备厂商认为了解大庆的情况十分重要,因为中国到底有没有大庆?大庆在哪里?产油量有多大规模?这一切直接关系到他要不要向中国出口炼油设备。于是,他们确定了目标:获取大庆油田的位置及其产油量的规模和炼油能力的信息。

为此,他们请专门的情报咨询公司来做这件事。

首先,他们根据 1964 年 4 月 20 日《人民日报》发表的社论《大庆精神大庆人》,认为,《人民日报》是中国共产党的中央机关报,号召全国人民学大庆,那肯定有大庆,没有大庆,《人民日报》不会这么说。

其次,在 1966 年 7 月的一期《中国画报》上,看到王进喜的照片,照片上王进喜穿着皮大衣、戴着大皮帽,他们断定大庆不可能在海南岛,应该在冬季至少是零下 30 摄氏度的地区,很可能在哈尔滨到齐齐哈尔之间。

然后,是公开出版的杂志,日文版的《人民中国》。这本杂志上刊登了一篇长篇通讯《铁人王进喜》(同文在《人民日报》上也发表过)。通讯中有一段描写,说铁人王进喜一下火车,把帽子一扔,就说:"好大的油田啊,把中国石油落后的帽子扔到太平洋里去吧!"加上通讯里又说工人们是用人拉、肩抗的方式把采油设备搬到现场,如果油田中心离这个车站很远也不可能。于是,他们断定王进喜下车的那个车站就是油田的中心。通讯中说那个车站叫"马家窑"。

可是,在 1949 年以后中国出版的地图上找不到马家窑。

后来,他们在日军侵略中国时使用的伪满洲国地图上找到了马家窑的位置,和现在地图一对照,现在的名字叫安达。然后,还到北京的货车站,从大庆方向来的油罐车上尘土积累的厚度,推测北京到安达的距离,验证了马家窑的位置。

最后,他们从 1966 年 7 月那一期的《中国画报》上刊登的大庆油田的照片,既有储油罐的照片,也有大庆炼油厂炼油塔的照片。他们思考,如果能有储油罐的内径就可以算出储油罐的容积,就可以知道大庆油田产油量在什么档次上;如果知道炼油塔的内径,就可以知道大庆油田的炼油能力在什么档次上。

他们在这些照片上寻找有没有人。因为同一张照片上人和物体的缩小的比例是一样的,中国人一般身高一米七、一米八,也就可以推出储油罐、炼油塔的内径。

可是，这些照片上都没有人。

后来，他们在观察一张王进喜在钻井台上工作的照片时，发现王进喜身后那钻井台上的扶手栏杆。扶手栏杆一般齐腰处，中国人身高一米七、一米八，扶手栏杆的高度也就是八九十公分。

于是，他们根据画报上储油罐上扶手栏杆的高度推出储油罐的内径、根据画报大庆炼油厂炼油塔扶手栏杆的高度推出炼油塔的内径，进一步推断出大庆油田的产油量和大庆油田的炼油能力，从而看到中国的炼油能力远低于原油产量，知道中国迫切需要进口炼油设备。于是，日方赶紧派出一个代表团来中国进行有关出售炼油设备的谈判。

（根据中国科学技术大学图书馆《信息》1987年增刊所载杨沛霆《信息咨询企业的社会地位——杨沛霆同志在中国科学技术大学科学技术信息专业开学典礼上的报告》一文编写）

讨论题：

1. 案例中日本情报咨询公司获取大庆油田信息的实际表现中，你可以得到哪些关于信息管理的启示？
2. 这一案例反映了日本情报人员和日本炼油设备厂商怎样的信息搜索意识？为什么？请说说你的理由。
3. 通过媒介物获取情报信息需要注意哪些方面？

[思考题]

1. 企业信息管理的系统原则包括哪些内容？
2. 分类整序的步骤包括哪些？每一步都有什么具体要求？
3. "主题整序中主题词的选取，就是从文献的标题中选择几个词就可以了。"这种说法对不对？为什么？
4. 公司收发室为了及时将地址不详的信件送到职工手中，从公司人事部要来了全公司各单位职工名单。这个名单收发室是否合用？为什么？
5. 信息管理的激活原则包括哪两大类？每一类又包括哪几种？你平时有无激活信息为自己服务的体会？试举例说明。
6. 共享原则中的"贡献原则"和"防范原则"是否相互矛盾？为什么？
7. 信息搜索意识主要表现在哪些方面？你平时是否有这些方面的体会？
8. 阅读下面的短文，然后说说你的读后感。请用简单的一两句话写出你所确立的读后感的主题。至少要写出三个不同的主题。

我需要一克镭

1920年5月的一个早晨，一个美国记者问居里夫人："若是把世界上所有的东西任你选择，你最愿意要什么？"

居里夫人毫不犹豫地回答："我需要一克镭，以便继续我的研究，但是我买不起，镭的价格太高了。"原来,居里夫人历尽千辛万苦提炼出来的一克镭,已经无偿地献给了巴黎的镭学研究所了,而当时一克镭的价格是十万美元。

女记者回美国后组织了一个委员会,动员全美国妇女进行募捐。

不到一年,女记者写信给居里夫人:"款已凑足,镭是你的了!"但作为交换条件,美国妇女希望居里夫人访美。

居里夫人十分感动,欣然接受邀请。1921 年 5 月 20 日,美国第 34 任总统哈定在白宫代表美国妇女把一克镭交给了居里夫人。

9. 下面是一位本科同学毕业论文的提纲,请运用本书阐述的采用逻辑学划分规则进行分类的方法,修改这份提纲。

东方科学仪器进出口公司 MIS 的设计

一、MIS 是现代管理不可缺少的基础
    1. 信息化对现代管理的冲击
    2. MIS 在企业管理中的作用

二、MIS 的一般概念
    1. 计算机辅助管理的发展阶段
    2. MIS 的组成
    3. MIS 的定义与要求
    4. MIS 的最佳模式

三、MIS 的开发过程
    1. 系统分析
    2. 系统设计
    3. 系统实施

四、计算机辅助管理的发展趋势
    1. MIS 的局限性及其发展
    2. DSS 的特性、构成
    3. DSS 的技术等级
    4. DSS 库

五、东方公司 MIS 的设计
    1. 东方公司简介
    2. 系统分析
    3. 系统设计
    4. 系统实施

六、子系统功能简介

10. 宏渝咨询公司业务员小刘看着盛源集团公司送来的报表(表 2.4),很是担心,因为报表显示:中长期项目的投资越来越少,这会影响到公司未来发展的。小刘的担心对不对?为什么?

表 2.4　盛源集团公司开发部历年科研经费情况统计表

（单位：万元）

年份	中长期项目		短期项目		技术革新	
	课题数	年投经费	课题数	年投经费	课题数	年投经费
2011	52	280	32	90	11	15
2012	48	260	41	128	68	188
2013	29	208	40	166	97	275
2014	21	182	56	189	132	334
2015	16	198	63	213	184	498

第3章 企业信息基础设施的建立

开篇案例

李福民厂长的苦衷在哪里?

2015年12月的一天,长江集团的董事长把集团下属的惠城分厂厂长李福民叫到自己的办公室,很生气地问他:"你们厂是怎么搞的?去年就亏了100多万,今年倒好,亏得更多了,你仔细看看!"说着就把财务报表扔给李福明。

惠城分厂是一个拥有1200多名职工的汽车配件生产厂。厂长李福民原来是集团技术部的技术副部长,2012年调去惠城分厂任厂长的。两年多来,厂里职工情绪低落,缺勤严重,生产任务完不成,废品率不断上升,年年亏损。

李福民接过财务报表,满腹委屈地说:"我也不知道是怎么回事。这两年,我是豁出命地在干。经常开大会布置工作,对全体职工要求都非常严格;全厂每个车间、科室都买了电脑,配了许多管理软件,我把着手教他们用电脑、看图纸,对全厂每一件事都亲自安排,亲自到车间,直接指挥生产,监督工人操作;我还提拔了两名工人担任车间副主任;发奖金时他们都比我高,对每个人都一样,对谁也没有丝毫歧视,没有亏待任何人。"

(本书作者根据本人调查所得资料改编)

讨论题:

1. 从企业信息系统管理的角度看,李福民厂长工作失败的原因是什么?
2. 案例中,李福民厂长使用了哪些信息管理系统?使用方法对不对?
3. 根据这一案例,说说企业信息系统有哪些类别,相互之间是什么关系?

3.1 企业信息基础设施概述

1. 企业信息基础设施的含义

在现实社会中,社会成员之间都存在着可以进行贸易和对话的各种渠道。社会就是通过这些"渠道"来联系它的成员的。学者把这种"渠道"称作社会基础设施，或称作社会基础结构。

社会发展的各个时代，都有反映那个时代特征的社会基础设施。

人类已经经历了三种重要的基础设施。

第一种是交通运输——运河、公路、铁路、航空。它打破了社会因地域庞大而产生的分隔状态，使人员和货物得以交流。

第二种是传输动力的能源公用事业——水力、蒸汽管道、天然气管道、输电线路、输油管道。通过调动技术资源而不是天然资源，并将它们纳入电网，为社会提供了照明和生产、消费用的动力。

第三种是通信——先是信件和报纸，然后是电话和电报，后来还有广播和电视。在信息量迅速增长和人们对信息需求迅速提高的情况下，通信设施成为社会成员间传播信息的重要媒介。

第一、第二种基础设施都很重要，在人类历史上都发挥过重要作用，并且还在继续发展和完善。但是，和第三种基础设施相比，就退居于次要位置了。

今天，在第三种社会基础设施的基础上，发展起适应于信息社会的基础设施：信息基础设施。所以，信息基础设施是社会基础设施的一种。而信息高速公路则是人们对国家信息基础设施的形象化比喻。

早在1993年9月，美国就率先提出了"国家信息基础设施计划"（national information infrastructure，NII）。1994年9月，美国又提出"全球信息基础设施倡议"。1994年5月，首次亚太经济合作组织电信与信息部长会议通过了有关信息基础设施发展相互合作的"联合声明"和"汉城宣言"。

和国家需要构建信息基础设施一样，企业也需要建立自己的信息基础设施。

根据当前国内外学者对信息基础设施的理解，企业信息基础设施指的是能够维持本企业信息管理需要的、最起码的信息系统及其相关设施，是由通信网络、计算机、数据库、日常信息技术设备和信息管理人员组成的人-机系统。

在我国企业中，信息基础设施的建设发展很不平衡。少数企业做得好，工作推进很快，但是总体水平不高。

2. 企业信息基础设施的内容

企业信息基础设施是一个全新的概念。它具体包括哪些内容，尚无定论，是一个正在发展变化的概念体系。随着人们对企业信息管理客观规律认识的深化，它的内容体系也在不断地完善和充实。

总结已有的实践和研究成果，企业信息基础设施包括：企业信息系统及其网络、信息技术装备、企业信息机构、企业信息资源、企业信息管理制度和标准、企业信息管理工作人员等六个方面的内容。

1）企业信息系统及其网络

企业信息系统是企业内各种系统的一种。它是指能够对信息进行收集、加工、存储、传播，向本企业提供信息管理服务的职能系统。它自身功能的目标是为了完成企业信息管理的任务，它不断地与环境发生信息的交换。

企业信息系统由 3 部分组成：

一是企业专门建设的计算机信息系统；

二是企业内设立的、为企业信息管理服务的信息机构所组成的系统；

三是企业的组织系统。组织系统又包括企业正式组织系统和非正式组织系统。

把企业信息系统仅仅理解成只是计算机信息系统是不全面的，不认为企业信息机构系统和企业组织系统也是企业的信息系统，也是不正确的。

由若干个信息系统组成、具有某一总体功能的更大的信息系统则称作信息网络。所以信息网络本质上也是一种信息系统。其是以计算机系统、通信设备、信息刊物等技术手段为依托，以信息机构和信息人员为节点所组成的有机综合体。以信息刊物、通信设备为依托的是人工信息网络，以通信设备、计算机系统为依托的是计算机信息网络。

企业信息网络和企业局域网是两个不同的概念。局域网只是指计算机网络，不包括人工信息网络。局域网是企业信息网络中的计算机网络。

企业信息网络与社会的信息网络连接起来之后，就在企业与政府、企业与市场、本企业与其他企业、企业内的部门与部门、企业内管理者与员工之间架起"五座桥梁"，形成企业对社会、市场和内部都非常敏感的灵活的神经网络，实现内部信息共享，提高信息的使用效率，为企业的管理服务。它是企业信息管理实施的前提和基础。没有企业信息网络，企业信息管理就没有办法实施。

企业计算机信息网络具有五大特点：一是网络可以对地理上分散的企业各部门机构实施集中、适时的管理；二是网络上的各种数据库、系统软件、应用软件和硬件设备可以为企业成员共享使用；三是网络内各主系统之间，可以分担系统的负荷，调节忙闲不均的现象，使系统均衡运行；四是网络在需要扩展原有系统的规模时比较方便，只要接入更多的处理机，就可增强系统的处理能力；五是可以提高系统的可靠性，网络中某一台处理机系统发生故障，可以通过网络上别的路径传达信息，或者转到别的系统代为处理，从而保证用户的正常操作，不会因为局部故障而导致整个系统瘫痪。

2）信息技术装备

装备，原为军事术语，专指军队在战争中所需要的各种器材。信息技术装备是企业进行信息管理时所需要的信息技术硬件装备和软件装备。

一个完善的信息系统离不开现代信息技术装备。企业所拥有的现代信息技术装备，决定了企业信息管理可能达到的最高水平，如果没有或者只拥有低水平的信息技术装备，企业的信息管理就只能是处在低层次的水平上。

信息技术装备包括硬件装备和软件装备。硬件装备是指计算机和现代通信设备，包括微型计算机、中小型计算机或大型机、打印机、扫描仪、存储器、电话机、对讲机、传真机、声像传送设备、电视会议设备等。

软件装备主要有：各类数据库、管理数学模型、各类生产软件和管理决策软件。最常见的软件有：CAD-计算机辅助设计、CAM-计算机辅助制造、CAT-计算机辅助测试、CAE-计算机辅助工程、MIS-管理信息系统、DSS-决策支持系统、MSS-管理支持系统、SIS-战略信息系统、OAS-办公自动化系统、信息安全软件、财务管理软件、MRPII-制造资源计划、ERP-企业资源计划、CIMS-集成制造系统、SCM-供应链管理、CRM-客户关系管理、ECS-电子商务系统等。

3）企业信息机构

企业信息机构是企业中专门设置、用于处理企业信息管理过程中大量重复出现的例行问题和日常事务工作的职能机构。

在企业的各类管理中，总是有大量例行问题的管理和少量例外问题的管理，而例行问题的管理总是交给职能机构去处理的。企业信息管理也是如此。同时，有关信息技术装备的运行、保养、维护、完善、更新等方面的纯技术性工作，也要交给专门的技术人员去做。所以，企业内必须设立专门的信息机构。

一个完备的企业信息系统所包括的信息机构应该有：专门向管理者提供决策分析和预测、进行文字加工处理的信息综合部门，如战略情报中心、政策研究室、情报服务室等。采集、整理、存储信息资料的档案部门，如图书馆、专业期刊室、技术档案室、财务档案室、文书档案室等。快速传递信息的通信部门，如对外信息交流中心、企业网站、收发室等。企业在线数据管理部门，如 CIO 办公室、信息部、微机室、计算机中心、企业网站管理中心等。

4）企业信息资源

企业信息资源，主要是指企业内各种公用的、专用的、便于存储、检索的数据库，与企业技术、管理发展方向一致的图书、期刊、技术档案和资料，为企业开发管理服务的决策专用软件、数学模型和情报资料库等。

此外，社会上的信息资源，不论是免费的公共信息资源，还是付费的商业性信息资源，也属于企业信息基础设施的范畴。

企业在信息管理中，要十分注意企业内信息资源的建设、补充和更新，要设法建立起企业与社会信息资源联络的便捷通道，以满足企业内对信息的需求。

有些文稿中，把图书馆、专业期刊室、技术档案室、财务档案室、文书档案室等说成是信息资源，欠妥。图书馆里的书是信息资源，图书馆是管理和提供图书的地方，图书馆本身不是信息资源。这些部门属于信息资源管理机构，或者叫信息资源设施，意思是"放置信息资源的地方"。

5）企业信息管理制度和标准

企业信息管理制度和标准，以及相关的规定、协议等，是企业信息管理的基本保证。没有信息管理制度，企业信息管理活动就无章可循、各行其是，就无法实施正常的企业管理。没有企业信息管理的标准，尤其是企业计算机系统如果没有相关的各类标准，信息系统的开发和建设就无从谈起。

6）企业信息管理工作人员

企业信息管理工作人员，不仅是指企业内从事信息管理的管理者和信息部门的工作人员，还包括虽然属于其他部门、但是要从事信息管理工作的管理者和人员。信息管理人员是企业信息管理活动的主体，他们的水平决定着企业信息管理活动的实际水平。

3.2 企业信息系统开发的认识准备

企业信息管理者要实施企业信息管理，首先在思想认识上要做好准备，对什么是企业信息管理系统、企业信息系统的管理结构、企业信息系统开发的思路和原则必须有一个清晰的认识。只有这样才有可能在管理实践中做出正确的决策。

1. 企业信息系统的管理结构

信息系统的结构指的是组成信息系统各个部分之间相互关系的总和。

企业信息系统是客观存在的。它广泛存在于一切企业之中。它和企业组织系统同在，不论企业规模是大是小，不论企业层次是低是高，都是如此。不过，企业信息系统的结构并不等同于组织系统的结构。

关于企业信息系统的结构，有物理结构、逻辑结构和管理结构之分。

物理结构：指只考虑系统中硬件之间连接方式的拓扑结构。

逻辑结构：指各子系统的功能结构，这是系统开发中系统设计阶段考虑的问题。

管理结构：从提高管理效果的角度来认识系统构成。一个全面的信息系统的管理结构，要比想象的复杂得多。

所以，为了建立一个在管理中行之有效的企业信息系统，首先在思想上必须建立起一个全面的企业信息系统管理结构的理念。

1）企业信息系统是正式信息系统与非正式信息系统的复合

正式信息系统是借助于正式组织机构和计算机信息系统组成的系统。

现代计算机和通信技术的发展，给每一个企业迅速造就了一个现代化的正式信息系统，微处理机、文字处理机、信息网络等，极大地武装了正式信息系统。

非正式信息系统是既不依赖于正式组织机构，也不遵循组织信息处理原则，也不受正式组织信息系统约束的企业信息系统。

它由两部分组成：一是非正式组织中的信息传播通道，二是非官方的、不很严格的、带有私人交往性质的信息传播通道。

非正式信息系统在管理实践中具有不可忽视的作用：由于在非正式信息交流时，不是官方的正式交流，没有公开场合的那些条条框框，因而可以作单刀直入式的对话，节省交流的时间和费用。交流者也不会心有余悸，很少有后顾之忧，没有憎恶、反感、逆反心理。这些心理活动是信息交流的大忌，它会造成信息交流的阻力，使信息量耗损。加之交流者双方相互熟悉、理解和信任，不是"管"和"被管"的关系，内心话可以毫无顾虑地尽情地说出来，各方都能作最大限度的充分表达，交流双方可以相互碰撞、相互切磋，双方的讨教和传授、鼓动和激发、智力协作和情感催化都是同时完成的，交流是全过程的。

这给我们一个重要启示：企业信息系统是一个充满整个企业组织的、有形和无形的、复合的全员信息系统。企业管理者如果不能抓住非正式信息系统，就等于丧失了一半的信息管理对象。

非正式信息系统是客观存在的。它在企业管理中可以发挥正式信息系统发挥不了的作用。企业管理者要学会利用非正式信息系统为企业管理服务。

比如，对立 20 多年的中美关系的缓解是从非正式信息渠道的交流开始的。

再如，在日本的一些企业里，开展有奖征集合理化建议的活动，特别要求合理化建议小组必须是不同车间、不同工种的工人。工人要想提合理化建议，不能找本车间、本工种的人，就只能去找自己的朋友。很显然，这就是在利用非正式信息系统的功能来获得有用的合理化建议。

还有，许多管理者也都有实际体会，对于非正式信息系统，如果运用得好，在预先沟通下属思想、统一员工思想认识、解决具体矛盾上有微妙的作用。

据《左传·襄公三十一年》记载，春秋时期郑国大夫然明问国相子产，为什么不把老百姓聚集议论朝政的"乡校"毁掉，子产说："夫人朝夕游焉，以议执政之善否，其所善者，吾将行之；其所恶者，吾将改之，是吾师也，如之何毁之？"并表示对于老百姓的意见，吾要"闻而药之也"。

这就是有名的"子产不毁乡校"的典故[①]。子产的这种执政理念和境界是相当高的。很显然，"乡校"反映的信息不是正式信息系统的信息。这说明我国古代管理者就已经能够从非正式信息系统获取信息。

当然，非正式信息系统也有其不足，可能造成泄密，也容易传播谣言，影响正常工作。但是，企业信息管理者不要动辄批评非正式信息系统的员工是搞小团体主义，不要认为非正式信息系统只能是谣言的发源地和集散地，应该学会避免它的这些缺陷，利用它来为企业信息管理工作服务。

对于一个企业信息系统，首先确实应该以信息技术和信息设备来武装正式信息系统，但是也不要迷信这些机器设备的作用，同时抓住非正式信息系统，为企业的信息管理工作服务。只有当企业信息管理者使用非正式信息系统的信息来补充正式信息系统的信息时，企业的信息管理才会产生最佳的效果。

2）企业信息系统是主体信息系统与客体信息系统的复合

主体信息系统是企业信息系统中的人员。包括：正式信息系统中的各级管理者、企业信息机构的管理者及其管理下的部门内的秘书、打字员、软件人员、系统分析员、信息设备监控与维护人员等；非正式信息系统中具有举足轻重作用的行为者以及由他控制的人际网络。这就是"全员主体信息系统"的理念。

由于主体信息系统的基本构成单元是人，人是有生理和心理的。人是社会的人，也就存在人际关系和社会关系等。所以，主体系统又可划分为：生理信息系统、心理信息系统、组合人信息系统等。

主体生理信息系统是由人的生理功能器官组成的系统，包括人感受外界信息的感觉器官、加工信息的思维器官和传播信息的运动器官。这些器官生理功能的好坏直接关系到人对信息的接收、处理和使用。不同的人，生理信息系统的功能水平各不一样。运动员、宇航员、飞行员的生理信息系统都要优于一般人。各类企业管理者对于管理工作中各种信息的感知能力也会优于一般的员工。

主体心理信息系统是指由人的个性心理品质、心理活动过程组成的系统。它包括人的兴趣、注意、情绪与情感等个性心理品质和意志过程。

主体信息系统首先是作为生理信息系统而存在并发挥作用的，接着便是主体心理信息系统对主体行为的影响和制约。

---

① 子产不毁乡校，左传·襄公三十一年. http://baike.baidu.com/link？url=xbyjck5Fy-dGYEt3h19fHEaVgG0oKSXM6R7UiPypx5myw3aujfCYS12CYuHwZiDc3w HdDJq2j3cDkg4Kz_Jsma

就企业信息管理者的个人行为而言，与他的个人成长背景、个人学识、专业、社会阅历、知识修养和知识结构有很大关系。他的个性结构，如气质类型、心理态势、精神状态、情绪波动以及意志品质和价值观、行为准则、文化素质、道德传统、世界观等心理因素，都会自觉或不自觉地进入自身的信息活动过程之中，都会影响、甚至直接左右着企业管理者的信息管理活动和决策行为。

作为企业组织，最高企业管理者的心理特征和各级管理者的心理特征，会在实践中融会成一种群体的价值观念、行为准则、作风和习惯，被称作企业文化，也在约束着企业的信息采集和信息加工，进而约束着企业的信息管理行为。

我们虽然很难描述和证明一项重大的正确决策是来自企业管理者的哪一个心理品质，但是企业管理者的心理因素在起的作用又是所有的人都供认不讳的。

组合人信息系统是指由于分工与协作使得一部分人为着一个共同的目标组合在一起所形成的信息系统。这样，个性心理也就会介入社会群体信息处理的过程。在这个过程中，个性心理有时会受到来自组合群个体各种信息的影响和矫正。

客体信息系统是企业信息系统中所用设备的总和。这些设备是进行信息管理的必备条件，应予以足够的重视。

客体信息系统的管理，首先是成本与功能的问题。随着信息设备日益增多，价格昂贵，企业投入信息设备的成本迅速升高。但是，为了企业的生存和发展，又不得不投入，所以客体信息系统的管理也就日益显得更加重要。如设备的选型、更新、升级，是客体系统要考虑的重要问题。

其次是客体系统的可靠性问题。客体信息系统不像主体信息系统存在着心理问题，只要人一直按程序去操作，它就会不知疲倦地不停工作着。但是，信息设备都是由若干个元件组成的，这些元件的质量以及这些元件之间的连接决定着整个系统的质量，每个零部件的故障都可能给其他元件的运作带来影响，甚至殃及整个系统，使系统的可靠性下降。所以，要提高客体系统的可靠性，就必须提高每个元件的质量，加强零部件的装配工作，协调好零部件之间的关系。

企业信息系统是主体系统和客体系统复合体的理念表明，企业信息系统的管理，只看到客体系统的功能是管不好的，关键在于将二者复合好。

在复合中如果客体系统水平不高，主体系统水平再高、再努力也不行，主体系统不能脱离客体系统发挥作用。可见，客体信息系统的水平决定了系统可能达到的最高水平。一个老师制作多媒体课件的能力非常强，即主体信息系统水平很高，但是他上课的教室没有多媒体设备，那么他制作课件的水平就发挥不了。也就是说这个教室（客体系统的水平）决定了这个老师的讲课可能达到的最高水平。

但是，客体系统又不能代替管理者的思维，不能决定管理者的行为。事实告诉我们，不论客体系统是多么先进，预测精度是多么高，只要没有转变成有效的管理信息，都是毫无价值的，甚至是一种负效应，一种浪费。而有效的管理信息并不取决于客体系统，却取决于主体系统对客体系统所发出信息的理解、接受和使用，即取决于主体系统的努力程度和主体系统的实际水平。

这就是说，客体系统决定企业信息系统可能达到的最高水平，主体系统决定企业信息系统实际达到的水平。

在同一个教室上课的老师，他们使用的是相同的多媒体设备，即客体信息系统相同，但是他们演示的多媒体课件的水平并不相同，就说明了这个道理。

正因为如此，企业信息管理者对主体系统的管理与对客体系统的管理应该区别对待，必须考虑主体系统的各种因素。设想一下，在今天这样一个由计算机控制的社会里，愤怒的、不负责任的或者感到委屈的员工，可以把计算机病毒输进计算机系统，或者稍微修改一下数据库里的数据，是很容易做到的，而如此造成的损失将是难以估计的。

案例 3.1　一个心理不平衡的员工让企业 1 小时丢掉 25 亿美元

2000 年 8 月 25 日，美国东部时间 9 时 30 分，股市一开盘，位于洛杉矶的互联网新闻社发布了一条来自 Emulex 公司的新闻稿，宣称该公司下一季度每股将亏损 15 美分，美国国家证券交易委员会将调查该公司的收支状况，……首席执行官福里诺即将下台。在随后的 1 小时内，该公司的股价直线下泻，跌幅超过 62%。纳斯达克市场发现了这种不正常情况，不得不于 10 时 33 分暂停该股票的交易。可是，这一个小时里已经给企业造成了高达 25 亿美元的损失。

事实确实不是如此，该新闻是假的。后来经过调查，原来是该公司的一名雇员，听说本企业股价要下跌，就把自己购买的 3000 股本企业股票全都抛出，没想到抛出后反而上扬了，心理不平衡，就制造了这起假新闻事件[①]。

对于这种由单独一个人就可以进行的"信息罢工"，不论是什么法律、多么周密的计划和防范措施，都将是无能为力的。最好的防御办法，也是最简单的办法，就是让职工感到自己受到尊重和公正对待。

我们千万不能对出了问题的人，就像更换一个报废的元器件那样去处理。

比如，IBM 公司曾有一位执行经理负责一个开发项目，耗资 500 万美元，结果失败了。这时有人问上司是不是要把这位经理解雇。上司说："把他解雇？我刚为他付了学费！"可见，在企业信息管理中，对主体系统的处理，与对客体系统的处理是完全不相同的。

企业信息管理者在建设本企业的客体信息系统时，还要同时致力于主体系统管理能力和管理水平的提高，才能使企业信息管理的水平得到实在的提高。不要只看到客体信息系统的力量，特别是要明白，为了实现主体信息系统与客体信息系统之间令人满意的复合，责任还在主体身上。

3）企业信息系统是软件信息系统与硬件信息系统的复合

软件信息系统是指维持企业信息系统运行的全部规章制度、行为程序、办公流程、价值观念、企业文化、企业伦理、权力信息流程、能力信息流程等无形的联结方式、指挥手段的总称。

这是一个动态的含义。不同现实形态的企业，具有不同的软件信息系统，同一企业的不同时期也具有不同的软件信息系统。比如，在制造业中，可以实行计件工资制、员工考

---

① 周德武. 1 小时丢掉 25 亿美元. 环球时报，2000-9-8（18）

勤制等；在信息生产行业里，就不要求坐班、允许失败等。这就是不同企业的不同软件信息系统。

硬件信息系统是指信息系统中除了软件系统之外的部分。这也是一个动态的含义。不同的企业部门，其硬件系统也是变化的。一个小型企业，只要有了文件、报表、电脑、电话机、传真机、秘书、打字员等也就差不多够用了；而一个大型跨国企业就要使用卫星、网络系统的手段了。

人们容易把提高企业管理效率的着眼点放在硬件系统上。以为先进的生产设备、超级的技术手段就可以获得理想的管理效率。其实，在企业管理中，软件信息系统的哪怕是一点微小的改进，都可能引起管理绩效的重大突破。

案例3.2　一个主意究竟值多少钱？

当年，福特汽车公司生产汽车采用的是静态组装法，将汽车底盘放在组装车间大厅的中央，各个部件的组装工人围绕在汽车底盘四周，不同部件的组装工人往返走动费时多，且互相干扰；组装工与传递工之间难以配合；各个部件的备用件也都堆放在汽车底盘的四周，阻塞通道等。结果导致组装效率低下。

后来，实施生产流水线，让不动的汽车底盘动起来，让原来走动的组装工不动，在汽车底盘的运动中组装。结果使得组装一辆汽车的耗时量从原来的748分钟降低为93分钟。在这里，还是那些工人，还是同样的任务，软件系统（流水线的主意）的改变使生产效率极大提高[①]。

那种盲目添置硬件系统设备，而对文件、备忘录、报表、操作程序、管理规则以及其与计算机系统的整体协调缺乏完整的思考，实际上是忽视了软件信息系统的作用。软件信息系统的功能跟不上的企业信息系统，是不完善的，效率是低下的，即使添置了许多硬件设备，企业竞争力还是不会提高。

4）企业信息系统是在线信息系统与非在线信息系统的复合

在线信息系统是指企业内使用计算机进行管理的信息系统。

非在线信息系统是指不使用计算机的信息管理系统。本书第1章信息管理认识误区中的详细论述已经证明非在线信息系统的客观实在性。

确立企业信息系统是在线信息系统与非在线信息系统复合的理念，对企业信息管理工作有直接的帮助。人们习惯于把信息管理理解对计算机信息系统的管理，我们在指出除了这方面的管理之外还有非在线信息系统的管理，认识就全面合理了。图3.1为企业信息系统类型结构图。

2. 企业信息系统开发的思路

在进行系统开发之前，应该把握信息系统开发思路的发展趋势。关于系统开发的思路，已经出现如下一些明显的发展趋势。

1）由简单组合到有机融合的趋势

简单组合是指将企业内分散的系统简单地合并到一起的开发新系统的模式。

---

① 谭卫东. 经济信息学导论. 北京：北京大学出版社，1989：200

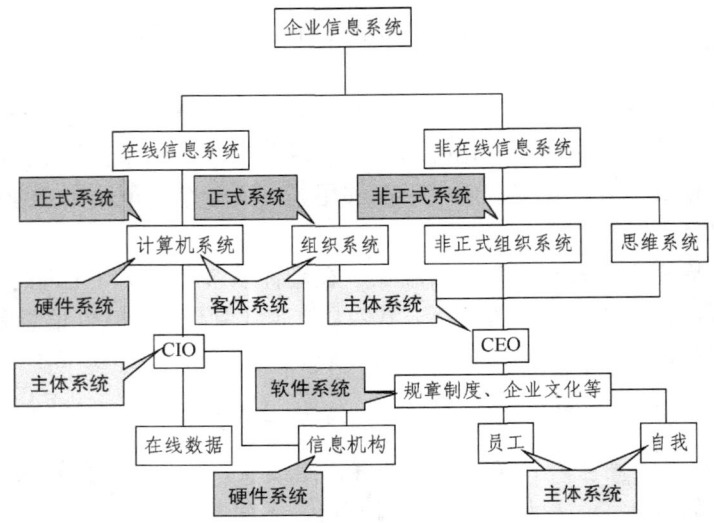

图3.1 企业信息系统类型结构图

由于只是一种简单叠加，仅是规模有所扩大，这样组合起来的大系统，其功能不会比组合前各个小系统的功能之和大，最多也只是相等而已。所以，人们用"2+3+5≤10"来形容这种组合方式。式中的数字表示系统功能的大小，也可以是表示系统规模的大小。这是因为组合后的新系统，由于规模的扩大，增加了系统的复杂程度，不可避免地会出现系统内耗，所以往往都小于子系统功能之和。

国内一度出现的企业兼并风潮，说是"追求规模效益""强强联合，实现更强"。可是大部分这么做的企业，"规模"虽然是追求到了，"效益"却没有见到，有的甚至因此一举而一败涂地。究其原因，就因为只是简单组合。

有机融合是指通过一种新的"管理软件系统"来对企业内分散的系统进行有机的、取长补短的组合模式。这样，就可以使组合起来的新系统的功能大于组合前各个小系统的功能之和。所以，人们用"a（2+3+5）≥10"来形容这种组合方式。式中的a表示一种新的"管理软件系统"。

这里的"管理软件系统"的内涵，是包括计算机管理软件在内的广义的管理系统，即我们在信息系统管理结构分析里提到的软件信息系统，是维持系统运行的全部规章制度、行为程序、工艺流程、计算机程序、价值观念、企业文化、企业伦理、权力信息流程、能力信息流程等无形的联结方式、指挥手段的总称。

这个式子告诉我们，组合后新系统的功能要大于组合前各个子系统的功能之和，是有条件的。这个条件就是必须保证增加一个"a"。

比如，强强联合只是可能更强，要想强强联合一定更强，就必须保证管理跟得上。企业规模扩大，只说明它获得规模效益有了可能，要把这种可能变成现实，管理必须要跟得上。所以，企业在进行信息系统再开发时，要看到这种趋势，不能再拘泥于过去那种简单组合的模式。

2）由单主外到内外结合的趋势

传统的企业信息系统开发，比较注意与企业生产直接相关的技术动态、社会思潮，往往是聘请专家对企业的发展进行预测。后来感觉这样做，对于企业还不够具体、直接，于是进一步缩小范围，开始注意本企业的用户需求、了解本企业产品所占的市场份额和竞争对手的情况。这些工作获取的信息自然是进行企业信息系统开发设计时不可缺少的。但是，这些都是注意企业外部信息的思路。也就是说，通过这些工作我们只清楚了企业所面临的外部环境如何，即使外部环境相当好，并不等于良好的外部环境所许可做的事都是本企业可以做的事。如图 3.2 所示。

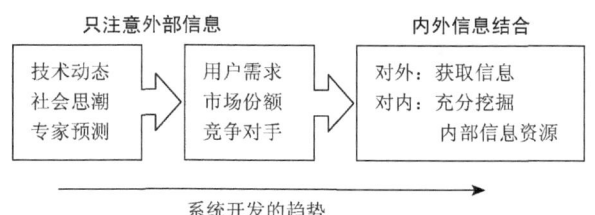

图 3.2　系统开发由单主外到内外结合的趋势

可见，在进行信息系统开发设计时，除了了解外部条件许可企业做哪些事，还要了解内部条件，自己能够做哪些事。

所以，今天在开发信息系统的时候，就不仅要注意到这些外部信息，还要充分了解自己，考虑如何充分地挖掘和开发企业内部的信息资源。把企业信息系统的功能，定位在既能够充分地利用外部条件，又可充分发挥内部资源上。

3）从对外加减到对内加减

随着软件市场的发展，市场上可以直接买到企业所需的计算机系统软件。虽然价格很高，但是与企业自组织开发新系统的费用相比还是要少许多，因此许多企业在开发新系统时就在市场上直接购买企业所需要的软件。

可是，企业拿着自己的信息化方案在市场上寻找时，无论摆在自己面前的候选软件有多少，还是找不到能够完全和企业设想的软件相一致的产品。因为软件生产商的产品不是针对某一个企业设计的，而是针对某一类企业设计的。于是很多企业最终就是选择一个比较接近本企业现实需求的软件产品，然后再针对本企业的情况，增加企业需要、市售软件上没有的功能，减去企业不需要、市售软件上有的功能。为了使买的软件能够用在本企业，对外（软件产品）做加减法。

目前，在"不选贵的，只选对的""紧密结合企业实际情况选择软件"等口号的影响下，这种做法比较普遍。

但是，这种做法已经显示出严重不足。因为它仅仅是使企业内现有的流程电子化、数字化而已，企业现有流程并没有得到优化和更新，使企业的信息化水平大打折扣。

于是，一种新的开发理念被提了出来：企业在选购市售软件产品时，不是以企业需求为标准，而是从企业所在行业特征出发，选择本行业最先进的软件产品，然后根据软件产品所显示的先进管理模式和方法，针对企业的现有流程和管理模式，增加市售软件上有的、企业现实没有的功能，减去市售软件上没有的、企业现实有的功能，再用于本企业。这就是说，为了使购买的软件产品能够在企业内得到应用，对内（企业内部）做加减法。这一理念的优点在于，先进的管理软件产品可以使企业树立起向本行业最先进的管理模式看齐，起到了优化企业内部流程和提升管理水平的作用。

3. 企业信息系统开发的原则

1）适应需求原则

企业开发计算机新系统不是为了好看，不是赶时髦，是为了满足企业信息管理的需要，为企业发展服务。所以必须向系统开发人员充分讲清楚自己的需求，以保证开发后的系统和网络能够满足企业的需要。为此，将要开发的信息系统与企业现行管理系统，包括管理机构、职能及其流程相适应、相协调。

这里的"适应"和"协调"有两层含义。

一层含义是：如果企业现行组织系统是先进、合适的，那么即将开发的新系统不能脱离企业的现行管理系统。另一层含义是：如果企业现行管理系统不能满足企业信息管理的需要，就必须进行企业组织变革和管理变革，让企业管理系统、管理模式适应新的计算机信息系统。关于管理变革和组织变革的内容，详见第6章。

2）经济实用原则

企业在开发新系统时，是应该为新系统确立更高的目标，具有更强的功能、更好的使用性能，但是又不能片面地追求先进性，而忽视经济性、实用性、可靠性，不要盲目追求大、全、新，而应该从自身的现实条件出发，本着少投入，多产出，少花钱，多办事的经济实用的原则来开展工作，逐步发展，逐步完善，并在保证先进、实用的同时，还要切实保证企业信息网络系统的安全保密性。

在经费的投入上，还要注意坚持硬件投资与软件开发相结合的原则，不能只顾一头，丢了另一头。根据发达国家的实践，信息系统建设投资的比例，软件与硬件的投资大体持平。有的国家，软件投资的费用要远远超过硬件投资。

3）灵活统一的原则

新的信息系统既要重视系统本身的简洁性、灵活性和可操作性，其功能应考虑实际需要，其结构和操作方法应尽量简单，只要能达到既定的目的，产生所需要的结果就行，又要重视系统整体的统一性、稳定性和全局性，从全局利益出发，服从整体利益。在网络设计时，要统一建网模式，确定总体架构，保证企业信息网络功能的完善，对主干网、本地网的衔接、网络技术的相互匹配、数据和传输、操作系统的选择进行充分论证，在联网时根据实际需求进行选择。

4）扩展便利原则

鉴于信息技术的更新和发展很快，在设计阶段很先进的方案，到新系统建成的时候很可能就会有更新的技术出现，这个时候就需要能够及时地把新技术接入本企业开发的新系统。

所以，在开发设计新系统时，一定要有预留方案，以便扩展方便，从而充分保证企业信息系统和网络的发展与规模的扩大，考虑系统和网络的开放性、扩充性、良好的可维护性，采用良好的网络拓扑结构和良好的扩充性关键设备。

3.3 企业计算机信息系统开发的方法

本来计算机信息系统的开发是技术人员的事，企业内的信息管理者可以不用关心和了解有关系统开发方法的知识。但是，现有的几种开发方法都有各自的特点和不同使用环境，技术人员所选择的开发方法，是否适合本企业正待开发的系统，企业信息管理者如果一点不懂，对开发方案就没有发言权了。所以，企业管理者对常用的开发方法应该有所了解。

目前，常用的开发方法有以下 4 种。

1. 结构化生命周期法

本法出现于 20 世纪 70 年代。它认为系统开发过程是一个生命周期，共分"系统总体规划、系统分析、系统设计、系统实施、系统调试运行"五个阶段，每一阶段任务明确，任务完成后产生一定规格的文档资料，再交付给下一个阶段，而下一阶段则在上阶段所交付的文档的基础上继续进行开发过程，前后互相衔接，直至完成系统开发的总任务。此法极大地改善了系统开发过程的管理（图 3.3）。

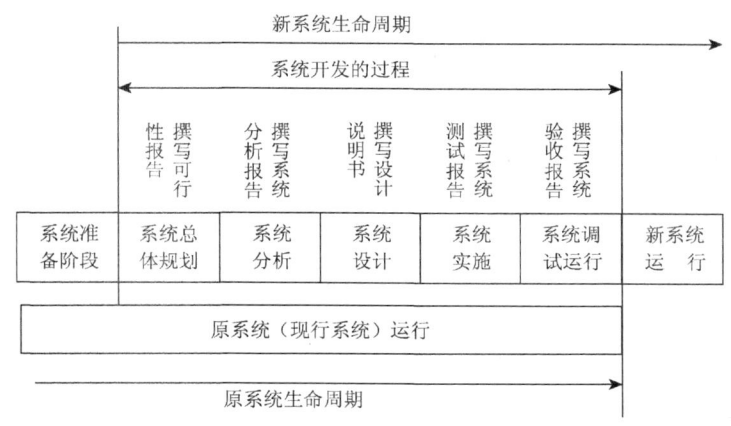

图 3.3 企业信息系统的生命周期示意图

图 3.3 是信息系统生命周期的一种模型。关于系统生命周期各阶段的划分，目前认识尚不一致。比如，有的把系统总体规划归入系统分析阶段，有的把"系统调试运行"单独作为一个阶段等。不过，其模式的本质还是一致的。

结构化生命周期法是在吸取过去系统开发的经验教训后，逐渐建立和发展起来的。目前，它是应用得最普遍、发展得最成熟的一种开发方法。

结构化方法具有如下特点。

1）坚持面向用户、自上而下、全局优化的观念

此法坚持面向用户，一切从用户的需要考虑，强调从全局出发，先制定企业系统开发的总体战略规划，然后在总体优化的前提下，逐级地进行系统分析和系统设计，即自上而下地进行设计。

在开发的各阶段中，系统开发人员总是要对现行系统进行全面、细致的调查研究，并在此基础上进行系统分析，确定新系统的方案，尽量请用户单位的管理人员和业务人员一起参加，及时听取他们对系统的看法和建议，使新系统更加符合实际需要和满足用户的要求。

2）强调开发过程的完整性和顺序性

此法将整个开发过程分成若干先后有序排列的阶段，每个阶段都有明确的目标和任务，而各阶段又分成若干个工作步骤。这种有序的安排不仅条理清楚，便于制订进度计划和进行控制管理，而且上一阶段工作没有完成，下一阶段工作不能开始。下一阶段工作以上一阶段的成果作为依据，基础扎实，不易返工。

比如，在系统设计阶段结束时，审核设计说明书发现系统分析方面有问题，就需要回到系统分析阶段重新进行分析。在系统实施阶段若发现详细设计有问题也必须返回去重新进行。这样，每一阶段把好审核关，尽量使问题在本阶段发现和改正，就可以保证开发的质量和效率。

3）逻辑设计和物理设计分别进行

逻辑设计是利用规范的图形、线条来表示待开发系统的结构原理，通常称作逻辑模型。物理设计是用实际的物理构件的图示来表示待开发系统的运行结构模式，通常称作物理模型。在结构化生命周期法中，系统逻辑设计放在系统分析阶段进行，物理设计则在系统设计阶段进行，两者是分开的。这样安排使人们可以集中精力做自己所要做的事，降低了问题的复杂程度，避免不必要的反复。在物理设计中，使用结构化、模块化方法，自顶向下把系统划分为若干层次，最后划分出模块，在各个模块的基础上进行物理设计和编程，以增强新系统各部分的独立性，也便于系统的实现和维护。

4）开发过程文档化

开发过程中每个阶段都必须建立相应文档，编写文档的图表工具都是标准化和规范化的，使开发人员与用户有共同语言。文档为系统的运行和维护提供了详细的依据，是新系统的一个重要组成部分。

鉴于结构化方法的上述特征，此法比较适合于对规模较大、功能比较复杂的大中型系统的开发。因为大中型系统开发的关键，在于对整个系统的设计和把握。如果采用原型化方法，想要直接用屏幕来一个一个地模拟是很困难的；如果采用面向对象方法，想在一开始就合理、完整地确定系统的对象也是很困难的。还有文档，也是后期维护修改必不可少的工具。所以，规模较大、功能比较复杂的系统采用此法，可以实现对整个系统的合理规划和过程控制。

不过，结构化方法也有其缺点。如开发周期过长；成本容易超支；对前期错误反馈较慢，要到一个阶段结束时才会发现；文档量太大等，尤其是要求在系统开发初期即对系统的全部功能和结构进行定义，然后才进行编程实现，是很难做到的。因为在系统开发初期，企业对新系统只能有一个比较模糊的想法，开发人员对企业的需求也不会很清楚，很难做到将整个新系统描述完整，而且随着开发工作的进行，企业还会产生新要求或因环境变化希望系统也能随之作相应更改，系统开发人员也可能因碰到某些意料之外的问题希望在用户需求中有所权衡等，所以，很难在一开始就设计出一个功能或运行效果都令企业满意的系统。

2. 原型化方法

原型化方法出现于20世纪80年代初。此法在系统开发的开始，开发人员尚未搞清楚用户的全部需求之前，先根据用户一组基本需求信息，快速地实现新系统的一个"原型"。

用户、开发者及其他有关人员在试用原型的过程中,加强沟通,通过反复评价和反复修改原型系统,逐步确定各种需求的细节,适应需求的变化,从而最终提高新系统的质量(图 3.4)。

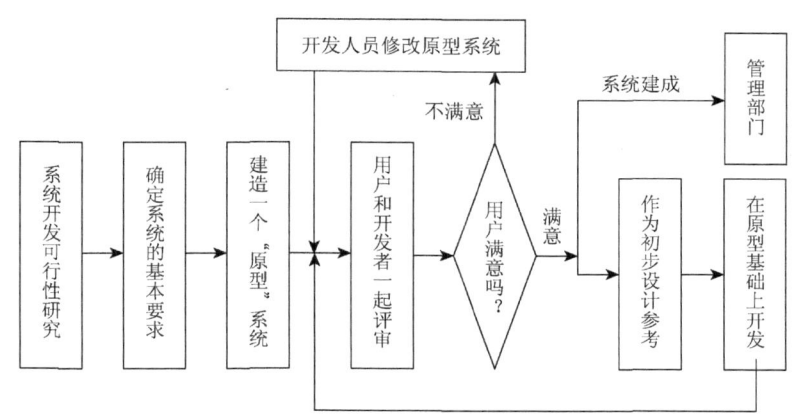

图 3.4　原型化方法的开发过程

在建筑学和机械设计学中,"原型"指的是其结构、大小和功能都与某个物体相类似的模拟该物体的原始模型。在管理信息系统开发中,用"原型"来形象地表示系统的一个早期的可运行的版本,它能反映新系统的部分重要功能和特征。这就是"原型化方法"命名的由来。

原型化方法的种类有三种。

一是丢弃式。这种方式是将原型作为与用户沟通的媒介,并不打算作为实际系统运行,最终要丢弃不用。它要求:原型的开发费用要低,开发速度要快。

二是演化式。这种方式是将原型作为系统的基础,在与用户沟通的过程中逐步演化成最终需要的实际系统。它要求:围绕系统基本需求来修改原型系统,但是要避免无休止的反复。

三是递增式。这种方式中的原型是一个总体规划、结构比较清楚的方案,然后将总体规划的各个模块,在与用户沟通的过程中,逐步完善,递增成最终需要的实际系统。它要求:开发过程分为两个阶段:第一阶段是总体设计,第二阶段是反复进行的功能子系统的设计。这实际上是生命周期法与原型法的结合。

原型化方法的特点:它是以用户为中心来开发系统的,对用户需求的定义采用启发的方式,从"原型"开始,提供了一个验证用户需求的环境,允许在系统开发早期进行人-机交互测试,引导用户在对系统逐渐加深理解的过程中做出响应,提供了很好的系统说明和示范,缓和了沟通的困难,提高了用户对最终系统的安全感,产生了对系统功能潜力的新认识,能够提出新的需求。

它通过对原型的反复使用、评价和修改,给用户和开发人员提供了一个学习和实践的机会,等于提供了最终系统的操作训练。这一过程与人们的认识过程相一致,克服了结构化方法的缺点。正因为如此,此法对用户具有强大的吸引力。

原型化方法比较适合于小型系统和某些局部系统的开发,特别适合于对系统功能要求不高、用户界面丰富的小型系统；也可以与结构化方法结合在一起使用，作为前期调查用户需求的工具和结构化开发方法的补充。

3. 面向对象方法

20世纪80年代后期出现的面向对象的方法，直接从系统需求出发，把需求分解成对象和类，数据和操作都"隐藏"于对象之中，即把数据和操作结合在一起作为一个对象，通过对对象的定义、操纵来实现系统，从而达到了问题论域和求解论域的一致。这种方法特别适用于图形、多媒体和复杂系统。

结构化方法与原型化方法是面向数据或面向过程的，是从用户的需求提炼出数据流，或把需求转换为过程，不是直接在客观需求上展开工作，系统需求与系统分析、系统设计、系统实施是不一致的，因此容易引发出一些问题和隐患。

面向对象方法的出发点和基本原则，是尽可能模拟人类习惯的思维方式，使开发软件的方法与过程尽可能地接近人类认识世界、解决问题的方法与过程。

对象是人们从客观世界中的实体抽象出来的。

因为所要解决的问题具有特殊性，所以对象是不固定的。一个雇员、一本账簿都可以是一个对象，到底应该把什么抽象为对象由所要解决的问题决定。

通俗地讲，对象是一个独立的、异步的、并发的实体，它能"知道一些事情"（即存储数据）、"做一些工作"（即封装服务）并"与其他对象协同工作"（通过交换消息），从而完成系统的所有功能。

目前，面向对象的方法，作为一种新型的独具优越性的新方法已经在全世界普遍使用起来。关于面向对象方法的具体内容，那属于计算机技术类课程的任务，本书就不介绍了。定性地说，面向对象方法有着几层含义。

（1）认为客观世界是由各种对象组成的，任何事物都是对象，复杂的对象可以由比较简单的对象以某种方式组合而成。

（2）每个对象都定义了一组数据和一组方法，该数据和方法被封装于对象之中，数据用于表示对象的静态属性，是对象的状态信息，而方法用于定义改变对象状态的各种操作。

（3）对象按其属性进行归类，类具有一定的结构，若干个对象类组成一个层次结构系统。类可以有子类（或称为派生类）与父类（或称为基类）。

（4）对象彼此之间仅能通过传递信息互相联系。

采用面向对象方法的优点，一是可以提高程序的稳定性、可修改性和可复用性。由于把客观世界分解成一个一个的对象，并且把数据和操作都封装在对象的内部，所以系统具备可修改性。由于通过面向对象技术，我们不仅可以复用代码，而且可以复用需求分析、设计、用户界面等，所以系统具备可复用性。这样，就可以大大提高系统开发的质量。二是由于以对象为基础，可以利用特定的软件工具直接完成从对象客体的描述到软件结构之间的转换。三是解决了结构化方法中客观世界描述工具与软件结构的不一致性问题，缩短了开发周期，解决了从分析、设计到软件模块结构之间多次转换映射的繁杂过程。

但是，同原型化方法一样，在大型的管理信息系统开发中，如果不经自上而下的整体划分，而是一开始就自底向上地采用面向对象方法，同样也会产生系统结构不合理、各部分关系失调等问题。

通过以上的比较分析可知，面向对象方法、原型化方法、结构化方法各有其不同的特点和适用方式，他们之间的关系是相互依存、不可替代的。企业管理者应该熟悉，以便在技术开发人员做出选择时能够明白选择是否合适。

4. 系统整合集成法

整合集成，也有单称整合或者集成的。

集成管理是指将构成某一系统的若干要素，经过管理者主动优化、选择搭配，相互之间以最合理的结构形式结合在一起，形成一个由适宜要素组成的、优势互补的有机体的过程。

它是一种创造性的融合过程，是一种包含有人的创造性思维在内的动态过程。它能够成倍地提升整体的效果，有利于优胜劣汰，有助于实现动态平衡。

企业信息系统的整合集成，是同一企业内若干信息系统的整合集成。尤其是在企业兼并之后，最重要的、也是最头痛的事情就是原有各个企业的系统需要整合集成。从并购后的新企业来看，这也是同一企业内若干系统的整合集成。

每年都有大量的企业兼并。仅就 IT 行业，远的有 2001 年惠普 250 亿美元并购康柏，甲骨文 103 亿美元收购任科，联想 17.5 亿美元拿下 IBM 全球 PC 业务的"蛇吞象"并购案。近的就在 2015 年的第四季度，又有 10 月 12 日的全球第三大个人电脑制造商戴尔（Dell）以 670 亿美元收购企业数据存储设备制造商易安信电脑系统（EMC），10 月 21 日的硬盘厂商西部数据（Western Digital）以 190 亿美元收购存储芯片厂商闪迪（SanDisk）[①]。

这些并购后的企业都有一个企业信息系统集成的问题。比如，上面提到的 2001 年惠普公司主席兼首席执行官卡莉·菲奥莉娜力排众议，促成了惠普收购康柏。可是仅仅 4 年，惠普在并购后的业绩表现欠佳，到 2005 年 2 月 9 日卡莉不得不引咎辞职。惠普业绩欠佳与卡莉在整合后未能对新惠普进行有效、及时的信息系统整合集成有关[②]。

1）企业信息系统整合集成的基本内容

（1）硬件集成。既包括计算机硬件和通信技术设备的集成，如计算机、有线电视、电话、办公设备的集成，也包括计算机技术和通信技术与企业业务技术之间的集成，目的是建立统一的高效协调运行的信息技术支撑平台。

（2）软件集成。主要指不同操作系统、网络操作系统、数据库管理系统、开发工具及其他支撑软件的集成。广义的软件集成还包括技术方法的集成。主要指信息系统开发、运行和管理的各种技术和方法的集成。在一个企业内部，软件集成经历了供应链管理（SCM）、企业资源计划（ERP）和客户关系管理（CRM）等发展阶段，集成范围由企业内部扩展到关联企业、上下游企业。

[①] 2015 年第四季度全球十大企业并购案. http://www.pcpop.com/doc/1/1625/1625596.shtml
[②] 唐志明. 信息系统整合是枷锁还是天梯. AMT 前沿论丛，2005（21）：35

（3）应用集成。主要指围绕企业内具有特定功能的应用信息系统，如 CAD、CAM、生产监控系统、产品及工程技术数据库等的集成。应用集成是基于软件包的一种系统发展方法。当用户需要某种应用时，可以随机地将一些预编码的商业化程序，如数据库应用、模型化电子表格应用、文字处理应用、桌面印刷应用、图形和多媒体应用、操作系统等集成在一起形成应用软件包，以支持企业的业务运行。为了实现应用集成，必须同时对信息集成，对全企业数据进行总体规划，设计建立统一的数据库系统，使企业全体人员都能够共享企业的信息资源。

（4）人和组织的集成。包括两个方面：一是指企业内的人员、机构必须随着整合集成进行新的安排，二是指对整合集成的管理工作也要集成。它要求企业成立由信息技术人员、信息资源管理人员和生产业务人员组成的统一机构，要求企业决策层领导参与集成过程，要求所有管理者和操作人员都具备集成观念等。

在上述 4 个方面的内容中，软件集成是核心，硬件集成是通过软件集成实现的，应用集成则是软件集成的延伸，人员和组织集成是集成取得成功的保证。

2）企业信息系统整合集成的步骤

由于信息系统涉及管理和技术两个方面，具有跨多个公司法人、跨部门、跨技术平台、跨应用系统的特点，并购企业中还有跨并购时间点的特点，所以信息系统整合集成比组织整合、流程整合、文化整合要困难得多，做法上也少有标准模式可循。

根据国内外整合集成的实践经验，可有以下 4 个阶段。

（1）规划阶段。因为整合集成涉及企业的战略、组织、模式、流程、技术等许多方面，而这些方面是分层分级、相互依存的。战略和管理的思路是自上而下的，而整合集成往往是从具体人、财、物、技术开始的，是自下而上的。在并购企业中，往往是信息系统的整合滞后于管理和业务的整合。所以整合集成的第一步必须进行精心的规划。规划的内容，主要是整合集成的实施策略、计划与行动步骤，切换方案，特别是在新系统尚未使用、旧系统已经停止运行的整合混沌期的过渡方案。

（2）设计阶段。这是整合后新系统的技术实现。设计的依据是企业的战略和业务管理需求，设计理念是"细节决定成败"，要保证对无数业务细节和复杂技术实现逻辑的把握。集成设计的方案，一般包括：需要并、删、改的系统，新旧组织结构的差异分析，应用系统的开发需求，硬件和网络环境的整合要求，新业务逻辑的模拟测试，与新系统配套的流程、制度、标准等，管理和信息系统的切换方案，过渡策略和办法，大系统优先和小系统推后的分步策略等。

（3）切换阶段。这指的是整合集成后的新系统开始启用，原有的旧系统停止运行。这一工作比起同一系统的升级切换要简单一些。因为不同的系统，尤其是并购企业中原来各个企业的信息系统，通常只是保留一个，或者通过建立一个新的系统来实现，不用考虑历史问题，数据只需要取某一个时间点之后的就可以了，不需要将历史数据都补录进系统。

切换阶段至少要注意 3 点。

①切换的时间点选择，要尽可能地选择对业务流程、业务处理影响小的时间点。比如，选择业务淡季或休息日。

②切换时技术风险的防范。新系统中一些遗漏的小细节，很可能使系统运转不起来。因此除了在设计时保证对无数业务细节和复杂技术实现逻辑的充分把握，还要制订"切换的技术应急方案"，做好一定的准备。比如，暂时适当放开系统权限、关闭部分系统审核逻辑、安排人工录单等。

③做好切换的配套工作。切换前的业务培训、管理培训、系统新功能培训、业务操作差异讲解等都很重要。并购企业的系统整合集成还要考虑与并购的其他过渡方案相协调。这些工作做好了，才能保证切换顺利成功。

（4）整合后的优化。整合集成后的系统，在切换之后开始运行，但并不是整合集成的结束，还需要进一步优化。因为不能保证在规划、设计和切换的各阶段中都是百分之百地合适和满意。企业流程和业务的优化是永恒的主题，所以，依赖于流程和业务的企业信息系统的优化也就没有终点。

3.4 企业计算机信息系统开发的步骤

在系统开发步骤上有两个认识误区：一是现实中的许多企业高层管理者认为，企业确立了建设计算机信息系统的项目，划拨了经费，剩下的事就是系统开发人员的事了。二是在许多阐述管理信息系统的教材中，一般都以"系统分析、系统设计、系统实施"来表述计算机信息系统开发的步骤，并且都是从技术开发人员的角度来讨论系统开发这三个步骤的。这两种认识都是不妥当的。

当然，企业请来的技术开发人员应该管，但企业管理者更应该管，因为这本来是企业自己的事。虽然计算机程序并不需要企业管理者来编写，但是企业管理者必须懂得计算机信息系统开发的步骤，只有这样才可能管理和控制好系统开发工作的过程。在许多系统开发失败的案例中，企业管理者不闻不问是主要原因之一。当然，企业管理者不知道应该问哪些也是一个原因。

下面，本书就从企业管理者的角度来介绍企业计算机系统开发的步骤。

企业计算机信息系统的开发，如图3.3所示，包括5个步骤：系统战略规划、系统分析、系统设计、系统实施和系统验收。

1. 系统战略规划

系统战略规划指的是企业在准备开发计算机信息系统之前，对未来的计算机信息系统做出的描述，以及对为了实现这一系统应做工作所做出的安排。

这里的"系统战略规划"是企业实施信息技术战略的重要内容。本书在第5章将要专门论述企业战略信息管理的问题。企业信息技术战略和企业信息资源战略是企业战略信息管理的两大部分。

在系统开发建设中，系统战略规划是十分必要的。因为它是一项耗资巨大、历时很长、技术复杂和企业内外交错的工程，是否适合企业的实际情况，是否符合企业所处的内外环境，直接关系到能否提升企业竞争力、企业投入能否获得丰厚回报的问题，必须实现从战略的高度进行综合谋划。

系统战略规划的步骤，一般认为包括5个环节：需求分析、确立战略目标、选择战略方案、初步预测和制定战略规划。

1）需求分析

需求分析是制定系统建设战略规划的第一步。它是企业高层管理者在决定建设新系统之前，具体分析在企业实际运行中有哪些事项需要使用新系统来处理。

在系统开发实践中，需求分析有两次，一次是企业的需求分析，另一次是在"系统分析"阶段由开发人员所做的需求分析。

这里的需求分析是第一次的"企业"的需求分析，是完全由企业管理者完成的。它所解决的问题是"企业有哪些事项需要使用新系统来做"，分析的结果是从现实的信息中提炼出"需求"来，是从无到有的创新过程。

开发人员的"需求分析"，与此不同，那是通过对企业提出的《需求分析报告》的分析，来了解企业需求的内容，是对一个已有需求的理解过程。当然，这里有开发人员对需求报告的修改和补充。由于许多企业在进行系统建设时，没有做需求分析，结果开发人员入住企业后的需求分析就成了第一次需求分析。导致许多人误以为系统建设只有一次需求分析。

这两次需求分析的关系，对于开发人员，有一个如何恰如其分地理解企业需求、并在系统设计和系统实施中反映企业需求的问题。但是，更重要的还在于企业管理者自己提出的需求是不是恰如其分地反映了本企业的真正的实际需求。如果企业的需求分析不妥当，开发人员无论如何分析，都不会获得恰当的结果，系统开发的失败就难免了。

需求分析是建设新系统的原因和动力。因为有需求，才需要建设新系统；为了实现需求，建设新系统才有不绝的动力。只有明确了需求，才可能制定出明确、实用的规划目标。因此，需求分析的结果，是系统战略规划的基础，合理的系统战略规划目标，是使设备的能力与企业业务要求相匹配的前提。

不当的需求分析，会导致企业陷入困境。在企业信息化失败的案例中，有50%的企业没有能够实现信息化项目的目标，就是在一开始对最终目标没有一个清晰的认识；有的属于流程行业的企业，却购买了单项制造的软件系统；有的企业舍得花钱买了最好、最全的管理软件，却只能用到该软件产品不到一半的功能；还有的企业辛辛苦苦开发了新系统，可是用了不多久，企业有了大的发展就不够用了，丢弃不用很可惜，继续用又不能满足需求，等等。这些问题的出现，究其原因，都是在一开始时没有做好需求分析的结果。

一般认为，要做好需求分析，应该遵循以下3个原则。

（1）需求分析要全面掌握企业内外的信息。虽然企业信息管理者成年累月地在企业内管理着企业，但并不等于他就了解企业，还需要他经过认真的调查研究。只有全面掌握企业内外的真实信息，才可能进行有效的需求分析。

进行需求分析，通常需要4个方面的信息。

①企业的历史和现状信息，包括现有的人力、物力、财力、企业信息资源条件、时间和管理状况等信息。

②企业环境信息，这是指能够影响企业系统建立的外部因素，包括技术环境、市场

环境、政治环境、文化环境、法律环境等。尤其是要了解本企业所在行业的信息化水平，本企业与行业水平的差距，行业和上级主管部门的约束条件以及可能产生的障碍。

③企业信息系统管理现状的信息。这主要是指关于已有的系统信息基础、系统信息流程、系统信息传输、系统信息沟通渠道等方面的调查研究，以便清楚地了解本企业处在的信息化建设六大阶段中哪个阶段、现实水平和存在的问题。

④预测信息，预测企业在未来建立计算机系统期间可能发生的问题和解决的办法，尤其要尽可能地预测建立新系统可能会出现的人员的、技术的、管理的、经费的困难和障碍，预测新系统中的各个项目的轻重缓急，以便做出安排。

（2）需求分析要全面思考。企业管理中常见的一个弊病，就是"头痛医头，脚痛医脚"。企业信息系统开发要避免这种情形出现。所以，需求分析一定要从企业的全局出发，从企业的战略发展目标、运作方式、行业特点、生产类型等宏观项目，到企业管理的每一个关键流程和关键业务项目，都应该考虑到。

（3）需求分析要全员参与。企业信息系统的开发，不只是信息管理部门的事，它直接涉及企业全体人员的切身利益，需要企业全体人员的参与，否则，系统开发是不可能成功的。因此，需求分析一定要面向企业全体人员，向他们做调查，了解他们的需求和他们对上新系统的态度，在需求报告中要反映他们的需求，解决他们提出的问题。

最终，需求分析的结果是一份由企业撰写的《需求分析报告》。

2）确立战略目标

这是系统战略规划的第二步。

系统战略目标是在一定时期内企业建设新系统要达到的预期成果。企业信息管理者应该根据需求分析中获得的信息，确立企业建设新系统的战略目标。战略目标是战略规划的核心，要制定规划必须首先确定目标。只有确定了目标，才可能去安排实现目标的各种措施和配置相应的资源。

企业系统建设的战略目标，应该是充分有效地开发利用信息资源，满足企业内外的信息需求，提高企业整体的管理水平、工作效率和竞争力。

通常，企业系统建设的战略目标分为两个阶段，第一阶段是企业内联网，通过 Intranet 把企业的所有信息资源集成起来，实现企业员工的信息共享和协同作业。这是企业的信息基础设施层次。第二阶段是企业外联网，通过 Intranet 把企业和战略伙伴、供应商、分销商等联成一体，并实施电子商务。

这种基于 Intranet 的战略目标，决不仅仅意味着企业信息化程度的提高，更重要的是，它通过改变企业内部以及企业与市场之间的信息交流方式，为企业经营管理模式的重整和竞争战略决策的发展提供了新的机会。

系统建设的战略目标还应当与企业总体的战略目标相匹配，既不能超过企业总体战略目标许可的范围，也不能与实现企业总体战略目标毫不相干。

系统目标的确定，要注意以下三点。

一是做好调查研究，把企业的真正需求掌握到手。

二是实施企业级项目管理。面向企业，统筹规划，要保证企业系统目标的分解，确实是企业内各部门需要实现的分目标。如果企业资源有限，要按照项目优先级划分的思想，确保更有价值的、更加急需的分目标进入系统目标范畴之内。

三是进行可行性分析，保证设计的新系统能够在现有条件下实现。

3）选择战略方案

这是系统战略规划的第三步。

"战略方案"是企业为实现系统开发的目标所采用的各种不同措施和资源配置的安排。选择方案是企业信息管理者根据需求分析中获得的信息，对提出的若干方案进行评价和比较，最后选择一个方案的过程。

方案的制订，首先是根据企业信息系统建设的战略目标来识别企业活动，找出那些可以使用计算机来管理的活动，并从中区别哪些属于重复性活动，哪些属于工程项目性活动，然后确定具体的措施，再配置相应的资源。由于企业的资源有限，不可能所有的项目同时进行，只能选择一些经过综合分析是最有利的项目先进行。风险大和风险小的项目应该有一个比较合理的比例。

方案的内容，也就是规划的内容，不同的企业当然不会一样。但是，不论什么企业所制定的规划，至少应该考虑以下几个方面的问题：第一，规划目标。第二，工作范围。第三，资源配置。第四，编制规划网络图。第五，进度安排。第六，管理措施。第七，编制派生专题计划。第八，经费预算。

4）初步预测

这是指在规划中要对新系统战略规划实施的成本、效益和风险做出初步的预测。这个预测工作也可以在《需求分析报告》中进行。之所以称作初步预测，是因为系统战略规划通常是由企业人员来做的。待技术开发人员进入企业后，还应该征求技术开发人员的意见，才能保证预测的准确。

成本预测是"经费预算"中所提到的各类支出经费的总和。

效益预测是估算新系统投入使用后可能会给企业经济收益带来的增长。

风险预测是对建立新系统可能出现的种种问题做出估计。这类问题的随机性大，不太好预测。通常，以下几个方面风险较大：一是当设备采用不同产品和标准时，设备之间的匹配问题较多。二是结构化布线和施工不善等会造成系统线路不通或随机出现不通。三是企业网络拓扑结构设计不合理，会造成数据传输出现严重阻塞。四是网络操作系统选择不当，使得一些必要的应用软件无法运行。

5）制定战略规划

这是系统战略规划的最后一步，是将系统战略规划的方案整理成文。关于战略规划文本的写作要求，本书在第5章再作阐述。

规划制定好后，需要对规划方案进行可行性分析，撰写可行性分析报告。

通常，可行性分析从以下3方面入手。

一是经济可行性分析，即新系统在经济上是否可行。它包括：新系统的投入是否超过了企业的可能，系统建成后运行管理费用的投入及其可能创造的经济效益的估算，以及投入回收期的估算等。新系统应该是以最小的费用、建立起一个能够满足需要、经济效益最大的系统。

二是技术可行性分析，这是指分析企业新系统所提出的要求在现有技术条件下是否能够实现。比如，对加快系统运行速度的要求、对存储能力的要求、对通信功能的要求等，应该是当前社会上的技术水平能够达到的。

三是环境可行性分析，包括分析企业的内部条件与外部环境对系统运行的影响，是否可以提供管理、操作及信息传递的保证等，是否符合现行国家法律和政策、企业规章制度、行业标准等。

规划方案和可行性分析报告审议通过后，应据此编写《项目任务书》，并上报企业高层管理者，经领导班子集体讨论批准后实施。

据报道，我国企业信息化中，信息系统开发的成功率比较低。系统开发者称为"MIS泥潭""信息化黑洞"，经济学家称为"信息悖论"。当然原因很多，其中很重要的原因之一就是企业自身事先没有进行合理的战略规划。

2. 系统分析

在系统战略规划阶段主要是企业管理层的人员参与。本企业或企业外的技术开发人员有时也参加一些讨论，但主要还是管理者的事情。

《项目任务书》发出后，系统开发进入"系统设计"阶段，技术开发人员进驻企业，就要全程参与了。

这里说的"系统分析"是指企业管理者、参与开发的业务人员和技术开发人员，根据企业《项目任务书》所确定的范围，对企业拟建的新系统进行问题识别、详细调查、可行性分析、系统化分析，最终完成新系统逻辑设计方案的过程。

系统分析是必要的。因为系统是由技术开发人员设计并实施完成的，他们只有全面了解企业的需求和可能，才能设计出符合企业需要的新系统。系统分析阶段的过程，本质上就是企业将自己的需求转告给技术开发人员，双方通过沟通、讨论并取得一致意见，最终为技术开发人员认可和接受的过程。

许多关于"管理信息系统"的教材中，在谈及系统设计时，一般都是从技术开发人员的角度来讨论问题的，要求开发人员对企业进行调查，充分了解和分析企业各个方面的信息和需求，然后进行设计。总是反复强调要与企业管理者和企业员工加强沟通，并明确指出，沟通不好是系统失败的重要原因之一。

这种论述并没有错误。但是，作为将要建立新系统的企业管理者，如果在一开始就能够清楚、明白、全面地告诉开发人员，不是更好吗？所以，本书从企业管理者的角度来讨论系统分析、系统设计和系统实施的问题，对于企业管理者来说，在系统分析阶段，应该完成以下3件工作。

1）尽可能明确地向开发人员表述项目目标和需求

系统战略规划中提出的目标，是宏观的、粗线条的，往往都是非技术性的表述方式，在技术要求上是含糊笼统的，不能满足技术开发人员的需要。

比如，某厂在零配件供应不及时、造成停产待料、效益下降的情况下，提出使用计算机系统来管理零配件供应时，其目标要求是："通过计算机系统加强零配件账物管理及进出料计划管理，保证合理库存，最终达到均衡生产，提升经济效益的目的。"这就是非技术性的目标表述。

这种表述，从企业管理的角度来看，是相当明确了。可是，对于技术开发人员就不适用了。因为它并没有讲清楚新系统的目标要求究竟是什么。产生这一现象的原因是企业管理者不熟悉计算机专业知识，对于计算机能做哪些事、不能做哪些事、把工作交给计算机来做应该讲到什么程度合适并不清楚。

通常，要明确地表述项目目标，可从以下几个方面考虑。

（1）企业管理者要学会改变从人、财、物的角度来谈要求的习惯，尽可能从信息处理的角度来表述新系统的目标。因为在系统设计时，并不涉及具体的内容，只涉及功能、配置、接口、环境等方式，比如，新系统对数据传输功能、数据流量控制功能、统计功能、运算功能、图表绘制功能和处理各种事务功能的要求，对系统配置的要求，对系统环境的要求等。

（2）尽可能地从定量的角度来表述新系统的目标。对于时间、速度、质量等定量指标，应尽可能地从本企业的实际情况出发提出确定的定量标准；有些没有具体数量的指标，也要尽可能地将具体目标要求提出来。

（3）尽可能地对所提出的全部问题区别轻重缓急，明确它们之间的相互关系。是因果关系、主次关系，还是权衡关系，应该分别明确表述出来。特别是在权衡关系中，需要说明权衡的两方，哪一方是主要的，哪一方是属于制约条件的，权衡中双方可以接受的最低标准是什么等，都需要明确。

（4）在与开发人员的沟通中，要主动询问，不懂的就请教，在沟通的过程中慢慢学会如何和开发人员交谈。当技术开发人员询问有关项目目标的情况时，企业管理者和企业的业务人员应该尽可能地从上述三个方面来表述。作为企业的人员，不论是自己在询问对方，还是在回答对方的询问，都要耐心，反复沟通，直到双方意思一致。

在这里，需要技术开发人员的配合。技术开发人员应该体谅企业管理者这样表述的原因，学会从那些含糊的要求中理解项目的目标，当不清楚时应该学会与企业管理者和企业员工进行沟通，以求把企业关于系统的需求和目标真正搞明白。只有这样才能把系统设计好。

2）项目目标实现的可行性分析

在系统战略规划时已经做过可行性分析，不过那是针对规划方案、由企业管理人员进行的。这里的可行性分析，是针对项目目标、根据企业的环境、资源等条件，判断新系统能否得到实现，由技术开发人员和企业管理者共同完成的。

某种意义上来说，等于是技术开发人员来审核项目的可行性。这里的可行性分析也包括经济可行性分析、技术可行性分析、环境可行性分析等三个方面。

通过可行性分析，如果发现有不妥之处，则应立即采取相应措施：如果是项目目标过高，就应该降低要求；如果要求不能降低，就应该寻求其他方法；如果环境不许可，就应该修改原来的目标等。

技术开发人员为了保证可行性研究的正确和有效，需要对企业独立进行详细调查，企业不能借口自己已经调查过了，不让技术人员调查。技术人员在调查基础上进行可行性分析，在与企业管理者充分沟通的前提下提出报告。

3）现行系统流程图的审读

技术开发人员根据可行性分析报告，绘制企业现行的组织结构图、现场工作流程图、事务工作分析图、数据流程图等。

前三种图是开发人员必须掌握的基础信息，是后续分析的依据。而数据流程图则是开发人员根据掌握的信息进行分析和加工出来的新信息，是描述系统逻辑模型的最主要工具，是后续讨论、分析、提出改进措施的主要依据，是开发人员必须做的工作。这四种图必须通过多次反复修改和检验，逐步完善，尤其是要反复征求企业管理者和企业员工的意见，获得补充、修改和认可。

所以，认真审读这些流程图就成了企业管理者的重要任务。对于前三种流程图，企业管理者是熟悉的，能够看得懂，发现问题应该及时向开发人员提出来，以便补充或修改。对于第四种数据流程图，企业管理者可能并不熟悉，需要先向开发人员学习，弄明白图中符号的含义，读懂图的意思，再发表自己的意见。

系统分析阶段的工作成果是《系统分析说明书》，在交由企业管理层讨论通过后，就成为下一阶段"系统设计"的依据，也是将来系统验收的标准。

上述三项任务，企业管理者切不可等闲视之。如果企业需求的表述出现偏差或错误，技术开发人员依据错误的企业需求来设计新系统，轻则导致系统功能不符合企业的要求，需要大幅度地修改，重则会导致系统开发的失败。

3. 系统设计

系统设计，又称物理设计。系统分析的结果是获得新系统的逻辑模型，解决新系统"做什么"的问题，系统设计则是根据新系统的逻辑模型提出物理实现的具体方案，提出物理模型，解决"怎么做"的问题。

系统设计分为初步设计和详细设计。

1）初步设计

又称基本设计、结构设计或总体设计。它是在确定企业计算机系统目标的基础上，选定系统的结构模型，设计系统的工作程序，并选择系统所需要的硬件设备等。如果是建设网络系统，首先要选择网络计算模式，在大型机为中心的模式、服务器为中心的模式、客户机/服务器的模式等三种模式中选择一种；然后要选择网络的拓扑结构；再就是网络结点规模的选择。

系统初步设计的方案是由技术开发人员做出的。

初步设计完成后，企业一定要组织有企业管理者、有关专家、企业业务人员参加的可行性论证会，如果方案基本可行，则可进入详细设计阶段；如果方案与目标规划的差距较大或不可行，则应重新调查研究并提出新的初步设计方案。

2）详细设计

这是按照初步设计所确定的模型，对信息输入、输出形式，信息搜集与处理的方法，信息流程，信息存储与检索方法等进行具体设计。

详细设计的内容主要包括：系统流程图设计、程序模块设计、代码设计、输入/输出格式设计、处理过程设计和数据存储设计等。

设计的最终目标是要在节省研制费用、降低资源消耗、缩短研制时间和不断提高工效、可靠性及可维护性的条件下形成设计方案。

详细设计后，必须进行认真的评审。企业一定要再次组织有企业管理者、专家、业务人员参加的评审会，及时发现问题和解决问题。评审没有通过的"详细设计方案"不能进入系统实施阶段。

系统设计阶段的技术文档和工作成果是《系统设计说明书》。它是系统实施阶段的指导性文件。

新系统不能由技术开发人员单独完成，它要求最终用户（企业）的高度参与和足够的控制，以确保系统能够反映本企业的业务和需求。这不仅是为了保证系统的可用性，而且是为了增加企业信息管理者对系统的理解和熟悉，增加系统的可接受性。

实践证明，系统设计阶段，企业不充分地参与是系统失败的主要原因之一。

企业管理者在参与信息系统设计时，要做到以下三点。

一是要虚心向开发人员学习计算机知识，仔细地了解系统设计的具体内容。

二是在了解设计内容后，发现与企业建设的新系统目标要求不相符合时，一定要以高度的责任心，及时向开发人员提出。

三是在提出建议、意见时，尽可能地避免带入个人的好恶和情绪，一切以实现企业的目标为准绳。

4. 系统实施

系统实施是将系统设计阶段提出的关于新系统方案的《系统设计说明书》转换成一个完全可以操作的实际的信息系统。其任务有以下几点。

1）硬件设备和软件系统的添置

硬件设备和软件系统的添置有两种方式：一种是租赁，另一种是购置。

所谓租赁，就是将系统设计中需要的硬件设备和软件系统，向专门的公司租用硬件设备和软件系统的使用权。租赁的办法有很多好处：一是租赁可以减轻企业的资金压力，因为一次性购买新系统的软硬件设备，需要大量的资金，分多年支付租金就可以分散购买设备的资金压力，也使得预算均衡，资金利用平稳。二是租赁可以有效地降低技术投资的风险。计算机设备更新速度快，有效寿命短，很容易出现过时产品的积累，造成固定资产积压浪费。租赁可有效地降低这一风险。

所谓购置，就是企业自己一次性将新系统所需要的软硬件设备购全。它包括硬件设备的选择、购置和安装，软件系统选择、购置和开发。如果是建设新的网络系统，则需要选择网络操作系统。当然，这些工作是技术开发人员具体完成的，但是，企业管理者必须参与，共同研究和选择。

2）操作人员及其他有关人员的培训

这一工作，一是为了系统投入使用后有人马上能够承担运行和维护的职责，二是为了在系统调试过程中，担负考察系统的正确性和质量的任务，他们是本企业自己的、能够完善系统的一支重要力量。

3）基础数据资料的录入或转换

新建立的系统，所有需要的数据必须一一录入。在已有系统上改建的新系统，还需要将已有系统的数据转换到新系统中。

4）各种规章制度的建立

与新系统运行、维护、使用有关的各种规章制度、操作规程、岗位责任制度的建立等。

上述 4 项任务是互相制约、互相支持、互为依存的，需要企业信息管理者统筹兼顾，认真对待。系统实施是按计划分阶段完成的，每个阶段都应写出实施进度报告。

系统实施工作结束后要编制《系统操作手册》和《使用说明书》。

5. 系统验收

系统验收应该在系统实施成功并经过试运行一段时间（通常在半年到一年）后进行。一般是通过召开正式的验收会或鉴定会的形式进行。

验收会由投资项目并使用系统的企业组织，同时聘请有关部门专家和主管部门的人员参加，按照系统规划、合同书和系统分析说明书对系统进行全面检查和综合评价，以判断系统是否符合原定的目标，是否存在需要改进的地方。如果发现新系统实施后效果不佳，则要认真分析，找出原因，明确责任，加以解决，然后才能交付使用。

系统验收后即可交付使用。这时需要进行新旧系统切换。切换有 4 种方式。

（1）直接方式，又称立即方式，规定一个切换的时间，届时旧系统停止运行，新系统开始工作。这种方式极为简单，但风险较大，对新系统的可靠性要求比较高，新系统一旦发生问题会给工作造成巨大损失。

（2）并行方式，指新、旧系统同时运行一段时间，以便检查新系统的问题或修改新系统。但并行期间，要投入双份人力、物力、财力和时间，而且对两个系统的对比检查，其工作量也非常巨大，令人难以承受。

（3）逐步方式，指先将旧系统的一部分换成新的，经过一段时间运行稳定后再切换另一部分。这种方式避免了上述两种方式的弱点，但是又出现了新旧系统混合使用时二者的协同工作，如果不能协同工作，还要想别的办法。

（4）导航方式，指新系统在一开始，只用来处理少数风险小的业务，作为对新系统的检查。然后逐步增加工作量和扩大管理范围，直到全部功能都投入运行。

新系统切换成功之后，新系统即进入正常的运行。这时企业就要开始对新系统进行日常运行维护管理和应用管理了。这方面的内容在第 4 章介绍。

有些信息管理教材中把"系统运行维护管理"列为信息系统开发的最后一个环节是不妥当的。因为新系统交付使用之后，新系统的开发过程就结束了。

3.5 企业信息管理制度的建立

1. 企业信息管理制度的含义

制度一词，有三层含义：一是指一种社会经济形态，属于政治经济学研究的范畴。比如，"社会主义制度""资本主义制度"。二是指一种管理和控制社会的有效方式和规范体系，属于社会学范畴。比如，政治法律制度、经济制度、婚姻制度等。三是指由组织制定、要求组织内全体成员共同遵守的、按照一定程序行为的规范体系，属于管理学的范畴。比如，企业的考勤制度、学校的作息制度、政府部门的公务员制度等。

企业信息管理制度属于上述第三种含义。它是由企业制定的、要求企业内全体成员共同遵守的、按照一定程序行为的企业信息管理范围里的规范体系。

企业信息管理制度是保证企业信息管理体制、管理机构、管理主体发挥作用的各种规范化的运行规则。它既包括企业管理机构在实施信息管理机制时，在方式方法上的规范化和法制化的规则体系，也包括企业机构各部门在有关信息管理正常运行方面的各种规范化和标准化的规则体系。

企业信息管理制度和其他管理制度一样，有时也会出现紊乱，或不起作用，甚至会阻碍企业需求的满足，这种现象就是制度功能的失调。主要表现为：制度的内容已经落后于信息环境的发展，或者制度的原有意义和价值变得模糊不清，致使制度失去了行为导向功能；或者制度结构内部出现某种程度的混乱，使行为与规范、角色与地位、组织与个人的关系脱节，导致制度的整合功能不能有效地发挥；或者制度的实施流于形式，对人们失去约束力。

任何一种管理制度都有一个从产生、发展到消亡的过程。这个过程就是制度的生命周期。当企业信息管理制度不能发挥其功能时，就必须考虑以新的制度来代替旧的制度，实现制度的变革和更替。实施信息管理的企业，应该检查本企业的信息管理制度，看其处在哪个阶段，才好对症下药，避免制度功能的失调，发挥好制度的功能。

2. 企业信息管理制度的特点

1）公认性

企业信息管理制度是为企业的信息管理工作服务的。它作为一个制度，获得企业内所有成员的公认，并得到大家的共同遵守。

2）强制性

企业信息管理制度作为制约人的行为的规范体系，要求企业内的所有成员必须遵守，不遵守或违反其规定者必定要受到制度所规定的处理或惩罚。

制度一旦失去强制性，就不称为制度。企业的信息管理制度也是如此。尤其是在计算机系统管理中，所有参与者都必须严格遵守计算机操作规程，谁违反了这些规定，不仅其自己无法进行进一步的操作，很可能因此损坏了系统，或泄漏了企业机密，给企业管理工作带来损失。

3）相对稳定性

企业信息管理制度一旦制定并予以发布，便具有一定的生命周期，其内容在一定时期内保持稳定。只是在非改不可的情况下方可进行修改。这是实施有效的企业信息管理的保证。如果制度朝令夕改，企业成员就会无所适从，整个企业就无法统一、协调地行为，工作就进行不下去。比如，计算机系统管理中必须严格遵守计算机操作技术的规程，在系统确定之前可以任意选择，但只要系统一旦确定之后，就必须是稳定不变的，根本不能有任何改变。因为哪怕是一个微小的改变，其结果必然是机器不动作。只是在系统需要更新和升级换代时才作修改。

4）系统性

系统性表现在两个方面：一方面在内容上，它是关于企业信息管理的一系列制度的总称，是一个制度体系，它们相互制约，相互促进；另一方面，它和任何制度一样，是一个"概念系统、规范系统、组织系统和设备系统"。

3. 企业信息管理制度的功能

1）行为导向功能

企业成员中的各个个体具有不同的文化背景、个人经历、素质修养、工作能力等，这些差异会导致他们的信息管理行为的差异,甚至发生冲突。但是,企业信息管理的性质决定了企业管理行为是一种群体行为,不允许出现差异,需要规范和统一。企业信息管理制度以其一整套的规范体系,告诉人们在信息管理活动中,应该怎么做,不应该怎么做,把企业成员导向统一的轨道,以维持企业信息管理的正常秩序。

2) 社会整合功能

虽然企业信息管理制度规范了企业成员的行为,但并不是所有的人都会自觉地按制度行事,总会有违背制度的行为发生。当这种情况出现时,企业信息管理制度就会根据行为越轨的程度,对越轨者进行批评教育或处罚,从而起到控制和整合社会行为的作用。企业信息管理制度的行为导向功能和社会整合功能,保证了党和国家的方针政策和法律制度在企业内的贯彻执行,保证了企业内各项信息管理活动高效而又有序地进行,保证和提高信息管理工作的质量和效率。

3) 文化传播功能

企业信息管理制度作为制度的一种,其本身就是一种文化现象,是文化传递的一种重要手段。制度总是把过去人类创造出来的文化保存下来,传给下一代,又总是不断地创造出新文化,促进社会的发展。

当代企业信息管理制度,就是我们的前辈从 20 世纪 50 年代以来所创造的信息管理文化的载体,传给了我们这一代;同时,我们这一代在新的条件下实施企业信息管理,又会创造出许多前人所没有的信息管理制度,促进今天的企业信息管理的发展。企业信息管理制度使人类信息管理文化的发展具有历史的连续性,也使自身不断得到完善。

4. 企业信息管理制度的内容

1) 计算机信息系统的管理制度

它包括:系统运行操作规程、各类系统管理人员的分工责任制度、系统录入信息审批制度、系统输出信息使用制度、系统运行维护制度、系统运行档案存储制度、系统信息标准化制度、系统管理人员培训制度、系统运行审计制度等。

2) 信息采集制度

在企业信息管理活动中,信息采集是最基础性的工作,是其他管理工作赖以进行的前提和基础。常见的系统采集制度有:信息统计制度、信息报告制度、信息质量保证制度、合理化建议制度、来访接待制度。

传统的企业接待制度注重接待的规格、方式、语言,比较讲究礼仪、周到、热情。由于无论是接待上级主管部门的人员,还是接待下属单位的人员,或者接待供应商、销售商来访,或者是接待外来参观的人员,都会获得许多难以得到的有用信息,所以从企业信息管理的角度看待接待制度,应该增加"在接待中注意采集信息"的条款,当然也要增加保密的条款。

3) 信息处理制度

信息处理工作是企业信息管理活动的核心工作。常见的信息处理制度有:信息处理责任制度、信息工作流程制度、信息发布制度、信息共享制度、批示信息催办制度、信息反馈制度和办公自动化设备管理制度等。

4) 信息存储管理制度

在企业信息管理活动中,常见的信息存储制度有两大类:电子文件和电子档案管理制度、纸载体文献信息立卷归档制度。

在电子文件、电子档案出现之后，纸载体文献档案并不会消失，二者只会并存，互为补充。企业的纸载体文献信息立卷归档制度需要进一步完善，不能套用社会上档案馆的传统管理模式。这方面的内容在5.4节中详细介绍。

5）信息安全制度

关于信息安全问题，包括：企业信息保密制度，信息公开的审批制度，计算机系统录入信息的审批制度，企业网络安全制度等。

6）信息人员管理制度

这是指企业内对信息管理队伍的管理制度。包括：信息人员招聘制度、信息人员考评制度、信息人员培训制度。

5. 企业信息管理的标准化建设

国家标准化管理部门，将"标准"一词定义为"对重复性事物和概念所做的统一规定"。标准是制度的一种特殊形式。

企业信息管理标准是在企业建立和使用在线信息系统时形成的，并反过来规范企业员工的行为，保证企业在线信息系统的运行。

企业信息管理中，企业信息标准的制定、实施、完善的过程称作"标准化"工作。

企业在线信息系统的标准化工作主要有：代码体系的标准化、信息格式的标准化、系统模式的标准化、描述工具的标准化和系统建设阶段划分的标准化。

1）代码体系的标准化

在线信息系统存储的所有信息都是通过一定的编码方式，以代码的形式存在的。企业建立计算机系统，必须设计新的代码体系，或借用已有的代码体系。

代码体系的建立，应由代码对象所在领域负责业务工作的人员来完成，因为无论是对象还是属性的分类方法，系统开发人员并不熟悉，都要由特定的业务或技术来确定。

企业的系统开发人员和信息网络工作人员，可在代码制定中介绍代码编制的方法，提出参考意见，即从信息处理的角度提出建议。

通常，在设计代码标准时应遵循以下几个基本原则。

（1）尽可能采用国际标准和国家标准。即使已有的国际标准或国内标准代码确有某些不妥之处，但这些标准既然已经是世界通用或全国通用，三年五载不会改变，也应该尽可能地采用。不然，自己另编一套，理论上似乎合理，可是别人都不使用这个代码，反而无法和别人互连互通。

（2）代码要体现一定的逻辑含义，具备单义性，便于检索。比如，某大学学生管理系统中，本科生的代码（学号20051234）和研究生的代码（学号20051302003），都具有其逻辑含义。本科生代码的前4位是入学年份，后四位是顺序号。研究生代码的前4位是入学年份，第5、6位是学院，第7、8位是研究生类型，指博士生、硕士生、工程硕士等，后3位是顺序号。

（3）代码不宜过长。过长的代码，不仅会占用较大的存储空间，还会降低信息处理的速度。

（4）留有扩充的余地。由于随着代码实体数量的增加，或者需要进一步细分某些实体的类别时，代码需要扩充。因此设计代码时就要考虑代码的最大容量会是多少，留有扩充的余地。

代码的容量可以通过代码的位数来计算，或者在代码的长度中留出一至二位作为备用。比如，上述本科生代码中，学生顺序号只有4位，如果当年招生超过1万人，这个代码就不够用了。而研究生代码就不存在这个问题。因为一个大学的学院不会超过99个，研究生的种类也不会超过99个，每个学院每年招收的全部研究生不会超过999人。

根据这些原则，企业信息系统开发人员与企业管理者合作，共同提出新的代码设计方案。但代码体系一旦确定，对代码体系的修改，应谨慎处理。因为代码体系发生变化，系统工作人员的工作习惯或工作方式也就要跟着变化，如果这些人不理解、不支持，就会遇到各种各样的阻力。

2）信息格式的标准化

信息格式，指的是表述某一工作状况的若干信息的合理组合及其表达方式。比如，一个电话记录需要记录哪几项信息，一项新任务的策划书应该包括哪几项信息等，都属于信息格式问题。

信息格式标准，反映了人们对某一类事件的认识程度，它是记录人们对该事件认识的一个框架。比如，在人事管理中，对于每一位职员，我们都需要记录姓名、籍贯、出生年月、家庭地址、政治面目、文化程度、工作简历和奖惩情况等。这些项目就组成了人员信息的信息格式标准。不论是哪个企业或单位，都是按照这个信息格式进行工作的，相互之间的信息交换就方便了。

3）系统模式的标准化

这是指同类企业的信息系统中，由于存在共同的特点，会形成一种具有共同特点的系统。这种具有共同特点的系统称为系统模式。比如，中小企业的财务管理系统就有共同特点。还有以处理数据为主要目标的计算机应用系统，其数据采集、数据存储及加工是明显的特征，都可形成特定的模式。系统模式的存在，使得在企业信息系统建设中选购通用的商品化软件成为可能。这不仅可以降低系统建设的投入，还可以获得成熟的系统软件。所以，系统模式的标准化是势在必行之事。

4）描述工具的标准化

描述工具，指的是口头或者书面表述企业信息系统的方法和手段。在企业信息系统的建设和使用过程中，开发人员之间、开发人员和企业管理人员之间进行的交流，必须有一个统一的表述标准才能顺利进行。

当前，国内流行的各种描述工具，虽然大同小异，有的则只是符号的差异，但并不统一，也不是国家标准或行业标准。我们应该对这些描述工具进行客观的分析、取舍或改造，形成符合我国国情的、易用易懂的描述工具标准。

5）系统建设阶段划分的标准化

这指的是在企业信息系统建设阶段的划分上，进行统一的规定，制定相应的标准，并予以实施。当前，关于企业信息系统建设阶段的划分，如各工作阶段的名称、任务、起点、终点都有不同的提法，对于各阶段形成的工作文件应该包括什么内容也有不同的理解。这种情况，无论是对于同一工作组中的人员，还是不同单位的人员，就会无法协调彼此的行为，无法相互学习、相互切磋。对企业信息系统和网络的建设是不利的。因此，有必要加以统一。现有的各种阶段划分法之间，在实质内容上的区别并不大，如果加以适当调整，取得一致还是可能的。

企业信息系统的标准化问题，有些是各类企业共同的，有些是某些企业独有的。从总体来看，全国发展并不平衡，建立全国性的统一标准，条件还不成熟，但是在企业信息系统开发中，局部的统一和规范，比如，大型企业集团内部，或某一行业之内，还是有可能和必要的。

案例分析

案例 3.3　王厂长放手发动群众开发新系统

江南化工厂的王明国厂长对企业信息管理非常重视。

在企业信息系统开发技术人员进厂的第一天，王厂长亲自接见，盛宴招待。他慷慨激昂地说："我相信你们的能力和技术水平，放手让你们做，需要多少资金，你们尽管说。"

开发组组长张志平工程师问："王厂长，咱们厂有《需求分析报告》？"

王厂长说："哦，太忙了，没有顾得上做，你们做吧。"

"我们做，行吗？"

"行。没有关系，我同意。"

于是，开发组在做完"需求分析"后，就直接自行进入系统"初步设计"阶段。初步设计方案出来后，请王厂长组织人进行审查。

王厂长说："厂里这一阵子工作太忙，实在没有时间。再说，计算机那玩艺我也不懂，你们看着办就行了，我相信你们。"

在"系统详细设计"期间，参加系统开发的本厂三个化工技术人员向王厂长请示，说："我们三个都是学化工的，不懂计算机，他们说的话我们都听不懂，也帮不上忙，还不如回本岗位工作，我们每个人都还有一大摊子事呐。"

王厂长不假思索地说："也好，留在那里也是浪费人力资源，回去吧。"

当系统详细设计结束时，开发组组长问他："要不要组织专家论证审查？"

王厂长说："你们就是专家，还请谁来审查？"

（本书作者根据本人企业调查案例编写）

讨论题：

1. 王厂长这样进行企业计算机信息系统建设能够成功吗？为什么？

2. 案例中，王厂长的几次回答，表达了他对系统开发技术人员的高度信任，这是常用的激励员工的基本方法。用在这里是否正确？为什么？

3. 在"系统详细设计"期间，王厂长同意三个参加系统开发的本厂技术人员回本岗位工作的做法是否合适？为什么？

[思考题]

1. 什么是社会基础设施？什么是企业信息基础设施？它包括哪些内容？

2. 你过去认为"信息系统的管理结构"指的是什么？学习本章后，你对于信息系统管理结构的四种构成有什么看法？

3. 在国外的一些企业里，在开展有奖征集合理化建议的活动中，要求建议者必须是不同车间、不同工种的员工，认为这样可以获得很有价值的合理化建议，并且确实如此。为什么？请用非正式信息系统的作用加以解释？

4. 将企业信息系统看成是由主体系统和客体系统、软件系统和硬件系统复合而成的，这样分析对企业信息管理有什么启发？

5. 企业计算机信息系统开发的方法和思路有哪几种？每种方法有什么优缺点？

6. 企业计算机信息系统的开发包括哪几个步骤？每个步骤包括哪些要求？

7. 什么是企业信息管理制度？企业信息管理制度体系包括哪些内容？

8. 企业信息管理标准化建设包括哪几个方面？每个方面包括哪些内容？

第4章 企业计算机信息系统的管理

开篇案例

CIO 的困惑

2015年8月的一天晚上,联新机械公司的CIO何其昌到万都酒家,找了一个角落的座位,独自一人喝着闷酒。

下午,和生产部的经理李凯军吵了一架,到现在心里还很不爽快。

他想:"公司投巨资建起来的ERP系统上线已经3个月了,原以为系统一上线,自己也可以借此大功告成,在公司里扬眉吐气一下,看看我何其昌的本事。没想到如今落得这个下场,现在生产部、采购部不用系统,卡在这里,动弹不得,手下的人还受了那么多的冤枉气。"

想着想着,把怨气统统都集中李凯军身上:"最可恨的就是那个李凯军,他肯定是害怕使用新系统,不能再通过旧体制讨得个人利益。他从系统建设初期就和我们开发组对抗,如今系统上线了,竟然鼓动员工罢工,不使用新系统。下午还和我吵架,差点动起手来。他除了扳手还会用什么?整个一个电脑白痴,再傻瓜的界面和功能也不会用。"想到这里,心里觉得自己挺能干。

眉间刚刚有一点舒展,马上就又紧锁起来:"可是,生产部门是核心部门,他们不用,系统怎么运转起来呢?"一肚子气愤又变得无可奈何了。

"还有那个采购部的许铭天,官腔十足,也是抵制着不用系统。这个部门问题肯定很大。当初让他们准备基础数据,就老是拖着。后来才知道,他根本没有入库账、出库账的完整数据,漏洞很大。现在顶着不使用系统,肯定有鬼。"

"章总这个人,还是有魄力,手一挥,就决定上ERP。"

"他倒是很支持我的工作,只问我要多少钱,拨了钱就放手让我做,向他请示工作,他每一次都是对我非常信任,方案连审查都不审查。可是,就是对生产部的李凯军也是太宽容了,还要我尊重他们,说什么上ERP的资金是他们生产部门赚来的。特别是许铭天,章总和他是老乡，据说还是远房亲戚……"

"真不知道章总下一步怎么打算。照这样下去，我不干了……"

（本书作者根据本人调查资料改编）

讨论题：

1. 案例中，从联新机械公司 CIO 何其昌的困惑可以看出该公司信息系统的应用出了什么问题？你认为应该怎样解决比较合适？
2. 案例中，何其昌对李凯军、许铭天的分析是否正确？为什么？
3. 根据这一案例，说说企业信息系统的开发与管理要注意哪些事项？

企业信息系统管理是运用企业信息管理学的理论和方法对企业信息系统进行的计划、组织、指挥和控制，力求使系统在时间上、经济上和效率上达到满意状态的过程。

企业信息系统管理的内容包括两大方面：企业在线信息系统的管理和非在线信息系统的管理。

企业在线信息系统的管理，是指对企业计算机信息系统的管理，但不是只对机器本身的管理。因为计算机信息系统的建立是为企业管理工作服务的，机器本身的维护工作只是任务之一，要真正使系统为企业管理服务，还有许多工作。

企业计算机系统管理的内容，包括：系统的运行与维护管理、系统的应用管理、系统的修改与重建、系统内人员的管理、系统的审计等5个方面。本章分四节予以介绍。

4.1 企业计算机信息系统的运行和维护

计算机信息系统投入使用后，日常运行和维护工作相当繁重。系统的实际使用效果，不仅取决于系统的开发设计水平，还取决于系统维护人员的素质和系统运行、维护工作的水平。

这方面的内容包括：系统数据的管理、系统的运行管理、系统的维护管理、信息网络的运行和维护等四项内容。

4.1.1 系统数据的管理

数据是企业信息系统工作的基础，没有数据，或者数据不能及时地更新，系统就无法正常有效地工作。这方面的工作包括以下三项。

1. 数据采集

这是指从各类信息源采集企业所需要的数据信息。它包括两大类，一类是那些在企业管理中可以使用计算机系统来管理的信息，另一类是计算机系统运行和维护过程中所需要的信息。

这一工作是由企业内各级信息管理人员做的。信息管理人员既包括计算机系统管理人员，也包括非计算机系统的信息管理人员。采集数据信息时，要注意数据的真实、准确、完整、系统、及时和适用。

2. 数据校验

这是指为了保证输入系统的数据信息真实准确、完整无误，在将收集到的数据信息输入计算机之前，对其进行检验和校正的工作。

这是一项非常重要的工作，因为如果录入系统的不是真实准确、完整无误的数据，即使系统是多么先进的硬件设备，软件具有多么强大的加工功能，系统都不可能正确、有效地工作，甚至会导致错误的决策。

它要求校验人员对系统所处理的业务有足够的了解，对计算机系统对数据的要求有确切的了解。只有这样才可能发现那些对于系统业务来说是错误的数据，或对于系统来说是不适合输入的数据。对于系统业务一无所知的人是不可能做好校验工作的。这一工作是由系统主管人员或专门设置的数据控制人员完成的。

3. 数据录入

这是指把经过校验合格的数据信息准确、迅速地输入计算机。

它包括新数据的录入或存储数据的更新。

这是由录入员来完成的。录入员只保证录入的数据与字面的数据严格一致，对于数据的具体含义并不承担责任，这一责任是由校验人员承担的。录入员不得擅自改动录入的数据，也无权代理校验人员的工作。

4.1.2 系统的运行管理

1. 系统的日常例行操作

企业在线信息系统投入使用之后，需要每天开机运行，完成一些例行的操作，具体包括：设备的例行操作、信息处理和信息服务。

设备的例行操作，是为了保证系统的各种设备能够始终处于正常状态之下，包括设备的使用管理、定期检查、备品配件的准备及使用、各种消耗性材料（如软盘、光盘、墨粉、打印纸等）的使用及管理、电源及工作环境管理等。这是由硬件操作人员负责完成的。

例行的信息处理及信息服务的工作，包括数据更新、统计分析、报表生成、数据的复制及保存、与外界的定期数据交流等。这些工作是按照一定需求和规定、定期或不定期地通过运行某些事先编制好的程序，由软件操作人员完成的。

有时，还有一些临时的信息服务需求。例如，临时查询某些数据，生成某些一次性的报表，进行某些统计分析，进行某种预测或方案预算。这些信息需求通常都是企业高层管理者提出来的，或者是企业高层管理者同意的。

这些工作虽是临时提出来的，但它是企业管理所急需的，其作用往往比例行的信息服务大得多。随着管理水平的提高和各级领导信息意识的加强，这种要求还会越来越多。

2. 系统日常运行情况的记录

这是系统运行管理的例行任务。记录的内容，可以用于对系统运行绩效的评估，也可为修改系统缺陷、改善系统功能、排除系统故障提供重要的依据。

1）记录的内容

（1）工作量。包括：每天开机时间，每天、每周、每月数据录入的数量，提供的信息数量，系统中积累的数据量，数据使用的频率，满足用户临时要求的数据量等。

(2) 工作效率。包括：系统在例行操作中占用的人力、耗材，系统为完成规定工作占用的人力、物力和时间。

(3) 系统服务质量。包括：系统提供的信息，提供方式的满意度，数据的精确程度、及时性等。

(4) 系统维护修改情况。包括：系统维护工作的名称、内容、维护过程情况、时间、执行人员等。

(5) 系统故障情况。无论故障大小，都应该记录。包括：故障发生的时间、故障的现象、故障环境、处理的结果、原因分析、善后处理和处理人员。

2) 记录的要求

(1) 系统发生故障时要记录，系统运行正常时也要记录。正常运行的记录可为故障分析提供依据，系统平均无故障时间是判断系统可靠性的重要指标。

(2) 既要设置系统自动记录功能，又要强调必须手工记录。因为一旦机器发生故障，系统就不能自动记录了。

(3) 强调当事人、当场、当时记录，不能事后追记或请别人代填，而且要制作标准记录表格或本册，方便填写。整个记录必须真实、准确、完整。

(4) 既要记录计算机等设备发生的故障，又要记录系统中非机器设备的故障。比如，由于数据收集不及时，年度报表不能按时完成，并不是机器的故障，但确实是系统的故障。再如，系统人员操作不熟练，耽误了处理信息的时间，这也不是机器的故障，而是系统的故障。

(5) 系统的工作人员都有记录的责任。硬件人员记录硬件的运行维护情况，软件人员记录各种程序的运行维护情况，录入员记录录入的数量、时间、出错率，校验员记录校验的结果，主管人员记录系统的整体情况。

3. 系统运行结果的分析

这是指在系统运行后，对系统各项功能所产生的实际效果进行分析，了解系统功能实现的程度。比如，企业物资管理系统的物资采购计划功能是用来每月自动生成下月采购计划的。如果库存还很大，系统却提出要再采购，就要检查是原始数据输入有错，还是系统本身有错。这就是对系统运行结果的分析，不能认为系统有结果输出就是正常的。运行结果分析的工作是由系统主管人员负责的。

4. 系统运行的安全性管理

这方面管理的内容，包括：物理安全管理、访问控制管理、传输保密管理。它主要是防范来自企业内部和外部的意外事件或人为侵害，如越权访问系统上存放的信息，窃取、破坏或篡改数据；防范计算机病毒的入侵；防范未经授权的盗用或破坏性使用、滥用企业信息系统设备；防范由于系统自身运行中出现的硬件故障、软件故障、系统环境故障、操作失误、停电等给系统造成的损失。

系统可采用主动监控措施，利用系统的监控和审计功能，实时记录企业系统信息资源的使用情况，及时报告越轨行为或提供危险行为的警报。可设置防火墙，阻止各种非法入侵者。还可采用防御限制措施，如用户注册，用户口令分级与加密，目录保密，站点位置限制，时间限制，用户访问资源权限控制，目录与文件属性控制，备份机制与数据加密等。

4.1.3 系统的维护管理

1. 系统维护管理的内容

由于企业的管理机制、经营策略的改变，企业环境的变化，用户的意见和要求的变化，计算机软硬件技术的更新换代和系统自身发生故障等各种原因，要保证系统始终能够满足企业的需求，就必须对系统进行经常性维护。

系统的维护包括系统硬件设备的维护和系统软件的维护。

硬件维护是指对硬件系统日常运行环境的维持、设备维修和故障处理。如设备环境的温度、湿度的控制，电源的正常供应，定期对设备进行例行保养检查，发现异常及时排除等。

软件维护是指在软件交付使用后，为了改正软件中存在的缺陷、扩充软件的功能、延长软件的寿命等，对软件所进行的修改工作。据报道，软件开发商 60%的人力和财力是用于已开发软件的维护，可见软件维护工作量之大。

软件维护工作，有 4 种类型。

第一类，纠错性维护。改正在系统测试时没有发现的软件缺陷。通常是优先改正哪些影响系统正常运行的、严重的缺陷。

第二类，适应性维护。系统的硬件环境有了改变，为了适应新的系统硬件环境对软件进行的修改。这方面的维护工作量约占整个软件维护工作量的 20%。

第三类，完善性维护。随着用户对系统使用的逐步熟悉，往往对系统的要求越来越高。这些要求在系统开发初期并没有写进需求报告中，所以软件中没有这些功能，但是对于完善系统、满足企业的需求是合理的。所以，一般也列入软件维护计划。这方面的维护工作量占整个软件维护工作量的 50%～70%。

第四类，预防性维护。为改进软件的可靠性和可维护性，以便适应预期的未来环境和企业需求的变化，主动增加预防性功能，减少以后的维护工作量，延长软件的寿命。

2. 系统维护文档的管理

在系统维护过程中，无论是硬件维护还是软件维护，都会形成一定的维护文件。比如，维护申请单、维护申请摘要报告、软件修改报告、维护记录、维护趋势图等。此外，还有开发时期形成的软件文档。这些文档都需要专门的管理。

维护申请摘要报告是一种定期报告，可以每周或每月统计一次，其内容包括上次报告以来已经处理的、正在处理的和新接到的维护申请项数及其处理情况，以及新申请中特别紧迫的问题。

维护趋势图则是在维护申请摘要报告的基础上绘制而成的，是一种不定期的报告，显示在统计时期内每月收到的新的维护申请以及正在处理的申请项数。

3. 系统软件配置的管理

在系统运行和维护时期，软件配置工作的任务较为繁重。

软件配置是一个系统软件在生存周期内，各种形式、各种版本的程序与文档的总称。对软件配置进行科学的管理，是保证软件质量的重要手段。配置管理贯穿于软件的整个生存周期。

软件配置管理工作常常借助于自动的配置管理工具。常用的有软件配置管理数据库，还有版本信息控制库。

软件配置管理数据库，存储关于软件结构的信息，产品的当前版本号及其状态，每次改版和维护的简单历史，每个产品各种版本，每种版本的各种文档，已付使用的用户以及有关产品维护历史、纠正错误的数量等方面的信息。

版本信息控制库，可以是上述数据库的一个组成部分，也可以单独存在。它与数据库的区别是：数据库是对所有软件产品进行宏观管理的工具，而信息控制库则着眼于单个产品，以文件的形式记录每一产品每种版本的源代码、目的代码、数据文件及其支持文档。每一文件均记有版本号、启用日期和程序员姓名等标识信息。管理人员根据需要，可以对任何文件进行建立、检索、编辑、编译（或汇编）等操作。

4.1.4 信息网络的运行和维护

企业信息网络管理指的是在网络使用期内，为保证用户安全、可靠、正常使用企业信息网络为企业管理服务，而从事的全部操作和维护性活动的全过程。

国际标准化组织（ISO）信息网络管理分委员会于1987年提出的网络监控管理国际标准（草案）规定，在开放系统互连（open system interconnection，OSI）参考模型的每层或多层协议中，规定了控制和监视数据存储器、处理机以及连接单元等信息网络资源的使用情况，并提出了供审计、配置、名称、性能以及保密等管理功能。

但是，IBM、HP、DEC 等国际著名企业和几乎所有重要网络厂商均表示未来的网络产品将遵循这个网络管理标准。他们各有自己的产品，主要是：IBM 公司的 Net View，HP 公司的 Open View，Cabletron 公司的 Spectrum，SUN 公司的 Net Manager。

通常，人们认为企业信息网络管理的内容，有以下4类5个方面。

4类就是：①网络配置管理；②网络运行管理；③安全性管理；④企业信息网络管理员的培训与管理。

5个方面就是第2类"网络运行管理"包括5个方面：①网络故障管理；②网络性能管理；③数据通信网中的流量管理；④企业信息网络路由选择策略管理；⑤记账管理。

至于这5个方面的内容，可在计算机类课程中学习。

4.2 企业计算机信息系统的应用管理

企业计算机信息系统的应用管理，指的是企业为了充分使用已经建立起来的计算机信息系统的全部功能所做管理工作的过程。

在现有的"管理信息系统""企业信息管理"类教材中，一般在阐述系统管理时都是"系统的运行与维护管理"，有的再加上"系统的审计"，尚未见到有论述"系统应用管理"的，似乎系统建成后就会自动发挥作用。

正是这种理念，使许多企业管理者在系统上线后就以为万事大吉、一劳永逸了。

据报道，上海某企业早在1996年就率先实施了整套 Oracle 的 ERP 系统。到2001年时，CRM 热了起来，企业又花数百万元构建了 Oracle 的 CRM 系统。后来发现原先的 ERP 系统中已经包含了 CRM 的全部功能，只是当时没有使用。本书在第1章曾经提到的，全国企业网站中有 85%只用于宣传，没有用于电子商务等。这种系统功能闲置的现象都是系统应用管理没有到位的结果。

因为虽然系统的运行、维护、升级、审计是系统管理工作的内容，但是这些工作仅仅是保证系统能够正常运行，解决的只是工具本身良好存在的问题，并没有解决工具的使用问题。能够正常运行的系统并不等于它会自动地发挥作用。它毕竟只是一个工具，工具要发挥作用在于人去使用它。这就是应用管理。

目前，"信息化黑洞""MIS 泥潭""你要拯救一个企业，就让它上 ERP；你要毁掉一个企业，也让它上 ERP"等说法，都是说企业信息系统建设的成功率很低。

为了提高成功率，人们找出了许多原因，比如，没有做系统建设规划；企业人员没有充分参与系统的建设过程；信息技术发展太快，系统建设旷日持久，待系统建成后就已经落后了等。这些问题的存在确实是系统失败的重要原因。但是，这些问题所围绕的还只是建设一个怎样的系统。这些问题都解决了，解决的还只是系统本身的问题。新系统建成后，应用管理不到位、不得力，也是系统成功率低的重要原因。

所以，系统的应用管理是企业在线信息系统管理的重要内容之一。

4.2.1 系统应用管理不得力的表现

系统应用管理是企业信息系统管理的重要内容之一。可是，不论在企业信息管理的实践中，还是在企业信息管理的研究中，都没有得到足够的重视。今天，系统应用不得力成为企业信息系统建设失败的重要原因之一。

通常，系统失败中应用管理不得力的表现，主要有以下几种。

1. 没有确立全面的系统应用管理观念

企业信息系统的建设是一个全新的工作，企业信息管理者中大多数人对其并没有一个全面、完整的认识，差不多都是在建设的过程中学习的。所以，表现在对计算机系统应用管理的观念上，往往滞后于系统的建设进程，总是在经历之后才能意识到原来的想法、做法不妥。

1）误认为系统上线等于项目的终结

很多企业信息管理者将系统上线看成是系统建设项目的结束。在一些研讨会上和学术报告会上，与会的企业人员，尤其是企业系统项目组的组长都喜欢问"什么是系统成功的标准"一类的问题。一个建立系统的项目，从设计到实施，再经过试运行和验收，能够上线交付使用，好像应该是项目结束、系统成功的标准。有了这种认识，系统上线之后自然就会松口气了。

其实不然，系统上线了，只能说系统是造出来了，可以用了。但是，系统是不会自动产生作用的。系统是否成功，还要看今后在管理中管理者如何使用。

产生上述认识误区，可能与传统的企业生产理念有关。本来，企业生产一个产品，经过设计、制造、检验，都通过了，可以出厂了，产品就制造成功了，作为产品的生产者，任务也确实基本结束了。后面的事就是用户的事了，最多也只是售后服务的问题。可是，企业建立计算机系统则与此不同。开发和建立一个系统，仅仅是为企业管理者制造一个管理工具，系统上线了，只能说明工具造出来了，接下来要用这个工具。只有用这个工具，这个工具的作用才会发挥出来。

所以，系统上线之后，项目组不能解散，应该保留系统建设过程中起过作用的主要业务人员和技术人员，以保障系统的应用，主动地思考并实施系统在企业中的应用问题，不只是处理一些运行和维护的问题。

2）缺乏对系统效益滞后的心理准备

在社会活动中，从活动的投入，到活动产生效益，总会有一个时间间隔，称为效益的滞后期。

企业建立信息系统也是如此。尤其是企业建立信息系统时，总是伴随着企业架构的改变，在有的系统中，企业一半以上的流程会被系统所替代，甚至影响企业90%以上的业务流程。这在很大程度上改变了一个企业的业务流程、企业文化、企业知识系统和工作环境，因此系统上线之后肯定会有一个适应期，系统的绩效自然不会在短期内产生。许多企业管理者对此缺乏心理准备，在系统效益滞后期间，看不到效益的增长就认为系统没有作用。

所以，企业管理者应该充分认识系统上线后效益滞后期的存在，通过有效的管理尽可能地缩短这个滞后期。

企业管理者应该认识到"成本—范围—时间"的关系，当我们将系统的应用范围一再扩大的时候，"成本"就会增加，"时间"就会延长。时间一延长，扩大了的"范围"就不可能马上达到，甚至达不到。所以，我们不仅要问如何做是可行的，还要问如何做是不可行的。对"不可行"的做法没有充分的心理准备，就会感到系统的作用不大。

3）新系统解决方案与企业文化相左

企业文化是企业全体成员在企业的生存发展过程中创建的。它时刻都在左右和制约着企业成员的行为。因此，建设新的计算机系统，就必须考虑企业的新系统应该和企业文化相容相合。

可是，计算机系统是多种多样的，企业的文化也是各不相同的，它们之间不是任意配对都是相容相合的。一个崇尚分权式管理的企业就不要选择集权式的管理信息系统；一个崇尚沃尔玛全球总部拥有不可置疑权力和纪律的企业，就不要开发分权式信息系统。这就是说，计算机信息系统不只是技术解决方案，还是业务和组织结构解决方案。

2. 组织领导工作的欠缺

企业管理者在系统应用管理中，组织领导工作跟不上的表现如下。

1）缺少对优秀业务人员和技术人员的有效授权

要使用好企业计算机系统，当然需要一批优秀的业务人员和技术人员，成为项目经理的得力助手。虽然企业也能够想方设法把这些人调至项目组，但是却不能给予必要的授权，他们只能做系统本身的事情，系统应用管理需要其他业务部门配合的事情，他们却无权过问，或者业务部门不理睬他们，导致应用管理不力。

2）不能听取顾问团队的意见

许多企业在系统建设之初，就花钱组建起企业计算机信息系统建设的顾问团队。可是在项目建设过程中却表现出对顾问团队的质疑，不能听取顾问团队的意见。不可否认，顾问团队中的供应商、经销商、咨询商一方，也确实存在一些问题，如只是为了赚钱、和用户不合作、斥责用户素质低下等，但是我们也不能否认他们在系统建设这一点上，经历的次数可能是数十次、上百次，企业自身才只是一两次，他们有丰富的经验，也知道其他企业的教训，这正是企业需要的。所以，企业应该尊重他们，与之建立相互信任的伙伴关系。

3）没有建立高级管理小组

企业新系统的建设，涉及企业内的方方面面，而且往往要涉及各个具体部门的重大变革，这不是一个 CIO 能够指挥得动的。

所以，必须成立一个高级管理小组。该小组是企业建设新系统的最高决策管理机构，对企业最高层负责。小组组长必须是企业主持工作的高层负责人（CEO），这就是通常所说的信息化工程都是"一把手工程"。在实践中，许多企业的系统建设项目中没有建立高级管理小组，有的虽然建了，但是主要负责人仅仅是挂名，很少过问具体事项。

3. 缺乏基础数据的准备和及时更新

计算机系统的有效使用依赖于输入准确、有用的数据。在项目开始之初就应该准备。但是，据调查，许多企业是在系统上线前的两个月才开始意识到数据质量的重要，以致匆匆忙忙地搞数据，数据数量不足、种类不全、可靠性差。数据质量不高，再好的系统也不会有好的管理效果。

还有的企业在生产中许多数据随意性很大，经常改变，以致一线生产人员不是依照系统来工作，而是依照图纸来工作的。这里的问题在于，不应该改变的数据，就不能改变，一定要依照系统给的数据来工作；如果是应该改变的数据，自然需要改变，但是系统内的数据就应该及时更新。

4. 人员培训没有跟上

一个新系统的上线使用，其效果 30%来自技术层面，70%来自人员和管理。人们习惯于按照已有的程序工作，但是只要上新系统，总会有变革，有些大型系统会影响企业 90%以上的流程发生变化。有变化，思想就不适应，技能和操作也会不熟练，这本身就需要学习和培训。

再加上新系统可以赋予企业内每个成员相同的使用功能，一个传统的订单操作员可以成为全能的客户服务代表，这需要它学习新系统的功能。企业的培训工作做不好，新系统就无法发挥作用。

综上所述，系统应用管理工作在系统上线后应该放在第一等重要的位置。

4.2.2 系统应用管理的理念

系统应用管理对于不同的系统是千差万别的。每一种系统究竟应该用什么样的方法，只能是针对具体企业的具体问题作具体分析。但是，系统应用管理的理念是相通的。

归纳实践中使用的系统应用管理的理念，可有以下四种。

1. 以营销理念对系统进行经营

分析企业内负责系统管理的信息部门，与使用系统的各个业务部门之间的关系，就如同市场生产商向消费者提供产品的营销关系，信息部门向业务部门提供产品（系统）和信息技术服务，业务部门使用这个产品和接受服务，不同的只是业务部门不向信息部门支付货款。

正因为二者很相似，所以信息部门完全可以以营销的理念来经营系统。那么，营销过程中行之有效的方法，就都可以用到系统应用管理中来了。

1）目标市场细分

传统的市场营销，一般是市场细分、市场选择和市场定位几个环节，指的是针对某一产品的总市场进行细分，然后选择其中一个、几个或全部细分市场作为目标市场，再考虑本企业产品在目标市场的市场定位。

信息系统的经营管理，与此略有不同，它不是先细分，然后选择目标市场。因为企业的信息部门只能是为本企业服务，别无选择。"目标市场"是确定的。但是这个"目标市场"究竟包含哪些方面，每一方面又有什么样的特征，应该怎样服务，只有在经过细分之后，才可能确定具体的特征信息和服务内容，所以称为"目标市场"细分。

"目标市场"细分，指的是企业信息部门以市场营销的思路去访谈和调查自己的客户（企业内各业务部门使用系统的工作人员），了解他们对于信息系统有哪些使用的欲望和方法，再对这些欲望和方法进行细分，分门别类，以了解企业这个目标市场都包含有哪些细分市场，每种细分市场的特征和要求。当然，细分之后不能只是从中选择一个或几个细分市场，而是必须全部选择。

比如，可以按客户的年龄细分，也可以按客户的职务细分，还可以按客户工种、业务性质等来细分。面向年龄较大客户的系统，就不要提供年轻人津津乐道的界面复杂、色彩灿烂、具有多种复杂选择的操作页面。

2）客户需求确认

在对目标市场的客户（即本企业管理者和员工）进行细分之后，就应该进一步确认每一细分市场客户的真正需求。只有做到这一点，才可能给客户提供恰到好处的服务。

在系统管理上，由于许多工作人员并不熟悉计算机，他们并不知道利用计算机可以帮助自己做哪些事，也就是说，客户对自己的需求并不十分清楚。因此要做好这件事并不是很容易的。

在实际工作中，信息部门的人喜欢将有关系统的众多信息一下子都展现在用户的面前。其本意是想表示，我的系统有这么多功能，你看你喜欢哪一种？你能用哪一种？

结果适得其反，因为人们虽然一时说不清楚自己需要什么，但是他很清楚自己不需要什么。在这种展示中，用户（员工）一眼看到的几乎都是自己不需要的内容，以致最后归结为一句话："你的这个系统确实内容很多，也很方便，就是感到与我的工作没有多大关系，而我想要的东西这里又没有。"这样就会导致客户不愿使用系统，系统也就难以产生效益了。

3）综合营销

和任何一种商品要获得高市场占有率都要进行全面的、持续不断的营销工作一样，企业信息部门也要有这种理念，针对新建的信息系统向客户（企业管理者和员工）进行全面的、持续不断的普及工作。要做到重复、重复、再重复，加深用户对系统功能的理解，不能撒手不管，让用户自己去摸索。

比如，从系统数据库中抽取数据生成报表，对于销售经理、生产经理和服务经理来说肯定是不一样的。当信息部门教会了这 3 位经理如何在计算机上生成自己所需要的报表后，其中任一位经理仍然不知道其他两位经理看到的报表中有哪些数据对自己也是重要的。当他们只关心自己关注的数据时，他们之间的相关性、连续性工作就会受到影响。如果我们帮助他们了解了彼此关注的事情是如何连贯起来的，业务流程则会顺畅得多，系统的潜在功能就会得到进一步发挥。

4）有利可图

这是指企业的信息部门应该从市场营销的理念出发进行成本核算。虽然它并不向业务部门收取费用，不存在盈利的问题，但是成本问题是存在的。

所以，信息部门在向业务部门"营销"自己的新系统的时候，也不能"有求必应"，对每一件需求还要考虑投入和产出的关系，权衡一下满足该需求可能会得到的回报，并且掂量一下是不是值得，要有"利"可图才能去做。

虽然这个问题在"信息部门营销"的过程中并不是主要的步骤，但是不能不考虑，企业也不可能无限制地向信息部门投入，信息部门需要的投入也应该有其理由，已经投入的费用产生了哪些经济效益、社会效益，也应该有一个说法。

2. 以处理突发事件的理念应对系统的需求

企业信息系统上线运行之后，信息部门的人员总是忙得不可开交，来自企业各个业务部门的需求和投诉接二连三，应接不暇。似乎信息部门再怎么努力地工作，都不会赢得业务部门的满意。信息系统变得越来越难管理了。

要结束信息部门上述忙乱的局面，一个重要的管理意识就是建立突发事件应急机制，以突发事件处理的意识来应对系统的需求。

这包括以下4点。

1）建立和健全信息技术服务流程

信息技术服务流程指的是企业信息部门在接到其他业务部门的需求信息时，应该按照规定的服务流程来办理，做出迅速反馈，及时予以解决。

流程的建立，本质上是信息部门给自身定位，并规定从这一定位出发，建立一个科学合理的企业信息系统运行、维护、应用的管理架构。

新建立的信息技术服务流程应该是可以衡量的。一个可以衡量的流程，就能够知道它的进步，企业可以通过衡量获得流程的进步和存在的不足，使流程在执行的过程中不断地得到改进、调整和完善。

新建的流程应该与企业所处的内外环境相协调，能够相互联系和相互依赖。如果把信息技术流程搞成是一个单个行为，与内外环境中的其他流程没有联系，那样建立起来的流程，很可能会导致信息管理领域的错误或失败。比如，刚刚解决了这个流程的问题，却导致了另一个流程产生了新的问题。

信息技术服务流程还需要与人员、制度相结合。首先，要有责任人，要对信息部门的人员进行明确的分工，消除来了电话乱找人的现象。可以通过建立"首问责任制"，哪位工程师最先接到业务部门的电话，就成为该任务的责任人，由他负责处理或者协调相关人员处理这一任务。

其次，要在企业高层的支持下，把信息技术服务流程的方式固化成企业的制度，要求企业各个业务部门和全体人员自觉遵守，消除动辄打电话、信息部门必须随叫随到的现象，使信息部门的人力、物力和财力得到高效合理的使用。

信息技术服务流程中应该包括建立应急预案。当系统遇到严重问题时，按照应急预案的程序处理，对技术、财务和管理资源做好计划和协调，确保在发生严重问题后可以提供持续的服务。这里的关键是人员的素质水平。它直接关系到服务质量的高低，技术也很重要，它是服务质量和效率的保证。

2）学会处理优先级

在确定突发事件的处理程序之后，还必须通过区别突发事件的优先级来确保流程的有效执行。在信息部门需要同时处理几个突发事件，又要受到时间、人力和资源的限制时，信息部门只能针对不同的优先级，排定先后次序依次来处理。但是，所有发生突发事件的单位都会认为他们的故障最紧急。所以，建立统一、公开、为大家认可的优先级标准就成了平衡各方利益的前提，也只有这样才能使大多数用户满意。

通常，企业的信息技术服务优先级的划分标准如下。

（1）针对不同用户划分。比如，总裁一级的领导，优先级应该适当往前排，因为他们的时间比较宝贵，为他们节省时间就是为企业获取有利的资源。

（2）根据不同业务部门系统划分。比如，财务部门系统等关键系统的优先级应比较高，生产系统的优先级应该比一般管理人员的优先级要高。

（3）根据不同事件的影响范围划分。比如，服务器、数据库等后台问题，比起 PC、打印机等前台问题的影响范围要大，其优先级应该高。

（4）根据当前可用的资源条件来划分。通常，解决一个目前资源齐备的问题，其优先级可以高一些；对于一些资源条件不完全具备的问题，就应适当推后一些时间来处理。比如，网络中心一台出故障的交换机上联结着企业的销售部邮件服务器、库存数据服务器、人力资源服务器，这一事故将直接影响企业内关键部门的正常工作，就属于紧急一级，应该立即处理。

3）通过实施"服务级别管理"降低成本

服务级别管理指的是根据所搜集的客户信息、信息部门可提供的设施，以及可以利用的信息资源，针对客户的特定需求，以客户为中心定制最合理的服务方案。这是源于客户需求的拉动，不是单纯的基于现有技术的供应驱动，需要的才提供，不需要的就不提供。这样，同一级别的服务可以使用相同的服务方案。

因此，这使得信息部门的服务能够将企业的业务和信息服务结合起来，使得信息系统最大限度地满足业务的需要，还可以避免重复投资和资源浪费，也就降低信息部门的服务成本。

4）形成可复用的经验

突发事件的应急处理，虽然处理时都是一件、一件单独的事件，但是不论是什么企业，企业业务部门和员工的需求都有一定的共性，具有共性的突发事件就可以用相同的方法来处理。企业中，我们经常会遇到这样的情形，相同的问题多次出现，不同的人在遇到相同的问题时都要花很长的时间和精力来处理。前面处理某一问题的经验并没有能够用到后面同样问题的处理中。

企业信息部门的工作应该注意到这一点，注意积累，每一次紧急事件处理之后，加以分析、总结、归纳，找出原因和解决问题的办法，记录在案，存于系统中的知识库，供以后再出现同类问题时使用。这将是提高系统应用管理、加快应急问题处理效率的有效方法。

3. 以全员参与的理念培训员工

目前，企业里都比较重视培训工作。近年来，许多企业纷纷将原来的人事部改为人力资源部，反映了企业对于人员培训工作的重视。

但是，在实践中往往是一种头痛医头、脚痛医脚的模式。比如，要上财务信息系统，就办一个财会人员短训班；要上办公自动化系统，就办一个行政人员短训班等。这样的培训当然也会有某些效果，但是效果并不明显，对系统利用能力的提高并不明显。

加强新系统应用管理中的培训工作，要有全员参与的思想。企业的信息系统的应用，要有企业全体成员参与才会得到最大限度的提高。既然要求全员参与，就必须全员培训。也就是说，企业上了计算机系统，就要对全体人员进行培训，让企业内每一个人将系统中与自己有关的功能都学会。

这种培训，不是请几个专家到企业来做几次报告就可以解决的。它需要培训者对计算机系统的全部功能有充分的了解，并且对每一个功能与企业的哪些部门有关也有充分的了解。只有这样才能安排好培训计划，对不同的员工安排不同的培训课程。

这种培训需要全体员工的积极配合。如果企业的业务部门和员工把参加培训当成额外负担，缺乏学习的主动性，那么系统的应用效果还是难以保证。

4. 以用足用透的理念对待系统的功能

在已经建有信息系统的企业里，系统的已有功能不能全部得到使用，是系统应用中最常见的毛病。本章一开头就提到在一些建设新系统的企业里，新系统中有20%的需求在已有的系统中就可实现，只是平时闲置没有使用。针对这种系统功能闲置的情况，企业管理者一定要建立起将系统功能"用足用透"的理念。

这个理念包括3点。

1）熟悉系统的功能，凡是有的功能尽快地全部用上

一个新系统上线了，企业的高层管理者、信息部门的负责人一定要把系统的全部功能记录在案，经常地询问这些功能都用上了没有，有哪些没有用上？为什么没有用上？怎样才能尽快地用上？有哪些功能只是一部分人在用，为什么还有一些人没有用？怎样才能让这些人也用上？

2）提升企业需求，使用暂时未用的功能

在已有的系统中，有的功能没有用上，是因为企业目前的条件还不成熟。这种情况的存在，首先要问清楚，既然企业目前的条件还不成熟，不能使用这一功能，为什么当初建立系统的时候加入了这一功能。这样做主要不是为了追究责任，而是搞清楚当时这样做的道理，以便利用好这一功能。

其次，迅速搞清楚这一功能所处理的事务是不是企业的真正需求，如果确实可以成为企业的真正需求，那就应该迅速地提升企业需求，使暂时未用的功能尽快地用起来。

3）将现有功能升级，适应内外环境变化的需求

企业管理者在将企业系统的已有功能充分使用的同时，应该密切注视企业内外环境的变化。当企业内外环境已经发生变化，需要企业信息系统做出相应变化的时候，企业首先

需要考虑的，不是立即建立一个新系统，而是应该考虑通过已有系统升级的方法能不能得到解决，如果旧系统升级可以解决，就不必再建一个新系统。这也属于对系统的功能用足用透的范畴。

4.2.3 系统应用管理的阻力及其化解

1. 系统应用管理阻力的表现

本节开头分析系统失败的主要原因时，是从企业高层管理者的角度出发来分析的，并没有从员工和各级管理者的角度进行分析。但是，信息化工程会给企业带来革命性的变化，不可避免地在企业员工和各级管理者中会产生各种各样的与信息化建设相左的行为和言论，这就是系统应用管理的阻力。

企业实施信息化，从一开始就存在阻力。当系统建成上线后，进入系统应用阶段，有些阻力并没有完全化解，仍旧存在，而且还会产生新的阻力。

这些阻力主要表现在以下 4 个方面。

1) 不了解，不熟悉

企业员工和各级管理者对刚上线的新系统不熟悉，不了解系统的功能，不会操作，影响系统的应用。

2) 抵触与懈怠

由于新系统改变了原来的操作模式或操作程序，而人们总是习惯于原来的模式和程序，长期以来形成的习惯根深蒂固，以致本能地使一些个人或群体在情感上产生对新系统的抵触，表现出对新系统应用的懈怠情绪，甚至会言不由衷地提出反对意见。

3) 反对

新系统上线后，一些人由于新系统下，个人岗位随之改变，离开原来熟悉的群体，放弃原来熟练的技术，从零开始学习新的操作方法和技术，还有可能使自己个人职位下降或者经济收入减少，因而会提出反对的意见。那些原来钻旧体制的空子、在新系统下失去既得利益的人则会反对新系统。

据报道，大连市某化学工业公司的物资管理信息系统，在投入使用的第一年，仅堵漏洞一项的经济效益就达 1000 万元。但是，那些吃惯了漏洞的人，由于新系统伤及其个人利益，就忌恨这一系统，忌恨参与开发该系统的人。这种忌恨在日常工作中就会干扰新系统的正常应用。

4) 信息部门和业务部门不配合

实践表明，许多企业在系统建设阶段，就不停地发生业务部门和信息部门之间矛盾冲突事件。系统的建成，说明原来的矛盾已经一个一个地都得到解决。但是，系统上线后还会有新的矛盾。当上述对新系统不熟悉、不了解，或者抵触与懈怠，或者反对的个人，担任业务部门负责人时，就会影响该业务部门与信息部门的关系。以致二者之间经常发生矛盾，不能相互配合。本来，信息部门是信息技术的服务者，业务部门是信息技术的需求者，二者不能相互协调和配合，系统的应用也就无法推进了。

2. 系统应用管理阻力的化解

只有正确认识阻力，才能有效地化解阻力。

正确认识阻力，就是懂得阻力的存在是正常的，不必大惊小怪；阻力的表现是不公开的，要善于观察和发现；产生阻力的动机是复杂的，不可简单处置。尤其是信息部门与业务部门不能相互配合的阻力和个人的阻力混淆在一起，更加复杂，需要认真对待。

要有效地化解阻力，首先要明白，要想让企业上下都能够齐心一致地使用新系统，这已经不是技术问题而是管理问题了。如果这些问题不解决，再好的计算机系统也发挥不了作用。要化解上述阻力，可有以下几个办法。

1）更新观念，强化宣传

这是解决上述"抵触与懈怠"阻力的办法。更新观念指的是让企业员工和各级管理者建立起崭新的价值观念、信息管理观念、思维观念等。让他们自觉地使用新系统。因为观念问题解决了，本来不会的事情，他会自己主动地去学会。

强化宣传，就是大力宣传信息化的重要性，尤其是宣传新系统的功能，宣传新系统可能会给企业带来的经济效益和社会效益，宣传实施新系统，与保护和提升每一个企业成员的个人利益是一致的。宣传中有正强化和负强化。正强化是大力表扬符合实施新系统要求的做法和员工。负强化是控制那些不符合实施新系统要求的行为，可以是取消已有的荣誉，或者惩罚抵制者。

2）抓紧培训员工

这是解决"对新系统不了解、不熟悉"阻力的办法。此法的难度并不在于要不要培训，而在于怎样培训。因为企业内的员工和各级管理者，不仅各自的工种不同，而且各人的素质水平也差异很大，新系统究竟能满足他们哪些要求，如果能把这些情况搞清楚，能够进行个性化培训，这个阻力的化解就会很快。

3）区别阻力的性质，坚决堵住漏洞

这是解决上述"反对"阻力的办法。在持"反对"意见的成员中，并不都是钻旧体制空子的既得利益者，有一部分人是由于习惯势力的作用。因此，在处理时，首先要明确上新系统是企业的正确决策，反对新系统肯定是不对的。其次，要严格区别这两类人的性质，对于既得利益者的反对，应该坚决加以批评、处罚；对于受习惯势力影响的反对者，主要还是教育。

4）做好业务部门和信息部门之间的协调

两个部门之间不协调，有认识原因，也有个人既得利益受到限制或削弱的原因。鉴于部门不协调实际上是部门负责人的问题，因此解决两个部门的协调问题，实际上是解决两个部门负责人的关系问题。如果属于认识问题，就是教育、培训、提高，如果属于个人既得利益问题，应该批评、处罚或调离。

第6章企业信息化中"观念变革"的方法和思想在这里也可以用上。

4.3 企业计算机信息系统管理的其他内容

4.3.1 系统的修改与重建

1. 系统的修改

又称"系统的持续改进"，指的是由于各种各样的原因，系统不能适应企业信息管理工作的需求，对系统所做的改动、补充和完善的工作。

当新系统交付使用之后，系统开发项目合同就基本结束，系统开发人员退出企业，新系统就完全由企业来管理了。

企业新系统的建设是根据企业的需求设计的，在建成之初，显然会比较好地符合企业的需求。但是，企业计算机信息系统的建设不是一劳永逸的。因为企业的外部环境在不断变化，企业只能是围绕不断变化的市场来组织和定位；同时，企业自身也在变化，主要领导成员的更换、企业管理方向的重大调整、企业组织机构的重大改组等。企业的计算机信息系统必须持续的改进和优化，才能适应这些变化。

至于系统本身的问题，如系统设计时的疏漏、系统存在的缺陷、系统运行可靠性不佳等，也需要及时对系统进行修改。

对计算机系统进行经常的、一般性的、局部的调整和改进不仅是必要的，而且也是可能的。关键的问题是要准确地确定修改的重点。

系统的修改必须在严格的控制下进行，不能影响系统的日常工作。为此企业信息系统的管理机构应该规定严格的系统修改程序及权限，任何修改都必须事先正式向系统主管人员提出书面报告，由系统主管人员权衡各种因素后决定是否进行修改、何时修改以及如何修改，并把任务下达给一定的工作人员进行，在修改完成后，必须通过企业级的验收，在规定的时间嵌入系统，并通告有关方面。

当发现改进旧系统从经济上已经不合算时，研制新系统的要求就提了出来，那已属于重建的范畴了。

2. 系统的重建

这是指对企业计算机信息系统进行较大幅度的调整。

企业信息系统出现以下情况时就必须重建：一是系统环境、企业管理体制发生了根本性的变化，旧系统基本不能使用了；二是系统的设计思想过于陈旧，不能满足企业管理日益增长的新的需求；三是系统的硬件设备不能适应系统更新换代、升级的需要。

系统的重建是一个比起初设计与实施还要复杂得多的、往往是牵一发而动全身的系统工程。它涉及企业的指挥系统、基础系统，乃致动力与利益刺激系统和人事系统。

系统重建的难度，不仅来自于复杂的信息环境、系统的重新论证与设计，而且来自于企业内部的惯性和旧系统下既得利益者的阻挠等，不是一朝一夕就能够轻易解决的。

为使系统重建能够顺利进行和最终成功，就不只是系统本身的设计和实施的问题了，还必须同时辅以组织机构改革工程和政策配套工程等。它取决于进行重建的企业内管理者对新系统的必要性和迫切性的统一认识，取决于现阶段计算机系统的使用主体对新、旧两种企业计算机信息系统各方面含义的真正了解和把握，取决于新的计算机系统是否真的比旧系统具有更强大的功能。

4.3.2 系统内人员的管理

企业计算机信息系统是一个人-机系统，人员是系统的主要组成部分。对系统人员的管理直接关系到系统功能的发挥。

1. 系统内人员在系统中的作用

在系统建设的实践中，比较多的企业往往总是失望，新系统并没有像在项目启动之初时想象得那么神奇和有效。追根求源，还是人的问题，因为新系统的功能能否发挥出来要取决于三个方面的条件。

（1）新系统功能的实现，需要企业资源的有效整合、组织机构的变革优化、流程的改造等方面工作的匹配。这些工作需要企业管理者认可和实施。

（2）企业发展是一个动态过程，系统只有不断地适应这个动态变化过程才能帮助企业提高管理水平。这种动态适应不是系统可以自动完成的，它需要企业管理者敏锐的观察能力和果断的决策能力，及时抓住动态信息，果断用于对新系统的修改和升级。

（3）企业管理者本身对新系统所包含的管理思想的认识、接受和执行有一个过程。管理者认识不到位，新系统是管理不好的。

由此可见，新系统不能达到预期的效果，在很大程度上是因为企业管理者只注意到系统建设项目本身，而忽视了在系统应用过程中人力资源的持续投入。

系统内人员的管理，指的是将参与系统管理的全部人员，按照系统岗位的需要进行分工和授权，并使它们相互配合，协调一致地行为的管理过程。

2. 系统内人员管理的工作任务

1）保留参加项目开发的骨干

这是建设系统内管理人员队伍的重要一环。尤其要将在新系统开发中参与项目组工作的成员保留下来。有许多企业在新系统投入使用之后，就把项目组解散，是不恰当的。因为项目组的开发成员在系统开发和系统试运行阶段，学到了大量有关项目管理、业务流程优化、软件设置等方面的知识和技能，是新系统运行需要的骨干力量。

他们回到原岗位将无用武之地，而企业外的各类咨询公司却非常需要这类技术人才，工资又往往比企业内要高，这些人很容易被吸引流失。企业要注意保护、留住这些人才。项目组成员应该成为企业新系统管理的主要骨干力量。

2）建立人员管理制度

在管理制度中明确规定系统内各个岗位的任务、职权和职责，对承担各个岗位任务的人员进行明确的授权。要对在系统内各个岗位上工作的人员，定期或不定期地进行检查和评价，表扬先进，批评落后。为此还要专门制定客观公正的评价指标和测评方法。

3）抓好人员培训提高

对所有在岗或即将上岗的人员进行培训。培训中，对计算机专业人员与企业管理人员在培训内容的选择上应各有侧重。计算机专业人员的培训，应把重点放在计算机系统的知识与系统规范方面，培训方法除强调在实践中学习外，可以委托培养、进修或请人授课等。对企业管理人员的培训，重点是计算机系统的基本概念，结合具体项目的必备知识和技能，并帮助他们学会自我提高。

4.3.3 系统的审计

系统审计，又称系统评价。它是指企业新系统在运行一段时期后，定期或不定期地由上级部门或企业自身或社会上专门的审计机构，对新系统进行全面检查的工作。

系统审计的目的，是了解新系统的工作情况，根据使用者的反映和运行情况的记录，判断系统资源的使用效率，提供本企业的信息服务的水平、质量和效益，能够在多大程度上满足企业管理需求的信息，以便发现问题，提出系统改进或扩充的方案。

通常，系统审计是分两个方面来进行的。

1. 系统水平和质量的评价

这是指根据事先确定的质量标准和测评指标体系，评价待测系统水平的高低和质量优劣的工作过程。通常，包括以下评价标准和指标。

（1）系统的有效性。将系统实际运行所实现的目标，与系统开发前所确定的目标相比较，检查系统开发前提出的各项目标业务、门类、质量、速度等是否已经实现，完成上述任务所付出的人、财、物和时间等资源是否控制在预定的界限之内；从运行记录看系统的利用率、企业管理者和系统使用者的满意度等。

（2）系统的实用性。检查系统满足企业管理需要的程度和系统资源利用状况，如检查主机的时间利用率、数据传送速度与数据加工速度的匹配、磁盘占用率、外围设备利用率、系统响应时间等，检查系统的兼容能力，有无伸缩性和可扩充性，以及用户使用是否简易方便等。

（3）系统的可靠性。检查系统的运行状态是否稳定可靠，系统的平均无故障时间、系统的错误检验率和故障恢复功能，以及有无重大问题亟待改进或解决。

（4）系统的安全性。检查系统的安全与保密性能、意外事件防范措施以及系统的安全级别等。

2. 系统绩效的评价

系统绩效评价，是衡量系统对企业带来多大的成绩和效益。系统的绩效具有整体综合性、形式多样性和时间滞后性的特征。

在系统绩效评价中使用的是经济绩效和非经济绩效。常用的经济绩效指标主要是一些可以直接定量测量的财务指标。比如，企业年利润增长率、企业投资效果系数增长率等。常用的非经济绩效指标主要是一些非财务指标和难以定量说明的指标。比如，系统提供的对企业管理有用的信息占所供总信息的比率，能满足企业管理及时需要的信息占所供总信息的比率，以及不能满足企业管理需求的信息类型，管理效率的提高，员工劳动强度的降低，对企业管理变革的推动等。

关于系统的审计，无论在学术理论界，还是在实际应用中，已经把其概念的外延进一步扩大，称为"IT审计"，专指由独立于审计对象的、专门的IT审计师，站在客观的立场上，对以计算机为核心的信息系统进行的综合检查和评价。其评价范围覆盖信息系统从计划、分析、设计、编程、测试、运行维护，到系统报废的全生命周期业务，因而有系统规划审计、系统开发审计、系统执行审计、系统维护审计，以及涵盖整个信息系统生命周期的共同业务审计等种类。

案例分析

案例 4.1　关于系统日常运行情况记录的讨论

厂里的管理信息系统刚刚上线运行，技术副厂长钟勇来到微机房，听他们机房人员讨论"系统日常运行情况记录"的问题。会议开始后发言很踊跃。

系统程序员小张说:"系统事先已经设计好了,系统是可以自动记录的。"

钟勇说:"系统发生故障就不能自动记录了吧?"

记录员小刘说:"那也简单,发生故障的时候就手工记录。平时运行正常,可以省点事,不用手工记录,反正系统可以自动记录。"

微机房主管钱逊表示赞成:"对。记录就是为解决事故提供信息的。"

系统设备维护小齐说:"我们的系统都是一流设备,系统故障会很少的。"

小张附和说:"设备故障确实不会多。不过,我听我爸说,他们那个厂,把数据录入、数据提供不及时,年度报表不能按时生成,也看成是系统故障的。"

钱逊觉得莫名其妙,说:"那是人的故障,怎么是系统的故障?"

录入员小李说:"我反对,那不能算是系统故障。"

小刘说:"就是,我也反对,那不能算是系统故障。"

钱逊说:"好了。不要争了。不算就不算。但是设备发生故障时一定要当事人、当场、当时记录,不能事后追记或请别人代填。"

小张说:"真要是出了故障,该是你钱主管来记录了吧。还用我们小兵来记?"

钱逊有些不耐烦了,说:"不是这样的,平时你们每一个人都要记录的。"

大家异口同声:"啊?都记啥?"

钱逊有点生气,说:"都没长脑筋!自己想想,该记些啥就记啥。"

钱逊扭头问钟勇:"你说,他们都该记啥?"

钟勇说:"自动记录与手工记录必须同时进行的。硬件人员记录硬件运行维护情况,软件人员记录各程序运行维护情况,录入员记录录入的结果,主管记录人员出勤的数量、工作效果和差错。"

校验员小高说:"我没有任务?"

钟勇说:"哦,你负责记录校验的结果,记录系统的整体校验情况。"

(本书作者根据本人企业调查案例编写)

讨论题:

1. 按照案例中讨论的系统日常运行情况记录的内容,是否符合企业计算机系统维护中对记录环节的要求?为什么?

2. 微机房主管钱逊的观点有哪些不妥之处?为什么?

3. 技术副厂长钟勇在会上的态度和发言,你认为是否合适?为什么?

[思考题]

1. 企业在线信息系统(计算机信息系统)的运行和维护工作有哪几项?信息网络的运行维护又有哪些内容?

2. 什么是企业计算机信息系统应用管理?应用管理不得力的表现有哪几种?

3. 企业管理者应该确立哪几种系统应用管理的理念?系统应用管理中常见的阻力有

哪几种？怎样化解这些阻力？

4. 企业在线信息系统（计算机信息系统）的管理的全部内容包括哪些？

5. 管理学院给每一个老师配备了相同的计算机和相同的应用软件，但是不同老师用这些设备做出的课堂教学课件的水平不一样。这一现象说明了组织内信息系统的主体信息系统和客体信息系统之间的什么关系？

6. 实操练习题：将全班同学划分为四个组，并选出组长，将"企业办公自动化系统（OAS）的管理"、"企业网站的管理"、"企业电子商务（EC）的管理"和"企业微信营销的管理"四个题目分别布置给四个组，由组长组织本组同学在网上查找这四个方面的内容，并组织内容知识体系和备课，然后各组分别推选一个同学为代表向全班宣讲。

第 5 章

企业非计算机信息系统的管理

开篇案例

上海昌隆厨房设备公司不服崇明县工商局行政处罚决定案

上海昌隆厨房设备公司（以下简称昌隆公司），于 1995 年 4 月 20 日，由公司经理王荣生等 6 人到上海新业热水炉厂（以下简称新业厂）参观，表示要购买、代销新业厂的"LKZ 型系列燃油自动热水炉"产品。参观中，他们利用在生产现场与职工谈话的机会，对新业厂技术副厂长和技术职工私下许以高薪到昌隆工作，并留下联系名片。

同年 5 月 3 日，新业厂技术副厂长等携带盗窃的该燃油热水炉的技术图纸、三块电路板跳槽到了昌隆公司。昌隆公司没有接受图纸和电路板，但以高薪接受了人员。

同年 5 月 5 日，昌隆公司申请企业法人执照，经营范围增加燃气具、茶水炉（无压），经营方式增加生产、安装、维修。新业厂发现昌隆公司利用其技术人员生产同类产品，于 1995 年 9 月 15 日向崇明县工商局投诉：诉昌隆公司侵犯其商业秘密。

崇明县工商局于 1996 年 3 月 4 日作出裁决，昌隆公司未经新业厂允许，利用原新业厂技术副厂长等掌握"LKZ 型系列燃油自动热水炉"的制作工艺和方法，制造同类型的热水炉，其行为侵犯了新业厂的商业秘密，违反了《中华人民共和国反不正当竞争法》的规定，对昌隆公司作出判决：责令昌隆公司停止违法侵权行为，处以罚款 4 万元。

昌隆公司不服，向上海市工商局申请复议，上海市工商局复议后，维持了崇明县工商局的判决。昌隆公司不服复议决定，向崇明县人民法院提起诉讼。诉称昌隆公司生产热水炉，从未看过新业厂的图纸，没有拿过新业厂的任何资料，副厂长有盗窃，我们昌隆公司并没利用[①]。

（根据网上信息资料改编）

---

① 法律在线网：上海昌隆厨房设备公司不服崇明县工商局行政处罚决定案. http://www.flzx.com/fagui/panli/201301/57893.html[2009-01-09]

讨论题：

1. 昌隆公司向法院起诉工商局能否胜诉？为什么？
2. 案例中，昌隆公司的哪些行为不符合企业管理的规范？
3. 根据这一案例，企业的信息安全保护工作应该注意哪些事项？

5.1 企业非计算机信息系统管理概述

1. 企业非计算机信息系统管理的内容

所谓非计算机信息系统，又称非在线信息系统，就是不需要使用计算机或者只有部分工作需要使用计算机管理的信息系统。

在企业里，这方面管理的内容十分广泛。

归纳起来，可包括以下 5 大类。

1）企业非在线信息系统的运行与维护

非在线信息系统作为一个信息系统，和计算机系统一样，存在运行和维护的问题。比如，构成非在线信息系统的企业各级职能部门、信息管理机构、秘书部门、企业出版物编辑部门、图书资料档案部门、传达通信部门等各类部门都需要每日不间断地运转，保持信息流的畅通，实现各自的信息管理职能。

在这些部门运转过程中，如果出现问题要及时给予解决；这些部门的工作流程、方法、规范等方面如果存在不合理的地方要及时修正，包括企业信息管理的规章、制度和标准，要不断地加以完善。这就是对非在线信息系统的维护。

2）企业非在线信息系统的修补与审计

企业非在线信息系统所涉及的企业内各种不同类型的部门都是比较稳定的，一般不会经常变动，只会在某些部门增加或减少某些管理职能，或者是增设一个新的部门，或者是撤销某个不再需要的部门，即对非在线信息系统进行修补，而将整个管理职能部门组成的信息系统全部推倒重来的"重建"工作并不存在。

企业非在线信息系统的审计，和在线信息系统审计是对整个计算机信息系统做出评价的做法不同，而是检查企业非在线信息系统所涉及的企业内各种不同类型部门各自的工作状况，很少有对整个非在线信息系统的评价。这种工作检查，在实际中是经常有的，半年一次或者是一年一次，由该机构的上级主管部门组织进行，只是一般并不称为"审计"，通常是与员工考评同时进行。

3）企业文献信息系统的管理

按照相关国际标准的定义，文献是"记录有知识的一切载体"。企业文献信息是企业在生产、管理活动中形成的指令、报告、资料等所有文献资料的总称。它是企业信息的一种，是构成企业文献信息系统的主体。

企业文献信息系统是一个人-机系统。它是由包括人、企业文献、计算机和其他设备、目的和过程等系统要素组成的综合体。它是采集、加工、存储、传播和利用企业文献信息的系统。它是企业信息系统中的一个基础子系统,是企业在线文献信息系统和非在线文献信息系统的复合,对企业信息管理工作,特别是对企业决策起着非常重要的作用。

企业文献信息系统管理的内容,包括传统纸质文献信息的管理和电子档案管理两部分。详细内容见本章 5.4 节。

4) 企业信息活动的管理

本书第 1 章在讨论企业信息管理定义时曾经指出:企业信息管理是对企业信息和企业信息活动的管理。

企业信息活动的类型很多,包括:企业信息生产活动、企业信息发布活动、企业信息保护活动、企业信息利用活动和企业信息服务活动等。

在这些企业信息活动中,有些活动,比如,电子商务、CIO 体制的实施、信息化工程等都属于企业在线信息系统管理的范畴,但是大部分活动还是属于不使用计算机或部分使用计算机的非在线信息系统的管理。

本章从中选择了企业战略信息管理、企业竞争情报的管理、企业文献信息系统的管理、企业信息公开的管理、企业会议的管理、企业知识管理、企业信息行为的法律道德管理等 7 种在 5.2 节、5.3 节、5.4 节、5.5 节作详细介绍。

5) 企业非在线信息系统内人员的管理

企业非在线信息系统内的人员,指的是在企业各级职能部门、信息管理机构、秘书部门、企业出版物编辑部门、图书资料档案部门、传达部门工作的人员。他们中除了信息管理机构的人员,大部分是企业职能管理部门的工作人员,但是他们必不可少地要从事信息管理工作。他们的信息管理水平直接决定着企业非在线信息系统的运作水平。关于这方面的问题,在本书第 8 章再作讨论。

2. 企业非计算机信息系统管理的思路

1) 强化正式信息系统的功能

本书在 3.2 节阐述企业信息系统管理结构的时候,曾经提出过"正式信息系统"的概念,并指出正式信息系统就是借助于正式组织机构形成的信息系统。正式信息系统中当然也可以使用计算机来进行管理,比如,企业的电子商务活动、企业干部业绩的网上公示、企业的计算机文献检索系统等。

那么,所有不使用计算机的正式信息系统的工作就属于非在线信息系统的工作了。比如,企业知识创新管理、企业内各种会议的管理、企业内职能科室发布信息和传递纸质文件的工作、企业各类非计算机系统的信息职能机构的组建和运作、企业信息非网上发布的管理、企业信息保护的管理、企业内各种非数字化的文献信息设施(图书馆、技术资料室、人事档案室等)的建设和管理,以及企业战略信息系统、企业竞争情报系统中非计算机部分的管理等。

这些工作是企业信息管理中不可缺少的内容,计算机对它们无能为力。它们要依靠手工方式或管理者直接参与的方式来完成。所以,强化正式信息系统的功能,是企业非在线信息系统管理的重要内容。

2) 充分利用非正式信息系统为企业管理服务

本书第 3 章在阐述正式信息系统和非正式信息系统的关系时曾指出,非正式信息系统的存在说明企业信息系统是一个充满整个企业组织的、有形和无形复合的全员信息系统。企业信息管理者如果不能抓住非正式信息系统，就等于丧失了一半的信息管理对象。

企业信息管理者一定要学会利用非正式信息系统为企业管理服务。尤其是那些需要全体员工执行、但员工中又有不同意见的方案、措施、办法，在实施之前，通过非正式信息系统，沟通员工的思想，了解员工的真实想法，对统一员工思想认识会有很好的效果。而且，这种问题通过正式信息系统往往不能很好奏效，也是使用计算机系统无法解决的。

此外，非正式信息系统除了非正式组织中的信息传播通道，还包括企业管理者与员工在非正式场合下的接触和信息交流。企业管理者在这种场合下与员工的亲切交流、礼贤下士，往往会在个人形象塑造、第一手信息采集等方面获得意想不到的收获。

相反，如果企业信息管理者，尤其是企业高管，在这种场合仍旧高高在上、出言不逊，不仅不会获得第一手真实信息，还会给自己的个人形象抹黑，引起员工的反感心理，最终失去员工的追随。

所以，提高企业信息管理者利用非正式信息系统的意识水平，注意在非正式场合与员工的沟通，是充分利用非正式信息系统为信息管理服务的重要环节。

总而言之，只有当企业信息管理者使用非正式信息系统的信息来补充正式信息系统的信息沟通时，企业的信息管理才会获得最佳的效果。

3）抓紧企业软件信息系统的建设

本书第 3 章已经定义软件信息系统是一个广义的概念，不是指计算机软件程序，而是指维持企业信息系统运行的全部规章制度、信息标准、行为程序、办公流程、价值观念、文化伦理等无形的联结方式、指挥手段的集合。

不要认为做好这些工作不是信息管理工作，其实，这些工作才是核心的信息管理工作。这方面工作哪怕是一点微小的改进，都可能引起效益的重大突破。改革开放仅仅是国家政策的变动，结果还是中国这块土地，还是中国的 13 亿人，却创造了改革开放以前的近 30 年里没有做到的业绩。这就是软件系统的威力。

企业信息管理中也是如此。企业计算机信息系统巨大潜力的发挥依赖于软件信息系统的完善。

以为先进的生产设备、超级的技术手段就可以获得理想的管理效率，盲目添置硬件设备，对文件、备忘录、报表、操作程序、管理制度以及其与在线信息系统的整体协调缺乏完整的思考，实际上是忽视了软件信息系统的作用。

4）加强企业管理者的自我提高，提高主体信息系统的水平

企业的各级管理者和信息管理人员组成了企业的主体信息系统。主体信息系统是企业信息系统中的决定性因素。虽然主体系统不能脱离客体系统发挥作用，但是，客体系统并不能代替管理者的思维，不能左右管理者的行为，有效的管理取决于主体系统对客体系统所发出信息的理解、接受和使用，即取决于主体系统的努力和主体系统的水平。在许许多多企业信息化失败的案例中，企业管理者不闻不问或者水平过低，是一个共同的原因。

所以，企业的信息管理工作在建设本企业的客体信息系统时，必须同时致力于主体系统管理能力和管理水平的提高，才能使企业信息管理水平得到提高。

5.2 企业战略信息管理

"战略信息管理"这个词组，有两种含义：一种是战略的信息管理，从战略高度进行的信息管理，是覆盖信息管理所有领域的、高级阶段的信息管理；另一种是"战略信息"的管理，是对具有战略价值的信息进行的管理，仅仅是信息管理中很小的部分。本书使用的是前一种含义。

本书定义：战略信息管理是企业为了在市场竞争中求得自身的生存和发展，对企业发展长远目标和实现目标的途径所做的总体谋划，并围绕信息资源、信息技术、信息人员、信息设备及其他相关资源进行规划、组织、指挥、控制和协调等信息管理活动的全过程。

战略信息管理是战略管理与信息管理的集合。它的核心概念是信息战略。信息战略是企业战略之一，是企业信息功能要实现的任务、目标及实现这些任务和目标的方法、策略、措施的总称。从某种意义上说信息战略的展开过程就是战略信息管理。所以，战略信息管理也可以理解为对"信息战略"进行的管理。

今天，所有的企业都处在竞争的环境之中，要竞争就必须具备优势，优势则来自有效的长期努力和积累，而有效的长期努力则全靠超前的思考和安排，这就需要战略管理。同时，所有的企业都处在信息社会，无论是因为"信息是需要管理的资源"，还是因为企业环境的剧烈变化，也都要求企业实施信息管理。

可是，许多企业都发现，战略管理做了，信息管理也做了，企业并没有取得满意的管理结果。

因此，有必要检讨企业在战略管理和信息管理的结合上存在什么问题。信息管理包括信息技术管理和信息资源管理两部分，长期以来，企业管理者大多数偏重于信息技术，忽视了信息本身，特别是企业管理者对信息资源的理解和开发远远不够，也就是说，信息技术存在着许多局限，解决问题的答案也不在信息技术之中，问题的关键在于信息本身与企业战略联系起来，形成"信息战略"的理念，实施战略信息管理才可能使企业获得有效的发展。

1. 企业战略信息管理的内容结构

战略信息管理强调企业信息战略与企业整体战略的协调，注重把握企业信息管理的全局和关键，追求以信息战略来提升企业竞争力。

它是围绕信息战略而展开的过程，是由战略制定、战略实施、战略实施结果评价三个环节组成的。其中，战略制定又包括：战略目标确定、战略分析、战略选择、战略规划等四个环节（图5.1）。通常所说的战略决策，其实质是在若干个战略方案中进行选择的过程，也就是上述结构中的"战略选择"。

在信息战略制定中，要理顺信息战略与企业业务战略、企业总体战略的关系，全面、深入地分析企业信息功能的外部环境、内部条件及其变化趋势，确定影响信息战略制定和实施的关键性因素，并有针对性地制定、评价和选择企业信息战略。

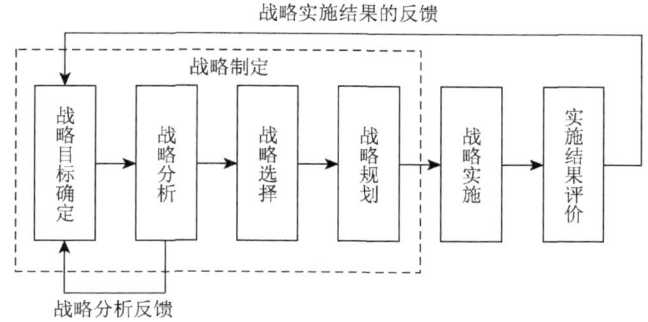

图 5.1　企业战略信息管理的内容结构

在信息战略实施中，要确立和培育适应时代发展的信息价值观和信息文化，建立适应企业战略发展所需的信息组织和信息队伍，不断调整和完善资源配置的方式，强化信息功能与其他业务功能和管理功能的协调与协同，最大限度地发挥信息资源在降低风险、提高效率、改进效果、促进创新等方面的作用，切实支持企业战略目标的实现和企业的战略转型。

在信息战略实施结果评价中，要制定科学合理的评价指标体系，动态追踪企业信息战略的实施过程，联系企业信息战略目标和实施情况进行实时分析，并根据内外部环境的变化及时调整和修正战略，以确保企业的可持续发展[①]。

企业要实施战略信息管理，无论是信息战略制定阶段，还是信息战略实施阶段、信息战略评价阶段，都应该有一个强有力的、有企业高层管理者直接参与的班子。因为高层管理者最了解各项战略决策中的信息需求，也只有高层管理者才能解决战略信息管理中遇到的争议和问题。

2. 企业战略信息管理的战略制定

1）确定战略目标

战略目标是企业目标的一种表现形式。战略目标的确定非常重要。目标定得过低，对企业发展没有推动意义。目标定得过高，届时完不成，既浪费资源又耽误时间。战略目标应该是经过努力可以达到的目标。

要确定合适的战略目标，通常要回答三个问题：第一，我们企业是一个什么企业？谁是我们企业的顾客？我们顾客需要的到底是什么？第二，应该是一个什么企业？我们应该进入什么样的市场？什么市场最有发展前途？第三，能够是一个什么企业？进入这个市场有些什么障碍？本企业能不能克服？怎样克服？

在上述三个问题中，第一个问题是解决了解本企业的现状，第二个问题是解决本企业最理想的目标，是可能达到的最好目标，第三个问题是解决从企业自身实际情况出发，实际上能够达到的目标。这些问题如果能够有一个比较清晰的认识，就可明白本企业在未来时期的总需求，也就能提出战略目标的初步方案。

---

① MBA 智库百科. 战略信息管理. http://wiki.mbalib.com/wiki/%E6%88%98%E7%95%A5%E4%BF%A1%E6%81%AF%E7%AE%A1%E7%90%86 [2016-01-08]

最难回答的是第三个问题，一个企业要真正了解自己并不容易。过高估计企业能力，可能导致战略目标定得过高，以致制定的战略不能得到实现。过低估计企业能力，可能导致战略目标定得过低，以致企业失去发展的战略机遇。

2）战略分析

战略制定的第二个环节。它是战略制定者对企业所处的内外环境进行分析，以求为战略目标的确定和战略选择、战略规划提供依据所做的工作。

战略分析主要包括对企业外部环境分析和对企业内部条件分析。

（1）企业外部环境分析，确立本企业的地位。主要是分析对企业长期发展具有重大影响的外部环境因素。包括：一般社会环境分析、市场环境分析、行业环境分析、自然环境分析和竞争对手分析。

确立本企业的竞争地位，是通过对外部环境的分析之后，考察本企业作为竞争者，在市场中处于何种地位。所谓市场地位，包括：本企业产品的市场占有情况、市场需求情况、产品的差异性和独特性，以及与本行业"领袖企业"的比较，找出自己的差距，确定本企业在短期和长期应当着重加强的工作重点。

（2）企业内部条件分析。这主要解决的是了解本企业会有哪些有利条件可以利用，可能会有哪些机会，会有多少威胁和障碍。如果有条件、有机会，企业能不能利用？有威胁、有障碍，企业能不能回避和克服？这就需要对企业内部状况进行详细具体的分析。

企业内部条件分析有两个内容：一是分析企业内部资源状况。包括：本企业的长期目标和战略；本企业的技术经济实力和生产能力，产品质量、品种结构、技术性能等方面的独特性；本企业的经营状况和财务状况、市场占有率和市场需求，与行业中领袖企业的差距；本企业的人力、财力、设备、物资、产品等有形资源和管理模式、商标、专利等无形资源。二是企业内部能力状况。如企业的计划、组织、管理、认识和企业文化等，尤其是管理者的价值观、进取心、观察力、凝聚力和管理能力，以及员工的追随力、积极性和创造力等。只有将二者分析的结果综合一处，才可能获得恰当的、符合企业实际情况的战略规划。

（3）战略方案设计。确定战略目标，解决的是企业应该做什么，或打算做什么。在战略分析中，通过企业外部环境的分析，寻找环境中的机会，解决环境许可做什么；通过企业内部状况分析，解决的是企业能够做什么。只有这两方面都许可企业去做，企业方可以行动。这就是图 5.2 中"企业的资源"和"环境中的机会"重合的部分，才是企业的机会。因为在那一部分，既是环境许可的，也是企业自身能力许可的，才可以去行动。简单地说，就是五个字：可行方可行。

有了这个"可行方可行"的原则，再通过比较分析本企业优势、劣势，环境中的机会、威胁，对每一种可能出现的变化做出研究，就可以判定与外部威胁相对应的预防和应付的方案；充分估计从现有情况出发，分析未来的竞争动向和趋势，以决定

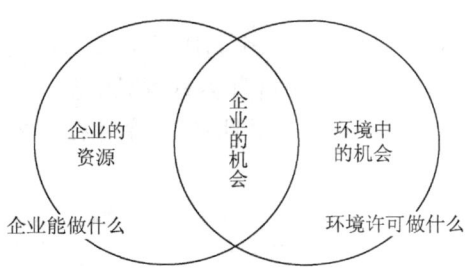

图 5.2　企业信息战略分析的思路

影响企业发展的关键因素，寻求可能的和有效的对策等。这样，战略方案也就设计出来了。

3）战略选择

战略信息管理中的战略选择，指的是在战略分析阶段制定的若干个战略方案中选择一个或几个作为准备实施的信息战略的工作。

通常应该包括信息技术战略和信息资源战略两大类。与企业信息战略并存的还有很多其他业务战略（表5.1），也需要选择。

表 5.1 企业常用的战略类型

战略类型名称			战略的基本含义
公司层战略（大战略）	维持战略		维持一种温和程度的增长或仅维持现状
	扩展战略	前向一体化战略	获取经销商、零售商的所有权或对其控制
		后向一体化战略	获取供应商的所有权或对其控制
		横向一体化战略	获取竞争者的所有权或对其控制
		集中多元化战略	增加新的与原业务相关的产品或服务
		混合多元化战略	增加新的与原业务不相关的产品或服务
		横向多元化战略	为现有用户增加新的不相关产品或服务
	收缩战略	收缩重组战略	紧缩经营规模、经营范围，实施重组
		剥离战略	将组织的一部分或某一分公司售出
		清算战略	将公司资产全部售出
业务层战略（企业战略）	适应性战略	防御者战略	希望在稳定环境中保持自己有限的市场
		开拓者战略	试图在动荡环境中寻找开辟新市场机会
		分析者战略	既想保持原产品又想在动荡中寻求机会
		反应者战略	战略失败的表现
业务层战略（企业战略）	通用竞争战略	总成本领先战略	以低成本取得行业中领先地位的战略
		差别化战略	有意识在行业内形成产品和服务独特性
		专一化战略	主攻某一特殊的细分市场
职能战略	信息战略	信息技术战略	关注企业在线信息系统的建设与管理
		信息资源战略	关注企业非在线信息系统的建设与管理
	市场战略	市场营销战略	关注产品组合、定价、分销渠道等问题
		市场开发战略	将现有产品或服务打入新的地区市场
		市场渗透战略	通过更大营销努力提高现有的市场份额
	其他职能战略	财务战略	关注资本结构、借贷、分红和资产管理
		生产战略	关注生产率、生产计划、厂址定位等
		研究与开发战略	关注产品开发、技术预测和专利申请等
		人力资源战略	关注人员提高、劳资关系、政府政策等
		组织设计战略	关注分散程度、协作方法和部门化依据

选择之后还有一个业务战略与信息战略匹配的问题。信息技术战略是关于企业内部信息基础设施中的计算机信息系统（在线信息系统）建设的战略，其内容包括两个方面：

一是从战略的高度设计企业的在线信息系统；

二是处理好信息技术与企业业务的关系，即信息技术战略与业务战略的关系。

信息技术战略支撑业务战略，但必须服从业务战略，处于企业业务战略的总体框架之中，应该在企业长期战略方向和目标之下确定企业信息技术的长期目标和战略。两者发生脱节的现象，在企业中比较多见，但这已经不是技术问题，而是管理问题了，是企业管理者的信息战略的意识问题。

信息技术战略的规划，本书在第 3 章已经说过了。

信息资源战略是关于如何发挥企业掌握的内外信息资源功能的战略。它也包括两个方面：一是从战略的高度认识企业信息资源，主要是战略信息资源的识别和管理；二是处理好战略信息资源利用与企业业务的关系，即信息资源战略与企业业务战略的关系。战略信息资源是与企业战略相关或是企业战略管理过程中所需要及所产生的信息资源的总和。它是信息资源总量中最重要和最具增值潜力的部分，是企业决策所必需的、关系到企业发展全局和远期规划的信息资源。

战略信息资源管理是为企业战略决策部门服务的。它包括：战略信息资源采集、分析和传播三个阶段。"收集"是在广泛的一般信息资源基础上获取并提炼出战略信息资源；"分析"是对收集到的信息从战略的高度寻求具有战略意义的信息，形成战略方案或意见；"传播"是将战略信息资源产品传递给企业的决策者，最大限度地发挥战略信息资源的价值。比如，在企业竞争情报管理中的竞争情报战略就属于信息资源战略的一种。本章 5.3 节将介绍其具体内容。

4）战略规划

战略规划是战略制定的最后一个环节。它指的是企业为实现所确定的战略目标，将战略分析和战略选择的结果变为企业可以具体实施的计划安排的过程。

战略规划这一复合词组，有两层含义：一是作"定语-名词"词组用时，是指某一战略的具体文本文件；二是作"副-动"词组用时，是指战略制定的第四个环节，具体规划战略的目标、措施、资源配置等。本书这里是指后一层含义。

（1）战略规划工作的内容。战略规划的工作应该包括以下几个方面。

①企业信息战略的总体说明。包括：总体信息战略目标、选择的战略模式及其选择理由，以及实现该战略将给企业带来怎样的变化。

②确定企业信息战略的分阶段目标。通常，企业总是将实现信息战略总目标的过程分成若干个阶段，每一个阶段再设置分目标，每一阶段分目标的实现就是总目标的实现。所以，必须把总体目标分解为若干阶段的目标。

③安排信息战略行动计划和项目。战略目标的实现是通过一个个具体的战略活动来完成的。所以，必须对具体的战略活动进行计划安排。通常包括开发、投资等方面的活动，还包括企业的产品组合策略和企业功能战略选择活动。各种行动计划可以通过具体的项目来实施。

④企业内各种资源的配置。信息战略行动计划的具体执行需要一定的资源支持。企业的资源包括信息资源、人力资源、财力资源、物质资源和时间资源。资源配置必须实事求是，有多大力量办多大事，既不能盲目铺张，造成浪费，也不能过分控制资源使用，使战略实施受到限制，更不要超越企业本身资源的许可，进行过分配置。这一环节十分重要，它要解决的是本企业能不能办的问题。

⑤制定应变规划。当根据预测对环境所作的某些关键假设不成立或不确切的时候，或者当环境发生了超出预料范围的变化时，企业应该采取什么行动，需要预先安排。这就是"应变规划"。

（2）战略规划工作的要求。

①十分重视对环境因素的分析。这时，要把眼光集中到对企业活动影响的环境要素，尤其是对那些制约企业活动又必须接受的环境要素的分析。

②注意总体规划与派生规划的逻辑关联。派生规划是根据总目标派生出来一系列分目标制订的计划。比如，科研规划、产品开发规划、市场开发规划、企业发展规划、财务规划等。必须处理好这些计划与总体规划的逻辑关联。

③分析连锁效应和后果。正面的连锁效应应该设法获取，负面的连锁效应和社会后果应该设法避免。比如，一项投资报酬率很高的长期投资项目，会由于对环境造成连续的不良影响而使企业形象遭受极大损害，就应该设法避免，可以不上这一项目，或者修改项目的某些内容使之不会对社会产生不良影响。一项与企业经营战略有关的公共项目投资，虽然回报低微，但企业可以从不断扩大的社会影响和日益提高的知名度上获得极大利益，就应该积极实施这一项目。

④处理好长期目标与短期目标的关系。长期目标就是信息战略规划中要实现的战略总目标。短期目标是企业当前的目标，一般是指企业当年或近一两年的目标。过分重视短期目标，往往会影响对长期战略目标的考虑；只注意战略目标，把战略目标和企业短期目标对立起来也是不合适的。比较合适的办法，就是把战略目标中分阶段目标的第一阶段目标定为企业的短期目标。

5.3 企业竞争情报的管理

5.3.1 企业竞争情报概述

1. 竞争情报的含义

竞争情报，又称竞争性情报（competitive intelligence），是 20 世纪 80 年代中期在国际上兴起的新概念。

关于竞争情报的定义，目前说法并不统一。本书综合已有说法作如下定义：

竞争情报是关于竞争环境、竞争对手、自身竞争策略的系统化、及时性、可操作的信息产品和研究过程，是为了提高竞争力而进行的专门的合法的情报活动。

这一定义有六层含义。一是它本质上是一种信息，"竞争性"是对它的限定。二是它的范畴包括竞争对手、竞争环境和本企业竞争策略。三是它的成果是一种产品，无论是一篇分析报告，或是一个结论，都是企业需要的信息产品。四是它本身是一个研究过程，操作性、过程性十分突出。五是它以"提高竞争力"为目的。六是一种合法活动，反对一切违法的、不道德的情报活动，与商业谍报活动有本质的区别。

有人强调竞争情报"主要是为企业战略管理服务的"[1]。这个提法并不全面。企业战略管理确实需要竞争情报的支持，但是竞争情报并非只服务于企业战略管理，它以"提高竞争力为目的"，能提高竞争力的信息，并不一定对企业具有战略意义。

竞争情报可以广泛地适用个人之间、企业之间、非营利组织之间，乃致各个国家之间的竞争活动。应用于企业的竞争情报则称为企业竞争情报。

2. 竞争情报的类型

竞争情报按照不同的角度可将其分成不同的类型。

按研究对象的时间区间，可分为过去的竞争情报、现在的竞争情报和将来的竞争情报；按研究的功能用途，可分为决策竞争情报、预测竞争情报、技术与产品开发竞争情报、市场营销竞争情报和法律法规竞争情报；按研究内容的范畴，可分为环境竞争情报、竞争对手竞争情报和竞争战略策略竞争情报；再细分还可分为技术竞争情报、产品竞争情报、市场竞争情报、经济竞争情报、管理竞争情报和法律法规竞争情报。

3. 竞争情报的特征

竞争情报的本质是信息，因此具有信息的全部特征。它是一种具有特殊功能的信息，所以又具有如下的反映自身特殊性的特征。

1）情报性

又称针对性。情报是对用户有用、经传递到达用户的知识或信息。竞争情报也具有这一性质。它具有非常明确的目的，就是通过这一活动使自己在竞争中取胜。它由"竞争"的前提出发，在特定时期针对某一明确的竞争对手，或者针对某一特定问题，指向非常明确，也非常具体。

2）实用性和预测性

竞争情报面向竞争，旨在解决问题，在竞争中取胜，是企业解决竞争难题的实用工具。它的方法是完全可操作的。

竞争情报是为提高企业竞争力服务的，是为了解决未来与竞争对手的问题，必须对未来做出预测。所以，预测性表现得尤为突出。竞争情报除了直接广泛收集关于竞争态势的情报信息，还要通过情报研究，预测竞争者、行业发展、行业性质变化的趋势。

3）综合性

竞争情报的采集和分析过程比较烦琐，情报源和信息渠道比较广泛，情报获取比较零散，包括大量的非文献信息（人际情报）的收集。对情报的分析，要关注每个渠道所获得的信息，抽取关键要素，揭示事物本来面貌，所使用的分析方法、分析工具也是多种多样的。所以，它是对零散信息的综合，以求获得系统化的、概括性的认识。这其实是一个情报整合的过程。

美国 MCI 公司主管谢拉（Sharer）对竞争情报人员说：你们的工作是为高层管理人员提供信息"马赛克"拼图，从一个个小块中获得一个完整的"全面"图像。拼图是高智力

---

[1] 李国秋，吕斌. 企业竞争情报理论与实践. 北京：清华大学出版社，2011：3

的活动，需要人们辅以不间断地判断和分析，以系统和全面的原则支配"拼装"过程。这就是现在受到普遍关注的竞争情报的"马赛克理论"，又称"智力拼板理论"，反映了竞争情报工作的综合性特征。

4）创造性和高增值性

竞争情报的成果，是从复杂的、零散的信息中总结出明确的全新的方案、结论，提出以前被忽略的、被掩盖的、关键的、重要的信息，用以指导企业在竞争中获胜，有时能够达到使企业起死回生的功效，这本身就是一种创造性的工作。它的贡献并不亚于企业在技术上的新发明、新发现和在管理上的新变革给企业带来的价值增值。

5）合法性

竞争情报从它诞生之初，就强调是一种合法活动。它的合法性表现在竞争情报信息获取的合法性和使用的合法性。

获取的合法性指的是获取竞争情报信息的方式应该是公开搜索，或者是如反求工程法、定标比超法、专利分析法等专业性很强的、合法的特殊搜索方法。由于本书篇幅有限，这些特殊的搜索方法就不能介绍了，感兴趣的读者可以阅读《竞争情报理论与方法》一书的有关章节[1]。

使用的合法性是指在有些情况下即使通过合法手段获得了信息，也不能根据这些信息去做违法的事情。比如，从公开出版的专利公报上获得了某专利信息，这是合法的，但是未经专利权人授权就擅自使用该专利是违法的。

5.3.2 企业竞争情报工作的基本内容

企业竞争情报工作的基本内容包括三大部分五个内容。

第一部分，竞争情报的搜集；

第二部分，竞争情报的分析，有企业竞争环境分析、企业竞争对手分析、本企业竞争战略分析与战略制定等三项内容；

第三部分，反竞争情报工作。

鉴于竞争情报搜集的内容，与本书第7章介绍的信息采集基本是一致的，这里就不重复了。下面就介绍其他四项内容。

1. 企业竞争环境分析

企业总是处在一定的社会环境之中。在市场竞争中，也就相应存在着竞争环境，企业不了解竞争环境，就无法进行生产和经营，就难免在竞争中失败。

企业竞争环境是企业外部的、影响企业竞争力提升的诸因素的总和。在竞争情报分析中，就是分析一般社会环境、市场环境、行业环境、自然环境。

一般社会环境分析，包括对人口环境因素、经济环境因素、技术环境因素、政治法律因素、社会文化因素和国际环境因素的分析。

市场环境的分析，包括两个角度，一个是基于了解市场的市场分析，指企业对准备进入或者已经进入的市场，为了了解该市场，进行市场容量、市场潜量、市场销售、市场机

---

[1] 司有和. 竞争情报理论与方法. 北京：清华大学出版社，2009：123

会、市场需求和市场结构进行的分析。这一分析有助于企业选择目标市场。

另一个是基于目标市场的市场分析,指企业对准备进入或者已经进入但准备重新定位的市场进行分析。通常是对该市场进行细分,然后在细分的市场中选择目标市场,最后进行本企业产品或服务在该市场的市场定位。

企业行业环境分析,内容很多,不过一般只选择行业集中度、行业内产品的差别、行业壁垒、行业信息化的程度、行业结构等项指标进行分析。

自然环境分析,包括两个方面:其一,分析企业的生产、运营与自然环境是否吻合。其二,分析企业的生产会不会给环境带来污染。

企业在从上述项目分析竞争环境时,还要注意进行环境监测,以便随时了解企业当时所处的竞争环境发展变化的状况,以便于分析竞争态势,把握竞争动向,为管理者决策提供参考。

企业竞争环境分析的目的,就是寻找有利因素,抓住市场机会,回避不利因素,化解市场威胁,重点跟踪主要信息,以便随时做出反应。

2. 企业竞争对手分析

1)识别和确认竞争对手

在实践中,不能简单地认为竞争对手就是同行企业,不是同行肯定不是竞争对手,需要学会如何识别并确认竞争对手。识别竞争对手有以下三条思路。

一是行业竞争的思路。凡是提供同类产品或服务、或提供替代品的企业都可能是竞争对手。如钢铁行业、汽车行业等,即同行可能是竞争对手。

二是市场竞争的思路。凡是与本企业争夺同一顾客群的企业,或者是争夺相同原材料的企业都可能是竞争对手。比如,打字机行业的竞争对手是电脑业、制笔业等,它们都是满足顾客的书写要求。这就是说不是同行也可能是竞争对手。

三是潜在竞争的思路。目前虽不在本行业但很容易进入本行业的企业,进入本行业有明显协同效应的企业,战略延伸必将进入本行业的企业,可能整合企业的供应商、客户,甚至收购或兼并本企业的企业,都有可能成为本企业的竞争者。

不过,处于上述三条范围内的企业并不一定就是竞争对手。还需要进一步确认。确认的原则是,"在上述范围内,那些在市场中与本企业势均力敌、相互争胜的企业"是本企业的竞争对手。

所谓"势均力敌",一般是通过市场份额来判定。所谓"相互争胜",是指已经发生争斗、对本企业产生实质性威胁或存在潜在威胁。所以,处于上述三种范围内的企业,如果它市场占有率小、不与本企业产生争斗,就不是竞争对手。

竞争对手范围的确定至关重要。若确定范围过大,会加大企业监视环境信息的成本;若范围过小,会使企业无法应对未监测到的竞争对手的攻击。

2)采集竞争对手的信息

竞争对手确定之后,究竟应该对竞争者作哪些调查,说法也不尽相同。一般认为,竞争情报分析应当包括:总体经营战略目标和政策、产品和服务、定价、销售和市场营销、技术服务、运行、成本地位、研究与工程、金融、组织结构、管理层、在顾客和竞争者中的市场形象、总体形象等内容。有人在这13个方面的内容里每个方面再给出一些细目,如市场占有率、销售额、利润率、投资收益、现金流量、新的投资等，共 106 项指标。不过在具体实践中，并不是每一次都要将 106 个指标都用上，可根据需要选取部分可行的指标组合。

其中，最为重要的是竞争对手的策略信息，因为两家企业的策略越是相似，它们之间的竞争就越是激烈。还有竞争对手的目标信息也是非常重要的。

3）评估竞争对手的能力

通过对竞争对手的分析，确定竞争对手在企业组织、生产运行、产品性能、产品开发、技术动向、营销策略、财务管理等方面的现状和能力，做出基本估计。

同时还要关注竞争对手的意图、近期与远期规划、现在的竞争实力和地位、竞争弱点，特别是要对对手的行为会对本企业产生的影响做出估计，对行业中"领袖企业"与"弱小企业"的特点与行为做出分析，制定自身企业的相应措施，包括赶超战略战术和防范战略战术。

还有，生产要素需求竞争者对要素需求的改变，也是竞争对手改变生产工艺和生产规模的重要信号，是分析对手行为的一个关键因素。

3. 本企业竞争战略分析与战略制定

本企业竞争战略分析，包括以下两个方面。

1）明确本企业的竞争地位

通过环境分析、市场结构分析和竞争对手分析之后，考察本企业作为竞争者，在市场中处于何种地位。

所谓市场地位，包括本企业产品的市场占有情况、市场需求情况、产品的差异性和独特性。与行业中的"领袖企业"比较有哪些差距，确定本企业在短期和长期内应该加强的重点。充分估计从现有情况出发未来的竞争动向和趋势推测，针对可能出现的变化，制订相应的应对方案，寻求可能的和有效的对策。

2）制定本企业竞争战略

由于要在竞争中取胜就必须具备优势，而优势来自长期的努力和积累，有效的长期努力和积累则取决于战略，所以实施竞争情报管理，必须实施企业竞争战略。

竞争情报中的竞争战略属于企业战略信息管理的范畴，是企业信息战略的一部分。在信息战略制定中，有战略目标确定、信息战略分析、信息战略方案选择、信息战略规划等工作。其中，信息战略方案的提出，各方案的前景预测与评价，都是竞争情报工作的组成部分。企业高层管理者在进行战略决策时，还需要竞争情报人员配合分析决策关键因素，判定竞争战略，监督决策方案实施过程。

4. 反竞争情报工作

竞争情报的竞争性，导致它的对抗性特征十分明显。你要想方设法获取竞争对手的情报信息，竞争对手企业也会千方百计地收集你的情报信息。

固然，企业在发现企业重要秘密信息被窃之后可以诉诸法律，但是这已经是事后处理了。因为企业秘密信息一旦被窃之后，就与窃取信息者共享了。这个时候，我们确实可以给窃取者以重罚，也可以要求窃取者不再使用，然而再重的罚款、再严的要求，也无法让窃取者不知道这个信息。窃取者依据他所知道的信息就可以制定对付我们的办法，这将对企业产生极大的威胁。

所以企业必须想方设法保护自己的秘密信息，尽量不使竞争对手从公开场合获取本企业的情报信息。这就是"反竞争情报工作"。它包括以下内容。

1）确定专人，明确任务

确定专人，指企业必须指派精干的专职人员承担反竞争情报任务。最好是由企业的竞争情报专职人员来承担。因为他们在获取竞争对手情报时就是找对手的漏洞和弱点，同样这些地方也会是本企业的漏洞和弱点，就可以有效地防止对手获取我们的情报。

明确任务，又称"定义保护需求"，指企业要具体确定需要保护的核心情报和商业秘密、保护的时间和防范对象，并在尽可能短的时间里将任务（保护需求）传递给与这些信息相关的部门和员工。

2）建立一整套企业反竞争情报工作制度

这套制度包括三大类：

一是企业核心情报信息保护制度。要求企业高层管理者和普通员工都要遵守。

二是企业信息公开制度和宣传报道制度。力求在周密设计的情况下，避免泄露企业的核心情报信息。

三是来访接待制度。对外来人员的参观采访活动只能给予适度的开放。

制度文本的建立并不困难，难的是制度制定之后，不能束之高阁，而应当建立相应的制度执行机构，在实际工作中坚持执行制度。

比如，企业在进行必要的信息公开时，如何在高信息量下，不同时扩散保密信息，这需要进行通盘考虑和慎重处理。在接待各类来访人员时，对每类人员应该透露什么、不透露什么，该透露的透露到什么程度，怎样才能既不损害自身形象、又不损害与到访者的关系，还不至于泄露企业的关键信息，这是需要认真谋划和规定的。

3）了解情况，制定对策

第一是了解竞争对手获取有价值情报的能力。那些具有巨大潜在的、乃致致命威胁的，不是眼下规模比本企业大的企业，而是情报获取能力强的企业。

第二是了解自身的弱点，即评估本企业有效防止他人获取本企业情报的防范能力。因为竞争对手往往总是从本企业的弱点向本企业发起进攻的。

第三是研究和制定破坏对手情报搜集效果的具体对策。对策是多种多样，而且是非常具体的。比如，企业在即将推出一项新产品之前，需要增加采购原材料。一个企业的原材料采购量突然大幅度上升，会给竞争对手明显的暗示：某些事情正在进行。因此，为了避免竞争对手搜集采购量增长的信息，必须制定十分具体的对策。这和传统的保密工作不同，我们没有办法不让竞争对手从供应商、承运商那里知道本企业采购原材料的信息。

4）付诸实施，全员参与

首先应该将反竞争情报的对策方案传递给企业高层决策者，由企业高层决策者组织实施。方案实施后，要进行继续分析和监控，以了解哪些对策方案是正确的、可以继续实施；哪些是有偏颇的、需要修改，有没有新的更加具有威胁性的问题等。同时，还要讲究"信号"发布的技巧，比如，可以有意改变信号特征，让对手搜集到非核心性信息或虚假信息，进而做出错误的判断。最后就是全员参与，它不是企业高层决策者几个人的事情，需要企业全体员工的参与。

5）分析实施效果

经过一段时间之后，企业应该总结反竞争情报工作的实践，探讨所制定的对策措施的有效性，以保证反竞争情报工作能够起到实际效果。

5.3.3 企业竞争情报工作的步骤

1. 选定目标

这一工作是指要明确本次竞争情报工作针对的对象是谁，为什么在目前特定环境下提出这次任务，需要知道什么，具体范围是什么？包括哪些内容，迫切性如何，在获得情报之后可以满足本企业的哪些决策等。

2. 情报收集

这是企业竞争情报工作的关键环节。收集时要根据情报源的特征和可利用性采用不同的收集方法，对确定的情报源展开有效的探究。收集过程中还要不断地进行"校准"和重新收集。

3. 分析加工

这方面的工作，包括整理、分类、排序、存储（建立情报库或数据库）、解释和推断，并加工成为可利用的"新情报"。情报信息的加工过程，是信息的"情报化"过程，是汇集零散信息成为具有新价值的综合性情报的过程。在分析与加工的过程中，需要使用分析工具、分析技巧、推理方法，进行科学抽象和理性思维，将定性分析和定量方法相结合。这是使信息增值的重要步骤。

4. 应用传播

这是将分析加工的结果以一定的形式传播给决策者。由于决策的针对性、实践性，竞争情报一定要以明晰、容易理解的"产品"形式出现，而且要提供简洁、准确的观点和结论。应用传播是一个双向交流的过程。它可以是本企业的竞争情报人员与企业管理者的交流，也可以是专业咨询企业的竞争情报人员与用户（委托研究的企业）之间的交流。在交流的过程中会互相补充，臻于完善。

上述 4 个步骤既相互独立又互相联系，后一个步骤对前一步骤还不断地输出反馈信息，整个流程处于不断的调整之中。竞争情报的成果付诸应用之后，往往还会产生新的问题，发现新的目标，于是就进入新一轮的竞争情报工作的流程。

5.4 企业文献信息系统的管理

5.4.1 企业文献信息系统管理概述

1. 企业文献信息系统管理的内容

企业文献信息系统管理的内容，包括：传统纸质文献信息系统的管理和电子档案系统管理两部分。传统纸质文献信息系统的管理，即通常所说的档案管理，包括：文献存储管理、文献服务管理、文献保护。电子档案信息系统管理包括：电子档案的归档、维护、利用和安全管理。

2. 企业文献信息系统的类型

企业文献，有企业产生的内源性文献信息，包括：技术档案、人事档案、文书档案、企业经营档案；还有企业外部产生的外源性文献信息，包括：书报刊资料等。它们有的是传统的手工式系统，有的是电子档案系统，或二者结合。

1）技术档案系统

企业的技术档案是企业在生产工艺设计、产品设计、生产设备设计等活动中形成积累起来的、经过整理、鉴定、留作历史记录的技术文件材料。主要包括：技术图纸、图表、专利文件、产品标准、操作规程等方面的文字材料、数据材料、照片、影片、录像、录音带、磁带、光盘等。

技术档案产生于企业的科研、生产活动领域，属于自然科学范畴，这是它与其他种类档案的根本区别。它是经过整理、鉴定、具有保存价值、并履行了归档手续、留作历史记录的技术文件材料。它是真实地反映企业生产、科研活动的第一手材料，同时，又为企业的生产、科研提供有效的服务。

企业技术档案具有 4 大功能：一是技术管理功能。它所记述和反映的企业生产与科研活动的过程、数据、事实，有助于企业管理者对情况进行准确判断和分析、决策，优化科学技术、生产管理活动。二是辅助认识功能。它是人们借鉴、继承前人或他人的生产和科研成果的重要资料。三是原始凭证功能。它是解决有关生产、科研的疑难问题、知识产权纠纷以及其他有关争议问题的有力凭证。四是提高经济效益功能。用好技术档案可以降低活劳动消耗，如节约工时、避免重复劳动、节约原材料、挖掘生产能力、开发新产品等，提高经济效益。

2）人事档案系统

企业的人事档案是指企业员工个人在社会实践中形成的，记述和反映个人经历和德才表现，以个人为单位，经过鉴别、整理后保存起来、以备查考的文字材料。它包括干部档案和工人档案两种。

干部档案，是组织、人事等有关部门，按照党的干部政策，在培养、选拔和任用干部等工作中形成的，记载干部个人经历、政治思想、品德作风、业务能力、工作表现、工作实绩等内容，以个人为单位保存起来供备查的文件材料。

工人档案，是记述和反映工人的个人经历、劳动态度、思想品德、业务技术工作表现、工作实绩等内容，以个人为单位保存起来供备查的文件材料。

目前，我国将人事档案分为正本和副本，副本是正本中某些类型主要材料的重复件或复制件。其中，正本分为 10 类、副本为分 7 类。

正本材料的 10 类依次是：履历材料，自传材料，鉴定、考核、考察材料，学历、评聘专业技术职务与评定岗位技能的材料，政治历史审查材料，入党入团材料，奖励材料，处分材料，录用、任免、出国（出境）、工资、待遇及各种代表会议代表的材料，其他可供组织参考的材料。

人事档案是企业人力资源管理中考察、了解企业管理者和员工的重要依据之一，可以为澄清个人历史问题提供凭证，为人才开发提供信息，是编写人物传记和专业史的珍贵史料。

第 5 章 企业非计算机信息系统的管理

3）文书档案系统

企业的文书档案，是指在企业管理的公务活动中形成和使用之后、经过整理归档、以备查考的各种文件材料。企业虽然不是政府部门、行政机关，但是仍旧有公务文书产生，也就相应地有文书档案存在。

企业文书档案有上级主管部门发来的指示、规定、批复、通知；企业上报的报告、请示、报表；同兄弟企业互通信息的函件，企业内发的生产计划、总结、规章、制度、会议记录、通知、通告等。

企业文书档案，作为传达政府和企业的行政方针和政策、发布法规、报告情况、总结和交流经验的一种重要工具，在企业管理中起着重要作用。

4）经营档案系统

企业的经营档案，是指企业在生产经营管理活动中产生和使用的、经过整理归档、以备查考的各种文件材料。包括：企业客户信息资料和实物，企业各营销点工作计划、数据、方案、业绩等资料，企业所在市场的信息资料，企业竞争对手的资料、企业与供应商、销售商往来的文件资料等。

这些信息对于企业的发展至关重要。可是，在传统的企业档案管理中没有重视这一块。由于这些档案与技术档案、文书档案和人事档案都不相关，以致这些资料信息无法归档，处于无人问津的状态，随着当事人的调动、退休、离职，散失严重，对于企业来说这是极大的损失。

5）书、报、刊资料系统

通常，企业都要根据自身的需要，购置一定数量的图书、报纸和期刊。这些资料也需要进行专门的管理和保护。

6）电子档案系统

企业的电子档案，是指归档后的、具有保存价值的电子文件的总称。

电子文件是指能够被计算机系统识别、处理，按一定格式存储在磁带、磁盘或光盘等介质，并能在网络上传输的数字代码序列。

电子档案的优点是存储密度高，传递速度快，便于检索利用，可以大大缩短查档时间，不同地区、不同单位之间很容易实现电子档案信息资源的共享。

电子档案的不足，一是缺乏历史凭证性，电子文件上的信息与载体是分离的，很容易被修改；二是对计算机设备的依赖性，使用者无法从载体直接阅读；三是网络传输的不安全性。这给电子档案的保护工作增加了难度和工作量。

3. 企业文献信息管理的认识误区

由于企业文献信息与图书馆、档案馆的管理对象相似，从而给人一种错觉：成熟和完善的图书馆、档案馆管理模式可以照搬到企业来用。这是当前企业文献信息管理中比较普遍存在的一个认识误区。因为在实际管理中，作为社会公共设施的图书馆、档案馆的管理和企业的文献信息管理之间存在 3 个矛盾。

1）收藏与使用的矛盾

图书馆、档案馆只注重收藏，自己并不使用所收藏的信息，使用是读者的事。企业则不同，不仅注重收藏，而且是本企业自己利用，不允许他人使用。

2）收藏与清理的矛盾

图书馆、档案馆属于社会公益机构，其收藏原则是越多越全越好，新旧信息都要收藏，即使是过时的、目前看来是无用的信息也要收藏，因为那可以在将来满足历史研究的需要。企业则不能这样。企业内文献信息的收藏只可能是"有用原则"，有用才收藏。随着时间的推移，企业内存储的文献信息越来越多，其中对本企业已经没有使用价值的信息也会同步增长。这些无用信息的增长，不仅会增加存储空间和费用，而且必然会增加检索有用信息的困难和检索费用，所以企业必须清理和剔除那些无用信息，而且要求不断加快剔除无用信息的速度。

3）服务与责任的矛盾

读者在图书馆、档案馆里找不到所需要的信息，图书馆、档案馆并没有责任，也不会因此有任何损失，读者并不能指责档案馆、图书馆的工作。企业则不同，企业使用信息所得结果的好坏，与企业管理有着直接的利害关系。企业内的文献信息管理部门是直接为本企业管理者决策服务的，能够及时为决策提供有效的信息是他们追求的最高目标。当企业在需要某一文献信息时没有能够及时提供，或者提供的是过时、失真的信息，不是没有责任，而是一种失职。企业会因此造成决策延误或决策失误，甚至会给企业带来重大经济损失。

所以，企业文献信息管理不能照搬图书馆模式。相反，图书馆、档案馆模式的"全馆信息集中统一管理"的长处，企业却没有学过来。任何一个图书馆、档案馆都有全馆文献总目录，而企业内却没有。企业信息分散在企业内各个职能部门，大大降低了信息共享的水平。企业要管好文献信息，除了建设好计算机文献信息检索系统之外，还应该建立崭新的企业文献信息管理的理念和模式。

5.4.2 传统纸质文献信息的管理

传统纸质文献信息管理，又称：档案管理。它包括：传统纸质文献信息的存储管理、服务管理和保护管理。

1. 传统纸质文献信息的存储管理

传统纸质文献信息的存储管理，又称档案保管工作。包括以下五个环节。

1）归档

归档，是指企业将在生产、经营活动中不断产生的文献信息，在活动结束后，由相关业务部门整理立卷，定期移交给企业档案室集中保存的活动过程。

根据国家有关规定，我国档案实行集中统一管理的原则，企业也应建立归档制度，任何人不得私自保存和销毁文件。归档制度包括以下四个方面的内容。

（1）归档范围。一般而言，凡是反映本企业管理活动，具有查考利用价值的文件材料，均属归档范围。包括：上级主管部门的文件材料、本企业的文件材料，供应商、经销商、合作企业的文件材料等。只有书报刊资料不须归档，仍旧由企业图书馆、资料室管理。

（2）归档时间。这是指企业机构、业务部门将需要归档的文件向档案室移交的时间。一般应在第二年的上半年。有些文书处理和档案工作由一人兼管的企业，可以采取随立卷随归档的做法。

（3）归档案卷的质量。包括：案卷内容质量和案卷结构质量。内容必须遵循文件材料的形成规律和特点，保持文件之间的有机联系，区别不同价值，完整无缺、系统有序，加设封面，便于保管和利用。结构要种类齐全，份数完整，不缺张少页，每份案卷可以组成一个保管单位，便于保管和利用。每份案卷必须加设封面，封面上的标题不宜太长，要求文字简短而又清楚，鲜明准确地反映卷内文件的内容，并注明该案卷的保管期限。

（4）归档手续。归档应该办理归档手续，先由移交人员说明立卷归档的情况；再由档案室人员根据移交人所说情况和案卷目录进行清点、核对，证明案卷符合案卷目录后，交接双方履行签字手续；最后，将案卷目录的副本由档案室经手人签字后交于移交单位保存。归档是企业文献信息管理工作的一个标志点，归档后，这一年的文献材料也就从现行处理阶段转入档案保管和利用阶段。

2）登录

登录就是建立账目。图书馆、资料室的书报刊资料，在采购入库之后就要登录；而各类档案在归档后，档案室的工作人员要对档案进行登记。登录有助于了解档案信息存储的概貌，保持信息资源的完整，便于管理，还有利于形成一种方便检索工具，同时还说明该信息已经属于本企业或本部门所有了。

3）编目

编目就是编制目录的工作。图书馆、资料室的书报刊资料，在登录后要编制分类目录、作者目录、书名目录。而各类档案的编目，则包括两个方面。

（1）编制卷内文件目录，给一本档案案卷内所有文件进行登记形成的目录。包括：顺序号、发文号、责任者、题名、日期、页号和备注。一般置于案卷首页。这一工作是由业务部门文献信息管理人员在移交文献档案前做的。在编制卷内文件目录时，还要填写卷末备考表和填写案卷封面。

（2）编制案卷目录。这是指档案室给所藏全部案卷编制的目录，是由档案室的工作人员做的。通常是按照已经排定的顺序，给各份案卷逐一编号、登记、造册。具体包括：封面和扉页、目次、序言或说明、简称对照表、案卷目录表、备考表。案卷目录至少应一式二份，一份供日常使用，一份保存备查。

4）编码

图书馆、资料室的书报刊资料，在编目后给书刊编制分类号。归档的档案也要根据档案室的分类体系给档案编制档案号。其本质是用统一代码替代存储信息的名称。这与本书第 3 章的精神是一致的。

5）排架

排架，是将经过登记、编目、编码之后的书报刊资料或档案在书架上或资料柜中按一定次序进行排列的过程。排架的目的主要是实现有序保存，便于清查、核对及统计，方便提供、利用。常用的排架方法有：按登录顺序排架，按信息来源排架，按首字笔画排架，按文献内容分类排架，按文献主题排架。

排架后要进行全宗编号。所谓全宗，是指一个独立的机关、团体、企事业单位或人物在社会活动中所形成的档案的总和。对于企业文献信息管理来说，一个全宗就是企业内一个部门、一个机构在工作活动中所形成的全部档案材料。

2. 传统纸质文献信息的服务管理

企业文献信息管理者不能只当文献资料保管员，还要做文献信息的服务工作。企业文献信息服务工作的内容，包括文献的阅览、报道、检索和咨询。

1）企业文献阅览服务

这是指企业文献管理机构（图书室、资料室、档案室等）提供专门的阅览条件，让企业成员在指定时间和场所阅读所收藏文献资料的信息服务工作。它主要是阅览室的管理，包括阅览室类型定位、阅览室室藏文献的组织、阅览室现场条件的准备和用户接待。

2）企业文献报道服务

这是指企业文献信息管理机构将自身拥有的文献信息（书刊或者档案）经过加工整理、以便于使用的形式、主动及时地向全企业广泛传播，以引导对企业文献信息有效利用的服务工作。通过报道服务，让企业内更多的人知道企业自身已经收藏了哪些文献信息资源，使这些文献信息得到复用，创造更多的价值。

文献报道的方法通常有三种：口头报道、直观报道和媒介物报道。口头报道包括信息发布会、企业内有线广播；直观报道包括文献展览会、技术演示会；媒介物报道包括信息刊物报道和企业内部局域网报道。报道的体裁有：文献目录、简介、文摘、文献动态、文献译报、文献汇编、文献综述和述评等。

3）企业文献检索服务

这是指企业文献信息管理机构根据企业用户的要求，从企业收藏的文献信息和社会公共信息库中找出所需信息并提供给用户的过程。它包括三个方面：一是文献线索检索，向用户提供寻找所需文献线索的数量和路径。比如，目前关于 CIMS 的进展有哪些文献？二是数据检索，直接提供用户所需的确切数据。比如，某种型号电缆的传输速率、某一竞争对手与本企业同类产品的市场价格。三是事实检索，直接提供用户所需的特定事实。比如，某竞争对手企业近三年的专利申请情况，或近两年来汽车发动机的发展动向等。

文献检索服务的方法包括手工检索和计算机检索两种。

4）企业文献咨询服务

咨询服务是咨询机构根据用户的要求，以专门的知识、技能和经验，运用科学方法和先进手段，进行调研、分析、预测，客观地提供最佳的或几种可供选择的方案，帮助委托方解决疑难问题的服务活动。企业内有许多方面的工作可以通过寻求咨询服务来解决。企业文献咨询服务，仅仅是上述咨询中的一种。

它是企业文献信息管理机构根据企业内的用户对企业文献方面的需求，帮助用户解决疑难问题的服务活动。企业文献咨询服务大体可以分为三种类型：指导性咨询服务、线索性咨询服务和专题性研究课题咨询服务。

3. 传统纸质文献信息的保护管理

1）文献保护的含义

广义的企业文献信息的保护，一是指维护文献实体的秩序状态，使文献在存放和使用中始终有序；二是指保护文献实体的理化性状，使其在存放和使用中不受或少受人为的或自然因素的损害，并尽量延长其物质形体的"自然寿命"。前者实际上就是通常所说的文献信息存储,后者就是狭义的文献保护。

狭义的文献保护是指通过研究文献制成材料的损坏规律及科学保护文献的技术方法,以达到最大限度地延长文献寿命的工作。

文献制成材料损坏的内因是材料的性能及其耐久性。它取决于材料的原料质量、化学成分、理化性能和生产过程及工艺。例如,决定纸张本身耐久性的因素是造纸植物纤维的质量、植物纤维的化学性质和造纸过程。

文献制成材料损坏的外因是指文献周围的环境因素、生物因素及人为因素,例如,不适宜的温度、湿度、光照、空气污染物、虫害、霉菌及有害生物。纸质文献一旦形成,其内因已经确定,对延长文献寿命起决定作用的则是外部条件。

因此,要做好文献保护,既要研究破坏文献的内部因素,还应研究损坏文献的外部因素。一方面不断改进文献载体材料与记录材料本身的性能,提高其抵抗外界不利因素的性能;另一方面在文献已形成后,不断完善文献的外部条件。

2)文献保护的内容

在文献保护中,必须贯彻"以防为主,防治结合"的指导思想。虽然文献制成材料老化的趋势是不可逆的,但是这是一个由量变到质变的过程,延长量变过程所需的时间,就可以推迟质变发生的时间,也就等于延长了文献的寿命。

文献保护工作包括以下三个方面。

(1)文献库房的建设与设备购置。库房选址应地势较高,地基坚硬干燥,排水顺畅,空气流通,远离易燃易爆场所,远离有大气污染的工矿企业。库房质量标准应能够防水、防潮、防热、防火、防大气污染物、防光、防虫。

(2)文献库房管理。

①要有进出库制度。一般情况下,非档案工作人员原则上不允许进入库房。档案工作人员在非工作时间内一般不允许入库,不许在库房中吸烟、喝水、吃东西等。

②要进行库房温湿度控制。据有关研究结果表明,较为适宜的库房温度应该在 14~20℃,相对湿度应在 50%~65%。

③要采取"八防"措施。即防火、防水、防潮、防霉、防虫、防光、防尘、防盗。

(3)文献修复。这是对破损文献进行修正、恢复,去除文献中对耐久性不利的因素,恢复文献原来面貌,提高文献制成材料的耐久性。其主要内容如下。

①去污。清除文献上的泥斑、蜡斑、墨水斑、霉斑等各种污斑。其方法很多,应根据污斑、字迹及纸张情况而定。有机械去污、溶剂去污、氧化去污等。

②去酸。由于造纸过程中的施胶、大气污染等原因,使文献纸张呈酸性。酸能促使纤维素水解,纸张强度下降。去酸法主要有液相去酸和气相去酸。

③加固。在文献制成材料中,有的字迹材料耐久性较差。如铅笔字迹不耐磨,红墨水和纯蓝墨水字迹不耐水,圆珠笔和复写纸字迹不耐热等,对此,需要加固。加固方法主要有涂料加固、塑料薄膜加固、丝网加固等。

④修裱。修裱就是使用黏合剂和选定的纸张对破损文献进行"修补"或"托裱",恢复文献原有面貌,增加强度,延长寿命。这是一项复杂、精细的工作,主要涉及黏合剂的选择、修裱用纸的选用、修裱技术、干燥和修整等。

⑤纸质文献字迹的恢复与显示。主要包括物理法、化学法等。如摄影技术、恢复字迹技术。

⑥计算机修复。照片被折伤，照片影像泛黄或褪色，纸质文献字迹褪变后，可用传统方法修复，也可以在计算机中用图像处理软件进行修复。

5.4.3 企业电子档案的管理

企业电子档案的管理，和传统纸质文献信息的项目相同，包括：企业电子档案的存储管理、服务管理和企业电子档案的保护。

1. 企业电子档案的存储管理

企业电子档案的存储管理，和传统纸质文献信息的项目大致相同，包括归档、登录、编目、编码、保存和维护等环节。

1）电子文件的归档

电子文件的归档，和档案管理中归档的含义相同。它是指企业将在生产、经营活动中不断产生的电子文件，在活动结束后，由相关业务部门整理立案，定期移交给企业档案室集中保存的活动过程。

电子文件的归档，和传统档案管理中的归档要求一样，也包括四个方面：归档范围、归档时间、归档案卷的质量和归档手续。其中，"归档范围"和"归档时间"的要求完全一样，在"归档案卷的质量"和"归档手续"上稍有不同。

"归档案卷的质量"，就是电子文件的质量。电子档案形成部门在移交归档前，必须对电子文件进行鉴别和存储载体的选择。

电子文件的鉴别，主要是区分电子文件的文件价值。只有那些对本单位工作具有查考利用价值或保存价值的，才有必要作为电子档案保存下来，其余的电子文件就可以在机内删除。同时，还要注意鉴定电子文件的真伪，电子文件制发单位应该将电子文件的原件归档，以保持该电子文件的原始性，以维护电子文件的凭证性和依据性。鉴别后的电子文件应编制归档文件顺序号，确定文件的保管期限，打印出文件移交目录，以便办理文件移交手续。

电子档案存储载体的选择，虽然有磁盘、磁带和光盘三种，但是在实际工作中一般都选择光盘。光盘具有对保管环境要求低、容量大、寿命长、存取速度快、不易损坏的特点。选用时要注意选择不可擦写的光盘。

"归档手续"，和传统档案管理中的归档手续也只是稍有不同，就是移交的电子文件的载体，存在着电子文件归档方式选择和归档途径选择的问题。首选的方式是利用光盘存储的方式，采用网络移交途径进行归档。这种方式简便而又安全。电子文件形成部门将经过编目、整理的电子文件，利用电子文件归档专递网线，将上网与未上网的具有保存价值的电子文件通过此系统传输给档案部门。

档案部门还必须经过验收，与打印的电子文件移交目录相核对。档案部门不能自行从网上下载。

电子文件的归档管理，目前在企业内尚有一定困难。因为有许多人误以为电子文件不是文件而忽视其归档，或怕增加工作量而不愿承担此项工作；或由于电子文件必须借助计算机系统归档，这对不熟悉操作技术的立卷人来说，容易产生畏难情绪。企业应从信息管理工作的大局出发，促进电子文件归档纳入办公自动化和信息管理的工作程序，建立电子文件归档制度。

2）电子文件的登录、编目和编码

归档后的电子文件，和传统档案归档时一样需要登录、编目和编码，不同的是在计算机上通过构建树型结构文件夹来实现。

电子文件的分类编目、编码，一般主张参照档案室的档案全宗号和档案分类号来划分电子文件的类别，有利于归档后的电子档案分类协调管理。

3）电子文件的保存和维护

电子文件归档保存后即进入电子档案管理时期。首先第一步的工作就是电子文件的保存和维护。具体包括以下三个方面的内容。

（1）保证电子档案载体物理上的安全。将归档的电子档案经编目、编码整理完毕后刻盘。电子档案刻盘可采用分类刻盘和集中刻盘两种方式。分类刻盘，可以是按电子文件的内容分类，也可以按年度分类。集中刻盘，是将 1 年内形成的所有电子文件全部刻在 1 张盘上，这种方式适合于电子档案量少的单位。要建立一个适合磁、光介质保存的环境，详细内容在后面的安全管理中介绍。

（2）保证电子档案内容的可读性。由于电子文件离开了生成时的计算机软、硬件平台就无法显示其承载的内容，所以，电子档案管理工作除了对电子档案本身进行很好的保护，还必须对其所依赖的技术平台加以保存或采用其他方法加以转换，以保证电子档案内容的可读性。

（3）对电子档案进行有效的检测与维护。为了确保电子档案信息的可靠性，需要对所保存的电子档案载体进行定期检测和拷贝，发现问题，及时进行有效的修正或更新。在检测与维护时，必须进行严格的管理，并规范操作程序，因为任何一项误操作，都可能使电子档案遭到人为损害，甚至造成难以弥补的损失。还要对检测、维护、拷贝等操作过程进行记录，避免发生意外。

2. 企业电子档案的服务管理

企业电子档案的服务管理，又称"电子档案的利用"。从内涵上看，和传统档案文献服务工作是一致的。只是有着电子档案独有的方式和对象。

电子档案提供利用的方式，一是提供拷贝，二是网上传输，三是在电子档案馆的系统上直接利用。管理中有以下三项工作。

（1）电子档案利用者及利用工作者的管理。应当根据他们的工作性质和责任的不同，确定其不同的使用权限，并依此向利用系统注册登录。在实际提供利用中，由系统自动判定当前使用者的身份及其所使用功能的合法性。

（2）对提供利用载体的管理。这主要是电子档案拷贝的提供与回收。提供拷贝时应该依据利用者的需求，并确认其具有使用权限。提供时要有完善的手续，提供者和利用者双方应对提供拷贝的内容进行确认，并对使用载体的类型、数量、使用时间、最后回收期限及双方责任人等情况进行登记。

拷贝回收是指除经过编辑公开发行的电子出版物外，对那些提供利用的电子文件的拷贝必须进行回收，并对回收来的拷贝作消除处理。

（3）电子档案利用中的安全管理。这属于电子档案保护工作的范畴。我们在下面作详细介绍。

3．企业电子档案的保护

1）电子档案内容的安全管理

纸质档案保护中只要保护好档案的载体"纸张"，档案信息就得到保护。电子档案则不同，电子档案的内容信息与载体是可以分离的，因而随时都面临着被修改、盗窃，甚至被销毁的危险，还会因受到电脑病毒的攻击而损坏。

保护电子档案内容有技术途径和管理途径两大类。

技术途径，主要有：证书式数字签名、手写式数字签名、文件加密、数字水印、数字时间印章、身份验证、防火墙技术、防写只读技术、存取权限控制等。

管理途径，可有以下一些做法。

（1）建立电子档案管理的记录系统。电子档案形成后因载体转换和格式转换而不断改变自身的存在形式，只有详细建立起电子档案的形成、管理和使用说明，才能证实电子档案内容的真实性。尤其是"记录系统"可以将电子档案的元数据记录在案。元数据是电子文件在创建的同时生成的，包含电子文件的内容信息、结构信息和背景信息三项要素，并且一经生成就被封装起来，只能被写入和读取，而不能被改动和删除，忠实记录了电子文件的原始面貌。因而足以保证电子文件的凭证性要求。

（2）建立电子档案的制作责任制。制作人员应对其制作的档案负全责，一经定稿，就不可以进行任何修改。不允许不相关人员进入他人的职责范围，需要时可用只读形式调阅，以防止误操作、有意删改等造成档案信息的改变。

（3）建立和执行科学、合理、严密的管理制度、归档制度和保管制度。从电子文件的形成、处理、收集、积累、整理、归档，到电子档案的保管、利用，每一个环节都要消除信息失真的隐患，实现电子文件和电子档案的全过程管理。

归档时应该对电子档案进行全面、认真的验收和移交，保证档案内容的齐全完整、真实可靠，相应的目录、载体的运行环境说明等应一同归档。

上述所有关于电子档案管理工作，可以建立一个计算机电子档案管理系统来完成。电子档案管理系统是在线企业信息系统之一，它的建立与第3章阐述的一般计算机信息管理系统的建立是一致的。

2）电子档案利用中的安全管理

对电子档案的利用，实行利用权限控制，防止无关人员对电子档案的非法读取，防止在利用过程中泄密和损伤信息。应当根据利用者的实际情况选择合适的利用方式，而不是无原则地向所有利用者提供全部利用方式。采用网络传输或直接利用等利用方式时，对有密级的信息内容要进行加密处理，并对所使用的密钥进行定期或不定期的更换。不论采取哪种利用方式，都必须对利用的全过程进行有效的监控，并自动进行相关记录，作为对利用工作查证的依据。

3）电子档案载体存放的安全管理

为了电子档案载体存放的安全，必须建立一个适合磁、光介质保存的环境，载体要直立排放，并满足防火、防水、防潮、防霉、防虫、防光、防尘、防盗、防磁、防震、防辐射的"十一防"的要求。

（1）灰尘对电子文件载体的损坏。磁盘和磁带的支持体聚酯底基，极易产生静电而吸引尘埃，引起物理损坏、化学损坏和生物损坏。物理损坏是指污染、划伤磁盘、磁带、光盘表面，导致卷曲、易与磁粉脱离、伸长后不易恢复；化学损坏是指灰尘中所含的化学成分会不同程度地引起磁盘、磁带、光盘载体腐蚀、降解等化学作用而毁坏；生物损坏是指灰尘是霉菌孢子的传播者，也是霉菌的培养基地、繁殖地，霉菌分泌的酶和有机酸会损坏磁性载体和光盘。灰尘一旦对电子文件载体造成危害，载体上所记录的信息可能会局部丢失。

（2）温度对电子文件载体的损坏。在温度过高或过低条件下，磁带、磁盘的聚酯底基会膨胀或收缩变形，也会影响光盘的激光束精确定位和数据的读写。连接底基和磁粉的黏合剂，具有易热胀冷缩、磨损、脱落、粘连、生霉等缺点，直接影响信息再现。光盘记录介质主要有碲、硒、碳铝化合物和某些遇热易发生物化性质变化的材料，在高温下不稳定、易氧化、易与碱溶液发生反应。

（3）外来磁场和机械振动对磁性载体影响较大。外来磁场能使磁性涂层的剩磁发生消磁或磁化，造成信号失落或信噪比降低，破坏记录信息，影响读出效果。强烈的机械振动也会影响磁性载体材料中磁分子的排列次序，造成剩磁衰减，从而破坏记录信号。

（4）光线和有害气体对电子文件的破坏力也很大。光线能使电子文件载体材料发生光氧化反应，使盘基、带基老化，强度下降。紫外线的能量足以破坏磁性载体的剩磁稳定性，导致信号衰减，影响读写效果。有害气体在一定条件下也会腐蚀、破坏磁性载体和光盘，致使盘基、带基老化、变质和磁粉脱落。

（5）电子文件的寿命还与技术环境有关。一旦技术过时，则利用该技术存储在载体上的信息就无法读出。

技术过时的表现有两个方面：一是技术革新，使旧的存储技术消失。二是由于商业性的原因，使由单个厂家生产或销售的电子文件设备会由于厂家的破产或改变产品生产而很难找到配套产品。

一般说来，大多数电子文件载体的预期寿命都超过了识读它的硬件和软件的技术期限，也就是说，技术过时对电子文件安全性的影响显得更为重要。

5.5 其他常见企业信息活动的管理

5.5.1 企业信息公开的管理

企业信息公开是一个专用概念，专指企业向社会发布自身信息的工作。

企业是社会的细胞，企业信息流也是社会信息流的重要组成部分。企业有着公开自身信息的内在动力：这是企业生产经营管理的需要，也是树立企业形象的需要，同时企业也有义务为社会信息资源共享提供信息。

1. 企业信息公开的内容

通常，企业对外公开信息的内容，主要有以下几个方面。

1）向上级主管部门公开信息

企业每年应该通过年度计划、统计报表等形式，向上级主管部门报告企业的有关技术创新、产品开发、市场营销、基本建设、人员选聘和培训等方面的情况和计划。这是国家宏观经济管理信息系统中信息的重要来源。这些信息是国家实现国民经济宏观调控的重要依据之一。

2）向社会监督部门公开信息

企业每年应该如实地向国家统计、审计、银行等有关社会监督部门提供企业的总产值、销售额、利润率、固定资产、流动资产、无形资产、全员劳动生产率、上缴利税等方面的数据信息。这些数据信息，既是有关社会监督部门掌握企业实际情况、以便对企业发展予以支持的需要，也是国家了解整个国民经济发展状况、进行宏观调控和宏观决策的需要。

3）向社会信息网络公开信息

在信息社会的今天，由各类信息网络、网站、信息中心、咨询机构、图书馆、档案馆、情报单位组成的社会信息网络，由于其覆盖率高、传播速度快、反馈及时等优点，已经成为社会信息资源共享的最佳设施。

企业可以及时、主动地向这些社会信息网络公布自己的信息，如公布有关技术创新、招商引资、项目合作等方面的意向信息，提供有关本企业产品的样本或说明书、企业的情况简介、研究报告等信息。

这些信息不属于公开出版发行的文献，用户和消费者一般不容易获得，在社会信息网络上公开这些信息，可以大大方便用户和消费者了解本企业的情况，对于本企业的发展十分有利。

同时，这样做也可以密切企业与信息网络部门的联系，为自己获得新的有关信息和接受咨询服务提供便利条件。

4）向其他企业公开信息

任何企业在生产经营过程中都会与其他企业发生业务联系。上游的有供应商企业，下游的有经销商企业，平行的有生产、技术方面合作的企业，企业之间的联系越紧密，相互交流的信息量也就越大，对本企业的发展就越有利。相关企业之间建立畅通的信息交流网络，使企业从生产所用的原材料、产品销售到售后服务的一切信息都可以在相关企业中进行交流，以便获得企业间的最佳配合。

5）向用户和消费者公布信息

这不仅是保护消费者权益的法律需要，而且也是企业争取用户、扩大市场占有率的重要手段。企业通常是用发布广告、召开用户座谈会、举办展销会等方式进行，公布其产品的性能特点、使用方法、售后服务等方面的信息，让用户和消费者了解本企业的产品信息，吸引用户和消费者购买自己企业的产品。

在社会信息网络飞速发展的今天，用户和消费者要获得需求信息十分容易，他们都是货比三家才形成购买行为。所以在市场竞争越来越激烈的今天，谁能够不失时机地向用户和消费者公布信息，谁就具备了高于竞争对手的竞争优势。

6）向股东和股民公开信息

股票持有者了解上市企业的信息是他们的权利，企业应该及时地或定期地、如实地向他们公布有关企业的财务、信用及负债、企业资本净值、盈利水平、股息分配等方面的信息,而且要求透明度要大。股东和股民在了解企业的这些信息后,行使某些企业管理的权利,如议案表决、利润分配、新股认购、剩余资产分配以及决定是否继续向本企业投资等。所以,信息公开是上市企业的一项基础性工作,是保证企业正常运作的前提条件。

2. 企业信息公开的要求

企业向社会公开信息,必须满足"可靠、及时、充分"的要求。"可靠"是最重要的要求。所谓可靠,就是真实、准确和完整。企业在向政府、社会、消费者和股民公开有关企业的产品和服务信息、企业经营效益信息是必须真实、准确和完整的,不得发布假信息。

不过,企业出于竞争的需要,发布某些迷惑竞争对手、转移竞争对手注意力或本企业投石问路的非本意信息,是可以的。

3. 企业信息公开的方法

1) 信息发布会、新闻发布会、记者招待会

信息发布会是企业用于向社会发布企业信息的一种专门会议,由需要发布信息的企业职能部门组织,参加会议的主要是新闻媒体的记者,所以又称"新闻发布会"或"记者招待会"。

信息发布会具有及时、公开和影响面广的优势。它借助大众媒体,可以获得很好的传播效果。在信息发布会现场,企业可以具体解释、说明所公布信息的细节,这种企业与记者双向对话的方式,日益成为行之有效的信息公开方法。

此法可用于:企业向社会各界公开发布各种生产、经营、服务和社会承诺等信息,以期引起社会各界、用户和消费者的关注;或者周知本企业的相关事项;或者到企业所在地以外的中心城市和地区发布本企业的有关信息,以期开辟新的市场;或者以此获得某些有效的支援与合作,或者以此与竞争对手周旋。

召开信息发布会,要讲究事先进行精心的策划。你策划成什么样式,它就发生成什么样式。你策划得好,信息发布活动的效果就好;你策划得不好,效果就差,甚至会出现差错或泄密。

2) 产品展览会、商品展销会、商品交易会

产品展览会是指参展的企业把各自的产品拿到会上展示,供用户和消费者参观的集会形式。由于在产品展览会上总是要进行商品交易的,所以有时又叫做商品展销会、商品交易会。

此法的优点是,到场参观的用户和消费者能见到产品的实物,直观,明白,还可以自己进行现场操作,检验产品的性能,所以最能够显示本企业产品的优势。缺点是,展览的时间有限,不可能一直展览下去,且到场参观的人数也有限,所以宣传效果受到一定限制。

产品展览会通常是由行业协会、团体或相关的政府职能部门出面组织的。现在许多城市还有专门组织产品展览会的展览公司。某些拥有专门展览场地的单位就是一种专门的会展中心,把组织产品展览会当作一种业务进行经营。

对于企业来说,参加展销会有以下 3 大任务。

(1) 努力介绍好本企业的产品。要事先进行周密计划,物色参展人选,制定参展程序;要慎重选择与本企业产品对口的展览会参展,不必见展会就上;要精心布置本企业的

展台,文字、图片、实物要一应俱全。文字要简短,一目了然,产品实物摆放要方便参观者观看和操作,同时还要备有详细的产品介绍材料,以备参观者索取,接待来访者要热情诚恳,百问不烦。

(2) 注意获取竞争对手的情报。参加同一个展销会的企业往往相互之间就是竞争对手。平时要获取对方的一点信息都很困难,现在竞争对手的展位就在同一展览大厅,既可以看到他们的活动,也可以听到他们的谈话。而且各参展企业都会专注于推销自己的产品,设防、保密的观念比平时淡薄,所以,产品展销会是获取竞争对手信息的最好时机。这个任务可不能忽视。

要在展销会上获取竞争对手信息,通常的做法是"一看、二谈、三收集、四比较"。"一看",就是在开展后,要通览全馆,建立总体印象,参加所有活动。然后观察竞争对手的展厅,仔细分析其展厅的布局、组织、人员数量,确认访谈对象;尤其要注意观察在竞争对手展厅参观的人数、参观人员结构、提问内容、细谈对象;并对双方的参展情况进行比较,分出高低优劣。

"二谈",就是与竞争对手的参展人员交谈。可错开参观高峰期,拜访对手展厅,以便有时间长谈,可选择对手参展的技术人员交谈。交谈从产品开始,逐步进入核心,但切记不能当面作记录,不能用录音机录音。只能是交谈结束后在僻静处把新的发现记录下来。

"三收集",就是十分注意收集所有能得到的文字资料、名片、说明书,有些现场情况、产品实物可拍照片。国外还有人罗列了商品展销会结束时应该收集的文件清单:参加展销会的人员名单、所有参展公司的名单、所有交谈和观察的记录、研讨会或讲座的目录和文稿、所有参展宣传材料和广告材料、所有参展的新闻发布材料、价格目录、技术资料、散发的杂志文章的重印件以及产品照片、样品、包装、标签等。这些资料都是十分宝贵的情报信息。

"四比较"就是比较所收集到的信息。可以纵向比较,将在多次展销会上收集到的同一产品的信息资料,按照时间顺序排列之后进行比较,就可以发现这一信息的变化趋势,这一趋势则反映了竞争对手在这一产品上的战略思想。还可以横向比较,将在同一次展销会上收集到的不同竞争对手的信息进行相互比较,就可以发现在竞争对手中哪些强一些,哪些弱一些。

(3) 注意做好反竞争情报工作。因为你企图在展销会上获取竞争对手的信息,竞争对手也会千方百计地在展销会上来获取本企业的信息。所以,企业必须十分清醒地认识到,在展销会上丝毫不能放松反竞争情报的工作。

3) 广告

广告有狭义和广义之分。广义的广告是指运用口头的、文字的、图画的等说服方式,为了有助于商品和劳务的销售,所进行的一种公开宣传活动。狭义的广告是指通过支付价款,委托专门的部门,在一定时期内获得某种媒体,有计划地宣传商品和劳务的一种活动。自从有了市场和商品,也就有了广告。

由于媒体的不同,又分为网络广告、电视广告、电影广告、广播广告、报纸广告、期刊广告、路牌广告、店面广告、车体广告、招贴广告等。

广告是企业向用户和消费者公开信息的最主要的渠道。客观事实已经证明,广告与企业的收入盈利息息相关。管好企业的广告，是典型的企业信息管理工作。广告管理的内容相当丰富，企业管理者可以找一些专门论述广告管理的图书，学习广告管理的知识。

4）企业新闻报道

新闻报道对于树立企业形象至关重要。特别是在我国，正式的新闻报道，通常具有对报道对象的肯定、褒扬、推广的内涵，企业能够在电视、广播和报纸的新闻中得到报道，比广告所获得的效果还要大。在这一问题上，虽然新闻媒体部门占主动地位，并不是企业想报道就能够被报道，但是企业如果有这方面的意识，能够了解媒体宣传的政策、方式，积极去争取，还是有可能被报道的。因为关于企业的管理创新、技术成果、先进人物、改革经验、信息化成果等，都是媒体所需要的新闻题材。许多情况下，不是企业的情况不值得报道，而是媒体不知道。

5）企业冠名的公益活动

通过企业冠名的各种公益活动，如赞助参与支持"希望工程"的活动，开展关爱残障人士的爱心活动，举办各种与企业有关的学术交流活动，为用户和消费者提供免费学习使用本企业产品的培训活动，在电台、电视台、报纸上开办专门的以企业名称冠名的广播节目栏目、电视节目栏目或报纸专栏等。

这些做法，虽然只有一个企业名称，并不能介绍企业的产品，但是在提高企业社会知名度上很有效果。因为这些活动通过媒体报道出去，社会也就同时知道了企业；这类专栏、栏目，天天与听众、观众、读者见面，也就天天与企业见面，如果专栏、栏目办得好，企业的知名度就会更高。

6）企业自身媒介

企业自身媒介很多，如企业网站、企业出版物、书面报告、报表、电话、传真、电子邮件等，都可以用于公布企业自身的信息。

企业网站是信息公开的最现代化手段。它具有突破时空限制的极大优点，不论在世界什么地方，也不论是一天的哪一个时间段，它都可以接受客户和消费者的访问，是全天候的、不关门的企业门市部，是不闭幕的商品交易会。企业信息管理者应该充分加以应用。

企业出版物是指由企业自己编辑印刷的文字材料，过去都是纸介质的，现在也有刻制光盘的。其内容主要介绍本企业的基本情况，领导成员、组织机构、历史沿革、产品介绍等。通常是用于在接待来访或商务谈判时赠送给对方，或在参加商品交易会、产品展览会时赠送给参观者的。要编好企业出版物，具体的编排、印刷、用纸等事务可以交由专业部门去做，企业管理者要注意的是，该出版物要写什么内容，必须写的内容应该按照怎样的次序排列，需要使用哪些照片等，一切都应该从企业利益出发，而不要搞成为少数人树碑立传的小册子。

书面报告和报表，是企业向上级主管部门、社会监督部门、股民和股东公开信息的主要手段。通常，这些报告、报表是职能部门工作人员编制的，但是企业的管理者应该核查这些材料，确认无误后再发出去。

电话、传真、电子邮件等通信媒体，既可以一对一地传播信息，也可以一对多地传播信息，是企业公开信息最便捷的工具。

通常，企业向同行企业、向供应商和销售商企业公开信息，企业售后服务工作中向用户和消费者公开信息，就是通过这些工具来完成的。当然这里有一个如何提高通话效率和效果的问题，这主要依赖于企业管理者表达能力的提高。

4. 企业信息公开的策略

信息公开的策略是企业信息公开活动使用的计策和谋略。主要是寻求在什么时间、什么地点、使用什么信息公开的工具、怎样使用工具，才能获得最好的信息公开效果。总结近几年来企业信息发布的实践，可归纳为以下 5 大类型的策略。

1）为您服务，满足需求

企业争夺用户和消费者，始终是企业信息公开的直接目的。这里的"争夺"不是强制，因为企业不能强制用户和消费者购买自己的产品，但是任何人的行为都是由动机驱动的，企业可以运用信息的诱导功能，通过所公开的信息，诱导用户和消费者产生购买本企业产品的动机，然后在这种动机的驱使下产生购买本企业产品的行为。于是，"争夺"就表现为谁的信息能够抢先进入、并牢固地占领用户和消费者的大脑。

所以，信息公开的第一个策略就是"攻心"的策略：为您服务，满足需求。

具体来说，可有以下 3 个策略。

（1）动之以情，亲密接触。这是说企业从"情"切入，寻求产品对应人的情感枢纽相应的部位与层次，赋予在包装、广告、促销、设计上面，进行定向准确而又有分寸的"切入"，使"情"的投射穿过消费者的情感障碍，使消费者强烈受到感染或被冲击，激发消费者对本企业的好感。这种情感一旦产生，就会诱导产生潜在的朦胧的购买本企业产品的动机。农夫山泉连续多年实施的"一瓶水，一分钱"活动，"你购买一瓶农夫山泉饮用天然水，就向贫困地区捐出一分钱"的广告语，将人们支援贫困地区的爱心和企业营销活动联系起来，大大拉进了企业与消费者的距离，实际投资并不大，却为企业带来了很高的社会效益和经济效益。据报道，农夫山泉开展这一活动以来，企业销售量较以前有了明显增长[①]。

（2）热点热炒，投其所好。这是说企业从社会关注的问题、舆论的焦点、热点出发，与本企业形象或产品相联系进行信息公开，可以拉近企业与消费者的距离。在今天信息社会里，每个时期都有热点出现，但不等于这些热点都会被企业所利用。因为某一热点对哪个企业会有用，并不取决于热点本身，而完全取决于企业对热点的精准把握和恰当发挥。

所谓"精准把握"，就是对热点与本企业形象或产品之间的联系的深刻理解，抓住时机，该出手时就出手。有时还需要准确预测，必要时要通过特殊渠道事先取得相关的趋势信息，以便早做准备。比如，2003 年 10 月 19 日，神舟 5 号载人飞船成功发射之后，一时间，神舟 5 号和杨利伟成了社会热点。早有准备的新天下电脑公司在神舟 5 号上天的第二天公开信息，将其生产的"四模式大屏幕液晶电脑"取名"神舟"，借神舟东风，卖自己的电脑。

所谓"恰当发挥"，是指热点的利用要讲究一个度，炒得过度，火候嫌大，容易引起目标群体的反感，是为信息垃圾；炒的不热，又无法造成相当的声势，达不到消费者的兴奋温度。

---

① 吴勇毅. 情感营销，给"咖啡"加点糖. http://www.emkt.com.cn/article/147/14745.html [2016-01-08]

（3）文化渗透，深层接触。这是说，国内跨地区营业的企业，或跨国公司在他国经营的企业，要在文化上进行本土化，才能得到所在地居民的认同。比如，你是在北京开饭馆，那就应该考虑北京人的价值观、语言习惯、知识范畴等非物质文化和建筑、交通、菜品等物质文化，才可能经营得好。

泰国饮料"红牛"，在进入中国市场时，就宣称它是华裔科学家的研究成果，中国消费者一般认为，在中国市场上销售的外国饮料都是外国的配方，这种饮料是中国人研究成功的，就会有一种特殊的力量使它产生购买动机。现在，恐怕很少有人知道红牛是泰国的红牛了，因为它已经被中国化了，本土化了[①]。

同样地，中国企业在国外市场也要在尊重和引导对方文化上面大做文章。

如何打文化牌，一是要细致分析目标群体中具有的民族的、区域的、层次上的特征，二是通过各种活动帮助消费者开发其潜在的文化意识。因为文化意识是潜在的，它对消费者的作用，是在下意识状态下起作用的，消费者在主观上并没有意识到。因此，企业的信息公开如果能够启发消费者潜在的文化意识，让消费者主观上产生明确的、自觉的认识，就更容易给消费者产生良好印象。

2）善假于物，为我所用

为您服务，煽情攻心，是从消费者身上找"刺激物"。除此之外，企业还可以从客观的社会环境中寻找可利用的"刺激物"。比如，电影明星、戏剧明星、著名企业老总、著名社会人物、专家学者、社会组织、社会事件、特殊物品等都可以作为利用的对象。社会公众对明星总有一种崇拜的心理，喜欢模仿明星的行为是一个普遍现象，明星支持的产品也就会引起一般消费者的认可；专家学者在社会中具有权威效应，是消费者眼中值得信赖的人物，专家的话最有说服力，加上人们的"安全心理"，所以专家支持的产品也就会得到消费者的支持。

比如，金龙鱼第二代调和油在多种场合请专家说明这样的信息：人体饮食中饱和脂肪酸、单不饱和脂肪酸和多不饱和脂肪酸达到 1 : 1 : 1 的比例时，最有益于健康。尽管有人认为这个概念普通消费者很难看懂、其科学性值得怀疑。但通过推广"1:1:1"，金龙鱼大大减轻了鲁花牌花生油对自己的压力[②]。

另外，舒肤佳利用"中华医学会"的鉴定，高露洁等牙膏产品利用"中华口腔医学会"的鉴定，也起到相同的作用。

但是，和"热点"问题一样，明星也好、专家也好，是客观存在的，并不等于这些明星、专家都会被企业所利用。因为某一明星、专家对哪个企业有用，并不取决于明星、专家本身，而完全取决于企业对明星、专家与本企业关联的认识和理解。在现实中，有的企业在利用明星、专家后却适得其反，就是这个企业对明星、专家与本企业关联的认识有问题。

3）自我造势，强化效果

为您服务，是从消费者出发；善假于物，是从他人出发；第三个策略就从企业自己出

[①] 看红牛如何在中国做品牌——谈红牛的本土化策略. http://www.emkt.com.cn/article/137/13780.html[2016-01-08]
[②] 林景新. 金龙鱼 1+1+1 概念背后的软文策略. http://www.emkt.com.cn/article/124/12456.html[2016-01-08]

发：自我造势，强化效果。具体来说，本策略也可分为三个。

（1）渲染气氛，提高效果。企业的每一次信息公开活动，都要事先进行精心策划，大肆渲染信息公开现场的气氛，可以大大提高现场效果。本书在第1章的"案例1.5"介绍的北京富亚涂料公司总经理喝涂料的案例，就是一次成功的渲染气氛、提高信息公开效果的企业信息发布会。

（2）制造悬念，吸引注意。悬念是一个文学创作术语，说的是可以使读者或观众对故事发展或人物命运产生关切心情的情节安排手段。这一手法可以运用到企业信息公开中来。在悬念的布置过程中，调动起消费者的好奇心，为接受核心信息创造良好的感受环境，然后突然抖开包袱，给消费者留下深刻印象。

（3）喊冤辟谣，唤起同情。企业在经营过程中有时难免会遇到突发事件，直接关系到企业的生死存亡，这个时候需要企业通过信息公开，力挽狂澜，转危为安。通常，这时的策略就是喊冤辟谣，唤起消费者的同情和支持。

比如，2002年，格兰仕在面对国外竞争者关于微波炉有害人体健康的诽谤时，立即果断做出决策，派出得力人员进京向媒体"喊冤"，在京召开有政府领导和专家出席的大规模"辟谣会"，从科学上阐明微波炉的安全性，在各大媒体上，包括自己的网站上，揭露国外竞争对手的险恶用心，对诽谤进行反击，终于洗刷了自己的"不白之冤"。

相反，2001年10月，南京××园陈馅月饼事件被曝光后，其负责人不仅不肯作自我检讨，还指责同业竞争者，批评中央电视台的如实报道，结果陷入了消费者的唾沫里再也没有喘息机会。

4）挑战对手，获取优势

企业信息公开的第四个策略，是从消费者、他人和企业自己转向企业的竞争对手：挑战对手，获取优势。

具体来说，可分为以下两个策略。

（1）创新形象，差异竞争。在市场经济条件下，企业总是处于竞争的环境中。所以，企业的信息公开不可能回避企业存在竞争对手这一事实，也不可能全然不考虑企业竞争对手可能存在的反对和干扰。应对竞争对手的有效办法就是采用差别化竞争的策略。这里的关键在于寻找"差别"信息。在抓准"差别"信息之后，在不贬低对手的情况下，通过有特色的宣传活动、灵活的推销手段、周到的售后服务，赢得消费者的关注。

比如，农夫果园果汁饮料在初入市场时，广告词是"农夫果园，喝前摇一摇"和"农夫果园，三种水果的果汁饮料"，打出了它的个性：果汁浓度30%，所以喝前要摇一摇，这不就是对一般果汁只有10%浓度的一种叫板吗！"三种水果"，总比一般的只是一种水果的果汁其营养价值要高吧！这种"差别"的发现和推出，其本身就是一种创新。

（2）明修栈道，暗度陈仓。在竞争中，企业的信息公开还需要虚虚实实，迷惑对方，为自己赢得时间；或投石问路，探听对方虚实，争取主动。本书在第1章"案例1.6"中介绍的北极绒公司明买养鸭场，暗做鹅绒服就是这种策略。

5）运用博弈，竞争取胜

上述四大策略说的是普遍规律，你会这样做，别人也会这样做，是大家都可以使用的方法策略。

本来，当你知道别人准备怎样做之后，就比较容易确定本企业的行动策略。问题难就难在怎样才能知道别人打算做什么？还有，方法策略那么多，企业环境又那么复杂，到底用哪一个策略对本企业比较合适？

所以，第五个策略就是运用现代博弈论的方法，来分析判断别人可能会怎样做，或者来判断本企业究竟应该选择怎样的策略，再确定本企业怎么做。至于如何进行博弈分析，已经不属于本课程的范畴，就不介绍了。

5.5.2 企业会议的管理

企业会议是一种典型的信息活动。企业会议是企业实施管理的重要手段，还是发现人才的重要渠道，是学习、宣传、教育的载体。可以说，没有不开会的企业。然而，会不会开会，就不一定了。

企业会议的种类很多，有传达会、汇报会、报告会、座谈会、业务工作会，还有大型的职工代表会、学术研讨会。这里介绍其中业务工作会议的管理。

企业会议管理是为了实现企业目标，对企业会议的计划、组织、指挥和控制的社会活动的全过程。

所谓"全过程"，包括：会前准备，会中组织、指挥和控制，会议结束总结。不能把会议管理仅仅看成是对会议进程的管理。

1. 会前准备

会议准备工作关系会议质量，是保证会议成功的前提，切不可掉以轻心。对于日常的企业工作会议来说，主要做好以下几项准备。

1）会议议题和目标的确定

议题，是会上准备讨论的问题。目标，是会议召集者希望得到的结论。这两个问题在会前准备时是一定要确定的，并且议题是已经具备成熟解决时机的议题，是本次会议权限范围内能够解决的议题，是经过讨论可以达成统一意见、获得预期结论的。最忌讳的是那种"大杂烩"式的一揽子会议，试图什么问题都议，结果只能是什么问题也解决不了。

2）会议议程的安排

议程，是会议进行的顺序。如果讨论的议题不多，只有一两件事情，也就无所谓议程。会议开始后，主持人开门见山一说也就可以了。如果议题较多，就应该按照"先急后缓、先重后轻、先共同后个别"来安排，将紧急的问题、重要的问题、共性的问题放在前面，先进行讨论，保证会议目标的实现。因为会议开始后一段时间，与会者精力充沛，思想集中，效果较好；也可避免因会议时间不够，来不及讨论，耽误紧急问题、重要问题的决策。

3）与会人员的确定

确定的原则就是相关性。与会人员必须与会议议题和目标相关，并应至少提前一天将会议议题通知他，使其在会前有所准备。

4）会议资料和会务的准备

会上需要讨论的议题资料、背景资料必须事先准备就绪。会议地点、会议所需要的设备等方面也要有必要的准备。

如果议题不成熟，或与会者意见分歧严重，或会议材料没有准备齐全，或某些关键的、必须参加的与会者因公、因病没有时间与会，则不宜开会。如果会议议题可以用电话、备忘录或个别谈话等方式解决的，或者属于不宜扩大知情范围的事务，或者是琐碎小事，也不宜开会。

2. 会中组织、指挥和控制

按照事先确定的会议议程，组织和指挥会议进行。会议一开始，就要用明晰的语言说明会议的议题，以便将与会者的注意力集中起来，围绕中心议题进行积极的思考。会议主持人要充分发扬民主，提倡各抒己见，并善于引导，对会议进行有效的控制，最后对各种意见进行综合。会议的控制，主要包括三个方面。

1) 会议进程的控制

这项工作就是在会议进行的过程中，留心会议的进程是否按照原来计划规定的程序在进行。如果一切正常，预计会议能够按时完成任务，那自然很好。需要控制的有两种情形：一种是跑题的控制。在会议发言内容偏离会议议题和目标时必须及时干预、提醒，并以明晰、简洁的语言重申会议的议题；二是发现原先的会议安排不当的控制。当会议进行了一段时间之后，可能会发现原先确定的议题太多、讨论不完；或者是原先确定的某一议题，与会者的意见分歧太大；或者发生了与原先安排不一致的新情况等，必须立即处理，及时调整。

2) 与会者不良倾向的控制

常见的与会者不良倾向有以下表现。

（1）迟到。会议一定要按时开始，不要随意推迟开始时间。对于迟到者应该给以批评，并在会议中不时提到这个问题，在会议结束再次强调这个问题。

（2）"开小会"，与会者在底下小声议论或闲聊，应立即予以制止，或者让正常发言停下来，静等1～2分钟，并微笑地看着闲聊的人，以待其停止。

（3）少数人垄断发言，或喜好争论，甚至左右了会议的进程和方向。应该立即干预，通常是在该发言者稍有停顿的时候，会议主持者插话，转移话题，请他人发言；或者客气地提醒发言者尽量简洁一些。如果争论的内容与会议目的不一致也应该及时制止，可礼貌地劝解双方停止争论，在会下再交换意见。

（4）大多数与会者不发言。这种现象持续过久，不仅耽误了会议时间，还会影响会议目标的实现。对这类与会者，会议主持者一是进一步解释会议的宗旨和目的，缓和会议气氛，二是可以不时地将他们拉进讨论中，点名让他们发言。但是，一定要注意，不要批评他们，也不要让他们感到难堪。

（5）与会者进出频繁，办其他事情。因为有的与会者是职能部门的工作人员，开会时总有人来找，他也只好离开会场处理问题。进进出出，不仅他自己开不好会，也影响其他人开会。会议主持者必须立即制止。

3) 会议主持者的自我控制

在会议进程中，会议主持者应该随着会议的进展灵活处理自己的观点，思维要高度集中，随时留意与会者的一些非语言行为，发现自己主持会议中存在的问题，注意调整自己主持会议的语气和行为，注意照顾不同性格特点和心理特点与会者的意见，调动他们的积极性。

会议主持者不要经常打断与会者的发言，更不要搞"一言堂"，导致与会者不能或者不敢充分发表意见，使会议变成了高层管理者独断专行的合法渠道。这种情形的次数一多，与会者也就迎合领导想法，使主持者失去集思广益的机会。

会议主持者还应该注意自己主持会议的语言艺术。一是讲话要非常明确、清晰、简洁，毫不含混模糊，不要空话、套话、大话连篇，颠三倒四、拖泥带水，不仅会浪费时间，还会使与会者产生厌烦情绪，影响会议质量。二要注意引导、启迪，允许有不同意见存在，对于会议上争论的解决，要从语言上让与会者感到你不是在作裁判，也不是一锤定音，搞一言堂，但要让与会者明白下一步需要从哪个方向上进行讨论。三要充满热情，富有感染力，表现出对工作的高度责任心，同全体与会者的平等、融洽的态度，对与会者关怀、友好的心情。只有这样才能达到鼓舞士气的目的，形成团结的气氛，把会开好。

有的会议组织者缺乏能力，议而不决，决而不办，使会议流于形式，浪费人力物力，贻误管理时机。这需要会议主持者不断提高自己的素养和能力。

至于有的会议主持人不能拍板决定，是因为他受上级领导委托召开会议的，它无权拍板，自然不能责怪会议主持人，但是这样的会议后遗症很大，是对与会者积极性的打击，是应该避免的。

3. 会议结束总结

会议结束时，会议主持者应该进行会议总结。会议总结一般应该包括三个方面的内容：一是本次会议的结论。结论有可能是大多数人的意见，这好办，直说即可；也可能是少数人的意见，这就需要解释为什么按照少数人的意见做结论，虽然解释也不一定就能够使大多数人接受，但必须做出解释。二是贯彻本次会议结论的具体方案。三是应该解答会上与会者提出的问题，遇到不能接受的要求时也应该解释原因。

5.5.3 企业知识管理

企业知识管理理论和实践始于20世纪80年代，发展于90年代。90年代后期，知识管理首先在美国，随后在西方其他各国企业中得到推广，效益显著。

从1998年以来，我国每年都有大量极具使用价值的企业知识管理学术研究成果发表，并且有一部分企业开始实践企业知识管理。

1. 企业知识管理的含义

企业知识管理作为管理领域的新生事物，到目前还没有一个被大家广泛认可的定义。在一般意义上，可以说"企业知识管理是在企业内以知识为核心的管理活动"，包括：对知识进行管理和运用知识进行管理两个方面。

综合已有的各种不同的说法，可以这样定义：

企业知识管理是通过对企业外部知识和内部知识的获取、整序、存储、共享、应用与创新，以求提高企业的应变能力和创新能力的社会管理活动的全过程。

这个定义表明：知识管理的对象是知识。知识管理的内容是获取、整序、存储、共享、应用与创新。知识管理的目的是提高企业的应变能力和创新能力。知识管理的本质是社会管理活动的全过程。

有的著述在定义中强调：知识管理是"为企业组织的发展提供向导"，可以"实现全局最优"①。这种提法并不恰当。当然,这两条是所有知识管理的实施者都会有的目标。但是,这仅仅只是实施者的愿望而已,并不是知识管理本身具有的属性。也就是说,实施知识管理的企业,有可能成功,能够实现这两个目标;也有可能不成功,这两个目标就实现不了。所以,这个取决于知识管理实施者的要素,就不是知识管理本身的要素,写在定义里就不合适了。

实施企业知识管理,涉及知识的分类。

通常,依据知识的属性,将知识划分为显性知识和隐性知识。显性知识是指通过语言或文字方式传播、具有物质载体的、可确知的知识。如报纸、期刊、图书、计算机数据库或光盘等。隐性知识,又称"经验类知识",是个人或组织经过长期积累而拥有的知识。如工作诀窍、经验、形象、企业文化、价值体系等。它存在于人的大脑中,往往是人的下意识行为,不易用言语表达,不易传播给别人。如技术高超的厨师或艺术家可能达到很高水平,却很难将自己的技术或技巧用语言文字表达出来。

企业知识管理具有很好的功能。企业实施知识管理,只要做得好,就可以通过鼓励和培育新思想、新主张,最大限度地把企业员工吸引到献计献策和能力合作的活动中来,共同开发新产品和服务,从而提高企业的创新能力;通过对市场迅速做出反应,可以将突发事件带来的危害降到最低限度,或者能够及早地做出寻求新出路的决策,提高企业的应变能力;通过最大限度地获取和共享企业内的最佳知识,可以提高企业员工技能水平,有效地提高企业的工作效率;通过将企业内的知识集成化,在全企业内交流和共享,从而使企业知识的潜在资源价值得到充分发挥。

2. 企业知识管理的内容

企业知识管理的内容包括知识的获取、整序、存储、共享、应用与创新。

1) 企业知识的获取

这一工作包括外部知识的获取和内部知识的获取。

企业的内部知识,可以说是无处不在的。这些知识散布在企业内部的各个角落,使用这些知识的先决条件就是首先要获取它。既有零散分布在企业内各部门的资料和文档中的显性知识,如经营数据、产品信息、营销文档、客户信息、技术规格等;也有隐性知识,如个人经验、专家技能或者是蕴涵在数据库、数据仓库中的知识。通常采用文本资料收集、计算机系统复制传输、利用数据挖掘技术收集,以及通过与员工的交谈、观察、模仿来获取。

企业外部知识也包括显性知识和隐性知识。获取外部显性知识,与企业信息的采集是一样的,并无特殊之处。我们在第7章里将详细介绍。获取外部隐性知识比较困难,需要信息采集者在向外部企业学习时细心交谈、观察和体会。

企业在获取外部知识时,还需要首先对外部知识加以判断,区别其真假和可靠程度,然后迅速做出反应。对于真知识,自然要认真对待,满足企业内部的共享需求;对于假知识,既可以不信,也可以将计就计。不论采取何种态度,提高反应速度是企业知识管理所追求的目标。

---

① 王悦. 企业信息管理与知识管理系统构建研究. 北京:中国人民大学出版社,2014:9

2）企业知识的整序

企业在获取知识后必须整序，使无序的知识转化为有序的知识，使其能够通过信息技术手段传递，便于在企业内公开、共享和交流。整序包括对知识进行分类、分析、整理、提炼和初步激活，以求形成对企业有价值的新的知识。

显性知识的整序，和本书第 2 章整序原则中信息整序的内容是一致的。

隐性知识的整序，则比较复杂。因为隐性知识隐蔽存在于员工的头脑中或存在于企业的结构与文化中，无法用语言或书面材料进行准确描述，因此不易被他人获知，难以让人明确把握，自然无法像显性知识那样来整序。

然而，隐性知识在企业知识中的比重较大，而且使用价值高，是企业知识管理的主要内容之一，企业信息管理者决不能对本企业的隐性知识心中无数，放任自流不管。虽然隐性知识看不见，摸不着，但是隐性知识的载体——员工个人、部门团体是可以直接管理的。因此，我们完全可以通过对员工个人、部门团体的整序来对隐性知识间接整序。比如，企业信息管理者应该知道企业内某某人具有某种经验、技术，某某部门具有某一特殊能力等。这样，当企业需要使用某一隐性知识时，企业就可以及时地知道在哪里能够找到所需要的知识。

3）企业知识的存储

企业通过多种途径获取的知识，如果不及时地予以存储，就会随着某项具体工作的结束而消失，或者随着员工的退休、调离而流失。要知道，正是知识一点一滴的汇聚存储，才构成了企业的知识财富，形成了企业文化、企业价值和企业竞争能力。因此，企业知识的存储是企业知识应用的前提。

由于企业内部组织结构、人员特征、分工特性以及管理手段的不同，不同企业具有不同的知识积累与协调机制，使得不同企业之间所积累的知识具有较大的差异性，进而形成了企业之间不同的知识优势，最终形成基于特有知识资源的竞争优势。也就是说，成功的企业所依靠的往往是能在市场中占有优势的、具有独特价值的企业所积累存储下来的知识。

常用的知识存储方法有知识仓库和知识地图。

知识仓库是存放信息和知识的地点，是无形的。传统的数据库和信息库存放的是一般的数据和信息，而知识仓库属于一种特殊的信息库，它不仅存储着知识的条目、与之相关的事件、知识的使用记录以及来源线索等，还收集了各种经验、备选的技术方案以及各种用于支持决策的知识，特别是知识仓库中存放的数据相关的语境和经验参考，它比数据库和信息库具有更高的效率和使用价值。

知识地图是一个企业的相关知识的位置图。其形式类似地理位置的图示，或者是知识黄页、知识目录、按照某种路径构造的向导式知识数据库。知识地图可以显示企业所拥有的知识资源分布，以知识清单或图片的方式显示企业知识分布的地点与查找路径，指示拥有某些知识的个人、部门或数据库，以便在需要时可以方便地找到这些知识。

4）企业知识的共享

企业知识的共享，指的是企业员工个体的知识财富（包括显性知识和隐性知识）通过各种手段（语言、图表、比喻、类比）和各种方式（电话、网络）为企业中的其他员工个体所分享,并进一步把个体的知识转化为企业知识的过程。

这里既包括知识在员工个体之间的交流,涉及隐性知识与显性知识的相互转化,也包括知识在个体、团队和企业3个层次之间的流动。

企业内的知识共享,对于显性知识是比较容易操作的,对于隐性知识就不容易了,它是企业知识管理的难点之一。因为共享知识本身不是人们的自觉行为,一般人都是会有意无意地隐藏自己的知识并疑惑地看待来自他人的知识,人们为确保自己在企业中的地位,不会轻易地将自己所拥有的专门知识供他人分享,人们担心一旦把自己辛苦积累的知识或者老祖宗传下来的独门秘方分享给其他同仁后,将有被取而代之的危险,而在自己独占这些知识时会产生一种安全感。这种心理状态是企业内知识共享的主要障碍。所以,培育良好的企业知识共享内部环境,使员工自觉自愿地贡献出自己的知识,一直是企业知识管理的目标。

实现企业知识共享,需要有相应的组织结构和文化氛围,要在企业内部提倡知识共享价值观,营造开放而又信任的合作环境,最大限度地提供公共信息资源,增加工作流程的透明度,形成有效的业绩评价与激励机制,为员工之间提供方便的渠道,让员工有更多的机会与其他人进行知识交流,尤其是设法让具有不同知识结构的人员进行交流,在交流中了解他人的知识,解决实际问题。

此外,组建"知识沙龙"也是实现知识交流的有效途径。"知识沙龙"是指由一些具有共同兴趣、来自相同或不同团体的人们,由于互动的需求所凝聚而成的群体。通过"知识沙龙"的持续性互动可以交流知识、分离知识、创造知识,不仅能丰富员工的个人知识,还可增加企业知识竞争优势。

企业中的"知识沙龙"有两种存在形式。

(1)"实体性知识沙龙"。它是由企业以本身核心竞争力的定位来设计和组建的。根据企业发展的目标,将具有各种知识的专业技术人员组织起来,进行定期或不定期的活动,如读书会、交流会和讲座,开展知识评价等,使参与者从不同的知识结构和知识领域内获得灵感和启迪,产生学习和创造新知识的冲动。

(2)"虚拟性知识沙龙"。它是利用网络系统由企业管理者引导或自发组建的。在企业的知识管理平台上开展活动,在网上交流,互不谋面,参与者不仅可以用实名,也可以用虚名,因而参与者可以更加大胆、不受约束地发表自己的意见和建议,为具有相同或不同知识背景专业技术人员提供了一个互动的空间,特别适合于个人隐性知识的显性化。

5)企业内的知识应用与创新

企业内的知识应用,主要是指利用所存储的显性知识去解决问题并产生新知识的过程。这一方面表现为利用已有的知识,形成新的产品知识、新的业务过程知识等;另一方面,随着员工将显性知识运用到实践中,能够得到不同的体验,常常可以导致员工自身知识储备的拓展,即增加员工个人的隐性知识。

比如,销售人员在现有的知识基础上,利用智能分析软件就能找到扩大销售额和产品组合的最佳方案,并可以由此迅速地拓宽、延伸和重建自己的知识系统。

知识应用与创新是知识管理的最高境界,它可以帮助企业实现整体知识规模的拓展以及知识质量的提升,某种程度上它更是一种质的改善过程。

知识创新获得成功的概率,与创新者关于创新所涉及的"体验"的广度和深度成正比。所谓"广度"指的是创新者围绕创新所积累的体验的范围,这一范围越广,创新所能获得的启发和借鉴就越丰富。所谓"深度"指的是创新者关于创新所涉及的体验的深刻程度,越是深刻的体验,越有助于创新者理解和把握所创造的新观念的内涵。

知识创新涉及的领域是非常广泛的。具体包括:技术创新、管理创新、制度创新等。其中技术创新是知识创新的核心和基础,制度创新是知识创新的前提,管理创新是知识创新的保障。

比如,企业员工在知识创新中获得了成功,应给予适度奖励;而对于创新的失败,不分青红皂白地过分强调追究责任,或者轻易地予以处罚,就会严重挫伤员工的创新热情。这就需要制度创新、管理创新来解决。

3. 企业知识共享的模式和策略

1)企业知识共享的模式

最著名的是日本学者野中郁次郎和竹内广孝提出的 SECI 模型①(图 5.3)。

社会化(socialization)模式。这是指从隐性知识到隐性知识的共享模式,是个人与个人之间分享隐性知识的过程。主要是通过观察、模仿和亲身实践等形式使隐性知识得以传递。师徒传授就是个人间共享隐性知识的形式。在今天,借助信息技术建立虚拟知识社区,则为在更广范围内实现知识的社会化创造了条件。良好的团队建设,亲密、和谐、相互关心的组织文化,是个体之间隐性知识交流通畅的有力保证。新知识往往起源于个人,因此社会化是知识创造的起点。

	隐性知识	显性知识
隐性知识	社会化 socialization	外部化 externalization
显性知识	内在化 internalization	综合化 combination

图 5.3 企业内知识共享 SECI 模型

外部化(externalization)模式。这是指从隐性知识到显性知识的共享模式,是通过一系列方法把隐性知识表达成为显性知识的过程,即"隐性知识显性化"的过程。由于显性知识可以方便地进行传播,所以这一模式是促进隐性知识大量传播的关键性步骤。在实践中,隐性知识显性化包括两种情形:一是将企业内员工个体的隐性知识转化为企业所有成员都能理解的显性知识;二是转译企业外部的消费者、专家的隐性知识为企业内所有成员都能共享的显性知识。这两种情形中都需要借助比喻、类比、图像和演绎、归纳和推理等方法。

综合化(combination)模式。这是从显性知识到显性知识的共享模式,是一种将零碎的显性知识进一步系统化的过程。经过社会化和外在化过程,员工头脑中的显性知识还比较零碎,也没有变成格式化的语言。将这些零碎的知识组合化,个人知识就上升为组织知识,从而能更方便共享。例如,企业的审计师收集整个企业的信息,并将它总结成一份财务报告。由于这份报告综合了许多不同来源的信息,所以是一种新的更加综合的知识,从而更方便地为企业其他人员共享。分布式文档管理、内容管理、数据仓库等是实现显性知识综合化的有效工具。

---

① Nonaka I,Takeuchi H. The Knowledge Creating Company. New York,NY:Oxford University Press,1995

内在化（internalization）模式。这是从显性知识到隐性知识的共享模式，是显性的组织知识转化为组织中其他成员的隐性知识的过程。这其实是一个学习的过程。综合化的知识能够在组织成员间更畅通地传播，组织中成员接收了这些知识后，可以将其用到工作中去，并创造出新的隐性知识。团体工作、工作中学习和工作中培训等是实现知识内在化的有效方法。企业管理者的每一个决策，企业成员的每一个行为，都是根据其内化了的隐性知识来决策、来行为的。

在企业知识共享过程中，这4种模式都存在，它们相互作用形成一个螺旋上升的知识递增过程，并依据知识共享螺旋不断将知识演绎下去。

2）企业知识共享的策略

（1）个人化策略。这主要针对隐性知识的共享，将没有掌握某种知识的人与掌握该知识的人紧密联系在一起，为员工之间的知识交流提供更多的机会。比如，可以通过面对面的交流、电子邮件、BBS、电话、视频会议等方式来传递。这种策略强调个人之间的对话，知识的共享是通过"人-人"方式进行的：通过与拥有相应知识的人进行直接接触实现知识的共享和交流。这种策略特别适合于个性化定制型、产品换代周期短、依靠员工个人经验、技巧等不易于显性化的知识解决问题为主的企业。

（2）编码化策略。这主要针对业已存在的以编码形式存储在计算机中的知识实现共享的策略。这对生产标准化或成熟产品的企业知识管理较为有利。这种策略采用的是"人-文档"方式，知识被创造出来后，经过编辑成为独立于创造者之外的知识，存储在载体上，然后通过传播载体、间接进行传播并被重复使用。

现实中的企业不可能只有显性知识，或者只有隐性知识。企业在实施知识共享策略时，应该根据自己企业的主要特点和该时期的战略目标、竞争策略，识别阻碍自身知识增长的主要障碍，选择某一种策略作为在该时期企业的重点。比如，对80%的知识采用一种策略进行管理，其他20%采用另一种策略管理。

4. 企业知识管理的要求

1）建立一个与知识管理相适应的知识管理机构

传统的企业管理机构是一种等级鲜明的层次结构。在这种结构里，企业成员实际上成为整个组织"机器"中的一个不具有主动性的"零件"，严格的等级控制方式严重地阻碍了企业内部员工的知识获取、交流和共享，阻碍员工的创造性思维，影响企业知识创新的进程。而且复杂冗长的知识传播通道，不仅阻碍了知识与信息的有效传播，而且严重抑制了企业对瞬息万变的外部环境的反应能力、企业的学习能力和知识创新能力的提高。

企业应该改变传统的组织结构，使之有利于实现知识的价值，有利于显性知识和隐性知识的转化，有利于知识的交流与共享，以实现知识创新的目标，这就要求企业应有专职人员和机构来管理，成立强有力的知识管理项目推进机构，对整个企业知识管理工作进行规划和实施。

所以，企业实施知识管理必须建立一个与知识管理相适应的知识管理机构。而建立知识管理机构的关键点是选择合适的知识主管（CKO）。

2）构建企业知识库

实施知识管理的基本条件和方法是建立知识库。企业的知识库应该存储有与企业经营、生产、管理有关的信息和知识,并被有序化,可以为企业提供信息服务和知识服务。这不仅需要企业的经费支持、相关软件和硬件的支持,还需要数据、知识的支持。企业知识库一般设在企业的内部网络上,系统由安装在服务器上的一组软件构成,能够提供所需的服务以及基本的安全功能。

3)开展学习型企业活动

这是企业知识管理的重要措施和方法。通过学习型企业活动不仅可以使企业员工获得新的知识,而且可以在活动中加大知识的交流速度和范围,实现知识在企业内的广泛共享,提高企业的知识创新能力。"学习型企业"活动就是"学习型组织"活动。关于这方面的内容和方法在本书第6章中再作介绍。

4)建立知识创新激励机制

建立知识创新激励机制,也有学者称为"人力资源管理知识化"。因为知识存在于人的头脑之中,人不仅能学习知识,更重要的是能创造新的知识。

人的知识往往与人的经历、理解、思考联系在一起,还包括思想、心理和感情的因素,人的行为贯穿于企业知识管理活动的全过程。所以,人力资源管理知识化是企业知识管理的核心,核心在于通过企业的知识管理,建立知识创新激励机制,能引发员工知识创新的激情,实现隐性知识和显性知识的升华。知识创新激励机制虽然也使用物质激励,但更注重精神激励。

5.5.4 企业信息行为的法律道德管理

企业信息行为的法律道德管理,指的是要求企业成员在信息管理过程中,应该反对一切不正当竞争行为,遵循法律法规、道德伦理的规范和约束,保证企业所有信息行为合法性的过程。

鉴于信息安全的法律法规管理,本书已经在2.4.2节中介绍过了,这里就介绍企业信息获取、使用、公开等信息行为的法律道德管理问题。

1. 企业信息行为的合法性

1)企业信息获取的合法性

合法地获取企业所需信息的方式,有公开搜索和特殊方法搜索两种。

公开搜索,包括搜索场合的公开和搜索手段的公开。这是指企业信息采集人员根据企业特定的信息需求,通过对公开的文献资料的检索,与相关人员交谈,参加各种研讨会、交易会及各种公开展示活动等方式,有计划、有目的地收集各种第一手资料,跟踪搜索相关的背景资料。

特殊方法搜索。这是指专业性很强的情报获取方法。比如,在竞争情报工作中使用的反求工程法、定标比超法、专利分析法等特殊方法。

2)企业信息使用的合法性

这是指企业在使用所有从外部所获信息的行为必须是合法的。这里更深一层的含义是,即使是通过合法手段所获取的信息,在使用它时也有一个是否合法的问题。比如,从公开出版的专利公报上获得了某专利信息,这种获取手段是合法的。但是,企业如果未经专利权人授权就擅自使用该专利,就是违法的。

3）企业其他信息行为的合法性

企业在向社会发布信息时，如在广告宣传、媒体报道、会计信息发布等活动中，必须坚持真实、诚信，反对假冒伪劣。在系统开发中依法进行，生产过程有污染物排出必须治理污染，符合环保法律法规等。比如，本书第1章案例1.7就说明，缺乏法律法规知识，导致企业信息发布会的失败。

2. 企业信息管理中不正当竞争行为的表现

不正当竞争行为是指经营者违反法律法规和自愿、平等、公平、诚信等公认的道德伦理，损害其他经营者的合法权益，扰乱市场经济秩序的行为。

不正当竞争行为具有极大的社会危害性。它所造成的后果，对于受侵害的企业来说，轻者可以损失严重，重者会使企业面临倒闭破产；而对于违法侵害他人的企业来说，轻者信誉扫地，重者也要付出惨重的代价，做出巨额赔偿。

不正当竞争行为，在大多数情况下，是直接指向"商业秘密"的。

《反不正当竞争法》第二章第十条第三款中指出，该条所称的商业秘密，是指不为公众所知悉，能为权利人带来经济效益，且有实用性并经权利人采取保密措施的技术信息和经营信息。

1）企业信息获取中的不正当竞争行为

我国《反不正当竞争法》第二章第十条第一款指出，以盗窃、利诱、胁迫或者其他不正当手段获取权利人的商业秘密的行为属不正当竞争行为。

所谓"盗窃"，常见的有：窃取权利人书面的机密资料和图纸，或者采用秘密拍照的方式获得企业生产设备或生产方法等信息，或者利用现代化的高科学技术手段，如安装电子窃听器、利用电脑黑客侵入网络数据库等手段窃取机密资料。

所谓"利诱"和"胁迫"，常见的表现有：侵权人以金钱收买或女色引诱知情人来获得权利人的情报信息；侵权人以揭示隐私或使权利人中计等手段来要挟，或者用其他胁迫手段迫使知情人泄露企业的情报信息；侵权人使用各种手段挖走竞争对手的人才以获得对手的情报等。

2）企业信息使用中的不正当竞争行为

我国《反不正当竞争法》第十条第一款还指出：披露、使用或者允许他人使用以前项手段获取的权利人的商业秘密；违反约定或者违反权利人有关保守商业秘密的要求，披露、使用或者允许他人使用其所掌握的商业秘密，均属于不正当竞争行为。"前项手段"即指盗窃、利诱、胁迫等手段。

近年来，企业内的员工盗窃本企业的商业秘密，或者管理者监守自盗、出卖企业商业秘密，或者通过利诱、胁迫的手段挖走其他企业人才的案件时有发生。

3）企业其他信息行为中的不正当竞争行为

最常见的就是发布虚假广告，和某些媒体的记者密谋搞有偿新闻，上市公司发布虚假会计信息，超标排放污染物，未经许可擅自使用他人的注册商标、有效专利和计算机软件程序等。

3. 不正当信息行为的法律制约

1）信息获取和使用中不正当行为的法律制约

我国《民法通则》规定，侵权人承担民事责任的方式有三种：一是停止侵害，权利人在发现侵权行为后，可请求法院责令侵权人停止侵害。二是返还财产，侵权行为已经实施完毕，但秘密还没有公开披露，或者秘密的价值尚未丧失，权利人可向人民法院请求责令侵权人返还商业秘密，同时要求侵权人停止使用该商业秘密，并且保证以后不再使用该商业秘密。三是赔偿损失。

我国经济法中也有关于保护商业秘密的规定。《劳动法》规定，劳动者违反劳动合同中约定的保密事项，对用人单位造成经济损失的，应当依法承担赔偿责任。《公司法》规定：董事、经理不能自营或者为他人经营与其所任职公司同类的营业或者从事损害本公司利益的活动，不得泄露公司秘密。

我国《反不正当竞争法》中规定，应当责令侵权人停止违法行为，并根据情节处以1万元以上、20万元以下的罚款。如果已经给被侵害者造成损害的，应当承担损害赔偿责任。损失难以计算的，赔偿额为侵权人在侵权期间因侵权所获得的利润，并包括被侵害者因调查该侵权行为所支付的合理费用。

我国《刑法》中的有关盗窃罪的规定也可用于处罚窃取商业机密的行为。

2）其他不正当信息行为的法律制约

我国《环保法》《专利法》《商标法》《著作权法》和《计算机软件保护条例》中都有处罚不正当竞争行为的规定。企业的技术信息、商标可以通过申请专利和注册登记，获得专利法和商标法的保护。企业的各种信息加工成果和自主开发的计算机软件，可以运用《著作权法》和《计算机软件保护条例》来保护。

4. 不正当竞争行为的伦理道德制约

伦理道德是一种社会成员共同认可、自觉遵守的行为规范。在信息管理活动中，信息管理者的不正当竞争行为也要接受伦理道德的约束。

1）企业信息行为伦理道德制约的不同认识

在信息管理实践中，许多人对此有着不同的认识。据报道，美国戈登咨询公司曾经向美国175家企业的信息经理作过问卷调查，对于在法律上并不违法、但有违道德观念的7个选项，有94%以上的经理表示不愿意采用。100%的经理都不愿意采用使用讹诈、威逼的手段来获得竞争对手的信息。可见大多数经理认为应该接受道德约束。但是，也有人认为，我与竞争对手是在进行战争，只要能击败它，我可以做任何事情，用任何手段。只有这样才是公平竞争。

此外，伦理道德制约还具有模糊性特征，在无穷无尽的信息行为中，是否合乎伦理道德，有时有明显的分界线，有时并无明显的分界线。比如，在不知情的情况下拥有偷窃的财产；在不知道是保密信息的情况下拥有该信息；在对手公司没有采取保护措施的情况下拥有其商业秘密等。显然，这些情况下的行为是不违法的。但是，这些合法的行为是否合乎道德，就十分模糊了。

再如，你在进行人员招聘时，应聘者是竞争对手公司的雇员。你纯粹是从人选合适的角度聘用了他。这是否不合乎道德？也是十分模糊的。

对于这些问题并没有简单的答案，也不可能像法律文件那样给出具体的明文规定。但是，几乎所有的人都体会到，在某些时刻，这些行为受到一条看不见的界限的制约。这条界限就是行为主体头脑中的职业伦理道德准则。在美国商界，有一种说法，叫"损害原则"。就是说：企业信息管理人员在行为时，判断某一行为该不该做，其原则就是看这一行为对本企业的形象和财务是否会造成损害。如果答案是肯定的，就应该停下来，不做。

企业信息行为接受伦理道德约束是很重要的。道理很简单，好的伦理道德行为，可以使你的企业免于法律纠纷，减少诉讼费用，可以减轻员工的信息搜集压力，有助于提高企业的公众形象和可信赖度，可以降低保密费用。所以，企业信息管理者应该建立起本公司的伦理道德准则，供全体员工遵守。

2）企业信息行为的道德伦理准则

由于伦理道德不是法律，政府不可能制定一系列的伦理道德条文。但是，许多企业对自己的员工有伦理道德的要求。

美国竞争情报专业人员协会（SCIP）自成立之日就订立并要求其会员遵守以下参加竞争情报活动的伦理准则：①不断促进社会各界认同与尊重本地区、本州、全国范围内本组织的工作。②在遵守职业规范和避免不合伦理行为的同时，热情、勤奋地履行自己的职责，保持高度的专业化水平，避免所有的非道德做法。③忠实地坚持本公司的方针、目标和指导原则。④遵守本地区、本州和国家的各种可适用的法律。⑤开始访谈之前，准确地讲出所有的相关信息，包括自己的职业身份和组织。⑥尊重所有对信息保密的要求。⑦在自己公司内、同第三方合同签订者，以及在全行业内促进和鼓励对这些伦理准则的遵守。

美国富德咨询公司制定的员工伦理准则"情报搜集工作十戒"：①介绍自己时不要说谎。②遵守公司、法律部门制定的法律指导原则。③不要对谈话录音。④不要行贿。⑤不要安装窃听装置。⑥不要在访谈中故意误导别人。⑦不要询问、也不要向竞争对手提供任何有关价格的信息。⑧不要交换误导性信息。⑨不要获取商业秘密，也不要为了获取商业秘密雇用别的公司的雇员。⑩不要强迫人提供会使该人工作和名声受影响的信息。

美国计算机伦理协会制定的十条"计算机伦理戒律"：①不应该用计算机伤害别人；②不应该干扰别人的计算机工作；③不应该窥探别人的文件；④不应该用计算机进行偷窃；⑤不应该用计算机作伪证；⑥不应该用或复制你没有付钱的软件；⑦不应该未经许可而使用别人的计算机资源；⑧不应该盗用别人的智力成果；⑨应该考虑你所编的程序的社会后果；⑩应该以深思熟虑和慎重的方式来使用计算机。

美国计算机协会对本会会员也提出八条社会伦理规范：①为社会和人类做贡献；②避免伤害他人；③要诚实可靠；④要公正并且不采取歧视性行为；⑤尊重包括版权和专利在内的财产权；⑥尊重知识产权；⑦尊重他人的隐私；⑧保守秘密。同时，该协会还提出四条信息伦理准则：①保护知识产权；②尊重个人隐私；③保护信息使用者机密；④理解计算机系统可能受到的冲击，并能进行正确的评价。

美国南加利福尼亚大学网络伦理声明中提出以下行为属于不道德行为：①有意造成网络交通混乱或擅自闯入网络及其相连系统；②商业性或欺骗性利用大学计算机资源；③偷窃资料、设备和智力成果；④未经许可接近他人的文件；⑤在公共用户场合做出引起混乱或造成破坏的行动；⑥伪造 E-mail 信件。

2002 年 3 月 26 日《中国互联网行业自律公约》出台，共计 4 章 31 条，对互联网行业自律的宗旨、原则、运营、服务等许多方面的自律事项和公约的执行做出了具体规定，强调营造健康文明的上网环境。

1970 年，美国发生了一场新闻传播中个人隐私权保护的争论。当时的律师认为，记者到图书馆去了解某一读者读过哪些书，是完全合法的，认为一切读者使用过的书根卡和索书条都是可以公开的。但是，亚特兰大公共图书馆则认为：在没有法院传票的情况下，查阅读者借阅图书的记录是侵犯了个人隐私。

所以，1970 年美国图书馆管理协会颁布的《图书馆记录信息条例》规定：无论是执法机构、新闻工作者、家庭成员和图书管理员都必须依法行事。要尽一切可能保护个人的权利不受侵犯。

美国第 100 届国会上通过的参议员 2361 号法案要求：必须尊重每个人出租、购买和传播录像带、视听资料及利用图书馆文献和服务设施的权利。

案例分析

案例 5.1　美国杜邦公司诉克里斯托夫空中拍照厂区案

1969 年，美国杜邦公司在得克萨斯的比尔蒙特建造了一座新的甲醇工厂。该工厂使用了一种高度保密、但没有申请专利的新工艺。该工艺是杜邦花了很长时间、很多经费进行研究的成果。它能使杜邦获得超过其他同行竞争对手的竞争优势，所以特别注意该工艺的保密。由于工厂还在建设之中，厂房尚未加顶。

3 月 19 日，杜邦公司发现一架飞机在厂区上空盘旋很久。

杜邦担心飞机是不是在拍照，照片会泄漏保密工艺。他们随即展开调查，当天下午就查明，飞机的盘旋是对新建厂房进行拍摄，共拍摄了 16 张照片，并在冲洗后交给了身份不明的第三人，摄影师是克里斯托夫兄弟。杜邦公司立即要求克里斯托夫兄弟披露接受照片的第三人姓名，但遭到拒绝，理由是他们的客户要求匿名。

于是，杜邦公司立即提起诉讼，诉称克里斯托夫兄弟不正当地拍摄了含有杜邦公司商业秘密的照片，并将照片卖给了身份不明的第三者。由于工厂正在建设之中，该生产方法的某些部分可以在空中直接看到，通过已经拍摄的照片，有关的技术人员可以推导出该生产甲醇的方法。因此，被告拍摄照片并将照片提供给不明身份的第三者，盗取了杜邦的商业秘密，侵犯了杜邦的权利。由于被告已经披露了该商业秘密，造成了杜邦的损失，杜邦公司要求法院就此判罚赔偿金，并要求法院下达临时性和永久性禁令，禁止照片的进一步扩散，禁止对其生产甲醇工厂的进一步拍摄。

但是，克里斯托夫兄弟在一审和上诉中反复强调，他们是在属于公有的空中拍摄的，没有违反政府的航空法规，没有侵犯原告的商业秘密，更没有违反保密规定，也没有欺诈的或非法的行为存在。你杜邦公司的生产方法是暴露在公共视野中的，不属于采取了预防措施的秘密。

德州法院判决时颇费周折。从法律上说，摄影公司确实没有违法。虽然空中拍照可能会通过"反求"法推出杜邦公司的商业秘密，但是"反求工程"是许可的，拍照后的分析与反求工程没有区别。而且杜邦公司也有缺陷,保密措施不够,空中拍照不是不可预见的。最后,杜邦公司未能胜诉。

(美国商业秘密法研究:从"杜邦公司诉克利斯托夫"谈起. http://int.ipr.gov.cn/ipr/inter/info/Article.jsp?a_no=185183&col_no=1108&dir=200803[2009-1-4])

讨论题:

1. 杜邦公司在这次事件中明显地被别人窃取了商业秘密,可是它提起的诉讼为什么不能胜诉?摄影公司的解释有没有道理?
2. 你认为这样获取信息是否合适?怎样才能预防这种方式的信息泄漏?

[思考题]

1. 企业非在线信息系统管理的内容和思路包括哪些方面?
2. 什么是企业战略信息管理?它的内容有哪些?战略制定包括哪些内容?
3. 什么是企业竞争性情报?它的特征和基本内容各是什么?
4. 企业文献信息系统包括哪几种类型?怎样进行文献保护工作?电子档案的管理包括哪些内容?它与传统纸质档案的管理有什么不同?
5. 企业信息公开包括哪些内容?具体有哪些公开信息的方法和策略?
6. 企业会议管理的内容具体包括哪些方面?
7. 企业知识管理有哪些功能?企业实施知识管理的要求有哪些?
8. 企业信息活动中有哪些不正当竞争行为?应该如何进行法律道德制约?
9. 昌渝公司是某市生产节能灯具的厂家,是该市节能灯具行业的领头企业,市场占有率一直处于领先地位,但也十分注意市场的变化。如果你是昌渝公司的总裁,依据表5.2提供的数据,你应该做出哪些决策?

表 5.2 昌渝公司节能灯具市场竞争对手跟踪结果一览表

年份	昌渝公司		竞争对手 A 企业		竞争对手 B 企业		竞争对手 C 企业		其他企业
	员工数/人	市场占有率/%	员工数/人	市场占有率/%	员工数/人	市场占有率/%	员工数/人	市场占有率/%	市场占有率/%
2012	304	48.2	121	12.3	136	6.5	128	13.2	19.8
2013	268	45.9	123	12.2	98	9.2	128	13.3	19.4
2014	243	44.0	119	12.0	86	10.8	132	13.2	20.0
2015	212	42.9	118	12.0	36	12.2	134	13.3	19.6

第6章

企业信息化建设项目的实施

开篇案例

黄河摩托车集团信息化的问题出在哪里?

黄河摩托车集团技术部的赵至卓工程师申请的一个政府资助研究项目获得批准。这天,赵工程师拿着银行转账的项目研究经费票据,到集团财务部来办理经费入账手续。

财务部会计告诉他:"先到集团项目开发部登记,扣缴科研管理费;再到集团技术部入账,开收款发票;最后才到集团财务部来办理。"

赵工程师不太理解,说:"你们这几个部不是都有计算机吗?联成网,我们不是可以不要这么跑了吗?"

会计说:"是啊!联上网就可以了。可现在还没联上,你就还是一个单位、一个单位地跑吧。"

赵工程师无奈地摇摇头。

(本书作者根据自己的信息化项目调查资料编写)

讨论题:

1. 从企业信息化内涵的角度看黄河摩托车集团存在的问题属于什么问题?
2. 案例中,真的如赵工程师所说的"联成网"就行了吗?为什么?
3. 案例中,各个部门拥有自己的计算机系统但尚不联网的现象叫什么名称?
4. 根据这一案例,企业信息化工作应该注意哪些事项?

6.1 企业信息化及其管理

1. 企业信息化的内涵

企业信息化是信息化的一种。这一概念,国内最早出现在 1997 年。虽然至今并没有统一的定义，但是在几个基本要素方面还是一致的。学者都认为：一是信息化是一个过程；二是大量使用信息技术；三是企业的管理和人力资源要与之匹配；四是信息化工作做好了，能够给企业产生较大的经济效益。

本书根据以上认识，在总结几年来我国企业信息化的实践和理论研究成果的基础上，认为企业信息化应该包括以下三个方面的内涵。

1）技术信息化

技术信息化就是在企业内大量、全面使用计算机、通信等现代信息技术，抓紧建设企业的信息基础设施。这是企业信息化绝对不可缺少的。

不过，这只是"电算化"，只是实现信息化的前提和基础。

所谓"前提"就是没有它不行，它是信息化之前必备的，离开信息技术，下一步工作无法进行。它决定了企业信息化的最高水平。

所谓"基础"就是只有它也不行，它只是企业信息化的初级阶段，这里的最高水平仅仅是一种可能，管理信息化和人员信息化才决定信息化的实际水平。

2）管理信息化

管理信息化就是企业在管理理念、管理组织、管理方式、管理手段等方面不断地与企业信息化的要求相匹配的过程。

国内对"管理信息化"这五个字的提法有与上述定义不同的解释。

许多软件企业为了推销自己的软件产品，大肆宣传"管理信息化就是企业管理计算机化"，或者"管理信息化就是企业用计算机来进行管理"。这种认识是不全面的，因为这只是管理信息化的一部分，在管理中使用计算机仅仅是"管理手段"的信息化。

比如，在本章的[开篇案例]所说的案例，黄河摩托车集团的财务部、项目开发部、技术部等部门都建立了计算机系统，可以说这些部门都已经在使用计算机进行管理了，但是员工在进行研究课题经费入账时，仍然是要一个部门、一个部门地跑，和原来没有使用计算机进行管理是一样的，并没有减轻员工入账手续的负担。

这里的问题就是先进的计算机信息系统支撑的是一个传统的、落后的管理流程。黄河摩托车集团没有进行管理流程再造。流程再造属于管理信息化的"管理方式"，企业内的各种管理流程必须进行改造，要与使用计算机相匹配。

如果不对不合理的流程、规范、标准进行改造，现代化的信息技术设备反而会加剧不合理，甚至会固化这种不合理。这既是投资的浪费，也会导致企业信息化项目的失败。

目前，比较公认的管理信息化工作，包括：变革组织机构、实施电子商务、再造各种流程、建设学习型组织、实施信息业务外包、精益生产、敏捷制造、批量客户化生产、组建虚拟企业、组建战略联盟等。

3）人员信息化

人员信息化就是企业管理者不断地对自己的管理理念进行全新的改造，建立和增强信息意识，确立信息管理观念，实现管理者观念信息化，使自己的管理观念、素质、修养和能力与信息化的要求相匹配的过程。

因为再好的信息技术、再好的组织结构，是由人来使用、人来指挥的，如果企业的管理者没有一个信息化的观念，企业信息化也就不可能获得成功。

可以设想，企业管理者对信息技术一窍不通，或者对信息技术设备的具体操作不甚明了，或者对企业信息化运作心中无数，把信息管理看成只是用计算机管理，带着工业化的思想去指挥信息化，信息技术设备的潜力自然得不到充分发挥，先进的信息技术设备支撑的是观念落伍的管理者，信息化怎么可能成功。

技术信息化、管理信息化和人员信息化是整个企业信息化建设过程中不可分割、不可替代、不可或缺的三个组成部分。

这三者的关系是：技术信息化是企业信息化的前提和基础，决定企业信息化可能达到的最高水平，管理信息化是提升企业信息化水平不可缺少的手段，人员信息化是提升企业信息化水平的核心，决定企业信息化实际达到的水平。

2. 企业信息化在企业发展中的作用

近二三十年的世界范围内的信息化实践说明，信息化是人类社会发展的必然趋势，世界上所有国家都要实现社会信息化。一个国家如果没有社会信息化就必然要落后，落后就要挨打。在信息化的层次体系中，最基层的是产品信息化、企业信息化，接着是信息产业化、产业信息化，然后是国民经济信息化，最终实现全社会信息化。可见，企业信息化是国家社会信息化的基础。

同时，在当今世界经济一体化的大形势下，市场竞争越来越激烈，企业只有通过信息化用信息技术武装自己，提高管理水平，提高人员素质，才可能在竞争中保持自身的发展。所以，企业信息化也是企业发展的必由之路。

但是，有许多企业管理者并没有认识到这一点。

有的认为，使用计算机不过是企业的形象工程而已，是做给别人看的；有的认为，信息技术太高深，那是计算机专业技术人员的事情，不敢问津；有的认为，计算机系统是万能的，什么问题都可以解决，只要一上系统，一切问题就都可以迎刃而解了；有的认为，信息化不过就是把原来的手工操作，变成现在由计算机来完成就行了，根本也没想到还有管理信息化、人员信息化的事情。

在具体的信息化项目建设中，有些管理者往往是追求短期效益，忽视长远持续发展；或者心血来潮上项目，稍有挫折就收兵；或者启动时轰轰烈烈，过程中随随便便，验收时大张旗鼓，上线后使用可有可无。这些现象的存在，对企业信息化的发展极为不利。

3. 企业信息化的发展阶段

关于企业信息化发展阶段的研究，已经有过许多研究成果发表。这些成果从不同角度反映了学者对企业信息化发展过程的认识。其中，最具代表性的研究成果有：美国管理信息系统专家诺兰（R. L. Nolan）于 1979 年提出的六阶段"诺兰模型"，英国管理学家 C. 埃德沃斯等提出的"系统进化模型"和北京长城战略研究所提出的渐进式企业信息化模型。

综合已有的研究成果，企业信息化可以分为以下六个阶段。

1）初始阶段

企业购买了第一台计算机，企业信息第一次有了数字化的存在形式。企业信息化由此开始。

2）单点数字化阶段

企业内某些部门开始使用计算机系统来处理数据和文件，通常是为了提高内部某项工作的效率或为了降低成本，如财务软件、办公软件或者单机拨号上网获取有关信息等，但只限于编辑、查询、存储和输出。

与此同时，信息技术开始在企业内扩散，企业内的信息系统专家开始宣传应用信息技术的作用，企业管理者开始注意信息系统投资的经济效益。

3）单点自动化阶段

企业的注意力转向以管理信息为目的的各种管理信息系统（management information systerm，MIS），企业内某些部门的业务流程开始自动化，使用办公自动化系统、计算机辅助设计系统、计算机辅助制造系统、人力资源管理系统等；虽然主要还是用于数据处理，但是提出了新的要求，要求能够在需要时修改系统，每个职能部门都力求发展自己的系统；为了适应信息化的需要，还能够对部门内的业务流程进行重组；建立部门业务需要的数据库；各门类的信息资源逐步实现有序化。

在信息化管理上，对信息系统的管理有了一个正式的部门，以规划和控制企业内部信息系统的活动。但是，各部门之间没有联系，都是单点各自发展，不能进行电子数据的交流，没有实现较好的数据共享。

单点自动化是企业信息化的基础，企业应该不断地深化各个单点的管理，把这一阶段工作做好了，才好向下一阶段发展。

在以上三个阶段中，信息技术的使用基本上处于战术层次，属于自动化和信息沟通的工具。

4）联合自动化阶段

企业认识到自身在信息系统建设中的责任，从对计算机信息系统的管理，转向对信息资源的管理，努力整合前三个阶段里形成的各自独立的信息系统，开始有完善的系统建设的规划，各部门之间有联合的集成框架，技术上使用数据库和远程通信技术，内部各部门之间实现数据和资源的整合、优化和共享，企业可以在一个平台上利用系统进行管理活动。

企业与外部的系统相互连接，实现电子数据交换，某些相同的操作，各企业之间不必重复。比如，订单、发票，以及其他共用文件都被电子传送。企业管理者开始尝试全新的管理方式。

这一时期的联合，最初可以是两个部门之间的整合，然后逐步发展为全企业各部门的联合，形成内部局域网。

5）决策支持自动化阶段

企业有了所有人员都能使用的辅助决策的知识平台和协调机制，决策信息和数据进入自组织状态，可以在适当的时间自动合理地流向需要它们的人；使用计算机专家系统、决策支持系统，决策能力得到加强等；开始注意评估系统的成本和效益，企业能够有效承担自己在信息系统中的责任，能够全面解决信息系统中各个领域之间的平衡和协调问题，并进一步提高企业之间信息系统的水平，使供应商、经销商和企业之间的交易过程合理化，实现供应链企业间的数据共享。

6）敏捷的虚拟的企业阶段

企业实现了基于信息技术的敏捷性和虚拟化，构建战略联盟或虚拟企业，借助计算机信息系统，实现了快速反应市场、快速整合社会资源、快速组织生产、满足市场需求。

让中层管理者认识到系统的重要，正式的信息资源管理计划和控制系统开始使用，以确保信息系统支持业务计划。

以上三个阶段，信息技术的利用处于战略层次。

不过，上述关于企业信息化发展阶段的论述中存在一个问题，就是过程的划分，主要还是以信息技术的使用为标准，有关"管理信息化""人员信息化"的内容特征不明显，需要进一步深化和完善。

企业在实施信息化项目之前，应该深入分析本企业的信息化基础条件，认真评估本企业所处的信息化阶段，针对企业所处的信息化阶段来进行安排。

4. 企业信息化的过程管理

企业信息化的过程管理，就是对企业信息化发展过程进行的管理。

因为企业信息化是一个渐进的、学习的过程。它是企业随着大量引进和使用信息技术，在组织机构、管理理念和管理方式、人力资源等方面逐步与之匹配的过程。它是一个不断探索和研制适合本企业的信息化模式的过程，是一个从初级到高级、从局部到整体的不断发展和提高的过程。

这是因为信息技术在企业内的转移、扩散、渗透，乃至广泛、全面的采用需要一个过程，企业的信息资源开发利用程度有一个不断提高的过程，企业信息活动的规模和作用也是逐步扩大的过程，组织机构、管理理念和管理方式、人力资源等方面与采用信息技术的匹配更不是一蹴而就的，也需要一个过程。

这个过程是逐步发生、发展和完善起来的。这个过程需要管理，以求使这一过程的进展更加顺利、健康、快速，更具目的性。

企业信息化过程管理的内容，包括"技术辅助、组织变革、管理变革和人员变革"四个方面。在6.2节再作详细介绍。

实施企业信息化过程管理的意义在于变企业信息化促进企业发展的可能性为现实性。虽然企业信息化对促进企业发展具有潜在的可能性，这在信息化从企业的操作和运行层面推进到战略层面时尤为明显，但是这毕竟只是一种可能，并不是现实，在多大程度上能够转化为现实，主要取决于对信息化过程进行正确、规范、科学、有效的管理及其有效性的大小。

从我国企业信息化的实践来看，成功的和失败的案例都有，但所占比例都不高，普遍的问题是投资大而效益有限，"信息孤岛"多而共享程度低，"IT陷阱"或"信息化黑洞"令人望而生畏，"搞信息化是找死，不搞信息化是等死"的疑虑屡见不鲜。究其原因，是只强调计算机化，忽视了信息化的过程管理，导致在推进信息化的过程中管理缺位、管理滞后、管理的有效性低下等问题频频发生。

所以，加强和改进信息化的过程管理已成了企业信息化成败的症结。

5. 企业信息化的项目管理

企业信息化的项目管理，指的是按照项目管理的原则和方法对企业信息化建设项目进行管理、以求实现企业对该项目需求或期望的过程。

这种管理方式在信息化过程的管理中居于重要的地位。因为企业实施信息化是通过一个一个具体的项目来实现的。

项目管理作为一种现代管理方式，具有面向结果、任务单一、组织灵活、充满活力等特点，但是也存在目标较多、互有冲突、资源不稳定、组织界限模糊、充满不确定性等不足。

企业信息化的项目管理一般采取矩阵型。项目组成员来自企业的不同业务部门和项目开发单位的计算机专业人员，在项目经理的指挥和组织下，按一定的分工，共同完成项目规定的任务。项目结束后所有人员返回原单位。选好项目经理是搞好项目管理的关键。项目经理可由企业任命，实行聘任制。为了保证项目实施的质量，需要进行项目监理。这是防范企业信息化项目风险的一种方式。

通常，信息化项目管理分为三个阶段：一是前期立项阶段，对项目进行需求分析，由管理部门提出立项请求，然后向上级报批。二是中间管理阶段，即项目立项后的实施。三是后期评价阶段，总结经验教训，评估项目成果。

企业信息化项目管理的内容包括以下 10 项：①项目综合管理；②项目范围管理；③项目风险管理；④项目团队管理；⑤项目采购管理；⑥项目沟通管理；⑦项目时间管理；⑧项目成本管理；⑨项目质量管理；⑩项目决策管理。

6. 企业信息化过程管理与项目管理的关系

所谓"过程管理"是对整个企业"化"的过程进行管理，不只是对某个信息化项目的管理。项目总是有结束的时候，但是企业的信息化过程不会结束。一个项目结束了，又一个项目开始了，一个个项目的先后衔接和连续发展，就构成了企业信息"化"的过程。

但是，在实践中企业实施的是项目管理。因为企业信息化对于企业整体虽然是一个没有结尾的连续不断的过程，但是这个过程又是由前后连接的一个个信息化项目组成的。每一个信息化项目都是一次性任务。每一次为了完成该任务，都需要成立项目组织，然后从组织设计、组织运行、组织更新到组织终结，都有一个生命周期。信息化过程管理的全部思想，贯穿在每一次项目管理之中。虽然项目管理不能代替过程管理，但是没有项目管理也就没有信息化过程管理。

6.2 企业信息化管理的内容

6.2.1 企业信息化中的技术辅助

1. 技术辅助的内涵

技术辅助是企业信息化中实现"技术信息化"的主要方式。

这里的技术指的是"信息技术"，"辅助"说的是信息技术在企业信息化中的地位。它有两层含义，一是指信息技术在企业信息化各要素中处于辅助的位置，不要搞成企业信息化就是计算机化。二是在企业信息化项目中从事系统开发的专业人员要处于辅助的位置。系统开发专业人员要按照企业的要求去做，要能够与企业的业务人员沟通一致，不要越俎代庖，不能代替企业去思考和决策。

这是针对企业中和政府中信息化推进部门存在的"唯信息技术"观点提出来的。在企业信息化过程中，信息技术确实很重要，但管理问题更重要。必须纠正"重技术，轻管理"的倾向。因为信息技术毕竟只是一种工具，工具的功能总是潜在的，不会自动产生的，总是由人来使用之后才会产生的。企业管理的理念、方式、机构、流程、人力资源等方面的信息化水平。如果不能与使用信息技术相匹配，系统作为工具的巨大潜在功能就发挥不出来。

但是，"辅助"不等于不重要，信息技术设备和信息产品是企业信息化的基础和前提，是绝对不可以缺少的。

2. 技术辅助的原则

1）三化并进，不可偏废

这是指企业信息化的"技术辅助"管理中，必须坚持技术信息化、管理信息化、人员信息化"三化"齐头并进的管理思想。因为"三化"是整个企业信息化建设过程中不可分割、不可替代、不可或缺的三个组成部分。没有技术信息化，提升企业信息化水平无从谈起，但是，这仅仅是一种前提，只是一种可能，还不是现实。要把这种可能性变为现实性，还取决于企业的管理信息化和人员信息化。没有人员信息化，先进的信息设备、良好的组织结构和管理模式所具备的各项潜在功能就发挥不出来，而人员素质的提高又需要管理信息化。

在企业信息化实践中，导致不能"三化"并进的主要原因，是管理者的"唯技术论"的思想和对企业信息化内涵不甚明了，以为企业目前做到的就是企业信息化的内容，并不知道还有其他内容。所以，实施信息化的企业，管理者要抓紧学习，破除"唯技术论"，把企业信息化"三化"的全部内容搞清楚。

2）精心规划，分步实施

这是指在企业信息化的"技术辅助"管理中，必须保证整个企业的信息化建设一定要精心规划，不求一劳永逸；分步实施，不求一步到位的管理思想。不要以为企业信息化建设，像过去企业添置车床设备那样，需要什么计算机设备，定下来之后，花点钱买回来就行了，可以一步到位、一劳永逸。许多管理者说起来都很重视，都愿意花钱，但是在信息化建设中过问太少。据报道，在许多企业信息系统开发失败的案例中，企业管理者不闻不问是其中主要原因之一。

所以，企业在信息化过程管理中，首先一定要制定切实可行的战略规划，常抓不懈。其次要确立企业信息化建设发展阶段的理念，了解本企业信息化所处的阶段，一切从本企业的实际情况出发，一方面向企业信息化建设较为成功的企业学习，另一方面不断总结本企业在信息化建设中的经验和教训，不断地加深对企业信息化的理解和认识，逐步完成，不企求一步到位。

3）三位一体，稳定一致

这是指在企业信息化的"技术辅助"管理中，必须保证企业的领导、企业参加项目组的业务员和技术开发人员三者紧密合作、稳定一致的管理思想。

（1）企业的领导要十分重视，并且思路清晰，眼光敏锐，自始至终地参加，才可能提出明确的项目目标；出现问题才可能及时发现，及时修改，以求完善；项目结束后项目成果才可能得到实施。企业领导的态度和行动是企业信息化成功的关键，以致人们现在把企业信息化工程称作"一把手工程"。

（2）技术开发人员与企业业务人员要能够沟通一致，让开发人员了解企业的真正需求，这才能保证系统功能的实用。如果当整个系统开发设计都是由清一色的计算机专业人员完成的时候，系统的失败就难免了。

（3）三者队伍应尽可能地保持稳定。领导成员不稳定，项目组就得不到持续的支持；参加开发的企业业务人员不稳定，会给开发人员了解企业需求带来困难；开发人员不稳定，会导致系统修改的困难。

4）选择伙伴，合作相称

这是指在企业信息化的"技术辅助"管理中，必须选择好开发伙伴和供应伙伴，使合作双方和谐相称的管理思想。

开发伙伴指的是企业聘请的开发计算机系统的软件企业或专业技术人员。在企业自身信息开发能力不足、信息市场上又没有合用的成熟软件时，企业就需要外请开发伙伴，或者委托开发，或者联合开发。这里的关键是要选择专业水平高、实践经验丰富、踏实肯干的软件开发企业或专业技术人员。

供应伙伴，就是信息技术设备供应商。供应商的选择，主要是设备选型的问题。要在开发时把自己的系统建立在一个开放的符合工业标准的由多家厂商支持的平台上；要选择那些能够帮助企业解决问题、不断升级的供应商。

6.2.2 企业信息化中的组织变革

1. 企业组织变革概述

1）企业组织变革的内涵

组织变革是企业信息化中实现"管理信息化"的方式之一。它又称作"组织结构变革""组织重建"。它是指企业在信息化过程中，为了与企业使用信息技术相匹配，在组织机构的设置、职能范畴和运行机制上的变革。

组织结构变革的本质是为了适应企业大量使用信息技术的形势，理顺企业的管理体制，解决的是信息化过程管理中的组织机构设置和组织运行规则问题。

其实，企业内组织结构的变化是经常发生的。考察企业组织结构变化的历程，我们看到每次组织结构的变化都是在企业内外环境发生变化时，企业是为了适应变化了的环境才使组织结构发生变革的。那么今天企业进行信息化建设，企业的内外环境又一次发生变化了，自然应该对企业的组织结构进行变革。

企业信息化中的组织结构变革主要包括：企业信息部门重组，企业 CIO 体制的建立与实施，实施团队模式、内部市场模式，构建企业战略联盟和虚拟企业等。除"企业 CIO 体制的实施"的内容在第 8 章介绍，其他三项内容在本节给予介绍。

2）企业组织变革的特征

实施信息化比较成功的企业，其组织结构的变革主要表现出以下特征。

（1）集成化。在传统的生产模式中，从产品研发、设计、生产、销售到售后服务，是一种由先后、依次、分散、各自独立的环节组成的线性模式。这种模式的各个环节只注意本环节的工作效果，并不十分在意企业的整体经济效果，这在今天企业以整体形式参与市场竞争的形势下，并不利于企业竞争力的提升。

企业在这种模式下使用信息技术，企业的各个环节利用信息技术也只是为本环节服务，也就是说，企业使用信息技术的大量投入，并没有提升企业的整体竞争力。相反，由于传统部门各自为政，不仅互相争夺资源，而且制约着信息技术潜在功能的发挥。

为了提升企业信息化的效果，只有在使用信息技术的同时，打破这种传统的组织结构模式，代之为一种以信息为中心的网络状组织结构，让企业从整体上成为搜集、整理并使用各种信息的中心。这就是组织结构的集成化特征。

集成化反映了现代企业生产经营管理的走向。企业必须不断地寻找自身组织结构上存在的问题，并加以分析、改进，使组织机构逐步形成合理的网状结构，并不断地重复这个过程，以追求各种要素、环节的优化配置，实现高效率、高质量和低消耗的目标。

（2）扁平化。在传统的生产模式中，企业管理层从高层、中层到下层，是一个金字塔式的结构模式。这种模式机构重叠，信息传播滞缓，不能适应"迅速反映市场需求"的新的竞争环境。企业使用信息技术之后，如果仍然是这种模式，信息技术的快速传输功能得不到发挥，企业信息化的效果就不可能明显。

信息技术高速传输信息的功能，使得企业内部原来起着上传下达功能的中层管理者成为多余，企业的高层管理者利用信息技术完全可以代替中层管理者而实施即时指挥。所以，打破传统的直线型组织结构的金字塔模式，大量减少中层管理人员，使集权制企业的组织结构变成为管理宽度扩大型的扁平化结构。

在一些实行分权制的大型企业，中层管理者的影响比较广泛，他们会利用信息技术扩大自己的管辖范围和提高管理机构的独立性。由于本属于分权制性质，高层管理者可以把更多一些原属于高层管理者职权范围的任务划给中层管理者，如下放某些决策权，管理更多的部门等，因此使中层管理人员的增加，形成结构分散型的扁平化结构。

（3）虚拟化。Internet、Intranet、Extranet 的建设，使企业可以在全球范围内以极快的速度、廉价的方式获取和发布信息，建立企业与企业、企业与研发机构等其他社会组织之间的联系。企业可以不受地理位置的限制，不受企业规模的制约，只要有共同的目标和利益，就可以通过网络、信息技术联合起来。一个目标实现之后，可以再联合新的伙伴。虚拟企业由此诞生。

企业组织结构的虚拟化，使企业之间的垂直联合效益向横向柔性效益转变，出现了小规模企业的网上联合能够产生类似大规模企业经济效益的现象。

3）企业组织变革的作用

企业组织结构的相对稳定，可以使企业的管理者和员工能够按部就班地上班工作，履行各自的职责；可以积累过去的工作经验；可以保持企业正常运转的秩序和协调方式；可以增进企业成员之间的了解和认同，提高工作效率。

但是，长期不变的组织结构不能适应已经变化的外部环境，使企业失去竞争力。在信息化环境中，企业组织结构的变革可以改善组织的信息传播效率，可以激发企业员工的主观能动性，可以提高企业对市场、对内部的快速反应能力。

4）企业组织变革中的认识误区

目前，在"组织变革"的理论研究和实践中都存在一种认识："企业实施信息化，大量使用信息技术之后，将导致企业组织结构发生变革。"这里，"导致"的说法是不确切的。因为"导致"一词，有"自动地、必然地"的含义，但在企业信息化的实践中并不是如此。

信息化成功的企业在使用信息技术的同时，组织结构确实发生了许多变化。但是，这些变化并不是自动发生的，而是这些企业有意识地进行变革的。而那些信息化没有成功、或者收效不大的企业，也大量使用了信息技术，却没有自动地、必然地"导致"企业组织结构的变化。当我们探讨分析这些企业的信息化没有成功的原因时，其中一个十分重要的原因，恰恰正是这些企业的组织结构没有发生变化或变化得不够。

可见，企业组织变革不是使用信息技术的必然结果，而是企业管理者为了充分发挥信息技术的潜在功能而采取的一种独立的管理行为。它与企业使用信息技术是并行的两件工作。所以，企业在进行信息化项目建设时，应该明白企业使用信息技术之后，组织结构必须随之做出相应的变革。

2. 企业内信息管理机构的重组

目前，在我国，不论大小企业，多少都有一些信息管理机构。在中小企业里，一般都会有图书馆、档案室，大企业里就更多，如战略规划部、情报室、政策研究室、微机中心等。

但是，这些信息管理机构是在企业发展不同阶段陆续建立起来的，分属于不同的上级部门。比如，战略咨询委员会和政策研究室隶属于董事会，战略规划部、情报部、文书处理部门等隶属于企业总部办公室，信息发布、信息传播、企业信息出版部门隶属于宣传部，技术图书馆、科学技术情报室隶属于企业技术研发部门，档案馆隶属于人事部，信息中心、网络中心、电子商务部往往单独建制等。

这些信息管理机构，不像财务系统那样统合起来形成为一个有机的信息功能系统，他们分属于不同的上级部门，为了赢得企业决策层的关注和自身的生存与发展，彼此之间往往围绕着资源配置和权利地位进行竞争，这种"窝里斗"不仅造成大量的重复建设，而且严重阻碍了企业信息的集中统一使用，阻碍了企业信息化的进程，降低了企业信息管理的效益。所以，企业信息管理机构的重组是企业信息化中"组织变革"的重要内容。

企业信息管理机构的重组，不是企业内现有信息管理机构的简单合并，因为现有的信息管理机构是在企业不同的历史时期、为了不同的目的建立起来的。他只能代表企业的历史，并不是根据企业今天整体的信息需求统筹规划建立的，而且很少与企业外部信息机构发生联系。

企业进行信息管理机构的重组，首先，重组后的企业信息管理机构应该是一个可以覆盖全企业的系统（图6.1[①]）。

当然，并不是所有企业的信息管理机构系统都需要这样复杂庞大。这是大型企业、大型集团型企业的信息管理机构系统。如果是中型企业，可以只有战略规划中心、信息资源中心和IT中心等3个机构，不必再设置第3层的信息管理部门，或者将战略规划中心和信息资源中心合并，只是两个中心。如果是小型企业，只设一个战略信息中心就可以了，不必再分解，甚至战略信息中心只有一两个人，或者就是企业的主要负责人本人。但是，

[①] 柯平，高洁. 信息管理概论. 北京：科学出版社，2002：280. 引入本书时略有修改

不论机构设置几层，第 3 层信息管理部门所具有的信息功能都应该尽可能地具备，以满足企业的信息需要。

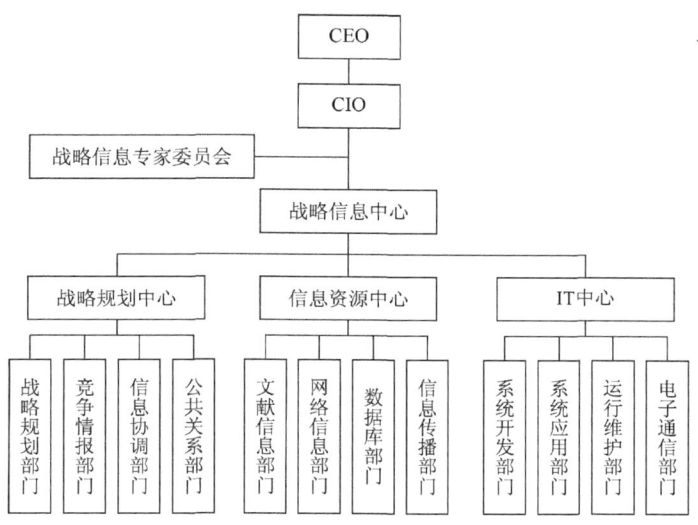

图 6.1　企业信息管理机构系统示意图

其次，企业信息管理机构的重组必须在统一的目标指导下，对企业内现有的信息管理机构的功能进行优化组合。重组的前提是从战略的角度，重新评估企业整体的信息需求。然后根据这一信息需求进行企业所需信息功能的设计。重组后的企业总体信息功能并不追求满足企业所有管理者和全体员工的所有信息需求，在具体分析企业信息需求时，甚至可以不考虑企业具体人员的需求，只考虑企业的任务、战略、目标、威胁与机会、优势与劣势、战略价值流、核心能力等企业整体需求，以及由其引发的信息需求。重组后要求企业员工适应新机构的需求。

这样做，就可以用先进的管理思想"拉"动企业发展。

3. 虚拟企业的管理

当企业信息化建设进入第六阶段，即敏捷的虚拟的阶段时，一方面要继续进行企业内部组织结构的变革，另一方面还必须考虑同外部的其他企业之间的联系，建立新型的企业之间的组织结构：虚拟企业结构和企业战略联盟结构。

这里先介绍虚拟企业的管理，下面再介绍战略联盟等组织结构的管理。

虚拟企业（virtual enterprise）是跨地区的个体、群体或组织在信息技术的支持下，相互联合所形成的一种虚拟存在的企业组织。在真实市场上，它是由个体、群体或实体组织为了抓住和利用迅速变化的市场机遇，通过信息技术联系起来、共同经营某一业务的临时性网络。它是 1992 年戴维陶和马龙首先提出的。

虚拟企业彻底改变了实体企业组织的概念、界限和形式，具有三大特点：一是企业功能专长化，和实体企业追求功能完整化不同，只保留自己的核心专长及相应的功能；二是企业运作合作化，和实体企业一切运作都基于内部资源不同，就是为了通过与其他企业的合作来充分利用外部资源；三是企业位置离散化，和实体企业追求地理位置集中不同，它的各部分以离散状态分布在不同地方。

虚拟企业具有三种存在形式：一是组织结构虚拟型企业，它没有实体的组织机构，只是通过信息网络把分布于不同地点的资源连接起来，当任务完成后马上解散。二是组织位置虚拟型企业，构成该虚拟企业的各实体个人、实体企业分布在不同的地理位置。三是功能结构虚拟型企业，该虚拟企业中的每一个实体企业，只具备某些重要功能，作为实体企业应该具备的其他功能并不具备，其他功能是通过同一虚拟企业中其他实体企业来解决的。

在实际企业中，有上述三种形式中的某一种，也有两种形式或三种形式同时具备的。可见，有人误以为只有网上企业才是虚拟企业是不全面的。

比如，生产运动鞋的 Nike 公司和 Reebok 公司就是这种企业。Nike 只生产气垫系列，Reebok 则连一间生产厂房都没有，它们都只致力于附加值最高的设计与营销，而运动鞋的生产则由亚太地区的生产厂合作生产。

虚拟企业管理的主要任务包括两个方面：一是虚拟企业的总部如何管理好各成员企业；二是各成员企业如何管理好本企业负责虚拟企业工作的部门。

1）虚拟企业各成员企业之间的管理

虚拟企业既然是一个企业，就必须是步调一致，形成整体，才能产生作用。但是各成员企业分布在不同的地域，相互之间的协作完全是通过网络交换信息而实现的，而且各成员企业都是独立的企业，都有各自的利益，只有大家共同遵循一定的管理原则，才可能形成为一个整体的企业。

通常，成员企业之间的管理有以下 4 个原则。

（1）具有明确的共同目标。各成员企业首先必须在市场机遇，以及市场机遇的时间性、约束性和效益风险性上取得共识。时间性指的是机遇具有市场引入期、成熟期和衰退期；约束性指的是机遇对准备抓住或已经抓住该机遇的企业有一定的约束，包括对核心资源和产品质量等方面的约束；风险性指的是构建虚拟企业获得成功的概率。只有在这些方面取得共识，才可能定义一个清晰、明确、能够覆盖全体成员企业共同利益的目标，并将其定为虚拟企业的工作目标。

（2）各有特长，优势互补。各成员企业应该具备各自的核心能力。核心能力是企业响应机遇、参与竞争的能力，是其他成员企业所缺乏的，在所在行业或其他互补性领域中拥有特色优势，因为只有这样才可以优势互补。这是合作的前提和基础，也是虚拟企业成功的必要条件。

于是，问题就转化为如何识别对方是否确有"特长"。这里的关键，要求企业必须不受眼花缭乱的表面现象的迷惑，对合作对象的核心功能及其优势进行快速、准确、有效的识别，确有优势才不失时机地与之形成合同关系，为我所用。

（3）精心选择，和谐共处。虚拟企业是由盟主企业和若干伙伴企业构成的。最先抓住机遇并拥有主要核心能力和资源的企业为盟主，其他参与经营、拥有虚拟企业所需要的不同核心资源的企业为伙伴。伙伴的选择是构建虚拟企业的关键环节之一。在虚拟企业构建中，既有盟主企业对伙伴的选择，也有伙伴企业对盟主的选择。选择时，不仅要考虑对方所拥有的核心能力和资源，还要考虑核心能力和资源之间的匹配性、良好的通信连通性和跨组织参与性。

在组建好的虚拟企业中，盟主企业和核心团队企业组成虚拟企业的宏观高层组织机构，其他伙伴企业根据需要和可能，以多种方式参与虚拟企业，如供应链式、转包加工式、合资经营式、插入兼容式或虚拟合作式。

虚拟企业组建后，各成员企业之间应该采取和谐共处的管理模式。因为各成员企业之间虽然是为了共同的目标和利益走到一起来进行协作的，但是由于各自的实体企业又有各自的利益，相互间又必然存在着竞争。所以在管理中，应该努力减少相互之间的摩擦，提倡团队精神，在紧密结合的联盟和宽松的环境之间寻求平衡，完成单个成员企业完成不了的任务。

（4）书面协议。虚拟企业的建立，应该首先在各成员企业高层管理者之间进行协商，协商一致之后要签订书面协议书，明确规定各自的权利和义务，包括各自应承担的职责、各自提供的资源内容、可以共享的内容等，并各自向对方保证不违背这些约定。若有违背，书面协议则是法律仲裁的依据。

2）虚拟企业各成员企业内的、对本企业负责虚拟企业工作部门的管理

进入虚拟企业内的企业，不论是盟主企业，还是伙伴企业，都有一个为了满足虚拟企业运作的需要、对自身组织机构和管理运行模式进行重构的问题。

各成员企业需要从适应虚拟企业快速响应机制的要求，对自身企业内的、与虚拟企业生产与运作相关的流程和组织机构进行再设计，组建负责虚拟企业工作的部门。这种再设计，必须是基于考虑其他成员企业情况的再设计。

各成员企业对本企业内参与虚拟企业工作的每一个员工，要进行专门培训，要让这些员工懂得如何在网上工作、愿意在网上工作。具体包括以下几点。

（1）要建立必要的方便易用的信息工具。虚拟企业使用的信息系统应该简单易用，员工只要通过简单的命令或菜单就能够得到所需的信息、表格或报告，新员工在接受简单培训后就可以进行操作；要建立一个全天候的、面向员工的电子文件柜，使得为虚拟企业工作的员工随时都可以在电子文件柜里提取到其工作所需要的信息；要给每一位员工都建立一个 E-mail 信箱，以便联系和工作。

（2）要加强员工使用信息工具能力的培训。虚拟企业应该通过培训，帮助员工理解信息工具，了解信息工具的各种功能，并学会使用信息工具。尤其要激励员工上网。起初，可以是取消手写的通知，并坚持在网上发布消息，特别是那些与员工个人密切相关的通知、消息，会吸引员工上网，最后创造出一个企业全员都愿使用网络的环境。虚拟企业应该有一个完整的、从基层员工到企业总裁等不同层次人员都能够使用的信息系统，使企业全体人员都可以从系统中得到及时的反馈信息，知道自己工作的好坏。这本身也是一种很好的监督机制。

据报道，VeriFone 公司是在 1982 年成立的一家信用卡认证公司。它从一开始就是一家虚拟企业。十多年来，公司先后雇用过 4000 多名员工，几乎没有一个人在进入该公司时清楚地了解什么是虚拟公司，也没有一个人拥有完成工作所应具备的信息工具使用能力。公司运作得非常成功，从创办时的 5 个人，发展到拥有 2500 名员工的企业。他们的经验就是把"引进必要的信息工具、激励和引导员工有效地使用这些信息工具"作为公司

管理的主要内容。他们认为这是虚拟企业运作成功的重要环节。

（3）要激励员工积极主动地为虚拟企业工作。要让虚拟企业的所有员工都明白，虚拟企业的成功来自于合作，企业能力和个人能力的核心化、专业化，使得企业和个人必须依赖同他人的共同努力。所以企业与企业之间、个人与个人之间的相互依存是必不可少的，这不仅是管理和运作的需要，更是虚拟企业及其员工的一种商业目的和生存目的。企业内部应注意对来自人的内在的独立、尊严、信念等无形价值观念方面的训练和培养。

4. 其他新组织结构的管理

企业信息化过程中组织结构变化的模式，除了虚拟企业模式，通常还有战略联盟模式、矩阵结构模式、内部市场模式。下面分别给予介绍。

1）企业战略联盟

战略联盟（strategic alliance）是一种由多个具有共同战略利益和对等经营实力的企业，为达到共同拥有市场、共同使用资源等战略目标，通过各种协议结成的优势互补或优势相长、风险共担、生产要素水平式双向或多向流动的一种松散的合作模式。它是美国数字设备公司（Digital Equipment Corporation，DEC）总裁简·霍普兰德（J. Hopland）和管理学家罗杰·奈格尔（R. Nigel）首先提出的。

战略联盟产生的原因，一是全球经济一体化为跨国的战略联盟企业经营提供了很好的机会。二是近50年来科学技术的发展，尤其是信息技术的发展，使得企业可以不受时空限制在世界范围内寻求合作伙伴和组成联盟，为战略联盟的形成提供了技术上的保证。三是企业竞争方式由对抗性竞争开始，经过差别化竞争继续发展，到寻求优势互补、资源共享、风险共担的新的竞争方式的结果。

从企业组织结构理论的角度来看，联盟是一种新的企业外部组织结构模式。它是企业在新形势下适应外部环境、提高自身竞争力的有力举措。

战略联盟的作用，主要表现为：一是可以获得规模经济效应，极大地提升企业的竞争力，二是企业可以共同分担风险与成本，三是企业可以因此以低成本克服新市场的进入壁垒和降低部分交易成本，四是可以变外部资源为内部资源，对于联盟成员企业来说，不涉及自身组织的膨胀，可以避免因企业组织过大而导致的僵化、低效率、企业内协调成本上升等"大企业病"。

战略联盟的管理，主要有以下6项工作。

（1）构建联盟的决策。这是解决要不要构建联盟的工作。构建联盟之前，一定要分析企业所处的外部环境和内部条件，再决定要不要构建联盟。通常，在下面情况下可考虑构建联盟：一是意向中的合作伙伴拥有本企业所不具备的技术或专业优势；二是本企业内部对目标技术或服务知之甚少；三是如果采取并购，并购对象实力很强，并购费用太高。总之，构建联盟必须考虑投资回报率。

（2）选择好合作伙伴。挑选合适的联盟伙伴是一项艰巨的任务，它需要高级管理层了解双方在一定时间里的目标和战略。

一个合适的联盟伙伴的基本条件有四条。

①符合本企业构建联盟的战略目标。企业应该依据本企业构建联盟的战略目标来寻找

或接受能帮助实现战略意图、弥补战略缺口的合作伙伴。

②能够给本企业带来所渴望的技术、技能、风险分担和进入新市场的机会等。

③分析合作伙伴的执行和运作部门的配合状况，这是联盟能否成功的标准。如果没有良好的配合，合作不久就会分道扬镳。

④合作伙伴的企业文化与本企业相差不大。相似的企业比有较大文化差异的企业更适合成为本企业的合作伙伴。

（3）选择并确定联盟的形式[①]。战略联盟的形式一般有以下5种。

①合资。由两家或两家以上的企业共同出资、共担风险、共享收益而形成企业。这是目前发展中国家普遍实施的形式。合作各方将各自的优势资源投入合资企业中，从而使其发挥单独一家企业所不能发挥的效益。

②研发协议。为了某种新产品或新技术，合作各方签订一个联合研发的协议，汇集各方的优势，可加快开发速度，大大提高成功可能性。而且各方共担开发费用，也可降低各方开发费用与风险。

③定牌生产。如果甲方有知名品牌，但生产力不足，而乙方有剩余生产能力，则乙方可以为甲方定牌生产。这样，乙方可充分发挥闲置生产能力，谋取一定利益；甲方则可以降低投资或并购所生产的风险。

④特许经营。其中一方具有重要无形资产，可与其他各方签署特许协议，允许其使用自身品牌、专利或专用技术形成一种战略联盟。这样，拥有方既可获取收益，又可利用规模优势强化无形资产地位，受许可方也可扩大销售、谋取收益。

⑤相互持股。合作各方为加强相互联系而持有对方一定数量的股份。这种战略联盟中各方的关系相对更加紧密，而双方的人员、资产无须合并。

组建战略联盟的企业，应该从上述5种形式中选择一种。不过，这种选择已经不是哪一个企业可以单独决定的。它需要联盟所有成员企业共同谈判、讨论，还包括厂址选择、成本分摊、市场份额获得等细节以及对知识创新、技术协同等方法进行协商，意思充分表示，并取得一致，才可正式签订合作协议。企业高层管理者还应就联盟的共同目标与主要的中层经理和技术专家进行沟通。

由于联盟成员企业之间往往存在着既合作又竞争的双重关系，所以，在谈判中双方应对联合与合作的具体过程和结果进行谨慎细心的谈判，摒弃偏见，求大同，存小异，增强信任。

（4）制订目标明确的商业计划[②]。战略联盟组成后，应该制订目标明确的商业计划。计划应该包括：明确的客户价值取向、现实的共同目标、可执行的有效赞助关系，以及与重大成效和成功紧密相关的投资。

因为联盟的最终目的是提高企业自身的竞争能力，所以联盟成员企业应该把向对方学习作为一项战略任务，最大限度地尽快将联盟的成果转化为我方的竞争优势。这应该在计划中得到体现。许多公司常犯的错误，是没有经过认真的分析和研究，就匆忙建立了新一

[①] 百度百科. 企业战略联盟. http://baike.baidu.com/view/285709.htm? func=retitle[2016-01-11]

[②] 什么是战略联盟. http://management.yidaba.com/201006/17130017100210010002106 6321.shtml [2016-01-11]

轮联盟或合作伙伴关系。在事先没有拟订完善的商业计划、组织模式不适用或者人力不足的情况下就签署协议。

联盟往往需要双方进行双向信息流动，每个参加联盟的企业都应该贡献出必要的信息供对方分享，从而提高联盟的成功率。同时企业要合理控制信息流动，保护自身的竞争优势，防止对方得到我方应予以保护的关键信息，做出有损我方的行为，因为联盟伙伴极有可能成为将来的主要竞争对手。

（5）联盟的运行与绩效测评。联盟建立并制订了商业计划之后，就是联盟的运行了。联盟在运行中，要做好后继工作，包括：确定所需要的技能，聘用适当的人员，建立牢固的联盟管理系统，组织强大的联盟运作管理队伍等。

联盟运行后，要经常分析联盟是否取得成功并与业绩挂钩。所以在商业计划和联盟目标中都需规定应审核的内容。经验表明，制定发展目标以及双方认可的审核指标是保证双方能够通过合作提高业绩的两大关键因素。

为了鉴定联盟是否取得成功，应该制定详细的运作规程，以便衡量每种合作伙伴关系是否达到了特定的商业目标和指标。审核的指标不但要包括可定量的数据，如市场份额增加值、市场加速度、收入增加额、客户满意度和推行的新解决方案，还要包括非定量数据，如标准推行进度等。

（6）掌握结束联盟的时机。合作伙伴必须按照预定指标审查联盟的成果，并确定联盟是否取得了成功。当联盟明显失败、或者联盟的预定目标已经达到、或者因市场情况变化以及其中一方公司的战略发生变化，联盟就应该结束。

结束联盟关系也要像建立联盟时那样认真规划。联盟结束之后，客户需受到保护，正常关系也要保持下去，因为以后存在再次合作的可能。

2）矩阵结构模式

又称"共同工作小组"。这是从科学技术管理中的"项目组模式"引用到企业管理的组织结构中来的。

这种结构是由纵横两套管理系统组成的。一套是纵向的职能管理系统，另一套是为了完成某一项目而组成的横向项目管理系统——项目组。

团队模式改变了过去把工作安排在不同部门分别完成、上一部门完成后下一部门接着完成的方式，将完成某一项目的若干部门的人员组织在一个项目组（即共同小组、团队）内，采用共同讨论、共同操作的办法去完成，十分有利于发挥各部门的作用，互相启发，取长补短。任务下达时成立，任务完成后各位成员再回到原来所在的部门。

3）内部市场模式

这是指在大型企业内，企业内的各个部门之间实行市场管理规则的结构模式。在信息网络技术的支撑下，大型集团企业内的任何一个层次的任何一个部门，都可以不必经过自己的上级部门，而直接和企业内其他部门在网上进行交易往来，从而形成企业内部的一个市场。

但是，这种模式并不是若干个"独立"企业的交易往来，仅仅是企业内部若干个部门之间的交易往来。这种组织结构减少了中间层次，克服了等级制中信息传输缓慢、上级领导盲目指挥、下级人员积极性受限制等缺陷，能够适应市场信息瞬息万变的环境。

6.2.3 企业信息化中的管理变革

1. 企业管理变革概述

1）企业管理变革的含义

管理变革也是企业信息化中实现"管理信息化"的方式之一。它是指企业在信息化过程中，为了与企业使用信息技术相匹配，在管理目标、管理观念、管理模式、管理体制、运行机制、作业流程、规章制度等方面进行彻底的变革。

也有学者将"组织结构变革"和"管理变革"合称为"管理组织重建"，或"管理重建"，或"管理变革"。由于重建的具体对象不同，又有"公司重建""流程重组""流程再造"等名称。

目前提出的管理变革的新思想、新模式比较多。其中有代表性的有：哈默的"企业再造"理论；圣吉的"学习型组织"理论；始于科达公司的"业务外包"理论和施乐公司创造的"定标比超"理论等。

和企业组织变革与企业信息化的关系一样，企业信息化建设"导致"企业管理发生变革的说法也是一种认识误区。企业管理变革并不是企业信息化建设的必然结果，而是企业管理者为了实施信息化所必须采取的一种独立的管理行为。它与企业使用信息技术、组织变革是并行的三件工作。正确的说法是：企业实施信息化建设必须在管理上同时做出相应的变革。

2）企业管理变革的内容

（1）管理观念的变革。管理观念指的是管理者对管理工作和活动的基本认识和看法。它虽然是无形的，却是直接左右管理者管理行为的。关于管理观念变革的详细内容我们在本章第 6.2.4 节中再作介绍。

（2）管理模式的选择。管理模式指的是企业实施管理的基本方式、方法的集合。企业信息化的管理模式因企业处于信息化的不同时期而有所不同。它既与企业的信息化发展阶段有关，又与企业外部的信息技术厂商是否成熟及其介入企业信息化建设的程度大小有关。

常见的模式有以下三种。

①完全自主模式。这种模式要求企业自己去完成信息化的规划、研发、运行、维护等全部工作，并做好各项工作的管理。这有利于对企业信息化进行集中统一的管理，可以保证信息安全，但也会产生投入大、设备和人力的利用率低等缺点。当外包市场还不发达时，实力雄厚的大型企业多采用这种模式。

②项目外包模式。这种模式是把一部分信息化项目外包给可以信赖的信息技术厂商，使企业自己能专注于信息化中的关键性部分，实现集约化经营，但仍需对外包工作进行管理。这有利于发挥社会专业化分工的优越性。

③服务外包模式。这种模式是项目外包的扩展。它要求市场上综合服务提供商有较大的发展。这有利于快速应用新技术和新方法，优化社会资源配置，但企业为了降低外包风险，必须在管理中加强对外包厂商的评价与监控。

上述模式各有优缺点，各有其适用范围，关键在于正确选择和适当组合。

(3)管理体制的变革。企业信息管理的管理体制,指的是推动企业信息管理发展的管理机制、运行管理机制进行管理的各级信息管理机构,以及保证管理机制和管理机构发挥作用的信息管理制度等诸方面的集合体。

管理机制,指的是推动企业信息管理发展的各种动力和约束力以及它们对企业信息管理作用的方式和手段。管理机构,指的是从事企业信息管理的各级部门、机构及其设置的规则、方式和职责。管理制度,指的是保证管理机制和管理机构发挥作用的各种规范化的运行规则。它包括管理机构在运用一定的管理机制时在方式方法上的规范化,以及保证信息管理部门正常运行的各种规则的规范化。

企业管理体制的变革,需要注意以下面3个方面。

①在管理机制上,改变过去"干多干少、干好干坏一个样"的方式,实施新的精神激励和物质激励相结合的激励机制,加大推进信息化的动力,广泛调动全体员工参与企业信息化的主动性和创造性。对于全体人员都要注意责、权、利的统一。优化企业的运行机制,包括企业运行的秩序、流程、阻力和动力。始终保持对信息化环境及其变化的检测,以便随时能够做出快速有效的反应。

②在管理机构上,改变过去金字塔结构的组织机构模式,设置精干、高效的信息化管理机构,企业高层领导必须直接参与信息化及其管理过程,并有专职领导从事跨部门、跨单位的协调工作。要坚持集中统一的原则,防止和克服职能部门、业务单位各自为政、彼此割裂、重复建设、信息孤岛等现象的发生。

③在管理制度上,一方面继续完善信息化管理制度和标准,规范员工的信息化行为,另一方面要改变过去制度执行不力的现象。秩序要稳定,流程要通畅,方方面面要交流和沟通,约束监督和奖惩办法要严格、完善。

(4)管理队伍的变革。在信息化进程中,要改变企业信息化队伍的素质、修养和能力的结构,要充分发挥首席信息官和信息化管理队伍的作用。关于这方面的详细内容,本书在第8章详细介绍。

2. 流程再造的原则和方法

企业流程再造是企业为了在衡量经营或工作业绩的关键指标上取得显著的改进,从根本上重新思考、彻底改造旧的业务流程、建立新流程的工作过程。

流程再造的思想是由美国哈佛大学博士迈克尔·哈默(Michael Hammer)教授和CSC Index首席执行官詹姆斯·钱皮(James Champy)首先提出来的。

企业流程再造中"流程",与传统的"工序"是不同的概念。流程是以企业需要的原材料和顾客的需求为起点,以顾客需要的产品或服务为终点,跨越多个职能部门,流程的所有环节都专注于用户的需求。它是企业为实现某一目标而进行的从"起点"到"终点"的一系列相关活动定向流动的轨迹。

流程再造的类型,归纳起来有三大类:企业内某一部门内的流程再造,企业内部门之间的流程再造,企业组织之间的流程再造。

1) 流程再造的原则

流程再造是一种彻底的企业管理变革,不能看成是将原来的工作环节作一些合并或将原来的管理环节顺序做一些调整就可以了的。要做好流程再造工作,必须建立全新的管理理念，这就是流程再造的原则。

（1）流程导向原则。这是指流程再造后的企业应确立以流程为中心的理念。实施这一理念，意味着原有的组织部门、组织机构、日常管理方式、思维方式、激励方式、人事制度都要变革，一切不利于新流程运行的因素都应该改变。流程再造的最终目标：变企业中传统的职能导向为流程导向（表6.1）。

表 6.1 职能导向与流程导向的比较

职能导向	流程导向
部门的职能单一、稳定	流程小组的任务单一，但包括全部职能部门的任务
每个部门只完成流程的一个任务环节	各类职能人员都实施全流程，共同关心流程的结果
各个部门各司其责	流程小组对全流程负责

实施流程导向，首先要识别企业内的各种流程，并予以命名。由于流程是跨越现有企业各职能部门的，要发现和识别比较困难。通常采用逆向识别的方法：先确认流程的结果，即终点，然后从结果出发，逆向寻找一切与结果相关的人和事，直到找到起点。这些与结果相关的人和事就组成了这一流程。

其次，在充分理解流程导向和职能导向区别的前提下，设计新的流程体系。可采取上下结合的办法，充分讨论，既可以完善新流程体系，又可以让员工认识流程及其对企业的重要性，为新流程的实施做准备。最后实施新流程。

（2）团队管理原则。新流程的管理要变交响乐队式的职能管理理念为足球队式的团队管理理念。

在交响乐队中，无论是排练或演出期间，乐谱不会改变；乐队队员各司其职，不会互相替代；队员听从乐队指挥的现场指令，节奏、强弱是固定的，是由指挥控制的，各人只要做好自己的事就可以了，并不关心演出的整个效果，整个演出的效果由指挥负责、承担责任。所以，它反映的是职能管理理念。

在足球队中，比赛场上情况瞬息万变，事先无法预料，一切都是变数；足球队员虽各司其职，做好自己承担的任务，但随时准备承担别人的任务；教练无法控制场上队员的行为，队员也无法获得教练的指令，全靠队员自我发挥；每个队员都有明确的目标：赢球，都强烈关注比赛结果。这就是团队管理理念。

在市场经济环境下，市场上"情况瞬息万变"，整个企业必须像一支足球队，每个员工都强烈地关注企业运营的"结果"，才能使企业立于不败之地。

（3）顾客导向原则。在对新流程管理的绩效评判上，必须变利润导向理念为顾客导向理念。

传统的企业管理中是以利润为导向的。但是，一味地追求利润，往往会导致失去顾客，最终会失去利润。市场竞争归根结底是竞争顾客，以顾客为导向，赢得了顾客，才会最终会赢得利润。表6.2为流程再造企业与传统企业的比较。

表 6.2　流程再造企业与传统企业的比较

流程再造企业	传统企业
以流程为中心	以职能为中心
以人为本的团队管理	以工序为基础的部门管理
以顾客为导向	以利润为导向

2）流程再造的方法

常见的方法有：合而为一法、同步工程法、团队模式法和电脑代人法。

（1）合而为一法。这是将原来由多人完成的工序再造后由一人完成。

案例 6.1　美国 IBM 公司合而为一法的流程再造

美国 IBM 公司设立的给顾客信用贷款购买本公司产品的业务流程，原来是"顾客提出要求→地方销售代表向公司电话申请→公司总部办公室经办人填写申请单→信用部审查信用→商务部拟定合同→估价员估价，形成报价函→文书组汇总，交特快专递公司→地方销售代表转交顾客"。这个流程完成一项贷款需要 6 天时间。在这 6 天的等待中，就有可能失去顾客。

为此，公司进行流程再造，将这些不同工序的任务合而为一，由新设立的"交易员"一人完成，新流程变为"顾客向交易员提出申请→交易员填写申请单、审查信用、拟定合同、估价并提出报价函→交易员答复顾客"。

结果：完成一项贷款的时间缩短为 4 小时[①]。

（2）同步工程法。这是将原来先后、依次、连续完成的工序，再造后变为同时完成。即原来的每一道工序的工作，再造后同时进行。

案例 6.2　美国 BOM 银行的同步工程法流程再造

美国 BOM 银行办理抵押贷款的业务流程，原来是"贷款人申请→银行受理后，由 8 个不同的部门先后依次审批→审批通过后，再由 5 个具体部门先后依次办理手续→通知申请人"，完成一项贷款需要 17 天。

流程再造后，贷款人在家里拨号上网提出申请，银行获得申请后，计算机系统就自动地将申请送往 8 个部门，8 个部门同时审批，审批通过后系统又自动地通知另外 5 个部门，同时办理手续，然后通过网上通知客户。完成一项贷款的时间缩短为 2 天。

（3）团队模式法。这是将原来分别由不同部门完成的任务，再造后由一个多职能团队完成。

案例 6.3　美国联邦货车公司汽车零配件公司团队模式法流程再造

美国联邦货车公司汽车零配件公司的业务流程，原来是"销售代表访问汽车制造商，获得有关汽车配件的新规格→交开发部设计样品→交模具生产厂生产模具→交制造车间制造配件→发货→汽车制造商接货"，完成一次任务需要 20 周。

---

① 案例 6.1、案例 6.2、案例 6.3 均转引自中国国际广播出版社 1999 年版的《管理创新》

流程再造后，"由销售代表、设计工程师组成一个团队→共同访问汽车制造商获得新规格→工程师设计样品→工程师就近找寻模具厂→工程师就近找寻生产厂→销售代表将配件送汽车制造商"。完成一次任务只要 18 天。

（4）电脑代人法。这是将原来由人去完成的工作，再造后由电脑来完成。

案例 6.4　美国福特汽车公司的电脑代人法流程再造

美国福特汽车公司原先的应付账款流程，先是采购部订货，然后将订单的复印件送往应付账款部，供应商根据采购部的订单发货，并同时将发票送往应收账款部，收货部收到货物，经核对无误后将收据送往应付账款部，应付账款部核对订单复印件、收据和发票，三者核对无误后付款。这一流程不仅信息流通缓慢，而且核对工作量十分繁重，拥有 500 多名职员的应付账款部也不能保证核对工作有很高的准确度。

流程再造后，采购部的订单存入公司的专门数据库，收货部的验收信息也存入数据库，取消了发票，核对工作由计算机完成，应付账款部根据数据库显示正确即付款。整个应付账款部的职员减少了 75%，还增加了核对工作的准确度[①]。

3．学习型组织的建设

学习型组织（learning organization）理论是 1990 年美国麻省理工学院教授圣吉及其小组在《第五项修炼——学习型组织的艺术与实务》一书中提出的，很快风靡全球。企业信息化建设中的管理变革，包括学习型组织的建设。

关于"学习型组织"的定义，说法并不统一，比较一致的认识是，它是指一种新型的组织，这种组织能够通过不断地学习而进行自我调整、改造和提高，以适应迅速变化的环境，求得自身生存和发展。这样的组织就可以称为"学习型组织"。可见，企业内的学习型组织的建设，并不是建立一个实体的组织机构，本质上是树立一种崭新的管理理念。

1）学习型组织的内涵

圣吉在他的书中详细阐述了构建一个学习型组织所必须具备的"五项基本修炼"：自我超越、改善心智模型、建立共同愿景、团体学习和系统思考。

（1）自我超越。学习型组织的成员应该能够确立自己的"愿景"，并为之奋斗。"愿景"是指个体发自内心地认识到、并准备努力实现的、自己最想实现的愿望。当个体建立起"愿景"，并明确"愿景"和"现况景象"之间的差距后，就会感到忧虑和不安，有的人会因此消极而降低自己的目标，满足于现状；有的人受"愿景"的激励，能在内心产生一种创造性学习和工作的热情、动力与力量，排除心理障碍，全身心投入，以实现突破"现况景象"的极限，即实现自我超越。"愿景"越清晰、越强烈、越持久，个体就越能不断地超越自己。

（2）改进心智模型。学习型组织的成员必须具有健全的心智模型。"心智模型"指的是植根于人们心中的对于周围世界运作方式的认识和行为，即人的心理素质，是个人的世界观、价值观、信念、道德标准、行为准则等所构成的相对稳定的思维体系。它是人们处理问题时的态度和方式，制约着人们认识问题、解决问题的行为。所以，改进企业管理者

---

① 迈克尔·哈默. 再造，不是自动化改造，而是推倒重来. 哈佛商业评论（中文版），2004，（1）：120-121

和广大员工的"心智模型"也就成了组织成员首先要学习的内容。

由于"心智模型"就是人的心理素质,所以,要改进心智模型,就是提高管理者个人的心理素质品质,用良好的兴趣、注意、意志品质指导自己的行为,避免个人情绪的干扰。这方面的内容,详见本书第8章。

(3)建立共同愿景。学习型组织必须建立起为组织全体成员所认可、接受和拥护的共同愿景。"共同愿景"是指能鼓舞组织成员共同努力的愿望和远景,包括共同的目标、价值观与使命感。这与"企业文化"的概念十分相似。

本来,企业总会有它的"目标、价值观与使命感"。问题不在于有没有,而在于企业这些目标、价值观与使命感,有没有鼓舞人努力工作的驱动力;如果有,又是不是已经为企业全体成员所认可和接受;仅仅是少数高层管理者的想法,就还构不成企业的"共同愿景";强加于整个组织的、少数高层管理者的一项理念,企业员工只是被动接受,就只能是一些空洞的口号,很难调动员工的积极性,更谈不上对员工都具有驱动力。只有那种一直能在组织中鼓舞人心的理念,才是能够凝聚组织全体成员、并坚持为之奋斗的共同愿景。

要建立共同愿景,首先应该鼓励企业员工围绕着企业战略目标来建立个人愿景,然后通过对个人愿景的讨论、修订,最后经过提炼、汇集成共同愿景。这样形成的共同愿景才能深入人心,员工就会主动而真诚地为其奉献和投入,而不是被动地服从,因为他在实现"共同愿景"的同时也就实现了"个人愿景"。

(4)团体学习。学习型组织必须实现全体成员的共同学习,以求组织成员对共同目标的一致理解,提高组织成员相互配合、协调一致地为实现共同目标而工作的能力。

团体学习的形式有两种:一种是"讨论",组织成员在一起就某一问题提出不同的看法,并允许个人进行辩护,最后形成决议。另一种是"深度汇谈",组织成员在一起就某一复杂而又重要的议题,进行自由的和有创造性的探讨。探讨时各抒己见,既不是评价对方的见解,也不是为了超过别人,赢得对方,只是为了解决所谈的议题。这就是"头脑风暴法"(详见本书2.3.2节)。

(5)系统思考。学习型组织必须具备整合自我超越、改善心智模型、建立共同愿景和团体学习等四种修炼,使之相互融会贯通、形成一体的能力。对于企业来说,单独进行哪一项修炼并不难,但那样对企业的作用不大,只有把这五项修炼整合一体,才有可能建成学习型组织。所以,关键是"第五项修炼"。

2)学习型组织建设的步骤

(1)评估组织的学习状况。在进行学习型组织建设之初,首先应该了解本企业的学习状况,包括:员工是否建立起个人愿景,是否了解组织的共同愿景,员工学习的内容能否主动适应共同愿景的要求,员工彼此分享学习成果是否得到鼓舞,学习中是否有解决实际问题的计划,企业是否为员工实现自我导向的学习提供资源和条件,是否与员工就学习进行沟通等。这些问题都得到解决,然后才可以进行下一步。

(2)明确互相学习的方式和内容。要建立学习型组织,必须解决学什么的问题。从理论上看,应该包括:系统地从过去和当前的研究项目、产品、服务的经验和教训中学习,从客户的信息中学习,从外界先进的技术、先进的管理思想和方法中学习,从最基层的员工身上学习，让员工彼此之间相互学习，在企业内各部门、各班组之间的相互交流和共享中获得学习等。

（3）激发员工学习的积极性。学习型组织的学习主体不是企业组织，而是通过组织中成员的学习来实现的。学习的结果，存在于个人、企业中的团队、企业的组织结构中。所以，建立学习型组织必须激发员工的学习积极性。不能用高压与逼迫的方式组织学习，而应以关心、和谐的态度去动员员工学习，激发员工建立自我超越的意识，确立能够包容员工个人"愿景"的企业共同愿景，使企业共同愿景融入员工的生活，成为员工共同努力的目标和动力。

（4）克服学习型组织学习的障碍。圣吉认为有7大障碍：

一是局限思考，把自己的责任局限在自己承担的职责范围内。

二是归罪于外，当出现问题时往往认为其原因主要在外部。

三是缺乏整体思考的主动性，由于离开了整体，主动的效果适得其反。

四是专注于个别事件，就事论事，最多只能在事发前预测，作出最佳反应，却无法学会创造。

五是忽略渐进过程，对剧烈的变化警觉性高，对渐进的变化习以为常，不能在缓慢、渐进的过程中看到危机。

六是从经验学习的错觉，事实上受时空范围限制，人们不可能事事都从经验学习。

七是管理者群体的思维错位，他们有很多时间在争权夺利，却佯装在为企业的目标而努力，以维持一个组织团结和谐的外貌，这样就形成了"熟练的无能"——企业中充满了很多擅长避免真正学习的人。

（5）讲究学习的效果。建立学习型组织，应该讲究效果。为了使学习能持续发展，应该保持共识，建立完善的学习体制，确立良好的学习制度；通过教育使员工获得成功；提高员工解决问题的能力。把学习与日常工作结合起来，把学习过程变为启发、教育员工的过程。通过回顾目标、规则、继续进步、反馈、落实行动等系统努力来建立学习型组织。

当企业发展出现危机时，或者某个车间、某个班组出现问题时，往往正是学习的机会，平时的危机是进步与成功的前奏，它可使组织获得更多的成功。

实践表明，企业唯一持久的竞争优势，源于能够比竞争对手学习得更快更好的能力。所以，在企业信息化建设中，建立"学习型组织"是毋容置疑的。

6.2.4 企业信息化中的观念变革

观念变革是企业在信息化过程中，为了与企业使用信息技术相匹配，在企业全体成员的思想观念和素质、修养、能力方面进行彻底的根本性的变革。

观念变革是企业信息化中实现"人员信息化"的主要方式。因为企业实施信息化，再好的信息技术，再好的组织结构和管理模式，都是由人来使用和指挥的，最终必然要深入企业文化的层面。

许多企业管理者，在实施信息化的实践中，忽视人的需求和感受，以"唯技术论""重技术，轻管理"的观念推进企业信息化，见物不见人，就难免会遭到很大的阻力，导致信息化失败。失败之后，又只是单纯地在内容上找原因，或者是重新制定战略，或者是重新设计系统的结构和流程，或者是加大技术上的投入，添置更好的硬件和软件，结果越陷越深。

这里所说的观念变革，不只是指"技术辅助"中说的信息技术应处于辅助地位的观念，还包括：价值观念的变革、管理观念的变革、思维观念的变革等。

下面就分别介绍这些观念变革的内容。

1. 价值观念的变革

价值观念是人类在一定历史阶段的生存方式、生存目标和意义在思想上的反映。它是人们在成就、财富、权力、责任、竞争、冒险、创新等方面的欲望，是对人们在正确与错误、好与坏、真与伪、善与恶、美与丑、得与失等对立事物的问题上所持的观点。

一定时代的价值观念是建立在一定的经济、生产活动基础之上的。或者说，随着某一确定的经济、生产活动时代的到来，就必然会产生新的价值观念。

工业化时代，人们追求的是实现物质利益最大化，努力提高物质消费水平，也就产生了"物的占有是力量和成就的象征"的价值观念。

信息时代，人们由对物的追求，转向对人的生存和发展、对人的精神生活和文化生活以及人与人的关系的关注。"以人为本""为了人"或者"服务于人"成为这个时期的基本价值观念。

这种价值观念认为，一种真正健康的经济，应该是对每一个人有益，而不仅仅是对几个人有益。一项成功的技术设计，不仅应满足技术上的可行，更要适合于人的使用。

崇尚知识、崇尚智慧和创造是信息时代价值观念的核心。

知识已经成为最重要的生产要素与战略资源。知识的价值，不仅表现为生产力的价值，商品的价值，还是对人的全面发展的价值。从而产生了"知识、信息的占有是力量、成就和财富的象征"的价值观念。

"信息是一种待开发的、需要管理的资源"就是这种价值观念的直接体现。

价值观念直接制约管理者的行为，并直接导致管理者形成相应的管理观念和思维观念。在企业信息化的进程中，我们的企业管理者必须进行价值观念的变革。如果还没有建立起信息时代的价值观念，自然无法理解信息化的意义，也就不可能全身心地投入信息化建设，领导不好企业信息化建设。

2. 管理观念的变革

管理观念是管理者在一定价值观念的导引下，对管理模式、管理方法、管理战略、组织人事、绩效评估等问题上所持的认识和看法。

什么时代产生什么价值观，什么价值观念就导致产生什么样的管理观念。

在工业化社会里，人们在追求物质财富的增长是最基本的价值观念的情况下，延伸到管理领域，企业的管理目标就是利润，企业的经济利益至上；企业和客户的关系是一种"销售关系"，甚至为了利润会不顾一切地采用非法手段；企业战略是计划模式，不容许对计划作任何改动或者很难改动；在销售管理中，注重的是企业的自身形象设计，讲究的是"我的形象"；指导和控制的手段是依靠最高层管理者的个人权威；工作绩效的评判标准，则以是否贯彻老板意图为标准；在员工管理中，认为人是"经济人"，人的一切行为都是为了满足自身的利益，员工的角色地位不过是雇员，是一种处理信息的机器，进入生产线必须服从生产的节奏，劳动时"只能听，只能做，不能说，不必想"，更换一个员工，如同更换机器上的一个零件那样简单。管理方式和手段，就是经济报酬、惩罚、强制或独裁。

在信息化社会，在"以人为本""崇尚知识、崇尚创造"价值观念的导引下，企业的管理目标则是社会责任目标和企业利润并重；企业和客户的关系是一种"服务关系"，营销战略则是客户至上，讲究的是"为您服务"；管理方式也由原来的以利润为中心的模式改变为以企业中所有股东的权力与责任相结合的股东模式；企业的战略构成则由原来的"计划"战略转为以实际情况决定行动的"连续变化"战略；指导和控制的手段由原来的依靠个人权威转变为内部领导层的集体决策；在工作绩效的评判标准上，则以快速反映客户需求为最佳标准，而不以是否贯彻老板意图为标准；在员工管理中，认为人是"实业家"，劳动中"可以想，也可以说"，要求员工既要了解自己的工作，又要了解企业的总体情况等。

管理观念虽然是无形的，却直接左右管理者的管理行为。管理贯穿于企业信息化全过程。它的水平伴随信息化发展阶段的演进而提高。整个企业管理需要新观念，其中信息化管理更需要新观念，它是决定企业信息化取得成效的重要因素。其作用远大于信息技术的作用。

管理观念变革，除了是指生产管理、工艺管理、销售管理、信息资源管理等领域需要变革，更重要的是指管理者要在思想上接受有关信息管理的理念、原则、程序和方法等一系列信息管理观念。

在信息化实践中，带有普遍性的管理理念是"重技术，轻管理"。具有这种理念的人，在管理中，往往只注意到局部而忽视整体。这种观念阻碍着企业信息化的发展。因为企业信息化过程在许多方面并不是技术问题，而是管理问题。

比如，在信息化过程中，企业的内外之间，企业内部的上下、左右之间都需要协调，近期发展与长远规划也要协调，注重前后衔接。各种信息系统之间，以及信息系统与其他系统之间，应在管理中加强沟通、相互配合，达到协调互动的目的。这些工作都不是技术问题，而是管理问题。

3. 思维观念的变革

思维观念是人们在一定价值观念的导引下，在思维模式、思维方式等问题上所持的认识和看法。

同管理观念一样，什么样的价值观念就导致产生什么样的思维观念。在工业化社会，企业形成的思维观念往往是见物不见人。在信息化建设中许多企业管理者只看到技术、设备，以为有了设备就解决了一切问题，而看不到管理信息化、人员信息化的作用，就是这种思维观念的反映。

在企业信息化建设中，应该建立的新的思维观念很多，如软观念、信息观念、全局观念、一分为二的观念、市场观念、竞争观念等。

其中，最重要的是软观念。软观念，指的是在管理实践中，凡事不仅注意考虑有形的"硬"因素，总是要同时考虑无形的"软"因素的思维方式。

所谓"软"因素是指维持企业运行的规章制度、操作程序、办公流程、价值观念、文化伦理、权力流程、能力流程等无形的联结方式和指挥手段。

社会发展到今天，不仅在企业管理中是如此，几乎是在一切管理实践中，软观念的作用越来越大。对于企业来说，能不能在激烈的竞争中立于不败之地，最为关键的是在企业管理的软观念上是不是比竞争对手占有优势。

6.3 企业信息化水平的测评

1. 企业信息化水平测评的概念

企业信息化水平的测评，是通过设计一套测评指标体系，对企业实施信息化所达到的水平进行定量测量和评价的工作过程。

企业信息化水平的测评是信息化测评的一种。信息化测评，包括国家信息经济测评、国家信息化水平测评、世界各经济体信息化程度测评、企业信息化绩效测评、企业信息化水平测评等多种。

可见，在企业信息化的测评中，有"绩效测评"和"水平测评"两种。

主张"绩效测评"者，在国内学者中为数不少，其中有一些人，在21世纪初，尚有一定的组织优势，他们在媒体上声称"企业不需要没有效益的信息化"。近年来这些人似乎有点悄无声息了。但是，在近五年内出版的有关企业信息管理的著述中，对于信息化测评仍旧是一边倒地主张"绩效测评"。

主张"水平测评"者，影响较大的是北京大学网络经济研究中心"企业信息化课题组"2002年年初在"北大网研"网站上发表的《中国企业信息化水平指标体系研究》。

近年来，学界提出了"企业信息化成熟度"的测评。

2011年，有学者指出："为评价企业信息化水平，信息化成熟度一词应运而生。……企业信息化成熟度，是指在信息化过程中，企业的信息化已发展的程度。"[①]

2015年有学者指出："要继续推进企业的信息化进程，……则必须先了解企业当前的信息化水平——企业信息化成熟度。"[②]

可见，"成熟度测评"是"水平测评"的深化。

本书则从2003年的第一版开始就赞同企业信息化的"水平测评"的主张。

本书主张企业信息化水平测评，主要是基于以下理由。

1) 企业的许多信息化项目不能产生可测量的经济效益

在企业信息化项目中，并不是所有的项目都可以产生可测量的经济效益，有许多项目就不能产生可测量的经济效益，而仅仅是减轻了劳动强度，或者缩短了操作时间，或者提高了文件的文面质量。过去用打字机来打字、用油印机来印刷企业的公文，现在用电子计算机打字、用激光打印机来印刷，这并不能增加企业的经济效益。至于由于信息安全问题而做出的投入，只是说可能减少某些损失，究竟是不是减少了损失，减少了多少损失，也是无法测量的。

---

① 吕虹云. 制造型企业信息化成熟度测评体系设计. 中国管理信息化，2011，14（17）：108
② 何计蓉，覃小兵. 基于IMM与AHP的矿产资源企业信息化成熟度评价体系构建. 国土资源科学技术管理，2015，32（4）：85

2）"企业信息化"对"企业绩效"的贡献是不可测量的

企业绩效是一种综合效果。企业绩效的增长，本质上是企业内的管理手段、人力资源，企业外的市场机遇、社会环境、自然环境，以及包括企业信息化在内的一系列因素共同作用的结果。企业实施信息化，对于企业这一时期绩效的增长可能有贡献，也可能没有贡献；即使有贡献，也不能说绩效增长的幅度，全部都是由企业信息化产生的，最多也只能说是有一部分贡献。

但是，企业信息化产生的这一部分绩效究竟有多大，它在总效益中究竟占多大比重，如何把它从企业总绩效的增长中剥离开来，这一切是不可能实现的。

在许多主张"绩效测评"的文献中，总是把企业总绩效的增长幅度，视作信息化绩效的增长幅度，且不说这样借代是否科学，单单这种做法本身，就说明企业信息化绩效数据是不可获得的。

3）企业信息化绩效具有滞后型特征

在工作实践中，许多事物在实施之后，并不是立竿见影，马上就能获得明显的经济效益。这就是所谓"滞后效应"。企业信息化的绩效也是如此。所有从事企业信息化的人都有这种体验和直觉，信息化搞得好的企业并不一定在经济效益上当年或者第二年就会收到经济效益。本书在第4章讨论系统应用管理不得力的表现时曾经讨论过产生滞后的原因。所以，当"滞后"的效益还没有出现的时候，我们不能说企业的信息化水平一定不高，企业信息化工作一定是做得不好。

综上所述，本书主张企业信息化的测评以"水平测评"比较好。

2. 企业信息化测评指标体系研究中存在的问题

截止到2015年12月，作者在中国知网（CNKI）的中国学术期刊（网络版）里，用"企业信息化"为主题词，搜索2010年以后的文献，可得8658条结果。然后再用"测评"为主题词，在上述结果中搜索，得到21条结果。其中研究企业信息化测评指标体系的有12篇。好几篇文献是运用模糊分析法、成熟度模型来进行评价研究的。

我国企业信息化测评研究的成果是丰硕的。但不可否认，在已有的指标体系设计中也确实存在诸多不足。

本书认为主要存在以下3个方面的问题。

1）在指标内容方面存在的问题

（1）设置的指标不能反映企业信息化的水平。比如，有的指标体系，在"信息化重视度"之下设置"企业信息化工作最高领导者的地位"的指标，规定最高领导者是一把手得100分，二把手得70分，三把手得50分，部门领导得30分。这种设置就不合适。

企业对信息化的重视度并不体现在是几把手负责上，而是体现在实际管理的效果上。一个企业确定三把手负责信息化，并且有职有权，那么这个企业对信息化的重视度并不低。相反，一个企业确定为一把手管，看起来是重视，结果一把手仅仅挂名，其实际效果是有其名无其实，这在实际中并不是少数。这种情形就不能说重视信息化。所以该指标不能反映企业对信息化的重视度。

同时，这个指标的这种规定还会产生误导：因为只要确定一把手负责信息化工作就可以得最高分，各个企业就会都让一把手来挂名，这很容易做到。

再如，有的指标体系中设有"每百人年发函件数"指标，认为这个指标数据越大信息化水平越高。其实不然，在今天全球通信十分发达，电子邮件、QQ、微信、智能手机非常普及的情况下，几乎所有的企业，其普通函件的数量肯定比过去大大降低，这恰恰是信息化水平提高的表现。这一指标数据的增加并不是信息化水平提高的表现。

（2）部分指标虽然命题尚好，但是设计的具体内容不合理。比如，"决策信息化水平"的指标，这个命题很好，是测评企业信息化水平不可缺少的内容。但是，该指标被设计为初、中、高三级水平，并规定：初级水平是指通过信息资源的开发利用，能为企业决策提供初步支持；中级水平是指能开展数据分析处理，对各种决策方案进行优选，为企业决策提供有力的辅助支持；高级水平是指采用人工智能专家系统，进入管理决策智能化。

首先，这里的初、中、高级别的划分标准太模糊，无法保证不同企业在测评时掌握的标准相同，更谈不上测评结果的相互可比性。其次，三个等级的划分都是只要求"能"，没有考虑"量"的问题。在管理中做到 10%是"能"，做到 30%也是"能"，做到 60%还是"能"，在这个指标中就没有区别，而恰恰那百分比的差距才是水平的体现。

（3）设计的指标概念范畴不清楚。比如，指标"研究开发力度"，其命题也很好。但是，该指标被设计为"研究开发力度=本期信息产品投资额/本期企业投资总额"。企业的"开发"工作，并不只是开发"信息"产品，也开发"物质"产品，这里只用"信息产品投资额"来计算，是不合适的。如果说这里的"研究开发"应该是指"信息开发"，那么"研究开发力度"中"开发"概念的范畴大了。应该改为"信息开发力度"。

再如，指标"信息开发费比率"被设计为"信息开发费比率=信息开发利用费/企业产品销售收入"。公式要计算的指标"信息开发费比率"，其概念范畴只是"开发"费，但处于分式中分子位置的指标"信息开发利用费"，却是"开发"和"利用"两项经费，其概念的范畴大于该公式计算的指标概念的范畴。

（4）设计的指标概念清楚，但不合理。比如，指标"研究开发费比率"被设计为"研究开发费比率=研究开发费用/产品销售收入"。这个公式中三个指标的概念都是十分清楚的。但是，处于分式中分子位置的指标是"研究开发费用"，用这个指标进行测评，就等于说"企业投向开发的费用"越大，开发费比率就越大，信息化水平就越高。其实，费用越大并不表示信息化水平就越高，只能说可能高也可能不高，它能够说明的只是明企业重视信息化工作。还有，指标"技术开发人员比率"也有同样问题。该指标设计为"技术开发人员比率=技术开发人员数/企业年均职工总数"。事实上，并不是技术开发人员越多，企业的研发能力就越强。

2）在指标数据计算方法上存在的问题

（1）设计的指标计算方法不科学。比如，指标"首席信息官（chief information officer，CIO）职位级别设置"，其数据的计算方法被设计为两项。一项为：正式设置 CIO 职位，得 50 分，否则得 0 分。另一项为：CIO 的职位级别处于企业最高层得 50 分，处于中层得

25 分。这种数据取值方法显然是不科学的。

因为企业对于信息化是否重视，并不在于有没有这个名称的职务，而在于有没有专门的信息化管理职能部门、这个部门的负责人是不是有职有权。有些企业具有健全的、有职有权的信息化管理职能部门，就因为这个部门负责人不称作 CIO，就只能得 0 分，而有的企业只有一个有其名无其实的 CIO 就可得满分（50 分）。这种规定显然不合适。

至于 CIO 职位的级别，处于企业最高层，还是处于中层，确实可以反映企业的重视程度。处于中层可以认为是不够重视，但是处于最高层并不一定就是重视。和前面所说的道理一样，测评重视的程度，不能只是考核"是不是"在最高层，而应该考核在最高层后他实际拥有的权限及其工作情况。

（2）指标数据取值时间跨度规定为"3 年平均值"，不科学。在一个比较权威的指标体系中，有 3 个指标的取值时间跨度是"3 年"。而该指标体系总共 21 个二级指标，3 个指标取值时间跨度是 3 年平均值，另外 18 个指标用当年值，那么测出来的总指数是当年值，还是三年平均值呢？测评指标体系测的是当年的水平，还是测 3 年的水平？企业信息化的发展速度很快，几乎是一年一个样，用 3 年跨度取值，也看不出年增长率的水平。

（3）设计的指标看上去尚可，但无法计算。比如，"信息利用效果=企业利用信息的收益/企业利用信息的费用"这一指标，乍一看，"收益"与"投入"之比，应该是"效果"。可是，实际上是无法计算的。

因为信息利用并不是都有经济收益，有的只有社会效益，但社会效益无法测量；有的信息利用有经济效益，也无法测量，因为经济收益是综合效果，无法计算信息利用在其中的份额。

（4）整个指标体系越搞越复杂，缺乏简单、实用、可操作的测评方法。现有的信息化测评指标体系比较多的还处于学者的研究论文中，大多数还是一种论述性、描述性的文章，明确提出在企业中进行实际测评的指标体系并不多，而且有越搞越复杂的趋势。最明显的是国家信息化测评中心推出的由"基本指标、效能指标、评议指标"三个部分组成的体系，而且基本指标不独立用于对企业信息化水平的全面评价和认证，效能指标形成对企业信息化实效的定量分析结论，评议指标形成对企业信息化评价的定性分析结论，再加上还要遴选"标杆企业"，把一个本来就比较复杂的事情，变得更加复杂了。这种指标体系，只能由那些设计体系的专家或"专门的测评机构"使用，那些不懂得高深数学和具体测算方法的企业普通管理者和政府信息化推进部门的官员，还是不会使用。

3）在测评指标体系结构上存在的问题

（1）测评指标体系的指标结构不能全面反映企业信息化的水平。已有的企业信息化测评指标体系的结构中，绝大部分都只是从信息技术使用程度这一角度来构建的，没有"管理信息化"和"人员信息化"方面的指标。

这显然不合适。信息技术只是工具，决定工具效率的是组织，更取决于人。企业信息化要求企业的组织机构、人员必须与使用信息技术相匹配，实现"信息技术化、管理信息化、人员信息化"。应该说，举凡不是"三化并进"的测评指标体系，就不能全面反映企业信息化的水平。

（2）测评指标体系的指标结果过分强调测评"信息化的经济效益"。在已有的测评指标体系的结构中，大部分都有企业实施信息化后经济效益是否增长的指标，而且所占比重很大，认为效益增加越大，企业信息化的水平就越高，乃至打出"企业要建设有效益的信息化"的口号。这样强调未免过分。

这一点，本书在上面给已经作过分析：一是企业的许多信息化项目不能产生可测量的经济效益；二是那些可以产生经济效益的项目对绩效的贡献是不可测量的；三是企业信息化绩效具有滞后型特征，并不是立竿见影的。因此，过分强调测评"信息化的经济效益"并不合适。

（3）测评指标体系结构中的逻辑性错误。任何一个测评指标体系的结构，都是以测评对象的概念为基点进行的划分，以所划分出来的子项、子子项系列组成一个概念体系。在已有的指标体系中就存在指标体系结构不妥的逻辑错误。

比如，在同一个指标体系中，既有"信息化投入总额占固定资产投资比重"的指标，又有"用于信息安全的费用占全部信息化投入比例"。显然，后者的"信息安全的费用"，是包括在前者的"信息化投入总额"中的。可见，"信息安全费用"这一数据在这个指标体系中被使用了两次，这不仅属于划分的这一子项和那一子项在内容上有重复的"子项相容"逻辑错误，也夸大了这个数据的作用。

再如，指标"信息化投入总额占固定资产投资比重"被设计在一级指标"基础建设"之下。企业信息化"总投入"并不是全部用在"基础设施建设"中，还用于其他工作中。所以，这是子项外延大于母项外延的"多出子项"逻辑错误。

3. 企业信息化测评指标体系的设计

1）测评指标体系的设计原则

（1）科学性原则。新的测评指标体系应该从中国具体国情出发，以"水平测评"为主导，设计的指标应力求客观反映出企业信息化各个方面的真实状况，实事求是，客观公正，从企业实际情况出发，注重数据的真实性和可靠性，不能想当然，也不能以偏概全，指标体系的确定要建立在科学性的基础之上。

（2）可操作性原则。整个指标体系的指标数目不能太少，亦不要太多太杂，数量适中为宜，内容实用为宜；具有可比性，可以用来对各类指标和由此得出的信息化总体水平进行本企业的纵向比较，或同行业企业间的横向比较。

指标体系以定量指标为主，定性指标为辅，便于相应数据的收集、统计、分析，可以具体直接地测量，减少定性指标带来的主观偏差。

（3）系统性原则。指标设立应尽量全面，务必系统反映企业整体信息化水平，而且指标间要具有层次性、简约性、针对性，由粗到细，由浅入深，指标之间的相关度尽可能小，以较少的指标覆盖较广的范围，解决比较实质的问题。

（4）成长性与预测性原则。对企业信息化水平的测评不仅要反映出企业目前的信息化状况，而且要让指标体系在一定程度上揭示出企业信息化发展潜力和后劲，能够从时间上和空间上发展和延伸。

2）测评指标体系的设计方法

指标体系的设计，采用逻辑分析法和数据处理法相结合。

逻辑分析法是根据上述设计原则和现有的企业信息化的内容范畴，将已有的指标体系汇集起来，进行研究分析，按照本书第 2 章介绍过的逻辑学划分的四条标准，保留符合逻辑的合理的测评指标，舍弃不符合逻辑、不合理的测评指标，增加逻辑上遗漏的需要的测评指标，建立一个符合逻辑划分标准的指标结构体系的初稿。

然后将这初稿征求有关专家学者的意见，将初稿修订为测评指标体系的初步方案。

再用 SPSS11.0 统计软件，对用初步方案调查所获得的数据进行处理，通过因子分析法确立因子数，把各个因子作为指标体系的二级指标；然后再观察各项指标的因子载荷量和项目共同度，按项目共同度先行选择，再根据项目因子载荷量来判断，确定第三级指标，建立起一个三级测评指标体系方案。再运用 SPSS11.0 统计软件的信度分析方法，对指标体系进行信度一致性检验。

最后，将上述两种指标体系方案合而为一，形成一个三级指标体系。

3）测评指标体系结构的设计

表 6.3 所示的指标体系是作者主持重庆市信息产业发展基金关于企业信息化项目时设计的企业信息化测评指标体系。

表 6.3 重庆市制造业企业信息化绩效测评指标体系

一级指标	二级指标	三级指标
A_1 技术信息化	B_1 企业信息基础设施建设水平	C_1 电话机、计算机百人拥有率
		C_2 企业信息沟通建设水平
		C_3 信息安全技术操作水平
	B_2 企业网络建设水平	C_4 企业网络性能水平
		C_5 企业网络覆盖范围
		C_6 企业网站建设水平
	B_3 企业数字化建设水平	C_7 企业内数据共享及数据库建设水平
		C_8 电子商务建设和应用水平
A_2 管理信息化	B_4 企业管理者重视度	C_9 信息化投入占同期固定资产投入的比重
		C_{10} 企业信息化总体规划工作水平
	B_5 企业机构整合水平	C_{11} 职能信息部门的设置和职权
		C_{12} 管理部门数量和层次变动的程度
		C_{13} 信息管理制度和编码标准化
	B_6 企业管理系统的使用水平	C_{14} 企业主要业务流程再造的程度
		C_{15} 基于 Intranet/Extranet 的管理信息化
		C_{16} 决策信息化程度
		C_{17} 管理信息系统使用的范围

续表

一级指标	二级指标	三级指标
A_3 人员信息化	B_7 企业管理者与员工信息素质水平	C_{18} 企业成员中本科以上学历的比重
		C_{19} 电子化学习的员工覆盖率
		C_{20} 企业成员上网的比率
		C_{21} 企业领导者的管理水平
	B_8 企业人员结构水平	C_{22} 企业专职信息技术人员的比重
		C_{23} 企业研究与开发人员的比重
	B_9 企业人员吸收培训及创新水平	C_{24} 企业员工年均参与信息化培训的时间
		C_{25} 企业年均员工培训覆盖率
		C_{26} 年均信息化培训占总培训的比重
		C_{27} 引进信息管理、信息技术人才的比重

这个体系已经过去10多年了，拿来测评今天的企业信息化水平，可能不太合适了。但是，在测评指标体系的结构上，一级指标由"技术信息化、管理信息化、人员信息化"三大类组成，符合当前企业信息化领域对企业信息化内涵普遍理解的范畴，尚可以作为一家之言，供大家参考。

4）测评指标权重的确定

由于测评指标体系中各级指标对信息化水平的贡献大小不同，也就是重要性不同，所以需要先确定各指标的权重。

权重是用以描述各指标对于评价目的的相对重要程度的系数。这样可以区别不同指标对总测评结果的贡献度的不同，使测评结果更加接近于真实。

常用的确定权重的方法有两种：一种是直观判断法，由测评指标体系的设计者根据自己的经验和知识判断确定，此法误差要大一些。另一种方法，运用层次分析法来计算各级指标的权重。此法比较准确，严谨的研究者大多采用此法。至于具体内容，数理统计课程中在"层次分析法"已经讲过，这里就不重复了。

5）测评指标数据的计算设计

常用的指标数据计算的设计方法，采用以下几种。

（1）实测计算法。设计的指标数据可以通过直接测量获得。

比如，指标"计算机每百人装备率"可直接统计企业内计算机总数，然后与全企业职工人数相比。只是要规定一下统计计算机总数的口径：企业内正常运转的大、中、小型计算机、服务器、工作站，包括主频在75MHz（含）以上的PC，不含私人电脑。

（2）罗列项目，多选打分法。将测评指标覆盖的项目全部列出，规定覆盖一个项目的得分，然后将所有选项得分之和作为该指标的数据。

比如，指标"企业信息沟通建设水平"中的"沟通手段"，列出"电话、传真、对讲机、E-mail、书面信函、网络系统、企业广播、电视会议系统、EDI、人工"等10项，规定"覆盖一个得5分，满分50分"。

（3）罗列项目，单选打分法。将测评指标覆盖的项目全部列出，规定每个项目的得分，并且只能选择其中一项，然后以所选项目的得分作为该指标的数据。

比如，指标"企业网络性能水平"，列出网络出口带宽和企业内部局域网带宽的全部范围（表6.4，表6.5），然后根据企业实际情况选择，以其得分为本指标的数据。

表6.4 根据企业网络出口带宽打分的标准

网络出口带宽 A	得分	网络出口带宽 A	得分
$A \leqslant 128K$	10	$2M < A \leqslant 10M$	40
$128K < A \leqslant 512K$	20	$10M < A \leqslant 100M$	50
$512K < A \leqslant 2M$	30	$A > 100M$	60

表6.5 根据企业内部局域网带宽打分的标准

网络到桌面带宽 P	$P \leqslant 1M$	$1M < P \leqslant 10M$	$10M < P \leqslant 100M$	$100M < P \leqslant 1000M$
得分	10	20	30	40

6）指标体系总测评结果计算的设计

（1）相对指数法。这是最简单的定量测评方法。其具体步骤如下。

第一步，将某一年作为基年，设企业该年的信息化指数 f 为100。则在企业信息化测评指标体系中，以每一个三级指标在基年的具体数据为100，然后再分别将测度年的指标数据除以基年同一指标数据，即求得测度年的各指标值的指数。

比如，某企业2008年的"每百人拥有计算机数"是12台，而2010年是45台。现以2008年的12台为100，求2010年的指数 f 的算法是

$$12:45=100:f$$
$$f=(45 \times 100) \div 12 = 375$$

第二步，计算总的信息化指数。有一步法和二步法两种。

一步算术平均法，是假定测评指标体系中的三级指标，对最终信息化指数值的贡献等价，在求出各项指标的指数值后，将全部指数值相加除以指标总数，即一步求出全部指数的算术平均值，为总的信息化指数。

二步算术平均法，在三级测评指标体系中，假定几个一级指标对最终信息化指数值的贡献等价，每个一级指标下的各二级指标对最终信息化指数值的贡献不等价，每个二级指标下的各三级指标对最终信息化指数值的贡献不等价，可按照下面的顺序进行计算。

首先，分别计算每一个二级指标下的各三级指标指数的算术平均值，作为该二级指标的指数。然后，分别计算每一个一级指标下的各二级指标指数的算术平均值，作为该一级指标的指数。最后，计算全部一级指标指数的算术平均值。

相对指数法的优点是解决了不同指标数据单位量纲不同、不能直接相加的困难。它可以用来评价企业测评年的企业信息化指数，了解企业自身纵向的企业信息化水平的发展，也可用来比较不同企业的企业信息化水平。

（2）直接算术平均法。

如果在设计测评指标的数据计算方法时就考虑数据量纲不同、不能相加的问题，在设计时就把量纲消去，并使得每一指标的权重相等，就可以直接用算术平均法直接计算企业

的信息化水平总指数。

假设某信息化测评指标体系共有 27 个三级指标,则其计算公式如下:

$$I = \frac{1}{27}\sum_{I=1}^{27} C_i$$

式中,I 为企业信息化总指数;C_i 是信息化测评指标体系 27 个三级指标中第 i 个指标。

为了保证测评的科学性,减少测评的主观性,还可采用模糊综合评判法、层次分析法、多目标决策法、数据包络分析法、聚类分析法、因子分析法等。这些方法都有专门的著作阐述,这里就不详细介绍了。

案例分析

案例 6.5 虚拟企业和皮包公司的是与非

某市工商管理局的两个工作人员,在一边看杂志,一边聊天。

这个说:"你看,这杂志上说,生产运动鞋的 Nike 公司和 Reebok 公司就是一种虚拟化的企业。Nike 只生产运动鞋的气垫系列,运动鞋的其他部分都是由别的生产厂来生产的;Reebok 则连一间生产厂房都没有,它们只有几间办公室,只致力于附加值最高的设计与营销,而运动鞋的具体生产则是找其他制造厂来生产的……"

没等这一位将杂志上的文字读完,另一位马上就插进来说:"这是一个地道的皮包公司。"

两人异口同声地说:"属于查禁之列!"

(本书作者根据信息化调研资料改编)

讨论题:

1. 你知道什么叫"皮包公司"吗?案例中,两人对话的内容是否正确?为什么?
2. 从"皮包公司"到"虚拟企业",你有什么感受?

[思考题]

1. 企业信息化的内涵包括哪 3 个方面?它包括哪 6 个发展阶段?
2. 什么是企业信息化的过程管理和项目管理?两种管理的关系是什么?
3. 什么是企业信息化中的技术辅助?它包括哪 4 项原则?
4. 企业信息化中组织变革的特征和变革的形式各包括哪些内容?
5. 什么是虚拟企业?它有哪些特点和形式?应该如何管理虚拟企业?
6. 什么是企业战略联盟?怎样管理企业战略联盟?
7. 企业管理变革的内容包括哪 4 个方面?具体有哪些内容?
8. 流程再造包括哪 3 个战略原则?最常用的 4 种流程再造的方法是什么?
9. 学习型组织的内涵包括哪 5 个方面?怎样把企业建设成学习型组织?
10. 在企业信息化中,人员观念变革包括哪些具体内容?

第 7 章

企业信息的管理程序和方法

开篇案例

厂长那么注重信息的真实性,为啥错了?

(下午上班时间,在厂门口。)
  小王:厂长好。
  厂长:小王好。最近忙不忙?
  小王:忙得一塌糊涂。那个北大来的李高工抓得也太紧了。
  厂长:抓得紧是好事啊!
  小王:(自言自语)这回好了,李高工走了,我们可以歇一阵子了。
  厂长:你说什么?李高工走了?走哪儿了?
  小王:回北京啦!
  厂长:真的?
  小王:真的!
  厂长:你可不要瞎说!下午他还要参加厂里的一个会呢。
  小王:是真的。我上午在火车站亲眼看他上了去北京的那趟火车。
(厂长立即拨通了李高工的手机。)
  厂长:李高工,你负责的项目还没结束,怎么就走了呢?!
  李高工:我没走啊,你说下午开会,我在你办公室门口等你呐。
(厂长显然是批评错了,下意识地又补上一句。)
  厂长:有人说看到你上了回北京的火车?
  李高工:哦,我上午是送我一个朋友回北京。
(厂长看了一眼小王,一句话没说,愤愤然直奔办公楼。)

(根据作者企业信息管理调查资料编写)

讨论题：

1. 厂长对李高工的批评显然是错了。可是，厂长那样重视信息的真实性，一再询问小王是不是真的，为什么结果还是错了？

2. 根据这一案例，说说企业信息采集工作应该注意哪些事项？

本书在第 1 章已经指出企业信息管理包括对"企业信息"的管理和对"企业信息活动"的管理。对"企业信息活动"的管理，我们在第 5 章已经作了详细介绍。那么，对"企业信息"的管理，第 1 章也已经说了，应该按"采集—加工—存储—传播—利用—反馈"的程序进行。这个程序规定了对"企业信息"进行管理的 6 项工作和进行这 6 项工作的先后次序。下面我们就分六节依次给予介绍。

7.1 企业信息的采集

7.1.1 信息采集的内容

1. 信息采集的含义

企业信息的采集是指企业信息管理者根据一定的目的，将企业内外各种形态的信息采出并汇聚起来，供自身系统使用的过程。

信息采集在企业信息管理过程中的地位和作用表现在两个方面。

（1）它是做好企业信息管理工作的前提和基础。

企业信息管理工作是一个从采集、加工、存储、传播、利用到反馈的全过程，信息采集工作是这一过程的起点，没有信息采集，信息管理工作的其他环节就无法进行。而且信息采集工作贯穿于信息管理工作的过程中。客观现实在不断地变化，随着信息管理工作的进行，随时要采集管理对象和管理环境中所发生的新的信息，只有这样才能保证信息管理工作符合客观情况，顺利进行。

（2）信息采集工作质量是决定信息管理工作质量的关键。

在后续的信息管理工作的各个环节中，都是以采集到的信息为材料进行工作的，信息的真实性、可靠性、时效性和实用性与信息的加工、存储以致最终的利用息息相关。由于企业内外环境在不断地变化，信息采集工作的内容质量和时间质量将直接决定信息管理工作的成败。

2. 信息采集的要求

信息采集工作的要求，可以用四个字来概括，就是"真、快、多、准"。这是保证信息采集工作质量最基本的要求。

1）真

包括：真实、准确、完整。

真实，指的是信息的有无，要求采集的信息必须是真实发生了的，或者是真正可能发生的。

准确，指的是对真实信息的内容表述的程度，要求对采集到的真实信息的表述是准确无误的。

完整，指的是信息内容组成的程度，要求采集到的信息是完整无缺的。不真实、不确切、不完整的信息会导致决策失误，给企业带来损失。

有人认为，信息采集的完整性是指"说采集的信息能不能满足决策所需要的全部信息"。并且举例说明：当人们以市场上家用吸尘器一时紧俏的信息，就决定进口家用吸尘器生产线，是不合适的。认为还必须收集有关消费者平均收入水平、消费结构、竞争对手的生产能力等信息之后再做出决策才是正确的，并以此说明仅仅获得"家用吸尘器紧俏"这一条信息，就是不完整的。

这种理解是错误的。因为这里把信息采集的要求和信息利用的要求混为一谈了。信息采集的"完整"，指的是采集到的信息本身是不是完整，只要信息本身是真实、准确、完整的，采集的任务就完成了。至于企业信息管理者运用这一信息得到什么结论、做出什么决策，那是信息利用的问题。在上述案例中，只要"家用吸尘器一时紧俏"这件事本身是真的、表述是准确的，就足够"完整"了。至于根据这一信息应不应该得出进口生产线的决策，那已经不属于信息采集工作范畴内的事了。

原始信息的不真实；或者虽然确有此信息，但表述不准确；或者虽然信息确是真的、并且表述也是准确的，但内容不全面、不完整，都有可能造成管理决策的失误。

虚构杜撰、凭空想象、随意夸张等都是信息采集的大忌。

要保证信息的真实、准确、完整，必须注意以下几点。

一要注意信息的来源必须真实可靠；通过间接渠道采集到的信息，必须要注意进行认真核实，以保证其真实。

二要注意采集信息的过程中，不带任何框框，一切与信息管理目标相一致的信息，不论其后来是否有用、或者可能有多大用，先都力求采集到手，以求信息的完整。

三要注意采集信息的渠道力求最短，以免信息传播过程中造成信息量的损失和冗余信息的掺入。此外，还应该尽量减少信息采集过程中受到的各种各样的干扰。

四要注意对采集到的信息进行表述时，要力求做到清楚、明白、准确，不要动辄使用"大概""可能"等模糊语言，特别是要注意有关信息发生的时间、地点、人物、过程、原因、结果等六大要素应该尽可能予以保留，不要随便舍弃。

2）快

又谓"及时"，有三层含义。

一是指信息自产生到被采集的时间间隔，间隔越短，谓之越及时。最快的是信息采集和信息发生同步进行。这是信息的时效性特征的体现。这是指采集刚刚发生的信息。在新闻学中称为"时效性"。

二是指在执行某一任务急需某一信息时能够很快采集到该信息，谓之及时。这里所说的信息是已经发生过的旧信息，企业在决策时需要，应该及时提供。在信息管理过程中，信息不能及时到位，就会影响管理者的决策，给企业带来损失。

三是指在企业采集某一任务所需的全部信息花去的时间，花的时间越少谓之越快。

要保证信息采集的"快"字要求，采集工作必须积极主动，密切注视事态的发展变化；行动迅速，发现苗头立即捕捉所需信息；采集方法要科学，采集手段要先进。

3）多

既是指所采集信息的"量"，也是指所采集到的信息内容系统、连续。"量"是相对值，指相对于具体的采集目的，用较少的时间采集到比较多的信息，效率高。

所谓"系统、连续"，是从纵横两个方向对信息采集工作的要求。所谓"连续"是信息围绕某个问题在时间范围上的纵向延伸。所谓"系统"是信息围绕某个问题在空间范围上的横向延伸。这是由现实社会事物发展规律所决定的。一切事物的发展变化都是连续的、系统的，所以信息采集工作要尽可能与事物的发展变化同步，只有如此连续采集，才能保证信息的系统。

信息的系统性、连续性越强，其使用价值就越大。据未来学研究认为，为了保证利用信息进行外推预测的准确性，应该将外推期限制在整个观测期的三分之一以内。就是说，如果有了某一问题的30年的连续信息，就可以预测其今后10年的有关情况；如果只掌握它15年的连续信息，就只能预测它5年后的有关情况。信息采集工作的系统性和连续性，是保证采集到的信息群的系统、连续的前提。要做到这一点，也很简单，对于需要系统、连续采集的信息事件，对其的发展变化要进行连续追踪采集，只要活动没有停止，对其的信息采集工作就不能中断、停止。

4）准

又称针对性。包括两层含义：一是指信息具有适用性，指的是所采集信息的内容，与采集目的和信息管理工作的需求是一致的，具有使用价值；二是指与采集目的相关。因为在采集信息时就确定该信息是否有用，有时一时难以马上做出判断，只要与采集目的有一定的相关度，就可以先采集下来。相关度越高，适用性越强，就越"准"。

综上所述，"真、快、多、准"四个字的要求，就是：用比较少的时间，采集到比较多的、真实的、有用的信息。

3. 信息采集的准备

信息采集工作，有时候可以有计划、有步骤地进行，有时候又是在事先无法预料的情况下随机运作的，但是作为企业的信息管理工作，在采集目的、采集范围、信息源和采集方法等方面，需要有所准备，才能把信息采集工作做好。

1）采集目的的准备

企业信息管理工作的目的，就是实现企业的阶段目标和战略目标。信息采集的目标是从战略目标、阶段目标派生出来的，是为了实现企业战略目标和阶段目标而产生的信息需求。

信息采集的需求有显性需求和潜性需求的区别。显性需求是指管理者十分明确地意识到的那些需求。潜性需求是指管理者事先没有意识到的、而实际上对管理工作有用的那些需求。

显性需求的准备比较好办，明确需求就可以了。

潜性需求的准备。潜性需求是管理者长期思索并渴望解决而没有解决、在问题面前百思而不得其解的情况下产生的。百思而不得其解，说明他没有意识到需要什么样的信息，但是当这些信息出现时，如果搜索意识强烈，就能够马上抓住，适时地采集。所以，潜性需求的准备是一种思想上的准备。

2）采集范围的准备

这是指在信息采集之前恰当地划定信息采集的范围。

内容范围，是指信息需求所限定的范围，包括事件本身的内容和该事件周边相关的内容。如果是学术文献就是指文献的专业学科，是大的一级学科，还是分支学科，还是分支学科的分支，要在采集前予以区分。

时间范围，是指信息需求所需信息的时间跨度，或者说是指信息、资料发表的时间，是最近几个月的，一年的，还是近若干年的。

地域范围是指信息需求所需信息发生的空间位置范围，即资料来源地区的大小，是本单位、某个地区，还是某个国家，还是整个世界。尤其是关于信息采集者所在单位的信息和个人亲身经历的现实信息，包括个人的行为、讲话、著作、经历等，最容易被忽略。不要一提信息采集就只想到外部信息、别人的信息。

3）信息源的准备

社会可以提供的信息源十分丰富，有文献型信息源、口头型信息源、电子型信息源、实物型信息源和内潜型信息源等 5 大类。

文献型信息源包括书报刊、政府出版物、专利文献、标准文献、会议文献、产品样本、学位论文、档案文献、公文报表等。

口头型信息源，又称个人信息源，包括电话、交谈、咨询、调查等。

电子型信息源包括广播、电视、数据库、互联网、局域网等。

实物型信息源包括展销会、博览会、销售市场、公共场所以及事件发生的现场。

内潜型信息源指的是信息采集者个人头脑中储存的各种内源性信息。

在采集之前应根据采集目的和信息源特征选择好信息源。

4）采集技术的准备

信息采集技术包括：磁卡、智能卡、条码、RFID 等。这些技术在企业计算机系统开发的时候，就要考虑进去，加以设置。

5）采集方法的准备

信息采集方法可有四大类：自我总结法、直接观察法、社会调查法、文献阅读法。每一类中又有许多种。实际采集之前应根据采集的目的进行选择和组配。具体内容在下面介绍。

7.1.2 信息采集的技术

1. 磁卡

磁卡是一种卡片状的磁性记录介质，利用磁性载体记录字符与数字信息，用来标识身份或其他用途。磁卡由高强度、耐高温的塑料或纸质涂覆塑料制成，能防潮、耐磨且有一定的柔韧性，携带方便、使用较为稳定可靠。

磁卡使用方便，造价便宜，用途极为广泛，可用于制作信用卡、银行卡、地铁卡、公交卡、电话卡、电子游戏卡、车票、机票、出入证卡等。

企业利用磁卡可以解决员工身份信息的确认、企业内费用的支付等。

2. 智能卡

智能卡是内嵌有微芯片的硬质卡片的通称。卡片类型有 IC 卡、ID 卡和 CPU 卡。可用于出入门禁、资金结算、考勤和某些控制操作。整个计算机管理系统的局部系统和终端可自动将收集到的信息整理归纳，供系统查询、汇总、统计、管理和决策。

IC 卡（Integrated Circuit Card）是集成电路卡。可靠性高，安全性好，存储容量大，具有防磁、防静电、防机械损坏和防化学破坏等功能，信息可保存 100 年以上，读写次数在 10 万次以上。广泛地应用于金融财务、社会保险、交通旅游、医疗卫生、政府行政、商品零售、休闲娱乐、学校管理及其他领域。是目前使用最为广泛的智能卡。

ID 卡（Identification Card）是身份识别卡。一种不可写入的感应卡，含固定编号。卡内除了卡号外，无任何保密功能，正在逐步淘汰中。

CPU 卡，也称智能卡，卡内的集成电路中带有微处理器 CPU、存储单元（包括随机存储器 RAM、程序存储器 ROM（FLASH）、用户数据存储器 EEPROM）以及芯片操作系统 COS。装有 COS 的 CPU 卡相当于一台微型计算机，不仅具有数据存储功能，同时具有命令处理和数据安全保护等功能，是智能卡的发展趋势。

3. 条码

又称条形码（barcode），是将宽度不等的多个黑条和空白，按照一定的编码规则排列，用以表达一组信息的图形标识符。常见的条形码是由反射率相差很大的黑条（简称条）和白条（简称空）排成的平行线图案。

条形码可以标出物品的生产国、制造厂家、商品名称、生产日期、图书分类号、邮件起止地点、类别、日期等信息，因而在商品流通、图书管理、邮政管理、银行系统等许多领域都得到了广泛的应用。所以，条形码可以自动识别所面对的信息，在企业信息管理中用来采集信息。

条形码制作简单，采集速度快，信息量大，可靠性高，成本低廉。

4. RFID

RFID（Radio Frequency Identification）射频识别的英文缩写。通常称 RFID 技术，又称无线射频识别。是一种通信技术，可通过无线电信号识别特定目标并读写相关数据，而无需识别系统与特定目标之间建立机械或光学接触。目前广泛应用在图书馆、门禁系统、食品安全溯源、供应链和库存跟踪、汽车收费、防盗、生产控制、资产管理等。

RFID 技术作为一种自动识别技术，起源于英国，20 世纪 60 年代开始商用。

RFID 系统由阅读器（Reader）与电子标签（TAG），即应答器（Transponder）及应用软件系统三部分组成。

其工作原理是阅读器发射一特定频率的无线电波能量给电子标签，电子标签进入阅读器发出的射频磁场后，接收到阅读器发出的射频信号，凭借感应电流所获得的能量，将存储在芯片中的信息发送出去（无源标签或被动标签），或者主动发送某一频率的信号（有源标签或主动标签）；阅读器便依序接收、读取信息并解码后，送至中央信息系统给应用程序做相应的数据处理。

RFID 系统的适应领域有：物流和供应管理、生产制造和装配、航空行李处理、邮件与快运包裹处理、文档追踪、图书馆管理、动物身份标识、运动计时、门禁控制、电子门票、道路自动收费等。

7.1.3 信息采集的方法

关于信息采集的方法，在作者的信息管理学著作中，有一个演变过程。

在 20 世纪 80 年代出版的信息管理类的著述中，讲到信息采集的方法，通常都是三大块："观察法""调查法""文献检索法"。俗称"老三块"。

2000 年，我第一次在重庆大学开设全校选修课"信息管理"时，讲到信息采集的方法时，肯定受到这个说法的影响，直接采用了"观察法""调查法"，把"文献检索法"改为"文献阅读法"。称为"新三块"。

这样改，是基于这样的思考："文献检索"仅仅是得到这一信息的载体：文本。信息的内容要通过阅读文本才能知道。可见，"检索"仅仅是获得阅读材料的一种途径，获得阅读材料的途径还有索取、借阅、购买、交换、委托复制、网上下载等许多途径。可见，"文献检索"既不是采集信息本身的方法，也不是获取信息途径的全部方法。

2001 年在《信息管理学》和 2003 年本书第一版中都是延续这一"新三块"。

2006 年本书在第二版中改为四大块："自我总结法""直接观察法""社会调查法""文献阅读法"。

增加"自我总结法"，是基于这样的思考：信息管理中信息采集的目标物，应该包括信息采集者自己亲身经历事件的经验和教训、亲身感悟的体会等信息。而"直接观察法""社会调查法""文献阅读法"所采集的都是别人的信息。

这四大方法，都是直接获得信息本身的方法。我觉得，只有这样的信息采集方法，才是全面的信息采集方法。

目前，在一些信息管理类、企业信息管理类的著述中，对于信息采集方法的阐述，都没有能够顾及这四大方面。比如，有的说："信息收集的主要途径有：查找现有数据、调查研究和实验观察[1]。"还有的说："信息采集方法主要包括调查法、询问法、媒介分析法、咨询和网络查询法[2]。"

综上所述，本书这一次修订中保留了这四大块的说法。

1. 自我总结法

自我总结法是指信息采集者将自己亲身经历的事件、亲身感悟的体会用文字或语音记录下来的方法。

此法最早来源于美国陆军，称作"事后总结"法。因事后总结的英文为 After Action Reviews，故又简称 AAR 法。它指的是团队和个人可以通过总结自身过去的成功经验和失败教训来获取信息。

1）自我总结法的作用

AAR 法是一个简单有效的获取信息的方法。

它有利于企业团队的成员从项目活动过程中获得隐性知识，并将其显性化，避免了知识因团队的解散而流失。

通过事后总结，让团队成员个人积极地参与对项目过程的诊断和评估，以加强它们的学习，总结和发现新的信息，还可以建立起组织内的信任，提高学习意识。

通过事后总结，还可以将总结的成果，在所有参加活动的人员中传播共享，还可以记

---

[1] 夏洪胜，张世贤. 企业信息管理. 北京：经济管理出版社，2014：80
[2] 王悦. 企业信息管理. 北京：中国人民大学出版社，2010：166

录下来让更多的人共享。

它的精髓在于开放和学习，而不是去寻找问题的责任和批评指责。它为团队和个人提供一个反思项目、活动、事件和任务的机会，以便下次做得更好。

2）自我总结法的要点

这种方法主要是通过对亲身经历事件的客观记录和综合、归纳、分析、顿悟等方式获得信息。要做好自我总结，必须注意以下要点。

（1）抓住时机，及时总结。最好的总结时机就是事件刚刚结束之际，自己和大家对事件还历历在目，无论是成功的喜悦，还是失败的悔恨，都还没有消退，这个时候是总结经验教训最合适的时候。

（2）把握核心要点。总结时不能漫无目标，没有中心。

为此，一般都遵循"四问"的思路：

一问我们这次活动的计划是什么？以明确本来规定的活动目标。

二问实际发生了哪些事情？回忆发生过的事实和结果，并与计划目标相比较，找出成果和差别。

三问为什么？为什么会有这些成果和差别？在问题的表现和根本原因之间寻找联系，明确恰当的做法和不恰当的做法。

四问下一次再做这一类的项目和活动时将如何做？以便在上述讨论的基础上确定如何改进。

（3）组织好会议。一是要事先确定两三个积极推动者，让他们事先做一点准备，总结会开始时先发言，以免冷场；二是要营造一个良好的会议气氛，与会者能够知无不言，言无不尽，每个人都能充分发表意见；三要注意会议进程中的引导，不要离题太远；四要会上有记录，会后及时整理，提炼出有用的信息。

自我总结法看似简单，要真正做好它并不容易。它取决于信息采集者高度的无意注意心理品质、强烈的自我管理意识、较高的思维能力、表达能力和会议组织能力。

2. 直接观察法

直接观察法指的是在信息源现场，信息采集者对客观对象不加任何干预，不直接向被采集对象提问，只是凭视觉、听觉、感觉和基于上述感知的思维，以及借助录音机、摄像机客观地记录信息源所生信息的行为过程。

1）直接观察法的种类

直接观察法包括无控制参与观察、无控制非参与观察和有控制观察3种。

（1）无控制参与观察。这是指信息采集者，以信息源中被观察者的身份参加被观察者的活动，但对信息源的活动和被观察者的行为不作任何干预，事先不作计划安排和准备，使自己在实际活动中直接观察和亲身体验，以获取第一手信息的方法。由于这种方法往往是在现场观察，就在现场做好记录，所以又叫现场记录法。比如，市场调查人员以消费者的身份参加市场活动，产品生产厂家派人站柜台，收集消费者对本厂产品的意见等，都是这种方法的运用。

这种方法有两种方式：口头询问方式和信息采集卡方式。

口头询问，做起来比较简单、方便。不过，也有不足。如"这件商品好不好？""这件商品你喜欢不喜欢？"一类的问法，标准模糊，界限不明，消费者不好回答，或者回答得不是很准确。

使用"信息采集卡"，可以事先设计好问话的内容，标准、界限都设计得十分明确，在柜台上由消费者打"√"。这种方法不仅容易收集信息，还便于进行量化和统计。这里，关键的问题是设计好信息采集卡的问话条目。

（2）无控制非参与观察。这是指信息采集者在无准备、无具体采集目的的情况下，偶然观察到某一信息，感到有使用价值，从而获取该信息的方法。

比如，工厂技术设计人员在周末与家人去公园游玩的时候，偶然发现公园儿童游乐场的一个设备对自己的技术攻关有启发，并把它用在设计上了。就属于这种方法。这实际上是信息"潜在需求"的反映。还可以借助仪器进行无控制非参与观察。比如，在广告牌上安装一种特制的摄像机，可观察过往行人对该广告的重视程度。事先征得用户同意，在家用电视机内安装一个记录装置，以记录这个电视机的开关时刻、选台频率、使用时间等信息。

（3）有控制观察。这是指信息采集者利用某些工具、仪器、设备，有计划、有目的、有准备地对特定的对象进行的观察。比如，实验观察、试验观察等。

实验观察，在自然科学研究中，是根据研究的需要，利用一定的仪器设备，人为地控制或模拟自然过程，排除干扰，突出主要因素，在有利的条件下观察自然过程和自然现象的方法。

在商贸、行政、教育等领域里也有类似的实验方法。比如，产品展销会，就是一种选样定产的实验，用户和消费者在展销会上看样、了解产品的性能，并进行实际操作，再进行选购，这就是厂家了解产品市场需求信息的实验方法。与自然科学中的实验方法稍有不同的是这里不仅仅是观察，还有向用户的询问。

试验观察，在社会科学、技术科学研究中，是根据研究的需要，按预先安排的程序，进行实施，观察其结果，并与预测方案相比较，以获得对预测方案评价的一种方法。在工业生产中，试验是最常用的一种方法。一种新开发的产品在投入批量生产之前，总要进行试验，俗称"中试"，就是通过试验了解该产品的各种信息。商贸领域的商品试销试用，其实也是一种了解商品信息的试验观察。

2）科学观察的要求

不论上述哪一类观察，都是通过观察来获取信息的。所以，如何科学地观察就成了一个十分重要的问题。即兴地看看，走马观花地张望，漫不经心地浏览是不行的。要提高信息采集的质量，就必须掌握科学观察的方法。

（1）科学观察必须是客观观察。首先，客观观察要求在观察中有明确的、具体的、根据采集目的和需求所确定的观察对象及其范围。因为人的精力和时间都是有限的，加之管理工作的目标已定，采集本身就是为这一目标和需求所作的采集，不允许漫无边际地去采集各种信息，所以观察对象及其范围不宜过大。

其次，客观观察要求在观察中不带任何框框，不受任何已有观点的束缚，头脑中要一片空白。比如，春兰集团要在期刊上做广告，究竟在哪些期刊上做广告对用户的影响更大一些呢？他们委托咨询公司对春兰用户做调查，问他们最喜欢看的期刊是哪些，以此得知春兰用户最喜欢看的期刊中前四名是《读者》《知音》《家庭大全》《故事会》。于是,春兰集团就选择这四种期刊做广告。咨询公司的调查就是一种典型的客观观察。

再次,客观观察要求观察者在出现与预测不一致的现象或结果时,要能够仍旧客观地观察。不考虑观察对象与原定观察目的是否一致,也不急于用自己掌握的知识去解释观察到的现象或结果,仍旧坚持"客观"地去观察,因为解释现象是信息处理时的事情。

(2)科学观察必须是反复观察。客观事物是复杂的,有时并不是一两次观察就能得其要领、察其本质的。所以必须认真精细,反复观察,才能把现象观察清楚,才能透过现象达到本质。

有人对反复观察总结了一个思路:"整体→局部→整体",先对观察对象的总体进行观察,获得第一个总的印象;再以这总的印象为着眼点对各个局部进行观察,尽可能地捕捉细节,并把各个局部归纳起来,取得第二个总的印象;然后在第三次观察中与第二个总的印象相比较。如此反复进行,就可以获得能够反映观察对象本质的认识。

(3)科学观察必须有伴随着观察的积极思维。在整个观察过程中,观察者必须积极地开动脑筋,主动地思考。这个时候的积极思维,不是去解释观察到的现象,而是去思考现象本身,比如,这种现象都有哪些特征,为什么是这种现象,原因是什么,有什么规律,有些现象为什么同时出现,这两种现象为什么不同时出现等。思考并不是为了解释现象,而是为了进一步观察,为了观察得更清晰、更全面。

(4)科学观察必须要客观、及时地记录。观察中测得的数据和现象,必须及时记录下来;记录就是记录,记录必须客观地进行表述,不带任何评论、估计、猜想,保持其原始性。在记录问题上,最大的忌讳就是事后追记,根据想当然记录,这就很难保证记录的客观性。

3. 社会调查法

社会调查法,指的是信息采集者通过观察和询问,对客观实际进行深入细致的了解,以获取信息的方法。

1)社会调查的方式

(1)普遍调查。这是在一定范围内对全部调查对象的调查。这种调查方式可以获得全面的信息。在普遍调查中,调查面的大小是相对的,随着调查对象的不同而不同。比如,海尔集团员工信息管理素质的普遍调查,北京市信息产业的普遍调查,重庆市主城区企业信息化的普遍调查,虽然都是普遍调查,但是,很显然他们涉及的调查面和工作量是不一样的。

不过,在相同调查范围内,普遍调查和典型调查、抽样调查相比较,毕竟涉及面广,工作量大,所以只是在需要了解全部信息的管理决策中才采用普遍调查。

(2)典型调查。这是在一定范围内,选择重点的、有代表性的典型对象进行的调查。这是在初步获得了全面性信息之后,以便进一步了解有关方面有代表性的信息,再推算出面上的情况。

这种调查方式,工作量相对来说比普遍调查要小,如果"典型"选得比较合适,还可以获得比较有代表性的信息,信息的使用价值高。但是,如果选择的"典型"不具备代表性,就难以得到合适的信息。

所以，典型调查一般是在全面收集信息的基础上进行的，以便正确地选择典型的调查对象。如果被调查对象的发展条件和发展程度的差距比较大，可对调查对象的整体进行分类，然后在各类中选择典型对象进行调查。

（3）抽样调查。这是在一定范围内，从调查对象中抽取部分样本进行的调查。在这种调查中，所抽取的样本，从单个样本来看，有高有低，但从全部样本来看，高低互相抵消，其平均数是接近总体平均数的。所以，抽样调查在非普遍性调查中是有科学根据的、比较准确的调查方式。

抽样调查中被抽取的调查对象称作"样本"。样本抽取的方法有以下四种。

一是"简单随机抽样"，又称"纯随机抽样"。抽样时，对全部被调查对象不做任何处理，完全排斥任何有意识的选择，使每个被调查对象具有相同程度的入选可能性。

二是"机械随机抽样"。抽样前，先将全部被调查对象按照某一特征标志排队，然后按固定间隔和顺序来抽取被调查对象。比如，人力资源管理中，对职工队伍的抽样调查，可以将职工队伍按照职工姓名的笔划为序，也可以按照职工参加工作的年份为序，还可以按照职工的工资数额为序。排序后每隔三人或五人抽取一名职工为样本。由于抽选的间隔相等，所以此法又称为"等距抽样"。

三是"类型随机抽样"。抽样前，先将全部被调查对象按照某一特征进行划分，分成若干个类型小组，然后从每个类型小组中抽取一定数目的样本。抽取样本时，可以是等比例抽取，也可以是不等比例抽取。

等比例抽取就是抽取的样本的比例与各种类型小组在总体中所占的比例相同。这种抽样法一般适用于各类型小组之间的差距程度比较小的情形。不等比例抽取，就是抽取的样本的比例与各种类型小组在总体中所占的比例不相同。这种抽样法一般适用于各类型小组之间的差距程度比较大的情形。

类型随机抽样的特征是，各类型小组内样本之间的差距比较小；各类型小组之间的差距性则比样本之间的差距性大得多。

四是"分群随机抽样"。抽样前，先将全部被调查对象按照某一特征进行划分，分成若干个结构相同的样本群，然后从每个样本群中抽取一定数目的样本。

分群随机抽样和类型随机抽样虽然都是从划分小组开始的，但是二者的具体分法不同。分群随机抽样要求各群体（小组）之间具有相同性，每一群体内部的成员则具有一定的差异性，抽取的对象不是一个而是一群。类型随机抽样要求各类型小组之间具有差异性，每一小组内部的成员则具有的相同性，抽取的对象是一个个的小组成员。

比如，对职工队伍的调查既可采取分群随机抽样，也可采取类型随机抽样。将职工按照工程师、技术工人、一般工人、行政人员、管理者分成五个类型小组，然后从每组中抽样，这是"类型随机抽样"；将职工按照一车间、二车间、三车间、职能处室分成四个样本群，每个样本群里都有工程师、技术工人、一般工人、行政人员、管理者，然后从每个样本群中抽样，这是"分群随机抽样"。

分群随机抽样的优点在于，不必编制调查对象的总体名单，只需编制样本群的群体名单，因此就可以减轻调查的工作量。由于此法是以群体为调查样本，所以不论抽中哪个样本群体，调查对象都比较集中，调查起来比较方便。

2）社会调查的类型及其方法

根据在社会调查中调查者与被调查者进行信息沟通的手段不同，可以将社会调查划分为4种：访谈调查、开会调查、通信调查和问卷调查。

（1）访谈调查。这是信息采集者与调查对象直接交谈和个别访问的方法。

由于是面对面地交谈，调查对象的态度、性格、情绪，调查者一目了然，而且可以谈得比较深、比较细，可以获得在公开场合下得不到的信息。但是，每次只能谈一个人，费时费力，调查效率不高。

个别访谈中，最大的困难是访谈不易深入下去。根据有经验的信息采集者的访谈实践来看，要使访谈深入下去，访谈提问时应该注意：一要从双方共同熟悉的人和事谈起，以求寻找共同的话题，沟通感情，避免对立情绪的产生，避免冷场的发生。二要在提问时只提对方用一两句话就能回答得了的问题，双方一问一答，就可以交谈起来，使访谈持续下去。三要在提问时只提那些只有对方才能回答的问题，使对方感到所问的问题确实只有自己才能够回答，因而会有一种被重视、被尊重的内心体验，而愿意谈下去。四要避免诱导式提问。因为诱导式提问，会使被访谈者感到你是带着框框来的，是要我来说出你想说的话，从而会产生一种被利用的感觉，以致对访谈反感，使访谈进行不下去。

（2）开会调查。这是信息采集者召集几个调查对象，并主持座谈，让与会者就调查的内容进行发言，以此获得信息的调查方法。

要开好调查会，必须注意每次会议人数不宜太多，五六人，七八人即可，讨论的议题要比较集中，与会者的身份或知识结构要与议题的相关性比较大。最关键的是信息采集者要善于主持会议，事先有充分的准备，有调查提纲，座谈时口问手写，并与调查对象进行讨论，若会议的议题有所偏离，应能及时地意识到，并加以控制，纠正回来。

这种调查方式，可以集思广益，获得丰富的、高质量的信息。缺点是有些不宜在公开场合下披露的信息、或与会者不愿在公开场合下披露的信息，会上就得不到；信息采集者不善于主持会议，会议经常"跑题"，不仅会浪费时间，也得不到有用的信息。

（3）通信调查。这是信息采集者借助信函、电话、微信、QQ或E-mail进行的调查。这是一种十分方便的调查方法。企业管理者为获取某一方面的信息，拿起电话就可以向调查对象提几个简单的问题，请对方回答，马上就可以有结果。

电话询问调查，在国外是普遍采用的一种信息采集方法。据外电报道，澳大利亚电信公司在测定电信用户满意度时，每年要电话抽样询问45万户。丹麦每年要电话询问1.3万户。在国内，虽然电话普及率上升很快，但是一方面国内的信息采集者还缺少这方面的观念和经验，另一方面也受到公众素质和行为习惯的制约，进行电话询问调查的还不够普遍，只是一些咨询公司或新闻媒体在采集信息时使用这一方法。

要做好电话询问调查，应该注意以下4点。

一是调查人必须公开自己的身份和意图，取得被调查人的信任，被调查人才可能回答你的提问。

二是谈话内容必须简单明了，调查人的语言必须十分简洁，尤其要注意提问时要让被调查者感到不会对自己产生威胁。

三是异地访谈，要注意信息的真实度，不可简单相信，要从多侧面去了解，必要时可以进行当面核实。

四是随时做好录音、记录。如果可能，可在电话中与被访谈者核实你记录的内容。

（4）问卷调查。这是信息采集者将要调查的内容设计成一种调查问卷，提出若干问题，由被调查者填写后返回，从而获得信息的一种调查方法。

此法可以通过信函、网络将调查问卷发往各地乃至国外，克服了地理条件的限制，从而获得较大范围的信息；加上计算机的应用，可以对调查问卷获得的大量数据进行处理，从而使调查结果更接近于实际情况。而且填写问卷是"背对背"的，可以减少调查对象的思想顾虑，愿意提供真实情况，表达真实观点，特别是对于那些愿意提供真实情况而又不愿意披露姓名的人，这种方法比较合适。

此法是目前最受信息采集者欢迎的信息采集方法，尤其是现在互联网提供了很大的便利条件，可以通过互联网来了解世界范围内的相关信息。而且可以用现代数学方法来处理调查获得的数据，使调查结果更接近真实。

要做好问卷调查，需要注意两点：一是设计好问卷，二是做好问卷回收工作。问卷回收率越高，调查结果的可信度越高。问卷设计本身并没有统一规定的格式，但是，问卷设计很有讲究，设计得好，不仅回收率比较高，而且说得到的结果也很好。所以从事信息采集工作的人，应该熟悉问卷设计的知识。

具体有关问卷设计的知识，本书前三版都作了详细介绍。鉴于版面的限制，本版修订时我把这部分内容删去了。

4．文献阅读法

1）获取阅读材料的途径

要阅读，就要有阅读材料，所以，首先要解决获取阅读材料的问题。

阅读材料，对于企业信息管理者来说，主要包括：报表、总结、文件、档案、电子文档、图书、报纸、期刊、网络等信息载体。这些载体的信息，内容广泛，周转快，信息量大，阅读比较方便。获取这些文献的途径有索取、借阅、交换、购买、委托复制、网上下载和文献检索。

索取或借阅，上述载体的信息，都可以在企业的办公室、档案室、图书馆、资料室索取或借阅，如果属于个人的信息资料，也可以向信息的作者或出版者发出信函，请求对方提供相关信息。

交换，对于一些内部报刊资料，或国外的不易得到的某些出版物，可以和相关企业、相关的个人，建立交换信息资料的关系，在自愿、互惠的基础上长期相互交换信息资料。不过，在与国外人员建立交换关系时要注意保守国家机密。

购买，包括定购、现购、邮购、代购等。购买的主要是与采集目的和需求相关度高的图书报刊、专利文献、磁盘、光盘等。

委托复制，发现有价值的信息线索，本单位又没有该线索的资料，可以委托有关的信息组织、情报部门代为复制。国家图书馆等大型图书馆、中国知网、中国人民大学书报资料中心、各类网上数据库都可以为读者复制。

网上下载，以自用的计算机在网上可以查到许多文献资料，下载也很方便。不过大多数网站提供的文献下载需要缴费。

文献检索，这是通过计算机和各种检索工具查找文献信息的方法。尤其是网上检索，可以查到许多有用的信息资料，下载也很方便。

文献检索是一个专门的学问，同学们可以找一些专门介绍文献检索的书籍来学习，本书就不具体介绍了。本书第三版曾经详细介绍过"学术性文献检索的思路"，由于版面限制，本次修订时删去了这部分内容。

2）阅读的"三先三后"方法

阅读本身没有什么可以多说的，认识文字，就可以阅读。

但是，要提高阅读的效率，做到信息采集要求中所说的"用比较少的时间，采集到比较多的、真实的、有用的信息"，可用以下"三先三后"的方法。

先读近期文献，后读远期文献。因为有的远期文献，可能已经被近期文献所补充或者纠正，先读近期文献先了解这个信息，再读到被否定的文献时就可以不读了。

先读综述性文献，后读单篇文献。因为综述性文献是对一个时期某一领域全部文献的综合性介绍，先读这类文献，就可以对该问题有一个总体的了解，这样再读单篇文献时，可以更全面地理解这单篇文献的内容。

先读摘要和前言，后读文献全文。因为摘要和前言通常都是整篇文献的核心内容，先读这一部分，就可以知道这篇文献对自己是否有用。摘要和前言，文字不多，阅读所用时间不会长，如果没有用，就可以不再花时间读文献的全文了。

7.2 企业信息的加工

1. 信息加工的含义

信息加工是将采集到的信息，按照不同的目的和要求，及时地进行鉴别和筛选，使信息系统化、规范化、准确化，以便进一步存储、传播和利用，从而使信息具有一定使用价值的过程。

2. 信息加工的作用

信息加工是信息管理过程中不可缺少的关键环节。它的作用如下。

1）优化作用

刚刚采集到的信息还可能有不真实的、不准确的、不完整的、过时的、用途不大的信息存在。这些信息的存在势必影响信息的传播和使用，所以必须对它们进行鉴别、评价、核实、筛选，进行全面的检查，提高采集所得信息的真实性、可信度，压缩信息的冗余度，使原来内涵不明显的信息显露出来，使信息得到优化。

2）序化作用

刚刚采集到的信息，还是凌乱的、无序的，彼此孤立的，有的还是原始状态的信息，这就无法满足使用时的需要。通过加工，将原来无序的信息按照自己使用时的需要进行排序，比如分类，才可能便于存储、传播和使用。

3）创新作用

刚刚采集到的信息，或者是他人已有的信息，或者是从信息现场获得的第一手信息，这些信息与管理者的采集目的和管理目标并不是都有明显的联系和作用，有的有明显的联系，有的就没有明显的联系，有的还看不出有什么作用，只有通过信息加工，作初步激活，才会从这些已有的信息中创造出新的更有价值的信息，或者会因此发现更深层次的不足。这就是信息加工的创新作用。

在经过分类排序之后，信息采集者会发现在采集到的信息中还漏缺某些信息，这就需要进一步采集，以求补充。

信息对企业是否有用，信息加工这一步是最关键的。没有这一步，采集的信息再多都是无用的。

3. 信息加工的要求

1）系统性

这是指加工后的信息在内容上应该达到的要求。具体地说，一是要将内容相关的信息集中在一起，把内容上与采集的目标和需求不相关的信息区别开来。二是将集中在一起的信息按照某一特征进行排序，以求前后连贯，呈现某一规律或特征。三是明确相关信息之间的内在关系，体现出信息内容的系统性。

有人提出，系统性的要求，就是要求加工后的信息应该全面反映信息管理活动的规律。这种提法不妥。因为能不能"全面"反映"规律"，是由采集到的信息所决定的，不是由人通过"加工"就可以获得"全面"的。如果采集的信息总量就不足，怎么样加工也是无法反映全面规律的。

所以，这里的"系统性"是相对的，是相对于采集到的信息来说的，就是说通过加工，把已经采集到的信息加以系统化，与信息采集的目的系统性并不是一定完全重合的。当然，信息采集工作做得越好，二者之间的距离就越小。

2）准确性

这是指加工后的信息在表述上应该达到的要求。具体来说，一是没有虚假、含糊不清的信息。二是记载信息的用语规范、标准、简洁、准确、明白。三是要在信息表述的量上进行精简浓缩，重点突出，问题集中，尽可能地将冗余的语言符号删除。

3）及时性

这是指加工后的信息在时间上应该达到的要求。具体来说，一是采集到的信息要立即加工，特别是时效性强的信息更应该争分夺秒地加工，尽可能地减少采集到加工的时间间隔，以备信息管理工作使用。二是在决策急需信息时，能马上从尚未加工的信息中找出需要的信息并予以加工。

4. 信息加工的程序和方法

通常按照"鉴别—筛选—整序—初步激活—编写"的程序进行。

1）鉴别

（1）鉴别的含义。这是确认信息内容可靠性的过程。

可靠性，包括信息本身是否真实存在，信息内容是否正确，对信息的表述是否准确，数据是否确切无误，有无遗漏、失真、冗余等情况。

（2）鉴别的原因。在信息采集的过程中，由于采集主体主观因素的影响和客观条件的限制，都可能造成采集到的信息失真、过时、失效等。如果让这些信息保留在采集的信息中，就有可能影响管理者的决策，甚至会引起决策失误，造成重大损失。所以一定要把这些失真、过时、失效的信息剔除掉。那么，要剔除这些信息就必须首先进行鉴别。

通常，造成信息失真、过时、失效的原因有以下4种。

①信源不实。这是由于信息提供者造成的信息失真。由于各种各样的原因，信息提供者提供的信息可能是不真实的、或是不完全真实的、或是不准确的，或是不完整的。对于这类信息，信息采集者即使是非常客观、准确、完整地采集来了，仍旧是失真的信息，仍旧不能用。

信源不实，有信息提供者受自身条件的限制造成的，有传播过程不当造成的，也有他们故意造成的。在政治上对立的国家，在市场处于竞争地位的对手，或者是为了某些个人、小集团的利益，都可能使信息提供者有意地向对方或社会提供假信息。

故意制造失真信息的表现形式主要有以下几种。

拼凑，信息所反映的内容是真实的，但是内容各元素之间并没有本质的联系，或者各内容元素并不是同一时间、同一地点发生的事情却把它们放在一起，变成了同一时间、同一地点发生的事情，可能是信息提供者在提供信息时有一定的难度，或者是工作量加大，他就采取了不负责任的态度随便拼凑而成。

夸张，信息所反映的内容与真实情况不相符合，或者是夸大了事实，或者是缩小了事实，或者是把偶然说成是经常，把个别说成是普遍，使信息的内容发生了畸变。

虚构，信息的内容没有事实作根据，或者根据不足，是信息提供者出于某种需要虚构而成的。比如，某些企业向上级虚报产值或利润，某些学校向上级虚报研究成果等。

添加，信息的内容所反映的问题有一定的根据，并不是完全虚构，但是其中存在着某些"合理想象"的成分，是信息提供者出于某种需要主观加上去的。

捉影，信息的表述似乎事出有因，细细分析却觉得并无可能，甚至根本就是查无实据，以捕风捉影来代替事实。这往往是信息提供者满足于道听途说，或者是以讹传讹，不经调查核实，就信以为真，向社会或用户提供。

偏颇，信息的表述中，违背信息的真实规律，片面地强调某一因素的作用，结论过激或不当，不能真正反映信息所应该反映的真实规律。

回避，信息的表述强调事物的某一个方面，对另外一些事关全局的信息，明明知道，但故意不说，谓之"回避"。这是信息提供者出于某种需要，或者是为了迎合某些上级领导者的需要而为的。通常所说的"报喜不报忧"就属于这种类型。

假象，信息内容的结论，只是根据事物的表面现象进行判断和推理的，尽管这些现象是存在的，但是其结论就不可能反映事物的本质特征。所以信息的结论不过是假象。

孤证，信息所反映的结论仅仅依据于一个孤立的事实根据，而结论又与已有的反映该事物的客观规律不相符合。当然，这样的信息不一定就是错误的，但也不能说就一定是正确的，需要等待新的事实证据。

②弃取不当。这是由于信息采集者的主观因素造成的信息失真。

因为在信息采集过程中是由信息采集者来决定接受什么信息、淘汰什么信息的，所以每个信息采集者都会在采集准备时就确立好采集时选择的标准。

可是，信息采集者"弃"与"取"选择标准的掌握，却与信息采集者当时的心理活动密切相关。如果当时的情绪不好、注意力不集中、兴趣淡薄等，都有可能造成信息采集者偏离在采集准备时确立的采集标准，以致产生弃取不当，把应该采集的信息放弃了，把不需要的信息采集下来。信息采集者的心理素质对采集的质量有很大的影响。

同时，在采集准备时，所确定的采集"内容范围、时间范围、地域范围"如果过窄，即使心理准备很好，也还是会造成信息的漏采，丢失应该采集的信息。

这种情况一般是信息采集者自我尚未意识到的一种无意造成的弃取不当。通过提高信息采集者的自我意识可以解决。

③容错失真。这也是由信息采集者主观因素造成的信息失真。

信息采集者由于自身的素质品质、修养结构和能力水平的限制，对于采集到的信息中存在的失真信息或错误信息，不能有明确的认识，不知道那是失真的，或者认为那样失真一点也没有关系，无碍大局，即对错误信息的一种容忍。

比如，有人认为采集到的信息基本属实就可以了，或者认为凡是自己在现场获得的第一手信息就肯定是可靠的，或者认为凡是由领导或权威人士肯定过的信息就一定可靠。显然，这种认识是不妥的，因为"基本属实"就表明还可能有某些方面不清楚，在现场获得的第一手信息也有可能受自己当时心理活动、环境条件的限制而观察失误；由领导或权威人士肯定过的信息也可能由于各种各样的原因而失真。所以，上述思想的存在就必然会导致一旦真的错误信息出现了他也识别不出来，而容忍错误的存在。

④方法误差。这是在采集过程中由于使用的采集方法的偏差造成的信息失真。

比如，有抽样的偏差、计量的误差、调查问卷的设计不当、数据汇总失误、对信息内容分类和定义的不当、统计信息的时间界定不一致等。

抽样偏差，由于对于统计学中的抽样法掌握不够熟练，以致样本范围确定得不太合理，或者抽取的样本数量太少，就可能造成获取的信息失真，不能反映客观的真实情况。

计量误差，在采集信息时，由于测量仪器的精密度不够、采集者使用测量仪器的熟练程度不够或者统计的标准不一致，就会造成信息的计量误差。由于计算的错误、数据汇总失误，或者是由词汇信息转换成数字信息也都会使信息产生计量误差。

调查问卷设计不当，会造成被调查者不理解调查表的具体要求，不能正确填答问卷。或者由于调查表设计不妥造成被调查者的反感，以致不愿实事求是地填答。

对信息内容分类和定义的不当，会造成信息采集者对信息内容的认识，导致信息的弃取不当。

统计信息的时间界定不一致，这是因为针对某一目标信息的统计结果，应该有一个统一的时间界限。时间界定不一致的统计数据是没有比较意义的。

（3）鉴别的步骤。第一步，内容鉴别。对采集到的所有初始信息进行一次大检查，鉴别这些信息内容的可靠性。第二步，方法鉴别。一要对初始信息里的方法进行鉴别，二是对加工时自己采用的方法进行鉴别。第三步，存疑，对于一些疑难问题，一时无法判断其真伪的，不要马上作结论；对于需要探讨的问题，也不要轻易地下断语。这就是存疑。

只是在企业决策急需某一信息时，而这个信息的可靠性又未得到明确的认定，是不能存疑的，必须千方百计地设法立即予以认定。

（4）鉴别的方法。

①查证法，是利用各种工具书和报刊鉴别性文章来查证本信息的方法。

②核对法，是根据原始文献、标准方法或实际调查的结果进行核对的方法。

③比较法，是用从其他渠道获得的同类信息与本信息进行比较，以验证本信息可靠程度的方法。

④佐证法，是通过寻找其他相关物证、人证来验证本信息可靠程度的方法。

⑤逻辑法，是通过对信息本身所提供的材料进行逻辑分析，以发现本信息中有无前后矛盾、夸大其词、违背情理的方法。

本章最后的[思考题]中的第8题的三个例句，使用逻辑法，对例句本身所提供的信息进行逻辑分析，就可以发现第1个例句属于前后矛盾，第2个例句属于违背了归纳推理的原则，第3个例句不符合演绎推理的原则。因此三个例句都是错误的。

通常，在进行信息鉴别时，都是综合运用上述各种方法进行的，单靠某一种方法难以奏效。

2）筛选

（1）筛选及其与鉴别的区别。这是在鉴别的基础上，对采集到的信息做出弃取决定的工作过程。

筛选和鉴别区别在于：鉴别是解决信息的可靠性，依据的标准是信息的客观事实本身。筛选是解决信息的适用性，依据的是信息管理者的主观需求。鉴别中确认可靠的信息，不一定都保留，鉴别中确认存疑的信息，一定不能剔除。它和鉴别的联系在于：二者都是信息加工的一个环节。

（2）筛选的步骤。筛选的依据是信息的真实性、适用性、精约性、先进性，分成4步进行。

第一步，真实性筛选。根据鉴别的结果，保留真实的信息，剔除不真实的信息，对存疑信息进一步调查核实。

第二步，适用性筛选。以适用为依据，在真实的信息里，剔除与采集目标不相关、过时无用、重复雷同、没有实际内容或用处不大的信息，保留"真实/适用"的信息。

第三步，精约性筛选。以精约为依据，在那些真实有用的信息中，剔除表述烦琐臃肿的信息，尽量减少信息的冗余度，保留"真实/适用/精约"的信息。

第四步，先进性筛选。以先进为依据，剔除那些虽然真实、有用、精约，但内容落后的信息，保留"真实/适用/精约/先进"的信息。

比如，一本《怎样使用Windows95》的书，这显然是真实的，是适用的，当年好不容易才买到它，对于学习使用Windows95很有帮助。该书文字简练，图文并茂，可以说符合真实、适用、精约的要求，但在今天已经落后了，也就要筛选掉。

3）整序

这是对筛选后保留下来的信息进行归类整理的工作。通常有两种情形。

一种是：在企业内已经有了同类信息，并且已经有了整序方式和体系，那就是对采集到的信息进行分析，看看这个采集到的信息可以归入已有的整序体系中的哪一部分，即通常所说的"归类"。

还有一种是：在企业已有的整序方式和体系中找不到新采集信息的具体位置。这就需要给予新的整序，如分类整序，或主题整序。

具体的整序方法见本书第 2 章整序原则。

4）初步激活

这是对筛选后所保留的信息进行开发、分析和转换，实现信息的活化，以便提供使用的过程。不过这个时候，这里的工作是初步的，是获得信息后的第一印象。至于该信息可以用到企业的哪个方面，应该是到"信息利用"的任务。

信息激活的具体方法，本书在第 2 章的"激活原则"里已经介绍过了。

在计算机科学中，如分布式数据处理技术、并行处理技术、网格计算技术、云计算处理技术、数据挖掘技术等信息处理技术可以在这个环节使用。

5）编写

这是信息加工过程的产出环节，是把经过加工后获得的新信息编写成新的信息资料。具体如何编写，通常是一条信息应该只有一个主题，要有简洁、清晰、严谨的结构，突出鲜明的标题，文字表述精炼准确、深入浅出。

以上信息加工的 5 个环节，一般是一种递进的过程，但在实际操作中，并无明显界限，有时几乎是同步进行的。

7.3 企业信息的存储

1. 信息存储的含义

这是指对加工的信息进行科学有序的记录、存放、保管，以便使用的过程。

广义的信息存储包括两层含义：一是用文字、声音、图像将加工后的信息，按照一定规则记录在纸张、磁盘、光盘或计算机硬盘上。二是将这些信息载体，按照一定的特征和内容性质组成系统有序的、可供自己或他人检索的集合体。后者又称为"狭义的信息存储"或"信息保管"。

信息存储的作用在于：一是在企业需要信息的时候，能够及时地检出使用，为管理决策服务。二是存储的信息可以供企业全体人员共享，并可以重复使用，提高信息的利用率。三是信息的历时性也要求将信息予以保存，以便从同一事物不同历史阶段的信息来分析、探讨该事物的发展规律，供管理决策时使用。

2. 信息存储的要求

（1）准确有序。这是指在记载信息内容、登录存储信息时，内容不冗不漏，用语简练准确，结构有条不紊。

（2）信息安全。保证信息在存储期间不发生丢失和毁坏。具体如何保护，本书已经在 5.4 节里作了详尽的阐述。

（3）节约空间。这是指尽可能地减少存储信息所占用的空间，节省存储费用。存储空间小，也便于保管和检索使用。

（4）使用方便。存储信息的编码、排架，存放处检索工具的编制，必须稳定不变，检索时操作过程简单、快速、方便。

（5）便于更新。企业存储的信息不能如同图书馆那样一直收藏着，必须不断更新。所以，存储的方式、分类的体系等要便于更新，易于增添新资料、删除无用资料、修改变化了的资料等。

3. 信息存储的技术

信息存储的技术有：纸载体存储技术，缩微胶片载体存储技术，磁载体存储技术，光盘载体存储技术等。

1）纸载体存储技术

纸载体存储信息，这是最常用、最简单、使用历史最长的一种存储技术。

虽然它有许多缺点，如载体体积大，需要很大的存储空间；不易保管，容易发生虫蛀、霉烂，但是它携带、使用方便，不必依靠其他设备，可以直接阅读，所以迄今为止，纸载体仍旧是最普遍的信息存储方式。

2）缩微胶片载体存储技术

利用专门的光电摄录技术装置，把以纸张为载体的信息进行高密度缩小微化，可供在专门的阅读装置上阅读的存储技术。记录有原件信息的缩微载体称为缩微品。

缩微技术又分为两种：一是照相缩微存储技术，二是全息缩微存储技术。

在计算机信息存储技术飞速发展的今天，缩微胶片存储技术已处于被淘汰的境地。

3）电磁原理存储技术

将各类信息转化为电信号，根据电磁原理将信息记录在磁盘、磁带或数据库中的存储技术。电磁载体存储技术的优点是可以录音、录像，也可以记录文字信息，信息存储量大，制作方便，自动检索功能很强。现在，计算机存储信息越来越普遍，就其本质，还是电磁原理存储技术，因为计算机用来存储信息的内存储器和外存储器的磁盘、优盘、移动硬盘等都是使用电磁原理存储信息的。

4）光盘载体存储技术

将各类信息数据化，并将其转化为光信号，记录在光盘上的存储技术。

光盘载体存储技术的优点是信息存储量极大，制作起来十分方便，自动检索功能很强。光盘还可以作为计算机的外存储器来存储信息。

4. 信息存储的方法

根据上面的定义，信息存储是对加工过的信息进行"记录、存放、保管"的工作。其中的"存放、保管"，就是"传统纸质文献信息的管理"和"电子档案的管理"，这在本书5.4.2节和5.4.3节中已经介绍过了。这里介绍"记录"部分的内容。

用来记录信息内容的表意性载体只有四种：口语、文字、声音、图像。

口语稍纵即逝，以口语存储是不可能的。以声音、图像存储，在今天虽然已经是比较容易的事了，但是在大部分情况下也要以文字为先导，即用文字表述如何进行声音和图像的存储。所以，以文字存储是最主要的、使用最多的存储媒介。以文字存储的信息，阅读使用十分方便，可以适用于所有的承载性载体。

以文字为载体的存储方法，有笔记法、剪报法、卡片法和综述述评法。

1）笔记法

笔记法是在采集信息时随时将需要的信息记在笔记本上。记的方式可以是现场目击、谈话记录、事件经过、原文摘抄、内容提要、章节提纲、资料索引等，方便可行。但笔记法也有一个缺点，将不同信息记在同一个笔记本上，笔记本又不能拆开，不便于分类，本子记得多了之后就记不清楚需要的信息记在哪个本子里了。如果要分类记录，就势必要同时带好几个笔记本，那样也不方便。

2）剪报法

剪报法是将报刊上有用的信息剪下来，贴在比较厚一点的统一规格的纸上，并予以分类排列，以备使用。使用此法需要注意的是，在剪下报刊文章时一定要立即将发表该文的报刊名称和出版日期写明白，以免以后使用该文时不知该文的出处。这种方法的优点是便于分类，方便查找。缺点是耗费资金订购报纸刊物，而且所订购的报纸刊物总是有限的，那么所存储的信息自然也就是有限的了，那些在现场获得的第一手信息是无法"剪"贴的，只能是记在笔记本之上。

3）卡片法

卡片法是笔记法和剪报法的结合。它是将原本要记在笔记本子上的信息记在卡片上。卡片是一张一张的，就用不着同时带几个笔记本了，这样也可以进行分类排列。

无论是文献信息，还是现场第一手信息，都可以用卡片法来存储。

卡片又可以分为索引卡、摘录卡、提要卡、专题卡（表7.1）。

表7.1 卡片的种类及其内容、使用范围

卡片名	卡片内容	卡片使用范围
索引卡	文献标题，作者，出版者，出版时间	①标题反映了采集者对该文献的需求 ②无法用摘录卡、提要卡存储的文献
摘录卡	摘录内容，标题，作者，出版者，出版时间	①文献中的某段原文是采集者需要的 ②某些常用的名言名句，备以引用的
提要卡	提要内容，出处（文献标题，作者，出版事项，信息发生的时间地点）	①文献中某段论述对采集者有用，但该文标题反映不了该用处 ②现场的第一手信息
专题卡	专题内容	公知公用的公式、符号、数据、定理、定律

4）综述述评法

综述述评法是指将阅读或加工过的信息进行综合，写成"综述"，或者在综合的基础上提出自己的看法，预测这一类信息发展的趋势，写成"述评"来存储信息的方法。

综述和述评已经不是获取信息本身的存储问题，而是信息管理者在已有信息的基础上进行加工后获得的新信息，写成的综述和述评是对新信息的存储。关于综述和述评的写法，可参考有关科学技术写作的书籍。

7.4 企业信息的传播

信息传播学中所说的信息传播，指的是信息从信源经信道流向信宿的过程。如大众传播、科学传播等。企业信息管理中的信息传播与此不同，包括两个方面，一是企业自身产生的信息在企业内的传播和向企业外的传播；二是企业管理者根据企业管理的需要专门采集、加工后的信息在系统内外的有意传播。

企业信息传播的通道，既可以是企业的正式信息系统，也可以是企业的非正式信息系统，既可以是使用计算机进行管理的在线信息系统，也可以是不使用计算机的非在线信息管理系统。

企业信息管理者通过传播信息，把企业组成一个有机的整体，使广大员工按管理者的意图统一行动，实现企业目标。

1. 企业内信息传播的特点

1）目的更加具体

本来，所有的信息传播都是有目的的，不同的是在目的的内容层次上不同。

大众传播的目的是向社会公众传播各类信息，只在宏观层次上评价传播目的实现的程度，如果实现程度不好，传播者并不负有直接责任，而且是许可的。

企业的信息传播则不同，它是企业管理者的有意识行为，传播目的非常具体，是为了完成具体的工作任务而进行的，并且非常强调受传者（员工）必须按信息的内容去行为或不为，以保证传播目的百分之百地实现，否则会造成传播者的损失，传播者对此负有直接责任，是不允许的。

2）控制更加严密

本来，所有的信息传播都是一个过程，为了达到传播的目的，所有的信息传播都是要进行有效控制的。不同的是控制的范围不同。

大众传播的控制，只对传播过程进行控制，对受传者的控制则是间接的，只能局限在提高传播信号的质量、分析受传者心理、按受传者心理和需求去进行信息编码等。

企业的信息传播则不同，它是全方位地控制，不仅也要注意提高传播信号的质量，分析受传者心理、按受传者心理和需求进行编码，而且需要直接地、严密地控制受传者的行为，必须按传播的内容行事，以保证传播目的的实现。

3）时效更加强烈

大众传播虽然强调传播时效，但是如果传播不及时，传播者自身并不会因此有什么损失，最多也只是该媒体的信誉度受到影响。

企业信息传播则不同，如果传播不及时，在被管理者需要该信息去行为或不为时，或者在上级决策需要该信息时，信息没有传播到位，就会直接造成企业的生产、经营的损失，是不容许的。

所以，企业的信息传播对时效性的要求比任何传播活动都要强烈。

2. 企业内信息传播的有效性

信息传播有效性指的是信息经过传播到达受传者时，仍旧真实可靠，而且传播速度快、数量大、投入小。

导致企业内信息传播有效性降低的主要因素是信息畸变。

信息畸变，就是信息失真。它指的是采集到的原本是正确的信息，在传播过程中由于各种各样的原因发生了偏差、走样，改变了原来的面目，出现畸形。这些畸变包括信息的准确度和真实度降低，或者完全不准确了，或者失去了时效，或者变得模糊失去本来面貌，或者该信息的目的性不清等。

所以，造成信息畸变的原因，就是影响传播有效性的主要因素，解决这些原因的问题就是提高传播有效性的办法。

具体地说，造成企业信息畸变的原因有以下 3 个方面。

1) 传播主体的干扰

在企业信息传播中，管理者和被管理者都是传播主体。由于下列原因，传播主体的干扰会使信息产生畸变。

（1）基于主体理解偏差的无意失真。传播主体受自身理解能力和水平的限制，受自己心理状态的影响和制约，以致对信息内涵的理解发生偏差，无意中造成信息的失真。尤其是传播主体的官僚主义和主观主义，往往会凭自己的主观臆断来理解、评价、修改信息，使传播中的信息失真。

比如，一个认为未来市场对本企业将十分有利的预测信息，持乐观态度的人会予以肯定，并愿意以此为依据做出决策。而持悲观态度的人可能会相反，予以否定。或者本来是一个正确的市场预测，会被主观主义的管理者否定。

信息工作人员的能力低下、人浮于事、办事拖沓，在接受、加工、传播信息时，一方面不能对大量的信息进行及时的处理，造成严重积压，另一方面又不善于识别、判断信息的价值和作用，可能把一些无关紧要的信息进行加工处理，投入传播，反而把有价值的信息丢在一边。

（2）基于主体传播技术生疏的无意失真。传播主体对传播技术的掌握不熟练或水平不高，造成传播信息时失真。文字表达能力差，书面传播易出现失真；说话吐字不清，逻辑性不强，口头传播时易发生失真。至于网络、E-mail 技术如果不熟练，也会使传播的信息失真。

（3）基于多次传播造成的信息畸变。企业组织结构层次比较多的单位，高层管理者的信息传达到基层往往是经过多层次的传播，每经过一个层次，信息就要受到该层次的管理者的一次综合，并根据自己的理解再传播出去，每一次综合和每一次的理解都不可能使信息保持完全不变，信息的内容自然也就会发生畸变了。

（4）从个人利益出发的故意歪曲。传播主体为了保护个人私利，故意歪曲信息的内容，甚至扣押信息的内容；或者为了表现自己取得的成果，报喜不报忧；或者从个人利益出发去理解信息，对信息故意进行歪曲性发挥，以致完全改变了信息的原来含义。

2) 传播渠道的干扰

企业的信息传播渠道，有外部的，也有内部的。外部的包括邮政、电信、广播、电视、报刊、文件专递、网络、E-mail 等。内部的有两种，一种是正式传播渠道，即正式信息系统，另一种是非正式传播渠道，即非正式信息系统。这一点我们在 3.2 节已经介绍过了。

如果内部的正式传播渠道机构庞杂、层次繁多，信息在由上往下，或者由下往上传播时，每经过一个层次，信息就要受到该层次管理者的一次综合，并根据自己的理解再传播出去，这样不仅传播速度慢，而且每一次综合和理解都不可能保证信息完全不变，以致使信息失真。

企业内的信息传播系统不健全、分工不明确，责任不清，办事推诿，也会影响传播速度，造成信息传播中断。

3）客观传播障碍的存在

客观障碍主要有：自然语言的障碍、学科专业知识的障碍、传播技术迅速更新造成的障碍以及其他各种人为的障碍等。自然语言的障碍包括外国语言、方言、专业术语形成的障碍。

现代传播技术更新很快，来不及学习和掌握也会成为障碍。

机构不健全，分工不明确，制度不完善，也不去改变，对传播形成的障碍就是人为的障碍。

7.5 企业信息的利用

1. 信息利用的含义

企业的信息利用，有两层含义。

第一层含义：企业信息管理者有意识地运用存储的信息去解决管理中具体问题的过程。其本质是对信息进行分析和转换，实现信息活化，以便使用。

所以，它与信息加工中的"初步激活"并无明显界限，在实际工作中往往就是连在一起进行的，这里为了表述方便，才分了先后。

有学者在阐述"媒介分析"是一种信息采集方法时，其理由之一是："媒介分析的对象包括图书、报纸、杂志论文、实验报告、日记、档案、电视栏目和广播节目等。"①

根据这种说法，将"媒介分析"作为信息采集方法，就欠妥了。

因为这种通过"分析"这些不同媒介报道的信息来获取信息，实际上获得的是新信息，是根据采集到的信息经过"分析"之后获得的新信息。所以，"媒介分析"应该是信息加工、信息利用环节的工作。

第二层含义：企业信息管理部门，如何利用企业拥有的信息资源，为企业发展、为企业员工服务。就是本书在5.4.2节中阐述的信息服务工作。

2. 企业信息管理者信息利用的思路

1）"信息利用"思路的含义

经验告诉我们，信息只有经过人的思维加工并得到理解之后才可能被使用。

理解就是对信息所表现的事物自身的发展规律以及该信息与其他信息之间的联系的认识。而对这一规律和联系的认识越广越深，就是理解得越全面越深刻。

思维加工是按一定的思路来建立信息之间的这种联系。

这里的"联系"，既包括正在思考的信息与大脑中原有信息之间的联系，也包括与新采集到的信息之间的联系。由于同一条信息，与某一条信息相联系时会表现出某种社会功能，与另一条信息相联系时就会表现出另一种社会功能。

也就是说，当在采集到 A 信息时，如果把它和大脑里的 B 信息相联系，就会产生 B 功能；如果把它和同时采集到的 C 信息相联系，就会产生 C 功能。可是，实际上 A 信息本身并没有变化，只是按照不同的思路，和不同信息建立了不同的联系而已。

---

① 王悦. 企业信息管理与知识管理系统构建研究. 北京：中国人民大学出版社，2014：51

比如，本书第2章的案例2.36，说的是朱镕基总理在一次接见全国民营企业会议代表时说的一句话"你们要盯着市场的缺口找活路，比如指甲钳，我们的就不如人家"，给民营企业家梁伯强带来了2亿元商机。

当我们把这个例子同信息使用价值相联系时，我们就发现：朱总理的那句话，对于那些在场被接见的代表来说，只具备知识的意义，他们知道了这件事；对于那位写《话说指甲钳》小评论的报纸记者来说，只是做了那篇小评论的论据；而对于梁伯强来说则是2亿元的商机。可见，信息的使用价值是相对的，并不取决于信息本身，同一个信息相对于不同的信息持有者而不同（图7.1A）。

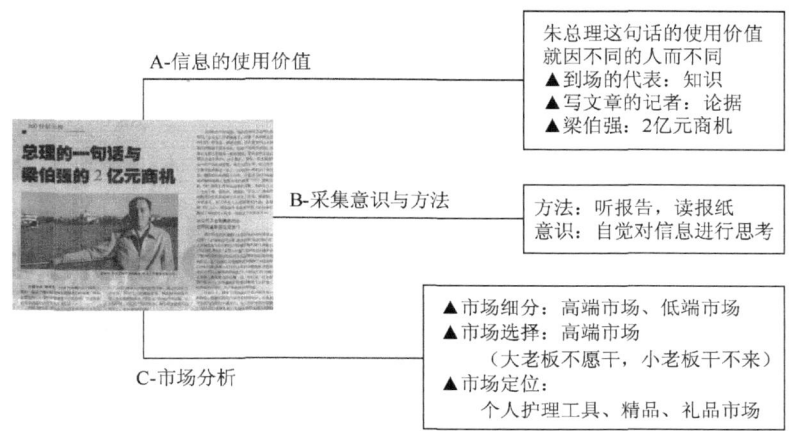

图 7.1　信息开发的思路

当我把这个例子同信息采集意识和采集方法相联系，在这个案例里，信息采集的方法就是"听报告，读报纸"。这两个方法谁都会。那些在场亲耳听到朱总理讲话的人，都会"听报告"的方法，但是没有成功；那些读过那篇小评论的人也会"读报纸"的方法，但是也没有成功；而梁伯强成功了。梁伯强的成功，并不是他特别会读报纸，而在于他在读报纸的时候，自觉地对信息进行思考，自觉地将信息与自己的需求联系起来的思考。这就是信息采集意识（图7.1B）。所以，案例2.27用来说明确立信息搜索意识比掌握信息搜索方法更重要的道理。

还是这个案例，当我把它和"市场分析"相联系，案例中，梁伯强将指甲钳市场细分为高端市场、低端市场；然后他选择了高端市场，因为他认为指甲钳这种产品，"大老板不愿干，小老板干不来"；最后是市场定位，他定位为"个人护理工具""精品、礼品"。这个案例非常贴切地说明了市场分析包括"市场细分、市场选择、市场定位"的三层含义（图7.1C）。我把它放在《现代管理概论》中用来阐述战略分析中的市场分析[①]。

图7.1显示，同一个信息与不同的已有信息相联系，获得的功能不同。正在思考的信息本身并没有变化，只不过是按照不同的思路将它与大脑里已有的知识建立不同的联系而已。这就是思路。

---

① 司有和. 现代管理概论. 北京：科学出版社，2006：56

2）"信息利用"思路的作用

信息激活，就是寻找这种联系。联系就是思路。要获得新功能，就要建立起新的联系，关键就在于转换人们的思路，寻找最佳的联系。

旧的思路反映的是旧的信息联系，旧的信息联系是旧思路的产物。思路转换，或者说，信息激活，究其本质，就是把信息从旧的联系中分解出来，进行重组，建立起新的联系。可见，思路转换的重要。

3）"信息利用"思路的种类

（1）先开发，后利用。信息开发包括外延开发和内涵开发。外延开发是指对信息源和信息渠道的开拓和发掘，以便获取更多的信息。内涵开发是指对已经掌握的信息进行深度加工、重组、激活，以求发现这些信息的新的社会功能。

信息利用，其性质也是一种开发，但只是针对信息的直接功能的开发。

当接受到一个信息的时候，信息利用仅仅只考虑该信息对本企业有没有直接用途，有，就利用；没有，就放弃。但是，没有直接用途的信息不等于这一信息就一定没有别的用途。如果该信息会连带到的某个方面是与本企业生产有关的，那么该信息就仍旧对本企业是有用的。发现该信息这一有用功能，是在对该信息进行内涵开发之后。

所以，信息利用应该在信息的内涵开发之后进行。

比如，本章最后"案例分析"的那个案例中，那些生产含有 PPA 成分感冒药的厂家和江天中药厂采取的行为就是直接进行"信息利用"的思路，而长江中药厂采取的行为就是"先开发，后利用"的思路。

本来也没有必要把信息内涵开发和信息利用区别开来。是因为在管理实践中，有些管理者在信息利用环节只看信息的直接作用，只要没有直接作用就放弃该信息，以致会丧失一些极好的可利用的信息。

（2）从普遍联系的角度出发寻找可利用的信息。因为主观世界和客观世界的信息之间的联系是普遍的、多样的，信息的社会功能也是多样的，信息的范畴是可以不断地扩充的，当我们掌握某一信息时，就可以在与这一已知信息具有广泛联系的范围里寻找可以利用的新信息。

本书第 8 章的"开篇案例"中，哈默将"铅笔货源紧张"的信息和访问期间存储在头脑里的"苏联政府要求公民读书写字"的信息联系起来，使自己获得了成功。

在第 2 章信息管理原则中，我们阐述的系统原则、激活原则里的综合激活原则等管理思想就是这一思路的反映。

（3）从发展的角度出发寻找可利用的信息。客观世界既是普遍联系的，也是发展变化的。表征客观事物的信息自然也是发展变化的。用发展的眼光看待已经获取的信息，根据信息发展变化的规律或趋势来推测可能出现的若干信息，并从中选择对自己有用的信息，为管理服务。

案例 7.1

1975 年的一天，美国亚默尔肉食加工公司老板菲力普·亚默尔在翻阅当天报纸时，注意到一条不起眼的短讯：墨西哥发现了疑似瘟疫的病例。他立即联想到美国同墨西哥有四个州相邻，其中加利福尼亚和得克萨斯是美国肉食供应的主要基地，一旦瘟疫越过边境传播到美国，美国的肉食供应肯定会紧张。他立即派家庭医生亨利赶往墨西哥。几天后，亨利发回电报，说那里的瘟疫比报纸上说的还厉害。亚默尔立即大量购买加利福尼亚和得克萨斯州的牛肉和生猪，并想方设法调集车辆，及时运到东部。不出所料，瘟疫很快蔓延到美国西部的几个州。美国政府下令：严禁一切食品和牲畜从这两个州外运，从而使美国东部的肉食供应奇缺，价格暴涨。短短的几个月，亚默尔就净赚了 900 多万美元①。

在这个案例中，亚默尔就是用发展的眼光看待已经获取的信息，并根据信息发展变化的趋势来推测可能出现的信息获得成功的。

在第 2 章信息激活原则里阐述的因果推导、关联推导和辐射推导原则的管理思想就是这一思路的反映。

（4）从否定之否定的角度出发寻找可利用的信息。事物不仅是发展变化的，而且在一定条件下会向着它的相反方向转化，所以是一个否定之否定的过程。从与已知信息相反的方向来思考已经获得的信息，也可以寻找到对自己有用的信息。

案例 7.2

20 世纪 60 年代初，制造原子弹的重要原材料浓缩铀的方法尚不成熟。1962 年以后，西方国家关于离心法浓缩铀的文献逐渐减少了，根据数理统计和常规推理，西方情报界得出结论：离心法在发展中遇到困难了，无法同扩散法竞争，所以研究成果很少。当时，我国科学技术情报人员并没有同意这一结论，而是否定了这个结论和这种推理，从相反方向提出认识：文献发表少了，也可能表明离心法在技术上有了重大突破、有意保密、不让发表的结果。事实果然不出所料，8 年之后，英国、荷兰、西德等三个国家就宣布联合建造了离心法浓缩铀工厂，而美国也突然宣布它已经研制成功 100 公斤分离功单位的大型离心机②。

在案例 7.2 中，如果不是这样进行逆向推导，就会出现判断上的失误，因为这一判断对于当时中国研制原子弹的工作是十分有意义的。

著名爱国华侨陈嘉庚当年在新加坡做菠萝罐头生意获得成功。当时，有记者问他："怎么会想到做菠萝罐头？"他只回答了 8 个字："人争我避，人弃我取。"这就是否定之否定规律的运用。陈嘉庚的思想，实际上是我国战国时期大商人、被后世誉为商业鼻祖的白圭"人弃我取，人取我予"③思想的活用。

《史记·货殖列传》中记载，范蠡的老师计然说："贵上极则反贱，贱下极则反贵"，也是这个意思。

第 2 章信息激活原则里阐述的逆向推导的管理思想就是这一思路的反映。

3. 信息利用的技术

关于信息服务工作，纸质文献信息的服务和电子档案的服务，在第 5 章已经介绍过了，这里就不重复了。对于那些正在收集、加工，待用的电子信息，尚未进入电子档案管理阶

---

① 胡继武. 信息科学与信息产业. 广州：中山大学出版社，1995：158
② 刘毅夫，等. 科学技术情报工作基本知识. 北京科学技术情报学会印，1982：253
③ 《史记·货殖列传》

段,也同样存在信息服务问题。

为解决这个问题,需要使用信息推送模式和信息拉取模式。

1) 信息推送模式

信息推送模式是指由信源(企业信息管理部门)主动将信息通过企业在线信息系统推送给用户(员工)的信息服务模式。

该模式有以下两大类六种。

第一类,"网播"信息推送方式。

① 频道式推送。这是目前普遍采用的一种模式。它将某些页面定义为浏览器中的频道,用户可像选择电视频道那样接收有兴趣的网播信息。

② 邮件式推送。用电子邮件方式主动将所推送信息发布给各用户。

③ 网页式推送。在一个特定网页内将所推送的信息提供给用户。

④ 专用式推送。采用专门的信息发送和接收软件,将信息推送给专门用户。

第二类,智能数据库系统的主动信息推送方式。

① 操作式推送(客户推送式)。由客户数据操作启动信息推送。

当某客户对数据进行操作时,把修改后的新数据存入数据库后,即启动信息推送过程,将新数据推送给其他客户。

② 触发式推送(服务器推送式)。由数据库中的触发器启动信息推送。

当数据发生变化时,出现增加、删除、修改操作时,触发器启动信息推送过程。

上述6种推送模式中,有2种推送的方式:一种是直接推送式,直接将信源中的信息本身(数据、图表、图像、文字等)推送给用户;另一种是间接推送式,只将有关信息的目录或索引的通知发送给用户,由用户根据"通知"去查询相应的信源。

2) 信息拉取模式

这是指用户有目的地查询信息,系统只是被动接受查询并提供信息的服务模式。

具体办法:在企业在线信息系统上,设置搜索引擎,提供本企业信息资源目录和索引,企业员工用户通过输入关键词、单击按钮,将与关键词相关的信息拉取出来。

■ 7.6 企业信息的反馈

在企业信息管理中,信息反馈是指将利用某一信息之后得到的结果(反馈信息)与利用该信息前对结果的预测相比较,以期获得该信息利用效果的结论,借以指导下一次信息利用的过程。

1. 信息反馈的作用

1) 信息反馈是不断提高企业信息管理水平的保证

信息是管理的纽带,管理过程实际上就是信息沟通的过程。反馈信息既是上一个管理过程的终结,又是下一个管理过程的开始。它可以使信息管理者了解信息利用的效果,了解管理工作的长处和缺陷,以便对原来的信息管理方案做出相应的修订,继承和发扬长处,克服和避免缺陷,把信息管理工作做好。

企业信息管理工作的水平,正是在以信息反馈为前提实现一次次良性循环的过程中得以完善和提高的。

　　2）信息反馈是优化企业管理者决策的条件

　　信息反馈在管理决策过程中起着调节作用。决策前，反馈信息制约着决策活动的方向、时间和要求，可使管理者明确哪些需要决策，哪些不需要决策，哪些应早决策，哪些应迟决策，哪些是重点决策，哪些是一般决策。决策过程中，反馈信息可增加决策的有效程度，赢得决策受控对象的充分理解、支持和认同；在决策实施后，反馈信息可了解决策的效果，增加决策的周密性。

　　因为万无一失或一劳永逸的决策并不存在，所以要求企业管理者在决策过程中，密切注意了解不断变化着的客观实际，通过一定的反馈信息，消除不确定因素，优化决策，对决策方案适时进行修改和调整，使决策更为完善和科学。

　　3）信息反馈是企业实施有效控制的前提

　　控制是管理的重要职能，没有控制的管理，是不完全的管理，是肯定要失败的。要实现有效控制，就必须及时了解企业的实际工作情况，与企业计划和目标有无偏离、偏离到何种程度及其发生偏离的原因，这就是反馈信息，也只有在获得这些反馈信息后，才能采取具有针对性的措施来纠正偏差。

　　此外，企业内员工之间和各部门之间，与企业外各兄弟企业之间的协调问题，只有利用反馈信息才能解决。

　　2. 信息反馈的要求

　　信息反馈是一个过程，包括反馈信息的获取、传递和控制的实施。所以，信息反馈的要求也是从这三个方面提出来的。

　　1）反馈信息要真实准确

　　反馈信息不真实、不准确，会造成控制决策的错误。这里不仅是指信息是否真实，还在于是否正确识别反馈信息。不能把其他系统的被控制信息当作本控制环路的反馈信息，不能把多种原因造成的信息传播失真当成是一种反馈信息，不能把反馈渠道中产生的信息都当作反馈信息。把这些信息作为反馈信息来使用，同样会导致决策的失误。其次，反馈信息表述得不准确、不完整、不简明，或者在传递过程中受到干扰，产生信息畸变，也会影响基于反馈信息的决策。

　　2）信息传递要迅速及时

　　企业总是在不停地运转着，反馈信息传递迟缓，就会延缓基于反馈信息的管理控制的实施，使管理工作中的问题得不到及时的纠正，给企业造成损失。再加上反馈信息总是发生在基层，而具有控制决策权的人又总是在上层。所以，需要尽量缩短反馈信息的传输通道，准确把握本控制环路的信息反馈途径，在反馈信息一旦发生，能够迅速向有决策权的层次传递。

　　3）控制措施要适当有效

　　许多信息管理的论著在谈及信息反馈的要求时，都说要"真实、准确、及时、灵敏、全面、简明"，其实这只是对反馈信息的要求。可是，反馈信息本身并不会表示出应该如何控制。同样一个反馈信息，不同的管理者会提出不同的控制措施。有了合乎要求的反馈信息，不等于就一定会有好的反馈控制，有效的控制取决于根据反馈信息所制定的控制措施。

案例分析

案例 7.3　PPA 事件中的不同态度反映不同的思路

2000 年 11 月 16 日，我国国家卫生部鉴于感冒药中的 PPA 成分（苯丙醇胺）可能导致脑血栓，诱发中风，宣布停止生产和销售 15 种含有 PPA 成分的感冒药。

那些感冒药中含有 PPA 成分的生产厂家得知这一信息后就不生产、不销售了。

江天中药厂得知后，觉得本厂生产的感冒药不含有 PPA，与己无关。

长江中药厂得知后，他们觉得，本厂生产的感冒药虽然不含 PPA，但是这正是宣传本厂感冒药品牌的好时机，于是决定开展"免费调换一切含有 PPA 成分的感冒药"的活动，并为此付出了 300 万元的代价。

当记者问及他们为什么这样做？是不是亏了？

他们说，凡是来换药的，都知道我们厂的药不含 PPA，他换回去后，在感冒时就会吃我们的药，如果效果好，他以后就会继续买我的药。如果拿这 300 万来做广告，广告播出之后，究竟有多少人看了？看了的人有多信了？我不知道。所以这样做，比打广告的效果要好得多。

（根据谢丹. 康泰克事件与危机管理. 一文所载内容改编 http://www.emkt.com.cn/article/55/5566.html[2016-01-12]）

讨论题：

1. 你对长江中药厂的做法及其解释有什么看法？为什么？
2. 从这个案例告诉我们，信息利用的思路有什么作用？
3. 在这个案例中，那些生产含有 PPA 成分感冒药的厂家和江天中药厂、长江中药厂的信息利用的思路有什么不同？

[思考题]

1. 企业信息的管理程序包括哪些环节？每个环节包括哪些内容？
2. 信息采集的方法有哪 4 大类？每一类又有哪些方法？
3. 企业信息管理中信息加工的程序包括哪几项内容？其中"鉴别"与"筛选"有什么区别与联系？
4. 企业信息管理中的信息存储包括哪些内容？卡片法存储信息的种类、内容和适应范围是什么？在《人民日报》上任意选择一篇文章，阅读后制作关于这篇文章的"索引卡""摘录卡"和"提要卡"。
5. 企业信息管理中信息传播与大众传播有什么不同的特点？造成企业内信息传播中信息畸变的原因是什么？
6. 企业信息管理中信息反馈工作的作用和要求是什么？

7. 根据所学的检索思路，查找下列文献：

（1）有一篇题目为《企业信息化水平评价指标体系研究》的论文，是 2014 年发表的。要找到这篇论文，你能有几种方法？

（2）有一本书名叫《企业信息管理》，作者和出版年度不清楚。怎样才能找到这本书？

（3）科学出版社曾经出版过霍国庆编著的一本关于企业战略信息管理的书，但是书名和出版年都记不清了。怎样才能找到这本书？

8. 阅读下面三段文字，运用鉴别的方法，判断其正确性。

（1）新发现的这个圆盘样云状物天体半径是 80 个天文单位，而太阳系的半径是 40 个天文单位，所以这个云状物的面积相当于我们太阳系的两倍。

（2）本次论文实践期间，总共做了四种材料的试验，研究关于预先变形对金属材料退火时间的影响，结果，20 号钢缩短了退火时间，黄铜、紫铜退火时间几乎没有改变，纯铝则延长了退火时间。所以，预先变形可以缩短部分金属材料的退火时间。

（3）华罗庚、钱学森、苏步青、爱因斯坦等许多著名科学家都没有在大学里学过科学技术写作，可是他们一样成果卓著，写得一手好文章。所以，理工科大学里没有必要开设科学技术写作课。

第8章

企业信息管理者

开篇案例

苏联的铅笔价格为什么那么高?

1924年的一天,美国著名企业家哈默准备结束在苏联的商务活动回国,在前往机场的路上,因为手头没有铅笔,就停车在路边的文具店买一支铅笔。

营业员说:"50戈比一支。"

哈默大吃一惊,一边付款,一边脱口而出地说:"这价格相当于美国的10倍。"他接过铅笔一看,还是德国产的。

于是,他故意地又要买一支那种擦不掉笔迹的化学铅笔。

营业员说:"这种铅笔货源紧张,照规矩只卖给老主顾,看你是外国人,我就卖一支给你。两个卢布一支。"

哈默一边付钱,一边想:是不是因为我是外国人,价格故意高了。于是,他上车前行到另一家文具店,让送行的苏联官员去买,也还是这个价格。

哈默更加奇怪了,苏联的铅笔价格为什么会这么高?价格高那一定是缺货……,那前两天在报纸上还看到苏联政府要求每个公民都要读书写字,这铅笔……,他猛然醒悟过来:当今的苏联潜藏着一个巨大的铅笔市场。

于是,他立即掉转车头就直奔莫斯科外贸人民委员会,申请到一张铅笔生产许可证。在苏联办起了铅笔厂。事实证明哈默的决策是正确的。到1962年时,哈默的铅笔厂成了世界上最大的铅笔厂之一[①]。

(根据网络所载案例资料改编)

[①] 根据亚蒙·哈默, http://baike.baidu.com/view/33237.htm[2016-01-11] 和石油大王哈默成功的故事, http://zhidao.baidu.com/link?url=ctHPnarRjE2W4jVdHfjG19hxj06MrORg7guhAtaKwQTunRxgoLCuIRUJDN5_MrHhqZ7ULz3AkRKwbTVO7LuhCa[2016-01-11]所载原文改编

讨论题：

1. 哈默的成功，反映了哈默个人的素质、修养和能力水平高。运用案例中具体的事实，说明哈默在这次商务活动中表现出哪些素质、修养和能力？
2. 根据这一案例，说说企业信息采集工作应该注意哪些事项？在这次活动中，哈默的素质、修养和能力之间表现出怎样的关系？

8.1 企业信息管理者概述

8.1.1 企业信息管理者的含义

企业信息管理者是一个含义广泛的概念。它泛指企业内一切从事信息管理过程实现的人员。它包括：企业内从事计算机技术工作的专业人员，对企业员工进行有关信息管理活动的指导、组织、协调并监督其实施的"官员"，以及企业内一切从事信息管理工作的员工。

在校学生是典型的信息管理者。学生每天都要接收大量信息，并给出判断、评价和选择，对信息进行处理。一个班的同学在一个教室上课，老师都是面对全班同学进行教学，所以每个同学接受到的信息是相同的，可是每个同学的收获却是不一样的。这就与他们的信息管理水平相关。要提高自己的学习效果，就要提高个人的信息管理水平，那就要从提高个人的素质、修养和能力入手。

把企业信息管理者只理解为企业内的计算机专业人员是不全面的。

由于管理目标的实现，并不总是由管理者个人单独完成的，往往都是由管理者群体共同实现的。所以，企业信息管理者群体，是企业内从事某一共同信息管理工作任务的管理者集合体。各层管理者实际上就是一个管理者群体。研究管理者群体，可以为特定的管理者群体的优化或重建提供理论依据和现实施行的方案，为管理者群体的行为及其控制提供决策参考。

8.1.2 企业 CIO 及其管理体制

1. CIO 概述

1) CIO 的内涵

CIO 是 Chief Information Officer 的简称，中文译作"首席信息经理"，也有译作"信息总监""信息主管""首席信息官"。通常是指处于该职位并承担该企业全面信息管理职责的个人。

CIO 的出现，意味着信息管理突破了文献管理的范围，走进组织高层管理层次，成为组织内一项至关重要的工作，表明信息管理职业得到社会认可，信息管理从单纯技术管理进入技术和人文综合的管理阶段。它不同于组织内信息部门的负责人，不是部门级领导而是企业的高层领导，直接参与企业高层决策，在实施信息管理的过程中有权对企业内一切部门或单位进行强有力的协调，并有责任帮助企业所有成员，将他们引导到企业信息管理的过程中来。

CIO 的起源可追溯到 1980 年，美国政府为克服联邦行政部门的官僚主义，节约办公费用，提高工作效率，颁布了《文书工作削减法》。该法首创设置"高级文书削减和信息管理官员"，负责制定和实施联邦政府的信息政策，管理联邦政府的信息资源和信息活动。这类官员是 CIO 的最初形式。

CIO 有效地改善了美国政府部门宏观层次信息管理的经验，使许多大公司相继效法。1981 年，辛诺和戈拉伯在《信息资源管理：80 年代的机会与挑战》中首次给 CIO 定义。早在 1988 年的时候，排名世界 500 强的企业中就有 80%都实行了 CIO 体制。现已为各国企业管理者所普遍接受。

2）企业 CIO 的特点

CIO 自出现之后，沿着企业 CIO 和行政 CIO 两个方向向前发展。从已有的实践来看，企业 CIO 的发展是自由式的，它具有与行政 CIO 不同的特点。

（1）企业设置 CIO，完全是为了向本企业的决策者、企业规定的业务部门和企业员工提供服务，不必像行政 CIO 那样为辖区内每一个公民服务。

（2）企业设置 CIO，主要是为了提高本企业的管理效率，为企业赢得利润，因此他只专注于本企业的业务，特别是只专注于本企业用户感兴趣的事务，了解用户的需求，而不必考虑社会公众的需求。

（3）衡量企业 CIO 的业绩，最主要的标准就是快速反应客户需求。他面临着来自企业内业务部门、内部信息管理系统的人员和外部同类企业 CIO 的激烈竞争，顾客是维持企业 CIO 地位的生命线，一旦失去顾客，CIO 的地位也就危险了。所以他只考虑客户满意度，而不必考虑社会公众的满意度。

（4）企业 CIO 面临压力主要是来自总裁和企业决策层，也有企业内员工的监督压力，但不像行政 CIO 总是处于大众媒体和社会公众的监督之下。他只考虑企业交给的任务，并不过多地考虑自己在员工心目中的形象。

（5）企业 CIO 是企业最高层领导者之一，参与决策，在信息技术项目方面具有最终决策权，不像行政 CIO 提出的项目必须得到政府的批准才能生效，自己没有决策权。

2. 企业 CIO 的职责

企业 CIO 职责是全面信息管理职责。它指的是战略层次信息管理、战术层次信息管理、操作层次信息管理的统一，或者说是站在战略的高度统筹企业的全部信息管理任务。这涉及对企业信息管理的理解问题。

它要求将企业中的所有信息功能集成，以实现信息功能的放大。在实际工作中，就是要将原先分散的信息部门重新组合，并置于 CIO 统一管理之下。它不同于以往只是负责信息技术系统开发与运行的单纯技术型的信息部门经理，而是既懂得信息技术，又熟悉企业业务和企业信息管理，且身居高层的复合型人才。

企业 CIO 的职责，具体来说可有以下几个方面。

1）参与高层管理决策

企业 CIO 作为企业管理决策的核心人物之一，要运用自己掌握的信息资源，帮助最高决策层进行科学决策。在参与决策时要能够在企业发展、战略规划、提升竞争力等带全局性问题上，及时、有效地向高层管理者提供可供决策参考的信息。它不只是负责信息技术管理范围内的决策活动，而且必须参与讨论企业发展的全局问题。为此，要求企业 CIO 必须对影响整个企业、关系企业生存与发展的各方面问题，都有相当全面和清楚的了解。

2）制定企业的基础标准、信息政策和信息活动规划

企业内的信息流来自各个部门，要使企业信息在企业内能够充分共享，必须统一信息的表达方式，即建立企业自己的、全企业通用的信息管理基础标准。比如，数据元素标准、信息分类和分类代码标准、用户视图标准、概念数据库标准和逻辑数据库标准等。同时，CIO 还要根据企业发展战略的需要，及时制定或修订企业的信息政策和信息活动规划，以充分发掘企业信息资源的战略价值，实现企业的战略意图。在企业的管理策略发生变化的时候要随之修订信息活动规划。

3）对本企业的计算机信息系统实施具体管理

企业 CIO 作为企业信息系统建设的直接领导者和管理者，对企业内的所有计算机信息系统和内部网络实施具体管理，包括：日常运行管理、安全管理、人员配备、经费预算和新系统的开发、完善与重建等工作等。

同时，企业 CIO 还要代表本企业与信息系统开发商、技术设备供应商打交道，建立与开发商、供应商的"战略协作关系"，并根据企业的业务和管理的需要，对开发商、供应商提出的信息技术"全套解决方案"进行审议，行使否决权。

4）对企业内其他部门的信息管理提供信息技术支持

企业内各个部门都有信息管理问题，无论在生产组织、质量管理，还是财务管理、营销管理、企业人力资源管理中，运用信息技术都会大大提高管理效率，都需要使用信息技术，企业 CIO 应该作为本职工作给予全力的支持。

5）进行企业信息管理经济性的测算

企业在信息化过程中，建设计算机信息系统，就要有大量的投入；企业在信息管理中使用大量信息，也要有大量的投入；这些投入有没有足够的回报，是企业最关心的问题。企业 CIO 有责任负责对企业信息的经济性进行定期的测算，以便在高层管理者控制或决策时提供参考。那种脱离本企业、本部门的实际情况，盲目地、片面地、甚至是赶时髦地大量去引进新设备和实施新技术，而不考虑其投资回收期和成本/效益关系，是不妥当的。

6）加强信息沟通和企业内协调

企业 CIO，一身兼三任，一方面要把高层管理者的意图、策略和实施方案传递给自身系统的员工，另一方面又要把自身系统的成果和发展方向等情况传递给高层管理者，还要在整个企业的各部门之间进行信息沟通和协调工作。

企业 CIO 要帮助企业的全体人员，包括各级管理者在内，转变认识，提高信息管理的观念，尤其是要让高层管理者都能认识到信息资源对于企业发展的重要作用，指导他们更好地应用信息资源，为他们提供信息或信息技术的咨询服务。同时还要对自身系统的工作人员进行教育与培训。

这里需要说明的是，上述内容属于企业 CIO 的理论职责，对于某一个企业内某一个具体 CIO 来说，其实际权限并不与此完全一致，这要看这个企业的决策者给 CIO 安

排了哪些职责。有人认为，企业 CIO 的职责等同于传统信息部门职责的简单相加，是不合适的。

3. 企业 CIO 管理体制的实施

企业 CIO 管理体制，指的是以企业 CIO 为首的、推动企业信息管理发展的管理机制、运行管理机制进行管理的各级信息管理机构，以及保证管理机制和管理机构发挥作用的信息管理制度等诸方面的统一体。

企业信息管理是一项复杂的系统工程，要做的事情涉及面很广、很多。例如，各项信息技术问题的掌握、突破和应用，与企业中各种各样的人打交道，并因此要进行的大量协调工作和普及培训工作，要解决因组织管理制度的不规范、不完善、不标准而造成的困难和麻烦，还会受到传统习惯势力的阻碍和抵制等。面对这样复杂的工程，若将信息部门附属于组织中的其他部门（如财务部、研究发展部）之下，是不能适应企业信息管理工作需要的。

关于企业 CIO 管理体制，国外比较流行、比较理想的做法是企业内单独成立一个称为"信息化委员会"之类的领导小组，由企业 CIO 负责牵头召集，企业的最高层领导和其他部门的负责人均为该委员会成员。

在委员会下面再设立与组织中其他业务部门平级的信息部门或办事机构，如 CIO 办公室、秘书处等，负责信息管理工作中的信息采集、加工、存储、传播、使用、共享和协调等日常业务。

信息系统的开发、现有系统的维护等分别由下属的系统开发部、系统运行部负责。信息的交流、传播和利用由下属的"信息咨询部"负责。

CIO 是企业信息管理的最高管理者，直接对总经理 CEO 负责，全面统筹负责全企业的信息管理工作。图 8.1 所示的是其中一种模式。

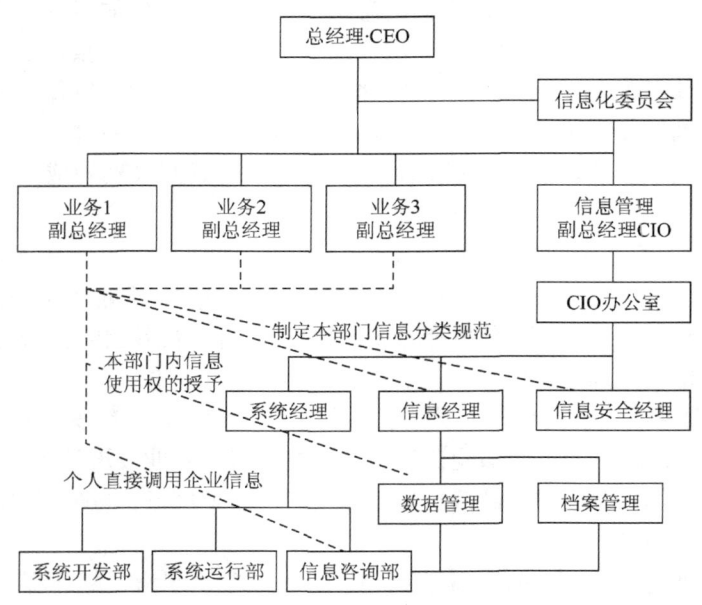

图 8.1 企业 CIO 管理体制示意图

企业内，在职务上和 CIO 平级的其他业务副总经理，在信息管理上也有一定的权利和义务。具体有 3 点：一是负责制定本部门信息的分类规范。二是本部门员工使用信息的授权工作，决定本部门内谁可以查询数据，谁可以修改和更新数据。三是有权直接调用企业的信息。

但是，实践已经证明，在企业内，企业 CIO 并不能完全代替 CEO 的企业信息管理职责。因为它在企业内，仍旧处于一种"参谋""耳目"的附属地位，并不能保证自己的意见都能得到采纳、实施。附属地位导致的思考问题的立场使其不能保证自己的意见总是正确的。

而企业的信息管理工作并不是附属性的管理，它和常规管理是相辅相成、并行不悖的，信息管理和常规管理应该同时成为企业 CEO 的主导行为。

可见，企业内信息部门的工作固然是信息管理工作，管好信息部门当然是企业信息管理工作的重要内容，但是企业信息管理工作不只是这一个方面。信息管理应该成为 CEO 的经常性管理业务，如果 CEO 不会信息管理，就无法做好今天的企业管理工作。所以，以为设置了 CIO，企业的信息管理工作就可以高枕无忧了，那是绝对错误的。

8.1.3 企业信息管理师职业认证[1][2][3]

1. 信息管理师职业的内涵

企业信息管理师，按照《企业信息管理师国家职业标准》（简称"标准"）界定，定义为"从事企事业信息化建设，承担信息技术应用和信息系统开发、维护、管理以及信息资源开发利用的复合型人员"[4]。"标准"将信息管理师职业分为三个等级：助理企业信息管理师（国家职业资格三级）、企业信息管理师（国家职业资格二级）、高级企业信息管理师（国家职业资格一级）。

这是我国为了适应面临着来自国际、国内更加激烈的市场竞争，解决中国企业，尤其是传统企业在信息化进程中正面临着一个巨大瓶颈的制约：复合型信息管理人才的匮乏，培养一支既懂管理科学、又懂信息技术的复合型、专业化、正规化的企业信息管理人才队伍已是当务之急。

在此背景下，国家人力资源和社会保障部根据国家职业资格证书制度，适时制定并颁布了《企业信息管理师国家职业标准》。我国企业"信息管理师"的职业也就应运而生了。早在 2004 年 6 月 6 日就进行了第一次职业资格认证考试。

可以预期，"企业信息管理师"职业的建立必将极大地促进人才的培养、凝聚和使用，促进国民经济和社会信息化进程。

2. 信息管理师的职业能力要求

企业信息管理师必须是具备一定的企业管理知识和信息知识的复合型人才。他既具有

---

[1] 综合企业信息管理师国家职业资格认证. http://wenku.baidu.com/view/0575ab8ba0116c175f0e48b0.html [2016-01-12]
[2] 企业信息管理师. http://baike.baidu.com/view/282345.htm[2016-01-12]
[3] 企业信息管理师前景与现状. http://job.chsi.com.cn/jyzd/zazhi/jj/200808/20080814/7904670.html[2016-01-12]
[4] 中华人民共和国劳动和社会保障部. 企业信息管理师国家职业标准（2007 年修订）. http://3y.uu456.com/bp_07g195breu5a66i6tkxf_1.html[2016-01-12]

从事企业经营管理的经验，对企业的人力资源管理、部门协调、发展战略等方面都要有比较清醒的认识；同时他还必须具备一定的信息技术知识，能够了解国际信息化发展的趋势，及时掌握最新信息管理系统的特点与功效。他能够将企业管理与企业信息化两类知识巧妙地融合在一起，在本企业的管理与当前信息化发展中找到最好的结合点。

为此，"标准"规定，企业信息管理师职业的基本要求包括：职业道德和基础知识两大部分。

职业道德包括职业道德基本知识和职业守则。即遵纪守法，恪尽职守。团结合作，热情服务。严谨求实，精益求精。尊重知识，诚信为本。开拓创新，不断进取。

基础知识包括：信息技术知识（计算机软硬件基础知识、计算机网络基础知识、数据管理基础知识、管理信息系统基础知识），企业管理知识（企业管理概论知识、财务会计基础知识、市场营销基础知识、人力资源管理基础知识、生产与运作管理基础知识、现代管理理论与方法），以及相关法律、法规知识（经济法相关知识、知识产权法相关知识、WTO 相关知识）。

简单地说，对助理企业信息管理师的要求，着重在具体操作的工作方面，如情报的采集、系统的运行维护、系统开发中的辅助性和操作性工作。

对企业信息管理师的要求，必须是承上启下的中坚人物。他们的工作量最大，既要领导初级人员工作，又要提出符合高级人员战略思想的方案，并在信息化实施中承担繁重的组织工作和技术工作。一般中小企业如果没有高级企业信息管理师，实际上组织信息化工作的是由中级企业信息管理师承担的。

对高级企业信息管理师而言，要求具有战略性的头脑，对企业信息化提出战略规划，对信息系统开发、运行、维护以及信息资源开发利用等方面提出指导性意见，并能进行协调和组织领导等工作。

3. 信息管理师职业资格认证考试

企业信息管理师的资格审定必须经过全国资格审定考试。全国统考由劳动保障部在全国范围内统一组织开展。劳动保障部职业技能鉴定中心是全国统考的具体组织实施单位，直接负责试题的命制和试卷的配发，并指导和监督各省职业技能鉴定（指导）中心在当地的考务管理工作。该中心与各省职业技能鉴定中心共同组成本职业全国统一鉴定运作体系，并在劳动保障部培训就业司和各级劳动保障行政部门的政策指导下全面承担本职业的各项鉴定组织工作。

报考企业信息管理师应到当地职业技能鉴定指导中心办理手续。在核实培训机构基本资格的基础上，通过中国企业信息管理师网站（http://www.cio.gov.cn/）的"培训机构"栏目，检查是否存在该培训机构的单位名称，如果不存在，则说明该培训机构不具备组织网上培训的能力，不能帮助学员顺利通过鉴定考试，并获得正式的国家职业资格证书。故此，学员报名时应高度谨慎。

信息管理师的申报条件，三个等级各不相同。按照《企业信息管理师国家职业标准》规定，具备以下条件之一者，可以申报助理企业信息管理师：①连续从事本职业工作 6 年以上。②具有以高级技能为培养目标的技工学校、技师学院和职业技术学院本专业或相关专业的毕业证书。③具有本专业或相关专业大学专科及以上学历证书。④取得其他专业大学专科及以上学历证书后,连续从事本职业工作1年以上。⑤具有其他专业大学专科及以上学历证书,经本职业助理企业信息管理师正规培训达规定标准学时数,并取得结业证书。

上述条件中的相关专业是指:计算机科学与应用、信息管理与信息系统、电子商务、自动化、管理科学与工程、工商管理。

关于申报企业信息管理师、高级企业信息管理师的条件,由于本书篇幅有限就不列举了。若需了解,可在中国企业信息管理师网站上查找。

8.2 企业信息管理者的素养能力及其内容

8.2.1 管理者素养、能力研究的现状及其存在问题

1. 管理者素养、能力研究的现状

目前,在管理学领域,对于管理者的素质、修养、能力的论述比较混乱。

有的学者认为,"素质主要侧重于先天的禀赋、资质","修养主要侧重于后天的学习、锻炼"[1][2]。显然,素质的"先天禀赋"理论,无疑会挫伤管理者自我提高的积极性,因为素质是先天的,那么爹妈给了我什么素质就是什么素质,要想提高素质岂不是不可能的了。至于修养,该书指出包括四点内容:领导知识、移情作用、客观性和自知之明。当然作为一个管理者确实需要这四条,但是谁都会明白,作为一个管理者,仅仅只有这四条又肯定是不够的。

也有学者认为:素质和修养是两个不同的概念,但是他在列举具体内容时共计说了6个方面12条。而在这12条中,哪些是素质,哪些是修养,并没有分别说明,素质和修养是混在一起的[3]。

还有学者认为:管理者的素质包括思想素质、知识素质、能力素质和身体素质[4]。就是说,知识就是素质,能力就是素质。持这种观点的学者还不是少数。

本来,学术观点不一致是常见现象,也无可厚非。问题在于,这种说法不能给管理者的提高提供帮助。因为知识就是素质,那么要提高素质就应提高知识,要提高知识就是多读书。可是事实证明,这个逻辑并不成立。许多人读了许多书,各门课程考试成绩也很好,却并没有感到素质有所提高。以致许多人产生我已经是"读书破万卷"了,为什么还不能"下笔如有神"的困惑。

此外,在现有的关于管理者素质、修养、能力的论述,大多数还处于现象描述和论证阶段,一般都是列举一下国内外著名企业家、政治家的传记实例加以证明。当然这些做法本身并没有错,也是有意义的。但是,所有阅读企业家传记、政治家传记的读者,并不是为了欣赏那些大人物的经历,而是在想:"我自己怎样也能达到这个水平。"就是说:他们在寻找成为企业家、政治家的方法。而接下来的理论告诉他们的方法,就是多读书、多学

---

[1] 杨文士. 管理学原理. 2版. 北京:中国人民大学出版社,2004
[2] 罗锐韧. 组织行为学. 北京:红旗出版社,1997
[3] 何钟秀. 现代管理学. 杭州:浙江教育出版社,1998
[4] 周三多. 管理学——原理与方法. 4版. 上海:复旦大学出版社,2004

习、多实践。

可是，书也读了，学位也拿了，却总是感到提高并不明显。同样也产生了已经"读书破万卷"，为什么还不能"下笔如有神"的困惑。

2. 管理者素养、能力研究现状存在的问题

现有的关于管理者素质、修养、能力的研究成果不能解释下面的事实。

（1）既然已经"读书破万卷"，为什么还不能"下笔如有神"。"读书破万卷，下笔如有神"是我国唐代著名诗人杜甫的两句千古绝唱，他杜甫确实无愧是如此，那为什么我们一般人就不行呢！

原因就在于"破万卷"解决的是"知识"修养问题，而"如有神"是能力。已经"破万卷"了，还不能"如有神"，说明知识不是决定能力的因素。那么决定能力的因素是什么？也就是说，还有一个决定能力的因素。那个因素杜甫有，我们一般人没有，所以杜甫能够"如有神"，而一般人不能"如有神"。

那个因素就是"素质"。只有"素质"和"知识"不是一回事，才能解释得通一般人已经"读书破万卷"还不能"下笔如有神"这一现象。

可见，决定能力的根本因素是素质，知识只是一个条件。

在实际工作中，某些很有管理知识修养的管理者也会犯知识性错误，而缺少管理知识修养的人也会做出优秀的决策。这同样说明一定还有修养以外的条件因素，控制或制约着管理者的行为。很显然，这个因素就是管理者的素质。

（2）为什么"茶壶装元宵，有货倒不出"。这是中国古代的一句谚语，说的是有些人，虽然肚子里有"货"，也就是有知识，但是表达不出来。知识是修养，表达是能力，就是说虽然修养高，但是能力还是不强。这是为什么呢？因为茶壶能不能倒出元宵来，并不在于茶壶里元宵的多少，而在于茶壶嘴的粗细。茶壶嘴的粗细是先天设计的，茶壶本来就不是为了倒元宵的，只是为了倒水的。也就是说，茶壶的先天素质就倒不了元宵。倒元宵的能力，固然需要有元宵，没有元宵肯定是倒不出元宵来。但是，茶壶里有了元宵，还是倒不出来。同样道理，只有素质和修养不是同一个概念，才能解释得通这一现象。

可见，决定茶壶能不能倒出元宵来的能力，其根本因素是茶壶嘴的粗细（素质），元宵的多少（知识）只是一个条件。

（3）为什么"一个人在校学习成绩，与他事业上的成功无关"。美国哈佛商学院企业管理教授列文斯敦，通过对大量获得管理学硕士学位的人在实际工作中的使用发现，他们在学校里的成绩同管理上获得的业绩之间并无直接关系。他认为，如果学习成绩能与事业上的成功相等，那么这个受过良好教育的经理就是一位神话中的人物了[①]。

这话说得未免有些过于绝对，但是我们不能否认这确实是一个比较普遍的现象。不过，列文斯敦教授只是指出了这一现象，并没有解释原因。

原因也是素质与知识的关系。因为在校学习成绩好，是考试考得好，考试考的是记忆力，考试好说明记得的知识多，并不表明他的素质就一定高，可能高也可能不高。在学校

---

① 杨文士，等. 管理学原理. 2版. 北京：中国人民大学出版社，2004：9

里，遇到难题，心理上有准备。因为你明白，老师给的题目，再难，也都会有结果。因此，做起来心里有底，比较轻松，只不过花的时间可能多一些。

但是，学生进入社会之后，遇到了问题，需要用什么知识来解决，他没有记住这个知识，没有关系，只要他知道如何去查找、并能够找到这个知识就足够了。考试考的记忆力在这里用不上。同时，在社会实践中遇到一个问题，这个问题有没有结果，有什么结果，结果是好还是坏，是好我如何得到它？是坏我如何回避它？这一切，都是不确定的，心里是没有底的，靠记忆力是解决不了的，只能依靠自己判断，只能靠素质。

因此，这里同样说明决定能力的根本因素是素质，知识只是一个条件。

可见，素质和知识（修养）不是一回事，知识不是素质，知识不能代替素质，决定能力的因素，知识只是条件，素质才是根本。所以，光靠读书并不能解决能力提高的问题，要提高管理者的能力，应该努力提高素质。

那么，什么是素质？怎样才能提高素质？素质、知识（修养）和能力三者的关系是什么？笔者认为，素质、修养、能力是既相互独立、又相辅相成、紧密联系的三个不同概念。下面将分别介绍这三个概念的内涵和它们的作用机制。

8.2.2　管理者的素质及其内容构成

1. 素质概述

"素质"一词，汉语中有广义和狭义之分。狭义的素质，是指先天的解剖生理方面的特点，即心理学中的定义。这是生理素质（含身体素质）。

广义的素质，是指个人天赋禀性以及经过长期社会实践所形成的、在处理各项事务中显露出来的态度和方式。

素质包括：身体素质、思想素质、文化素质、心理素质。

素质具有先天的部分，但是大部分是后天的，是通过教育和社会环境的长期影响逐步形成和发展的，是教化的结果，是可以后天培养、造就和提高的。

素质具有相对稳定的理性特征，同时又具有潜在性。它是通过人外在的语言和行为来体现的。它是一种可以指挥或制约人行为的因素，而且是一种潜在的、持久的指挥或制约的力量，左右行为主体对外界和自身的态度。具备哪一种素质的人在处理其遇到的事件时，总是不自觉地、"自动化"地按那种素质所确定的态度和方式去行为，并且在行为之前主体在主观上并不是明确意识到的。

心理学认为，人的个体具有差异性就是这个原因。

正因为素质是处理问题的态度和方式，所以素质不是有和无的问题，不是这种素质品质，就是那种素质品质，只不过不同的人素质品质的优劣不同而已。

所以，素质对管理者的行为时时处处都会起作用，贯穿管理活动的全过程。优秀的素质可以"帮助"主体迅速进入待处情境之中，"沟通"眼前的情景与大脑储备信息间的联系，做出判断，指挥主体去行为。而这种"帮助""沟通"是下意识的、自动化的、瞬间完成的，是行为主体主观上意识到之前就完成了的。那么"进入"的速度越快，"联系"得越准确，其素质水平越高。

信息管理活动中，素质对信息管理者的行为都有直接影响和制约作用。

2. 管理者素质的内容构成

管理者的素质具体包括：身体素质、思想素质、心理素质、文化素质。前者又称先天素质，后三者又统称后天素质。

1）身体素质

这是指人在先天生理素质的基础上，经过后天体育锻炼和自我保养所具备的身体条件。信息管理者如果没有良好的身体素质，就难以应付复杂繁重的信息管理任务。

2）思想素质

这是指个人在长期社会实践中所形成的在处理政治态度、行为方式、自我评价和道德观念等观念形态方面的事务中显露出来的态度和方式。

思想素质对于信息管理者行为的影响和制约具有决定性意义。

（1）政治信仰。包括政治立场、世界观、法制观念等，是管理者从事管理工作的基本立足点。

这一素质是回避不了的。一个管理者，不是这种政治态度，就是那种政治态度。有人说，我不问政治。其实"不问政治"本身就是一种政治态度。信仰社会主义，拥护中国共产党的领导，在信息管理工作中就会一切从人民的利益出发；信仰辩证唯物主义，就会一切从实际出发。

比如，科学史上有一些科学家，其本身是搞自然科学的，是唯物论者，可是又是信神的。看起来，似乎是矛盾的，其实很正常。因为左右他们行为的，不是他们从事科学研究所获得的知识，左右他行为的是他的政治信仰。

（2）行为方式。这是指管理者在日常生活中或管理行为中的行为方式。

优秀的行为方式素质品质表现为：一贯认真、负责、严谨、踏实。这种素质品质直接制约着信息管理者的信息采集、信息加工、信息利用、信息反馈等方面的管理行为。他们对信息、数据、现象，一丝不苟，认真查对，哪怕是对自己的工作业绩有不利影响也是如此。相反，轻浮、玩世不恭、松松垮垮等不良行为素质品质，常常暴露出肤浅、夸夸其谈、信口开河的毛病，管理中的明显问题他也发现不了。

<h3 style="text-align:center">案例 8.1 李群是明知"故"犯吗？</h3>

据报道，李群是旅游专业刚毕业的大学生，在学校时，就大大咧咧，道听途说，也信以为真。毕业后，他在北京市长城大酒店负责旅游团的住宿安排工作。

有一天，酒店几个年轻员工在一起聊天。有人说，原来安排在这个月 28 日的那个美国旅游团不来了。李群听说那个旅游团不来了，就把原来安排的床位取消了。

可是，28 日上午突然接到旅行社导游肖敏的电话："小李，美国旅游团一行 20 人已经到达首都机场，你的床位安排好没有？"

李群一听，大吃一惊："啊？不是说，这个旅游团不来了吗？"

肖敏："谁说的？我给你发电传了吗？"

李群紧张起来："那天，那天……"他心里很清楚，旅行社和酒店有协议，无论是预订床位，还是取消床位，都以电传为准，他确实没有接到肖敏取消床位的电传。

李群知道问题严重了，立即向酒店总经理报告。总经理果断决策：集中酒店全体服务员做住店客人的工作：保证为客人安排另外一个同等档次的酒店，在本店的住宿费不收了，请客人腾出房间来。结果，酒店因此损失了 2 万多元，李群承担一半[①]。

案例中，李群确实是"明知"，但不是"故"犯。我们说一个人"故意"做某一件事，他头脑里的意识是很清楚的。而李群在取消床位安排的时候，他头脑里并不是有意识的，而是一种下意识的行为。因为左右李群行为的不是"取消床位安排需要接到电传"这个规定的知识，而是李群的行为方式素质。素质是一种下意识左右人行为的力量。

（3）自我评价。又称"个人价值系统"。它是管理者在管理过程中自我调节和处理问题的尺度。优秀的自我评价素质品质表现为：诚挚谦逊，为人朴实，平易近人，与下级管理者和员工能够打成一片，在同他们的相处中自然、融洽、友好。自我评价过高的管理者，虚伪狂妄，话语之中总是流露出一种傲慢，布置工作时总是带着一种教训的口吻，即使语上彬彬有礼也会影响沟通效果，处理不好人际关系。在管理者处理问题需要决策时，它直接左右管理者选择决策方案，制约决策水平。

案例 8.2　人际关系紧张的原因在哪里？

小孙是本科经济法专业的高材生，在全国法律知识竞赛中得过一等奖，他自己也觉得已经精通经济法知识，可以独当一面工作了。毕业时，凭着他那优异的成绩，某国有大企业招聘了他，当上了公司法律顾问。可是不到两个月，与公司总裁吵翻了，他就跳槽到另外一家民营企业做公司秘书。结果过了一个月多一点，又跳槽了。最后到记者采访他时，他在城南交易城的一家卤菜摊打工。

记者问他："这一回还会不会再跳？"

他说："这一回可能不会跳了，因为只有一个领导。"过了一会，他又接着说："不过，我想学会卤菜的手艺，我自己单独干。"

该报道评论说，这是小孙喜欢按自己的想法做事，不善处理人际关系的结果[②]。

小孙的人际关系为什么会那么紧张呢？他难道不想搞好同领导的关系吗？左右小孙行为的不是他不知道搞好人际关系很重要的知识，而是他自我评价过高的思想素质。自我评价过高的人总是看不起别人，所以人际关系很紧张。

由此，我们可以进一步推论：只有正确评价自己，才能处理好同上级、同事和下级的关系。任何一个人，不论他是高官，还是百姓，他都有上级、平级的同事，也都有下级，都要处理好同这三种人的关系。

首先，对于上级，要善于沟通。在接受上级指示时，从上级立场出发来思考，就能充分理解其意图；发现上级指令不妥时，要善于沟通，不抢上级风头；不背地议论上级的是非；请示事项时要有备选方案。

其次，对于同事，要有亲和力。亲和力，等于沟通能力加包容能力，沟通能力又包括

[①] 根据 2006 年《东方航空》杂志所载原文改编，2016 年
[②] 根据《重庆商报》所载原文改编，2016 年

表达能力和理解能力。相处中,要面子第一,道理第二。你给他面子,他就讲理。高标处事,低调做人,太张扬总不会有好结果。

其三,对于下级,要有平等心。对下级管理,要做教练,不做警察。执行制度对事不对人。善于引爆下属的工作情绪,顾及自尊,就事论事。从下级自身利益出发。不求完全一致,用最大多数人的努力实现目标。

没有正确的自我评价,自我评价过高的人是做不到这三点的。

(4) 道德观念。世界观的一种特殊形式。它与精神文化的各个领域密切相关,渗透在人的一切精神活动之中。信息管理工作作为一种精神活动当然也不例外。道德观念必然贯穿在整个信息管理过程之中,影响和制约信息管理活动。

忠于职守、实事求是、甘当无名英雄等,都是信息管理领域特有的职业道德。弄虚作假、瞒上欺下、擅离职守、行贿受贿等都是职业道德低下的表现。

案例8.3 宁可烫了自己,也不能烫了客人

小张是本科旅游专业的学生,毕业前,在一家高级酒店实习,做服务员。但是,由于他性格内向,不苟言语。在还有一周实习就要结束时,酒店总经理找到他,说你的性格内向,做服务员不合适,实习期满后你就另外再寻找其他工作岗位就业吧。

由于还有一周,小张还要上班。这一天他正在给包厢上菜,当他端着一盆刚刚烧开的热汤走近包厢时,脚下一滑,往前摔了下去,眼看一盆热汤就要倒在客人身上,只见小张在倒下的一霎那,双手往里一翻,整个一盆汤倒在自己的怀里。

这个情景被正好从窗前走过的酒店总经理看到。总经理非常高兴,他说酒店服务员就需要这样素质,宁可烫了自己,也不能烫了客人。立即带小张到医院治疗,并决定留下小张,让小张担任领班。

在这个案例中,小张在他将要摔倒的一霎那之间,不可能想到:因为我是服务员,所以我一定要"宁可烫了自己,也不能烫了客人"。他要是真这样想,就来不及了。这实际上是一种下意识的行为,是一种素质的表现。所以,小张是以他的优秀职业道德素质赢得了酒店总经理的信任。

可见,思想素质对管理者信息管理活动的影响和制约是相当广泛的。

3) 文化素质

这是指管理者在运用文化知识时表现出来的态度和方式,是管理者头脑中理性的历史沉淀和审美情趣、文化品位、格调等,是管理者后天学习或接受教育的结果,是管理者接受古今中外文化的熏陶,主要是接受本民族文化熏陶在头脑中形成的思维定势。

文化素质高,才能保证管理者文化修养不断得到提高并能获得充分发挥。

文化素质与文化修养不同。文化修养是指掌握文化知识的内容和量,在深度、广度、复杂度方面的量;而文化素质则是指管理者在管理过程中,只要一涉及某一文化事务,就必然地"自动化地"表现出来的处理该文化事务的态度或方式。

文化修养是指文化的内容是客观的,"文化素质"是处理文化事务的态度和方式,是主观的,随主体的不同而不同。比如,你懂得"不应该随地吐痰"的道理,

这属于文化知识修养；可是走在街上，你依旧随口就把痰吐在人行道上，说明你缺少文化素质。

案例 8.4　华裔英雄曾喆的行为是文化素质的体现

在911事件中，华裔英雄曾喆为抢救伤员殉难①。

事后根据美国政府通知，曾喆的母亲去政府部门登记儿子失踪时，登记官员不给登记，说："你儿子的工作单位离世界贸易大厦还有几个街区，不可能在世界贸易大厦现场失踪。"根本不相信，一个在事发时处于安全地带的人会往危险的地方跑，就是不给登记。

一年后，曾喆的一个同学在美国FOX电视台的新闻片上看到曾喆救人的镜头，然后以这个录像为证才给登记了。在这一年多里，曾喆的母亲不仅要承受失去儿子的痛苦，还要不断地向邻居、同事解释，我儿子真的是去救人了②。

曾喆难道不知道他们要去的地方很危险吗？他是知道的，这一点知识他是懂得的，但是这些知识并没有左右他的行为，左右他行为的是他见义勇为的中华民族文化铸就的文化素质。那些在美国文化下生活的人们，不可能相信你中国人会往危险的地方跑。曾喆的行为确实是中华民族文化素质的体现。

4）心理素质

这是人的个性心理品质。

由于信息管理过程总是伴随着管理者的心理活动过程，所以管理者的个性心理品质，也就直接制约着信息管理者的管理行为，影响着管理活动的质量和水平。

对信息管理活动影响和制约较大的个性心理品质有：兴趣、注意、情感和情绪、意志。这是笔者在中国科学技术大学少年班研究中发现的，绝大部分少年大学生之所以比同年龄的孩子聪明一些，主要原因就是这四大心理素质品质比较好。

（1）兴趣。心理学概念。它是力求认识某种事物或爱好某种活动的倾向，并且总是和一定的情感相联系。它因需要而产生，并在生活和实践过程中形成、发展并稳定下来，并会随着需要的消失而消失。

兴趣又分为直接兴趣和间接兴趣。由于对事物本身感到需要而产生的兴趣是直接兴趣。由于对事物本身不感到需要，却对该事物产生的某一结果感到需要而产生的兴趣叫间接兴趣。直接兴趣和间接兴趣、消极兴趣和积极兴趣，是可以互相转化和迁移的。

优秀的兴趣品质是：广泛、稳定和积极。

广泛的兴趣可以保证管理者在信息调研、处理问题时考虑的范围足够大，为自己科学地决策提供广阔的空间，增加成功的概率。

稳定的兴趣，可以保证管理者管理活动的持久性，可以帮助管理者维持高质量的"有意注意"，去争取可能争取到的成果。

积极的兴趣，可以保证管理者在管理过程中处于良好的情绪状态，从而充分发挥出自己最大的潜力，使管理活动顺利进行下去。

---

① 马宁. 华裔英雄曾喆"911"救人献身. 重庆晚报，2002，26（9）：8
② 赵海燕. 迟了一年的葬礼. http://news.sohu.com/07/06/news203070607.shtml[2016-01-13]

兴趣心理品质不好，是指管理者对管理活动没有兴趣和对管理对象没有兴趣。

在信息管理活动中，管理者兴趣品质对管理行为的作用，主要表现为对信息管理对象的范围控制和对管理行为的推动作用和持久控制。

范围控制，是指管理者的兴趣范围有多大，他管理行为的范围也就有多大。许多管理者都有这样的体会，在工作实践中，对自己感兴趣的事就管得多一些，勤一些，细一些，不感兴趣的事就管得少一些，粗一些，甚至不管。这就是个体兴趣的范围控制作用。信息管理者对于自己职权范围内的事情，如果有的感兴趣、有的不感兴趣，就会受到兴趣心理素质范围控制的制约，以致影响工作。

所以，信息管理者在负责某项工作时，应该分析自己的兴趣范围，是否与工作范围一致？如果一致，当然很好；如果不一致，管理者就应该及时迁移自己的兴趣，使兴趣范围与信息管理工作的范围保持一致。

持久控制，是指信息管理者对自己的管理对象（员工、工厂、信息等）具有浓厚的直接兴趣，可以直接推动管理者的行为，不知疲倦地持久工作。许多优秀的领导干部工作起来，废寝忘食，如醉如痴，就是强烈的直接兴趣品质在起作用。这体现了兴趣对管理行为的推动作用和持久性控制。

所以，管理者应该经常分析自己对本职工作有无直接兴趣，如果有，应该注意保持下去；如果没有，就应该及时培养自己对本职工作的直接兴趣。

（2）注意。心理学概念。它是人们对客观事物的一种定向反射的心理现象，即人的心理活动指向或集中于某一确定事物时的状态。

注意分为有意注意和无意注意。有意注意是自觉的、有预定目标的注意，在必要时由主体做出一定的意志努力加以控制的注意。换句话讲，有意主意是自我强制的注意。无意注意是事先没有任何准备、不加任何努力的注意，是由主体附近出现的临时信息的刺激引起的。无意注意是短暂的，若引起注意的信息与主体有关，就会转化为有意注意或形成兴趣，若与主体无关，就会很快消失。

优秀的有意注意品质是专注性、持久性和独立性。专注性是有意注意的强度，专注性越强，表明主体在纵向领域中越深入，"自我强制"越有效。持久性是有意注意的时效，持久性越强，表明主体"自我强制"的效果越好。独立性是有意注意的方式，具备独立性，说明有意注意完全是"自我"强制的，没有外界压力，是一种自觉行为。独立性越强，主体的信息管理活动越不易受干扰，越有利于获得成功。

信息管理者要在喧闹、繁忙或情绪矛盾等不良环境中从事管理工作就要做出有意注意。在管理活动中，要完成每一次具体的管理目标，管理者也要做出有意注意。

优秀的无意注意品质是敏感性和灵活性。敏感性，指的是自信息出现到该信息引起主体产生感知的时间间隔，间隔越小越敏感。灵活性，是指将刚刚注意到的新信息与自身需要联系起来的本领，联系得越快、范围越广越灵活。

无论是日常管理工作中，还是平时生活中，随时都可能出现引起你产生无意注意的信息，管理者若具备敏感性和灵活性，就能及时发现这些信息或者蕴涵着丰富的内容、新颖的观点，或者与信息管理活动无太大关联，从而迅速做出决策，要么进行有意注意，要么迅即放弃。

在信息管理活动中，管理者注意品质对管理行为的作用，主要表现为有意注意对管理行为的指向控制，无意注意对管理行为的发现控制。

指向控制，是指信息管理者在某个时期有意注意在哪个方面，管理者的行为就会下意识地趋向于那个方面。指向控制的作用具有双重性：如果有意注意的对象正是自己应该做的工作，这时"指向控制"会产生积极作用。如果有意注意的对象不在本职工作的范畴内，这时"指向控制"会产生负面作用。比如，某个同学迷恋网络游戏，这样的有意注意就会将主体"指向"网络游戏，吃完晚饭，他会不知不觉地就走到网吧的门口。这就会严重影响课程学习了。

发现控制，是指信息管理者能够抓住无意注意的对象，就会发现自己需要、但尚未意识到的信息。因为无意注意指向的往往是主体潜在需求的方向。

在信息管理过程中，如开会、视察、调研、谈话等，随时都有可能出现能够引起无意注意的信息，管理者若具备敏感性和灵活性，就能及时发现这些信息或者蕴涵着自己需要的丰富内容、新颖观点，或者与管理活动无太大关联，从而迅速做出决策，要么进行有意注意，要么迅即放弃。

案例 8.5　白岩松的做记者的料

据报载：一次，中央电视台的敬一丹到台领导办公室请假，这时在场的白岩松问："敬大姐，你请假干什么？"

敬一丹说："我们全国政协委员要下去和下岗工人座谈。"

白岩松说："那你带一个摄制组下去多好。"

台领导听了，就让敬一丹带了一个摄制组随行。后来将采访的素材编了一个节目《沟通》，在"东方时空"栏目里播出，效果很好。

敬一丹对这件事评价说："白岩松这个人骨子里就是做记者的料。"意思是指她敬一丹请个假，白岩松也能发现有意义的报道选题。

其实，白岩松不只是做记者的"料"。案例中白岩松的表现，本质上是他的无意注意心理品质水平高。作为记者，在事先没有准备的情况下，能够发现有意义的报道选题。如果他是一个企业家，在事先没有准备的情况下，能够发现对企业有利的商机；如果他是一名国家干部，在事先没有准备的情况下，能够发现需要解决的重要问题。

本书在第 1 章、第 2 章里两次提到的案例 1.11 中的叶先生，他那种"随意获取，抓住不放"的信息搜索意识，究其本质，就是他无意注意心理素质水平高的表现。

所以，信息管理者应该保持与本职工作有关的有意注意，学会自我控制，提高有意注意水平；学会从无意注意中发现有用信息，及时转化，为己所用。

（3）情绪和情感。情绪和情感是客观事物是否符合人的需要而产生的个人主观体验。在心理学中，情绪和情感是两个难以分割而又相互区别的概念，这里就不详细介绍了。

通常，情绪划分为心境、激情、应激三种状态，情感包括道德感、责任感、事业感、义务感、美感、理智感等。

优秀的情绪、情感品质是稳定、积极和健康。

首先，信息管理者处于稳定、积极和健康的情绪平衡状态时，就能冷静、清醒而又热忱地面对自己所从事的具体的管理活动，使管理活动顺利进行下去，有利于任务的完成。反之，精神不振、意志消沉、抑郁不乐、烦躁不安等消极情绪就会干扰信息管理活动的展开和进行。

其次，稳定、积极而高尚的情感十分有利于信息管理活动的进行。

道德感可以使管理者自觉地遵循社会道德规范，自觉遵守职业道德；事业感、责任感可以使管理者长时间自觉对管理对象保持有意注意，认真细微，不用督促也会自觉地学习和工作；尤其是理智感，这种由人在智力活动中认识、探求或维护真理的需要、意愿是否获得满足而产生的情感体验，在管理过程中的作用十分重要。在信息管理过程中，对新方案、新技术的好奇心、求知欲，对不明问题的寻根究底，对尚不理解的问题的惊奇，对论证问题的浓厚兴趣，对事业成功的喜悦，对重大事故的临危不乱等，都是理智感对主体行为的作用。

在信息管理活动中，管理者的情绪、情感品质对管理行为的作用，主要表现为对管理活动的行为控制。管理者在产生情绪波动时，会直接影响管理者的行为。所以，管理者应该学会发现自己情绪的变化，学会控制自己的情绪，避免情绪对工作的影响。

在单位内，经常会听到这样的对话。

一个员工说："你看，咱们厂长，今天是喜笑颜开，肯定心情很好。有啥事，今天去请示，肯定能够批准。"

另一个立刻附和："就是，上个礼拜，车间有一个急事，要我去找厂长，厂长就是不同意，我还挨了一顿批评。后来我才知道，那天早上上班时厂长和他老婆吵架了。"

这种对话充分说明，我们的一般员工都知道：管理者的情绪影响他的决策。

积极的情绪、情感活动，是信息管理者从事信息管理活动的内在动力，是提高管理者注意品质和意志品质的内在因素。管理者情绪心理品质不好，主要是管理者在管理活动中情绪波动的幅度大，持续时间长，使管理活动无法进行下去。

（4）意志。心理学概念。它是自觉地确定目标，并根据目标来支配、调节自己的行为，克服困难，实现目标的心理活动过程。

因此，一次成功的管理过程，实际上就是信息管理者的一次意志过程。在管理过程的每一个环节还有各自的目标，因此每个环节的结束，实际上也都是一次意志过程。若干个分意志过程的依次实现，就是总意志过程的完成。

优秀的意志品质包括自觉性、果断性、坚持性和自制性。与这个四个品质相对应的不良意志品质是独断与盲从、优柔寡断、动摇与执拗、自流与放纵。

自觉性可以保证信息管理者的管理活动不间断地进行下去；果断性可以保证在遇到困难时能迅速决策，勇往直前，克服困难，完成工作目标；坚持性是保证工作目标不改变所不可缺少的；自制性则是保证在出现失误、讹错时能自己纠正过来的重要条件。

可见，意志并不直接参与管理，但又确实是成功管理的要素。

在管理活动中，管理者意志品质的作用，表现为对管理活动的过程控制。

在管理过程中，意志品质直接决定着活动的结果，意志品质高，管理活动的质量也就高，意志薄弱者难以完成复杂而艰巨的管理任务。如果管理者把"提高管理能力"自觉地确定为奋斗目标，而进行"意志活动"，则会十分有利于提高管理水平。所以，管理者要学会在无人监督的情况下完成工作任务，要能够在遇到困难的情况下坚持完成任务。

信息管理者意志心理品质不好，并不是说管理者没有意志，也不是说管理者有了"坏意志"，而是说管理者的意志水平不高，如自觉性不强、持续时间短、决策不果断、自制力不够等。人的意志素质不是天生的，是后天在生活中逐渐形成的。信息管理者要进行意志的自我磨练是完全可以获得成效的。

综上所述，身体素质、思想素质、文化素质、心理素质在信息管理者的精神世界和生理世界中是客观存在的，我们不能回避它们。它们是可塑的，后天形成的。我们可以通过有意识地进行素质的自我锻炼来获得提高。

8.2.3 管理者的修养及其内容构成

1. 修养概述

1）修养的定义

《辞源》说：修养是"儒家指通过内心反省，培养完善的人格"。

《辞海（缩印本）》（上海辞书出版社 1980 年版）认为：修养是"指个人在政治、思想、道德品质和知识技能方面，经过长期锻炼和培养所达到的一定的水平"。

修养是后天形成的，是通过教育、学习，不断地得到培养和提高的。修养具有客观性。修养的内容（政治、思想、知识等）是客观的，是独立于人的主观意识之外的，当我们谈及修养时，不是有没有修养的问题，而是行为主体掌握了多少（量）的问题。

但是，修养的利用则具有主观性。修养只能够为主体的行为提供依据，而且这种提供还不是下意识自动完成的，是在主体需要时，由主体从大脑里存储的信息中搜索并检出，才能完成提供过程。这种"搜索并检出"，实际上是受个体素质支配的。当然，依据提供得越多越广越深，则修养水平越高。

2）修养与素质的区别

修养和素质并不是一回事。素质是人处理事务时行为的态度和方式，是指行为主体遇到某种情况时，必然要采取的态度和方式。

因此，素质贯穿于管理活动的全过程，时时处处都会起作用。素质可以"帮助"主体迅速进入待处情境之中，"沟通"眼前的情景与大脑储备信息间的联系，做出判断，指挥主体去行为。而这种"帮助""沟通"是在主体下意识状态下自动完成的。那么"进入"的速度越快，"联系"越准确，其素质水平越高。

而修养则是人所达到的水平。它具备为主体行为提供证据的功能。而这一功能的发挥是在主体有意识的要求下完成的。用俗话说，主体想到了才会去用它，没想到就不会去用它，并不在于主体是不是知道它。当然，证据提供得越多越广越深，则修养水平越高。

因此，修养是针对主体整体来说的，素质是针对主体的每一次行为来说的。素质反映的是行为过程的水平，修养反映的是行为结果的水平（表 8.1）。

表 8.1　素质和修养概念的比较

	素质	修养
定义	主体行为的态度和方式	主体达到的水平
作用方式	在主体下意识中制约主体行为	在主体有意识需求中提供行为依据
针对的对象	针对管理主体每一次行为	针对管理主体的整体
结果反映	反映主体行为过程的水平	反映主体行为结果的水平

3）素质与修养的联系

素质与修养的联系表现为它们互为依赖性。

首先，修养对素质的依赖性。

修养社会功能的发挥，必须依靠素质才能得以实现。修养的客观性特征虽然表明它不受行为主体的影响，但是它"为主体的行为提供依据"的社会功能却是受行为主体的主观控制的，取决于行为主体在需要时能够从自身的存储中提取多少，而这种提取是受主体素质支配的。

其次，素质对修养的依赖性。

素质要依靠修养的手段来不断提高。当修养的"量"逐步增加、达到一定程度，修养的内容在主体的大脑中形成一种思维定势时，知识就升华为素质。

前教育部副部长周远清早在 2000 年就撰文指出：素质是修养内化和升华的结果，没有修养做基础，素质的养成和提高就不具备现实性和目标性[①]。因此，知识仅仅是素质形成或提高的基础，单纯具有知识不等于就具有一定的素质。

素质形成的两个方面是先天禀性和后天实践。先天禀性已无法改变，后天实践却是可以主动设计和有意识地安排的。某一方面修养水平较高，持续时间越长，就越容易在管理者大脑中形成新的思维定势，即产生处理某一事务必然采取的态度和方式，也就是提高了这方面素质的水平，修养就上升为素质。

比如，上文曾经提到，有的人知道"不应该随地吐痰"的知识，甚至连一口痰里有多少细菌，他都能够说得出来，但是他走在街上，会"啪"的一声把痰吐在大街上。可见，他只拥有"不随地吐痰"的知识，还不具备"不随地吐痰"的素质。

在这里，知识是通过记忆在产生作用。这个时候的知识表现为修养。

再如，经过"非典"时期的人们，懂得"为了预防传染病，从户外回家要洗手"的知识，并且都养成了这一习惯。现在，人们在回到家中第一件事就是去洗手间洗手。但是所有洗手的人，并没有经过"因为要预防传染病，洗手可以预防传染病，所以要去洗手"这样一个思维过程，洗手的行为是一种下意识的行为。就是说，"洗手可以预防传染病"的知识，已经变成处理问题的态度和方式，下意识地产生作用了。

在这里，知识是下意识地在产生作用，则升华为素质。

这里需要特别指出的：从知识、修养向素质的转化，是由管理者自己完成的。这一点非常重要。长期以来，人们在接受知识之后，有的人很快地实现了将知识转化为素质的过

[①] 周远清. 素质·素质教育·文化素质教育//文化素质教育教师读本. 重庆大学印，2004：2

程，由于素质得到提高，能力也就得到提高。但是，由于这种转化是一种自发行为，人们并没有发现这个转化过程，误以为获得了知识就提高了素质。

本书阐述知识和素质的关系，一方面，知识不是素质，知识不能代替素质，另一方面，知识向素质的转化是靠管理者自己完成的。这就是说，我们可以结束自发转化的现象，而有意识地安排自己的这一转化过程，加快素质自我提高的过程。

在实际生活中，有的人在待人处事方面显示出很高的品位、格调，我们也称为"很有修养"。《辞海（缩印本）》里的"修养"词条之下也注释有一条："特指逐渐养成的在待人处事方面的正确态度。"这与上面的分析并不矛盾。

这种"很有修养"的人能够做出这些实际行为来，首先表明它具有很高的知识修养。如果他在做出这些行为的时候，不是有意识的故意做作，而是一种下意识的、自动化式的行为，自然也是他高素质的表现。

2. 信息管理者修养的内容构成

在信息管理活动中，对管理者行为有影响和制约作用的修养，主要有理论修养、业务修养、知识修养、语言和艺术修养。

1）理论修养

理论修养是信息管理者对客观对象进行分析、评论，对自己的思想观念加以理论表述时所表现出来的水平。信息管理者是面对复杂的现代社会进行管理工作，要能够识别、采集和处理各种信息，必须以理论修养作保证。

理论修养可分为：哲学理论修养、逻辑理论修养、管理理论修养和政治理论修养。哲学理论修养影响管理者的理论思维水平，逻辑理论修养影响管理者的思辨能力和表达能力，管理理论修养是管理者从事管理的"理论工具"，政治理论修养在管理中表现突出的是政策法规理论修养，管理工作以此保证自己正确的政治方向。

2）业务修养

这是指信息管理者对于组织内的业务工作知识及其运用技能的掌握所达到的水平和一定的量。不同的组织有不同的业务。比如，企业的业务有：采购、设计、生产、仓储、运输、营销等；政府部门的业务有：处理政务、协调沟通、发文收文、信访接待、后勤保障等。作为一个管理者，应该对自己所在组织的业务知识有较全面的了解。因为这里的业务知识，不仅有书面的，也有口头的，不仅有显性的，也有隐性的，是管理者进行工作所必需的，不是可有可无的，与下文所说的文化知识修养不同，所以将它独立为修养的一大类别。

3）知识修养

又称文化修养，或文化知识修养，指的是行为主体掌握文化知识的内容所达到的水平，在深度、广度、复杂度方面的水平。掌握的知识量越大，知识修养越高。知识修养是管理者进行思维的工具，管理行为的前提，决策论证的依据。

知识修养是一个庞大的体系，是修养体系构成中的主要内容。不同的人所需要的知识修养结构是不相同的。管理者的知识修养结构包括：常规管理知识修养，信息管理知识修养，法规政策知识修养，自然科学技术知识修养、公共关系知识修养、写作知识修养，文学历史知识修养、美学知识修养，以及其他常识修养。

比如，广告是企业营销的主要手段，但是在社会角度来看它，则是一种文化。我国企业广告中因缺乏知识修养导致的笑柄，可以说屡见不鲜。

案例 8.6　唐僧没有翻译的苦恼？

中央电视台曾经播过一则广告，画面上显示：唐僧骑在马上，孙悟空牵着马，孙悟空说："师傅，眼看就要到印度了，没有翻译怎么办？"唐僧在马上回答："没关系，我们有×××（一种电子翻译产品）。"[①]

小说《西游记》是根据史料《大唐西域记》改编而成的。唐僧的生活原型就是唐代高僧陈玄奘。陈玄奘是我国翻译史上的著名翻译家，中国第一个笔译外国文献的人。这则广告的可笑，是对中国翻译史知识不了解造成的。

还有一些广告，有的为了显示自己的柴油机产品动力强大，有的为了显示自己的小汽车的功能强悍，竟然在电视画面上，让一台柴油机把龙卷风拉住了，竟然让那辆小汽车从龙卷风的风眼下穿了过去。做出这种荒唐的设计，显然是对有关龙卷风的物理学知识一无所知。

这些广告中，固然是广告设计者的错误。但是，这些广告显然是要经过管理者批准后才会播出的，这说明企业管理者也没有看出这些广告的问题。这种广告居然还给播出来，至少也说明中央电视台的有关管理者也缺乏知识修养。

再如，本书第 1 章案例 1.7 中歌星演唱会的失败，正是企业信息管理者在进行信息活动策划时，法律意识的淡薄，缺乏法规知识。

还有，《重庆日报》曾报道：北碚区某森林管理部门依据重庆市有关条例扣留了某企业一批从山里运出的木器家具。这一报道欠妥。因为国家法律规定只能扣留木材，不能扣留家具；地方法律要服从国家法律。这说明该记者和该报纸的编辑缺乏这方面的法规知识。

4）语言和艺术修养

这是指管理者对于语言、文字、文学、艺术的知识及其运用技能的掌握所达到的水平。语言修养在信息传播与沟通的管理中作用最大。语言修养高的管理者才可能准确地把管理意图传达给员工。

信息管理者提高艺术修养并不是为了进行艺术创作，主要是因为在管理过程中，经常会遇到有关文学、艺术方面问题需要解决或审查。

企业广告的设计要涉及艺术性问题，企业产品的造型也涉及艺术性问题；如果缺乏艺术修养，在对广告和产品造型设计的审查中就有可能出现失误。

比如，广告语"中国人，奇强！"在消费者中形成很不好的影响，就是由于"奇强"与"骑墙"同音，这个广告等于把中国人都骂成"骑墙派"（两面派）。这表明企业管理者缺乏有关汉语谐音的知识。

8.2.4　管理者的能力及其内容构成

1. 能力概述

能力是人类认识世界并运用知识、技能解决实际问题或完成某一活动的本领。

---

① 本书根据中央电视台所播的电子翻译产品的广告编写

从心理学角度看，能力是完成一定活动的具体方式和使活动顺利进行的心理特征。在管理学领域，对能力概念的定义，尚未发现有不同的表述。

能力的作用表现为直接影响活动的效率。或者说，完成活动的效率是衡量能力的指标，效率越高，能力越大。

能力具有一个重要特征：能力是在人的活动过程中显示出来的。

在现实生活中，许多人往往埋怨生不逢时，总感到怀才不遇，埋怨自己浑身能力无人发现，没有伯乐发现他这匹千里马，究其根源就是没有认识到能力的这一特征。所以，青年人在进入社会之后，应该首先意识到如何向社会显示自己的能力，只有这样才有可能及时地得到他人的认可而不断地进步。

关于能力和素质的关系，能力并不等于素质，"能力素质"的提法并不科学。

首先，能力是处理问题的本领，对于不同问题是不一样的；素质是处理问题的方式，在不同的问题上可以是一样的。比如，写作能力只能用来处理书面表达的问题。而广泛的兴趣、高度的责任心等心理素质，既有利于书面表达能力的提高，也有利于口头表达能力的提高。其次，能力强并不等于素质高。因为能力是可以通过反复训练来获得的。

至于能力与修养的关系，尚未发现有关能力和修养等同的说法，并且也都认为，修养是能力显示的条件，某一方面修养可能给主体的某一能力有帮助，也可能并无帮助。

比如，案例 8.6 里提到的那个唐僧取经需要翻译的广告设计，其构思应该说还是难能可贵的，可以相信广告设计者的设计能力和想象力是很强的，但是他缺乏中国翻译史知识，结果闹出了笑话，该广告只播了两次就停播了。

前面提到的"茶壶装元宵，有货倒不出"，讲的就是在素质不高的前提下，知识修养高，表达能力也不会高。

2. 管理者能力的内容构成

信息管理者要完成一系列复杂的管理活动，就必须具备一系列的能力。各种能力彼此相互联系、相互影响、相互配合，才能保证管理活动的顺利完成。就是说，管理者应该有一个合理的、有效的能力结构。

不过，管理者能力的构成是不可穷尽的。因为每处理一项不同的事务，就有一种不同的能力，而管理的对象千差万别、不可穷尽，能力之数也就不可穷尽。我们只能从概念内涵的种类上来描述能力的构成。

由此，我们可以将能力分为两大类：基础能力和专门能力。

基础能力，指的是人们行为时最基本、最起码应具备的能力，是各种不同类型人群行为时都必须具备的能力。主要包括：信息能力、思维能力、学习能力、记忆能力和表达能力。

专门能力，指的是不同类型的人群各自需要的能力。对于管理者来说，应该有管理能力和其他专门能力。专门能力并不是独立的，而是基础能力与专门工作内容相结合之后产生的。比如，计划能力强，必然会有很强的信息搜集能力、思维能力；管理能力中的社会交际能力强，必然也会有很强的表达能力。

下面，我们简单介绍这几种能力的内涵（图 8.2）。

1）信息能力

包括信息获取能力、信息整序能力、信息激活能力、信息处理能力、信息设备使用能

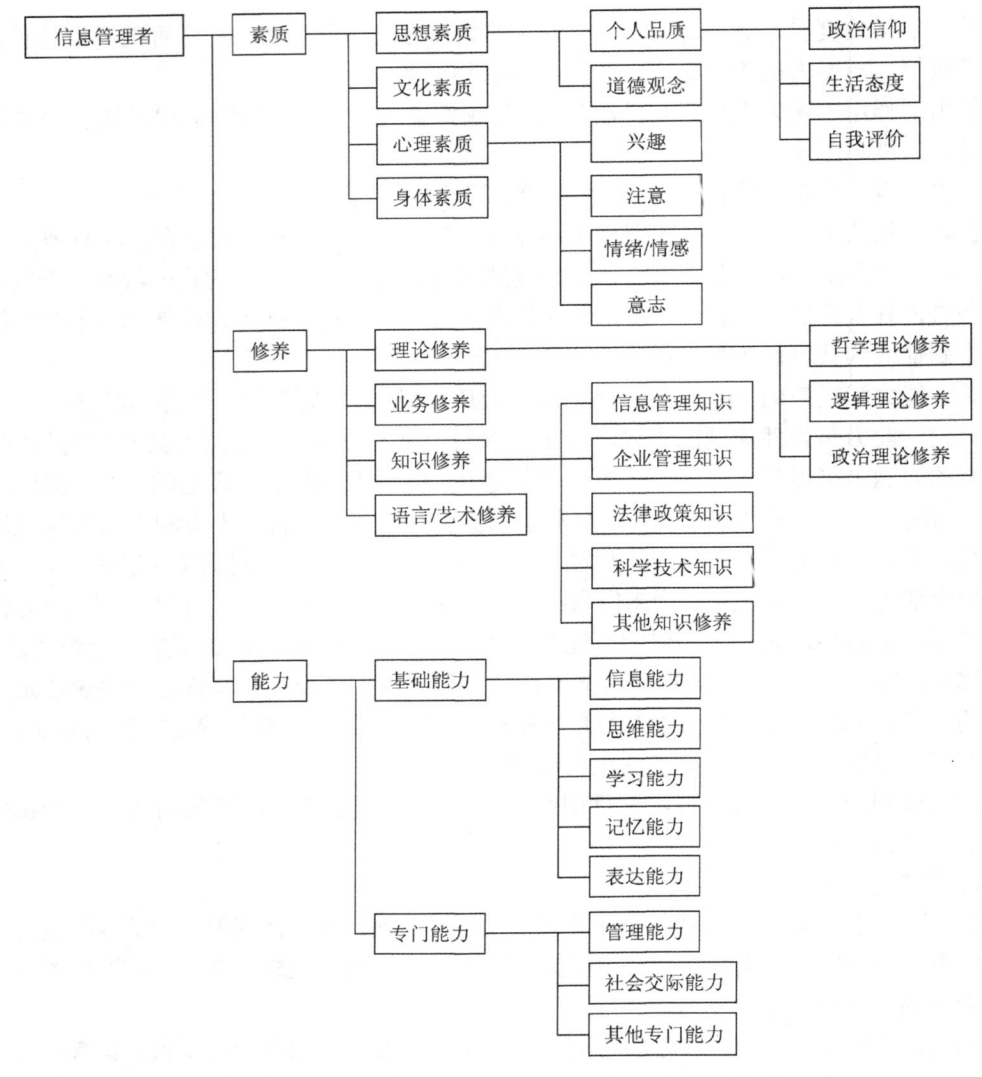

图 8.2 信息管理者个体的素质、修养、能力结构体系

力等。信息获取能力又包括：观察考察能力，调查采访能力，实验动手能力，文献检索能力。这些能力是管理者感知客观世界、采集信息的主要手段，决定信息采集的质量和数量，直接制约信息管理工作过程。

2）思维能力

思维贯穿于信息管理活动的全过程，思维质量的好坏决定着管理活动的成败。思维能力若作具体划分还可划分为发散思维能力、收敛思维能力、灵感思维能力。或者划分为逻辑思维能力、形象思维能力。前三种能力合在一起就是常说的创造性思维能力。从思维对象来看，还可以分为以管理客体为对象的工作思维能力和以管理者自我为对象的自我意识思维能力。

此外，有些著述中还提到政治判断能力、信息鉴别选择能力、创新能力、策划能力等，其实都是思维能力的表现，只不过是思维的内容和功能不同而已。

3）学习能力

这是指人们获取知识和技能的能力。包括阅读能力、听讲能力、研究能力等。通常，这都是在他人指导下的学习。

在没有人指导的情况下，自己通过阅读、研究和自悟来获取知识的能力，被专门称作"自学能力"。自学能力对于管理者尤为重要。因为人不可能总是在他人指导下学习，大多数时间里需要自学，以求及时地补充所需要的知识。

4）记忆能力

记忆是人类智慧的源泉。人类如果失去记忆，就无法学习和工作。按照记忆的时间长短，记忆可以分为瞬时记忆、短时记忆和长时记忆。管理者的记忆能力，包括动作记忆能力、情感记忆能力和逻辑记忆能力。

记忆能力的高低，因人而异，且与人的年龄、兴趣、态度有关。

5）表达能力

包括：口头表达能力和书面表达能力。口头表达能力主要用于社会调查、组织管理、管理沟通、社会交际、演讲报告等活动中。书面表达能力主要用于各类管理文件的起草和审读。

6）管理能力

这是信息管理者最主要的能力，包括：计划能力、决策能力、预测能力、组织能力、沟通能力、用人能力、指挥能力、协调能力、控制能力、应变能力等。

7）社会交际能力

包括信息管理者与本单位员工的交际能力，与外单位人员交际的能力，与本行业领导、同事交际的能力。

在社会交际中，信息管理者不是单纯的个人身份，而是一种行业角色身份。所以信息管理者应该按角色行事。因为交际的对方总是以角色的眼光来看待信息管理者并和信息管理者相处的。

我们需要的是能力。所有的能力都是后天的，是人们在长期的实践中逐步锻炼和培养出来的。关键在于锻炼要得法。怎样才能得法？只要你遵循素质、修养、能力三者的作用机制行事就有可能！

8.2.5 管理者素质、修养、能力的作用机制

信息管理者的素质、修养、能力是三个不同的概念，它们既相互区别又相互联系，互为依存又互为提高。

它们统一在信息管理者一个人身上，制约和决定着信息管理者的行为。

素质、修养、能力三者与主体行为之间的作用机制是以素质为先导，借助修养，表现为主体的行为能力。

所谓"先导"，指的是能力的前提和基础。前提，就是说没有它不行；基础，就是说只有它也不行。素质是主体行为的起点。主体依靠素质发现问题、提出问题，解决问题，素质高，提出的问题意义大，具有创造性。

所谓"借助"，指修养在行为中的地位。它不是创造行为的决定性因素，但所有创造

行为都有具体内容。这些内容就是修养。没有相应的修养，由素质产生的创造性问题就不能表现为主体的创造性能力。因此，修养的好坏会影响解决问题的能力。

在实际工作中，有一种人，他发现问题、认识问题准确、及时，能提出创新观点来，解决问题时办法多，遇到困难能坚持到底。我们说这种人素质高。

素质高的人，如果他的修养在他工作的那个方面很适当，那他必然能力强。

素质高的人，如果他修养不足，在他管理的那个方面，正好他不懂，这时他面临三种发展前景：其一，他及时弥补了修养，则马上表现出能力强；其二，在他弥补了知识修养后，机遇已经过去了，那他会表现出下次能力强。有的人能"经一事，长一智"，就是素质高的表现。有的人则老是犯重复性错误，他经了一事，却不能长一智，这是素质低的原因。其三，不弥补需要的知识修养，那即使素质再高，也只能是能力弱。

在实际工作中，还有另一种人，他认识问题慢，提不出创新观点来，解决问题的时候缺少主见和办法，遇到困难不能坚持到底。我们说这种人素质低。

素质低的人，如果他修养水平也低，自然是能力弱。因为能力是不可穷尽的，你学了 100 样能力，还有 101 样能力没有学到，人不可能把所有的能力都学会之后才去工作，人总是不断地做着自己从来没有做过的事情。所以，仅仅是从能力出发来提高能力是难以见效的。

素质低的人，如果他的修养高，在他工作的那个方面，他懂得很多，那他表现出来的能力也只是一般。因为他懂得多，就必然按照他懂得的去做，但是他做得再好，也只是和已有的知识相一致，所以他最多只能达到修养的水平。

著名物理学家丁肇中教授在访问中国科学技术大学少年班时，有个同学说："我们少年班学生在美国不管是在哪个大学，考试都是前三名。"丁教授就批评他们说："前三名又怎么样，考得再好，只能说明你书念得好，你就是把书都背下来了，也没有超过写书人。你们应该创新，超过写书人。"[①]很显然，素质低，不能创新的人，书读得再多，其能力也只能达到写书人的水平。

如同一个老师，看的书很多，上课也只是照着教材讲，即使其表达能力很强，课也讲得很好，那也只是一个教书匠，你还不是一个创新的学者。你敢不敢提出自己的独立见解，批判或者发展教材中的观点，超过以前的老师。

在我国教育界盛传的"苏步青原理"，说的是：著名数学家苏步青满怀深情地对其培养的、在学术上超过自己的学生说，你们有一点没有能超过我，那就是你们还没有能培养出超过自己的学生。苏教授大力倡导，教师的职责就是培养出超过自己的学生，而不只是传统的"传道、授业、解惑"[②]。

作为信息管理者也是如此，你可以读很多很多信息管理学的书，就算你也能够记得住，但是如果你不能创新，你只能照着管理学书上说的去做，当然这样做也需要，不过那做得再好，最多也只是对已有的信息管理学理论运用得更加熟练而已，你没有给信息管理学知识体系增加新的内容，你只是承续，并没有发展。

---

① 根据本人现场采访的事实编写
② 谭卫东. 经济信息导论. 北京：北京大学出版社，1989：32

在本书第 2 章的"开篇案例"中，给人们的印象：就是日本东京三菱公司善于利用外部环境的变化为企业盈利服务，就是说它具有很强的利用环境的能力。

然而，这只是外在的表现形式，还有其内在的素质和修养的原因。否则，当年扎伊尔叛乱全世界都知道，为什么只有三菱公司一家获利呢？

首先，信息分析人员松山，"一边洗漱，一边听着早间电视新闻"，这表明了他对本职工作的直接兴趣，忠于职守的道德素质。"突然一条简讯吸引了他"说明他无意注意的心理素质很好；"赶忙走到屏幕前"，"刚在路上买的一份早报"，显然已经是由无意注意转化为有意注意了。"同扎伊尔相邻的是赞比亚"，"那是世界上最重要的产铜基地"，这是地理知识；"叛军一旦向赞比亚移动"，"必然影响世界市场上铜的数量和价格"这是政治动乱与市场连动关系的知识，松山借助这两条知识，认识到"叛乱"信息潜在的巨大资源意义。

其次，总裁的素质很高，但是由于他缺乏地理知识的修养，所以最初并不感到"叛乱"信息的重要，但是没等松山把话说完，他就说"有道理"，这说明素质高的人，只要修养一旦弥补，马上就会表现出能力强。

在这里，一个普通的信息人员可以直闯总裁办公室，总裁可以当着员工的面马上接受员工的建议，反映了这个企业群体的行为素质（企业文化）的优秀。

接下来的，"立即拨通赞比亚首都卢萨卡分公司的长途电话""密切注视扎伊尔叛军的动向""趁此机会买进大批铜材"等表现出企业的很强的运作能力。

在这个例子中，素质、修养、能力三者之间的关系，就是以素质为先导，借助修养，表现为主体的行为能力。这里的能力表现为：及时利用社会动乱的能力。但是，它是从一条电视新闻开始的，借助地理知识。这就说明了当年扎伊尔发生叛乱，全世界都知道，为什么只有三菱公司一家获利的原因。

可见，能力不是独立的因素，能力是一种结果，是素质和修养的结果，是素质和修养的外在表现形式。要提高能力必须从素质开始，单一读书、只注意知识修养是不行的，在加强知识修养的同时，应该努力于管理者素质的提高。只有以素质为先导，借助修养，才可能具有"逢山开路，遇水架桥"的能力。在你没有遇到"山"时你可能不知道什么是山，在没有遇到"水"时你可能不知道什么是水，但是如果你有了高水平的素质，修养又比较适当，你就可以遇到了"山"就知道开路，遇到了"水"就知道架桥。

那么怎样才能达到这种境界呢？一个有效的方法就是管理者的自我提高。

8.3 企业信息管理者的自我提高

8.3.1 自我提高与自我管理

关于自我提高，我在《现代管理概论》中明确定义：自我提高是人类主体通过自身的努力，在自身素质、修养、能力等方面，相对于自己的过去有所提高的过程。信息管理者的自我提高也是如此。

它包括四层含义：一是自我提高是由自己完成的；二是自我提高的内容主要是自身的素质、修养、能力；三是提高不是指绝对水平，是指相对水平，是相对于自己的过去有所提高；四是自我提高是一个过程，不是一次就可以完成的。

1. 管理者的提高只能是自我提高

古人云：天生我才必有用。自古以来，成才之心，人皆有之。但是，在提高的进程中，很多人很快就会陷入困惑：有人说需要找好老师，可是华罗庚无师自通，自学成才。有人说需要上好大学，可是比尔·盖茨大学没有毕业。有人说需要有好成绩，可是爱因斯坦大学数学还不及格。有人说：顺境出人才；可是我们看到，许多拥有优厚条件的人并没有成功。有人说：逆境才能出人才；但是我们又不得不承认，逆境扼杀了许多人才，在逆境中脱颖而出的毕竟只是少数。这一切让人莫衷一是，给信息管理者的自我提高带来无尽的困惑。

其实，无论好大学、好老师，还是顺境或逆境，凡是成才的，都离不开自我奋斗。好大学、好老师、顺境、逆境都只是外部环境，是外因，自我奋斗才是内因。外因是成才的条件，内因是成才的根据，外因通过内因起作用，所以内因是根本。对于个人，无力改变环境，只能利用环境。我们可以通过自我提高改变内因，把内因改变到正好可以充分利用外部条件，这样外因通过内因而起作用，你就成功了。所以，要想成才，只能是自我提高。

2. 管理者的自我提高需要强烈的自我提高意识

自我意识是人以自身为对象的意识活动，是指人对自己的属性、状态、行为、意识活动的认识、体验以及对其进行调节、控制的过程。

自我提高意识，是自我意识的一种。自我提高意识是个体强烈地感觉到需要是通过自己帮助自己来获得提高的意识活动。它使个体自信：自己可以确定提高的范围，自己可以选择提高的方法，自己可以了解提高的成效，自己能够自觉地对提高过程做出适当的控制。一句话，他是我要学！不是要我学。

自我提高意识的确立，比自我提高方法的掌握更重要。这一点和本书第 2 章讨论的"信息搜索意识"与"信息搜索方法"之间的关系是一样的。因为方法只解决怎样做的问题，意识才解决要不要做的问题。只有有了自我提高意识，才知道是不是需要做；再加上方法，就能够做好。

自我提高意识的基本思路是：首先，要懂得素质、修养、能力的提高只能是自我提高，别人替代不了，帮不上忙；然后，要有强烈的自我意识和坚信提高可以成功的信念，要了解自我提高和自我管理的相关知识，要方法得当，不求一步到位，只求日积月累，逐步提高。

3. 管理者的自我提高需要自我管理来保证

作者在《现代管理概论》中给自我管理这样定义：自我管理是具有自我意识的个人或组织，根据对自己的认识，通过自我设计、自我学习、自我实践和自我控制等环节，以求获得自我实现的能动活动的全过程。

自我管理分两大类：一类是个人的自我管理。这是指管理主体是自然人的自我管理。另一类是组织的自我管理。这是指管理主体是社会组织的自我管理。

在信息管理中，这两类自我管理都需要。本章论述的主要是指作为信息管理者的个人自我管理。

管理者自我管理的内容，包括：自我设计管理、自我行为管理、自我形象管理、自我提高管理、自我测评管理。关于管理者自我管理的内容和方法的详细论述，感兴趣的同学可参看我在科学出版社出版的《现代管理概论》第 8 章。

综上所述，本书所说的自我提高是自我管理的一部分。由于自我管理内容的五个部分是相互促进和相互制约的，所以其他四个部分的内容，对于自我提高这一部分的进行都会有较大的影响。

首先，自我设计，就是自己给自己确定战略目标。这项工作做好了，可以为自我提高提供明确、恰当的方向。其次，自我行为管理，是指管理者对自己的行为进行管理。它包括两个方面，一是对个人成长过程中的行为进行管理，二是对管理者完成管理工作任务时的行为进行管理。这项工作做好了，可以保证自我提高过程的有效实现。再次，自我形象管理，是指管理者对自身形象塑造的管理。它包括自我形象塑造和自我示范。这项工作做好了，可以保证自我提高成果获得有效的应用。最后，自我测评管理，是指对自身发展的测量和评价。包括：自我成果测评、自我形象测评等。这项工作做好了，可以为自我提高提供反馈信息。

所以，管理者的自我提高需要自我管理来保证。

4. 信息管理者的自我提高必须得法

自我提高，就是奋斗，但是奋斗不等于蛮干。奋斗需要得法，就是要讲究方法，得法者事半功倍。自我提高的方法包括以下 4 个步骤。

1）获取自我提高需要的信息

首先，任何人的自我提高都需要信息。

从信息管理角度来看，人的自我提高，自我发展，其本质就是一个主动、积极、定向地收集、整理、加工、决策、反馈的信息过程。它贯穿于人生的始终，只不过在生命的不同阶段，显示的强弱和方式有所不同[1]。

青年时代，尤其是高中、大学时代，观念性发展的意愿最强，热情最高。与此同时，内在价值观念体系也最不稳定，最富浪漫色彩，可塑性最大，环境的影响，尤其是同龄人的信息碰撞所产生的影响也最大。

这个阶段的信息探索，系统的、非系统的、社会的、书本的、长辈的、同龄的，有益的、不健康的等，大量地向头脑里输入。此时大脑简直可以说成了各种思潮、风尚最为敏感的风向标。由于不断地受到外界信息的冲击，易于激动，兴奋点转移很快，兴奋异常、忘乎所以的时候有，连日不开、一蹶不振的时候也有。不过，自甘沉沦的毕竟是少数，大多数青年人在猛烈的信息冲击面前，能够靠新的冲击和自我心理平衡来解决。

人到中年，一般开始于而立之年，限于其自身的条件限制，稳定、现实、平衡地发展为多、为主。这个阶段的人们，更加注重需要局部的、有限的环境信息，按照自己既定的方向处置、运用所遇到的信息。对新思想、新观念、新知识，了解的多，接受的少；排斥的多，吸收的少；心理平衡的情形多，为新的信息冲击所振奋的少。对有关本职工作和个人兴趣的信息有较大的热情，信息意识发生偏执，生命的集中点在于成果，不论是学术成果、工作成果，都是如此。

---

[1] 谭卫东. 经济信息学导论. 北京：北京大学出版社，1989：33

到了老年，人们便以怀旧、反思为主。个人信念、生活准则、活动程序都已经固定，信息处理相当简明。一则精力有限，二则反复经验过的早已程序化了。

由此可见，人生在自我发展的过程中的每一阶段都离不开信息。所以，当我们产生了要实施自我提高的意愿时，必须要做好信息的准备。

信息准备主要有两点：一点是关于自己的现在、过去的经历、成功、失败的情况，解决"我是一个什么样的人？应该是一个什么样的人？能够是一个什么样的人？"等问题，通过对自己失败信息的分析，搞清楚自己不适合做什么；通过对自己成功信息的分析，弄明白自己最适合做什么，掌握有关自己的信息。

另一点是了解环境和条件的信息。因为环境中的机会，并不是一定都是我的机会，在自我提高之前，必须要搞明白：在环境中，哪些是我不会做的，哪些是我虽然会做但也不能做的，哪些是适合我做的。

了解了这两个方面的信息之后就可以进入下一环节：确定目标。

2）确定未来的目标，制订实现目标的计划

个人的自我提高，一定要有目标，不能没有目标。目标可以并不宏伟，也可以并不远大，但是，目标一定要可行，是经过努力可以实现的。

我们可以在综合上述两个方面的信息之后，选择那种既是最适合自己做的、又是环境许可我做的信息作为自己自我提高的目标。也就是说，个人主观条件是可行的，客观环境条件也是可行的，才可以行动。即可行方可行。这一点，和本书在第5章所说的企业信息战略分析的思路（图5.2）是一致的。

有了目标，还应当有一个大致的计划。由于自我提高毕竟是自己个人的行为，也不需要别人去执行，所以计划的文本可以简单一些，但是不能没有，不能做到哪里算哪里，应该有一个安排，也好掌握进度，了解效果，控制进程。

3）掌握自我提高的方法，亲自实施计划

实施自我提高计划，自然需要自我提高的方法。本书下面将在8.3.2节～8.3.4节介绍信息管理者素质、修养、能力自我提高的方法。

在学习和使用自我提高方法的时候有两点需要注意。

第一点，本书介绍的方法，不是灵丹妙药，"药"到病除。自我提高也不可能有万能的方法。但有一个观念是确定的：要坚信自己的素质、修养、能力是可以提高的，只要方法得当，不求立竿见影、一劳永逸，更不求一步到位，用积跬步以至千里、积细流以成江海的精神，日积月累，总是可以得到提高的。

第二点，自我提高方法的掌握，也仅仅是获取了如何提高素质、修养、能力的知识。也就是说，你掌握的仅仅是关于提高素质的知识和提高能力的知识，还不就是素质和能力本身。要把这些关于素质、能力的知识变成自己的素质和能力，还需要自己来完成这个转化。

所以，自我提高中，在加大知识修养的同时，注意知识向能力的转化，尤其是要十分注意知识向素质的转化。

知识有状态知识和行为知识的区别。

状态知识是反映客观自然状态的知识，一般不能转化为素质。

行为知识是指导有关人们行为的知识,可以转化为素质。比如,不随地吐痰的知识,可以转化为不随地吐痰的素质;对新工作知识了解得越多,可转化为对新工作兴趣的素质;对国家建设成就知识的了解,可转化为热爱社会主义祖国的素质;对心理素质品质知识的了解,可以转化为高品质的心理素质。

4)检验实施效果,做好反馈控制

在自我提高的过程中,随时进行检查,了解自己提高的效果,发现问题及时解决,控制提高过程,使之能够沿着计划规定的步骤进行。

8.3.2 信息管理者素质的自我锻炼

信息管理者的素质包括:身体素质、思想素质、文化素质和心理素质。这四大素质对管理者的管理行为都具有影响和制约作用。要提高管理者的管理水平,必须首先从素质的提高做起。

在素质的自我提高中,最关键的一点是要抓住知识向素质的转化。因为管理者的提高总是从学习开始的,而学习接受的只是知识,知识不是素质,要将知识变成素质,只能依赖于行为主体个人的转化工作。这四类素质的提高都必须经过这一环节。我们说,这四类素质都可以通过自我锻炼得到提高,是以自我提高主体已经确立"知识向素质转化"的理念为前提的。

1. 身体素质的自我锻炼

身体素质,是信息管理者胜任工作的前提,没有健康的体质就无法承担繁重复杂的信息管理工作。在现实中,许多人只顾工作,体质日趋衰落,英年早逝者不乏其人。许多人在这个问题上,埋怨这,埋怨那,其实最该埋怨的是自己。自己的身体有没有问题只有自己知道,自己的身体只有自己来照顾。一个只会工作,不会休息的管理者,不是好的管理者。

身体素质中包含有先天的成分,这部分因素,作为个人自然无法改变,但是个人可以在先天的基础上,通过后天的体育锻炼和自我保养,不断地提高自己的身体素质。至于体育锻炼和保养方法,可供阅读的书很多,可找来学习。

2. 思想素质的自我锻炼

思想素质,包括政治态度、行为方式、自我评价和道德观念。这四个方面对于企业信息管理者来说,虽然不可以说已经定型,也可以说已经基本形成了,要想在这方面有一个明显的提高,不是在短期内可以完成的。当然,这也不是说就不能改变了。要解决这个问题,至少要做以下3个方面的思考。

一是进一步提高从事信息管理工作需要良好思想素质的认识,提高思想素质自我提高的自觉性,不能认为自己现有的思想素质就够用了。

二是加强马克思主义理论的学习,加强辩证唯物主义学习,提高政治理论修养,以修养促进思想素质的提高,积极参加党和政府号召和组织的各种政治学习,自觉地从中接受政治理论的教育。在反复学习的过程中,有意识地把学到的政治理论、法律法规、道德规则用到自己的实践中,逐步地从有意识地强制自己去做,转向下意识的自动去做,完成知识向素质的内化和升华过程。

三是要提高自我意识的水平,经常有意识地思考自己的行为方式、生活习惯、观念态度、自我评价等方面是怎样进入管理活动之中并影响管理行为的,检讨存在的问题,区分哪些是积极的影响,通过自我约束进一步加以发扬;哪些是消极的、有害的影响,通过自我约束逐步加以改进。只要能够逐步地、一件一件地改变那些产生消极影响的因素,自己的思想素质就会逐步提高。

3. 文化素质的自我锻炼

文化素质的提高是潜移默化的,不是一朝一夕可以达到满意要求的。它一是需要通过大量阅读古今中外的优秀文化作品,尤其是了解古今中外的管理发展史、著名政治家、企业家传略等,接受熏陶,逐步提高。二是提高自我意识水平,自觉地实现文化知识修养向文化素质的升华。

4. 心理素质的自我锻炼

心理素质的提高,与思想素质、文化素质的提高不同,是可以在短期内奏效的,而且心理素质的提高,还有益于思想素质和文化素质的提高。

1) 兴趣的自我激发

信息管理者的兴趣心理品质不好,主要表现是指其对信息管理工作本身没有兴趣,或者是对管理的对象没有兴趣。其原因:一是本来不想从事管理工作,后来由于种种原因不得不来到管理岗位上,因而对管理活动没有兴趣。二是管理水平低,管不好。越是管不好,就越不想管,形成恶性循环。三是由于对某些管理对象不熟悉,又不想去熟悉,因而在管理过程中涉及这些对象时没有兴趣。

管理者要提高自己的兴趣,可有以下办法。

(1) 明白兴趣迁移的道理,确立实现目标兴趣的自信心。因为兴趣是由需要而产生的,在实践中形成和发展的,我们可以通过改变需要而改变兴趣。所以,在理论上没有改变不了的兴趣,只要方法得当,人的兴趣是可以从一处一物迁移到另一处另一物的。

在实践中,在我们的周围可以看到一种人,他们能够"干一行,爱一行,专一行"。其实,这并不是他们有什么特殊的能耐,实际上就是兴趣迁移的心理品质好。"干一行",他有了新的工作,"爱一行",他很快地将自己的兴趣从原来的工作上迁移到新的工作上来,他也就"专一行"了。

所以,当自我确定应该培养什么兴趣(目标兴趣)时,就应当相信这个目标兴趣是可以实现的,从而树立起自我激发兴趣的信心。

(2) 迁移兴趣的方法:逐步过渡法。所谓"逐步过渡",就是先确定一个中间兴趣,它和管理者的现实兴趣比较接近,先把这个中间兴趣喜欢起来;然后再确定第二个中间兴趣,它和目标兴趣接近一些,再把这个中间兴趣喜欢起来;接着再确定第三个中间兴趣,进一步接近目标兴趣,就这样,逐步向目标兴趣靠近,最后建立起目标兴趣,实现现实兴趣向目标兴趣的成功迁移。

(3) 稳定兴趣的方法:成功喜悦法(自我陶醉法)。成功后的喜悦,可以激发行为主体对成功之事的兴趣,可以稳定行为主体已有的同类兴趣。这是教育学的一个基本原则。我们可以设计一些活动,使自己经常沉浸在"成功后的喜悦"之中,既可以激发新的兴趣,也可以稳定已经建立起来的兴趣。

比如，制订工作计划时，要切实可行，不要过高，这样每次计划完成时就会有一种成就感、满足感，沉浸在"成功后的喜悦"中。还可以找出过去管理工作中的成果、奖状、文稿或群众的表扬信、感谢信等，也可以使自己沉浸在过去曾经有过的"成功后的喜悦"之中。初入管理岗位的新手，争取一切可能的机会参与工作，一旦经自己之手做出了成果，也会由衷地产生喜悦。只要这成功的喜悦不断地到来，管理者就会逐步地形成或稳定对信息管理工作的兴趣。

（4）维持暂时兴趣的方法：自我约束法。这是针对那些现时没有兴趣、又不得不做的工作来说的。这类工作一般有两种前景：一是一次性工作，做完即了，你把它做完就是，也就无所谓建立兴趣；二是今后还会再做，这时可以通过自我约束，以良好的意志品质强制自己维持暂时兴趣把工作做完、做好，在做的过程中熟悉这件工作，熟悉之后就会逐步实现兴趣迁移。

良好的意志品质可以保证管理者将原来不感兴趣的事转变为感兴趣，良好的兴趣又可以帮助管理者较长时间去喜欢某件事，这恰恰又是对意志的锻炼。

比如，有些管理者对计算机技术不太熟悉，觉得很神秘，因而也就没有直接兴趣。不过，作为管理者又不能不闻不问、不得不做，往往在参与用计算机管理之后，熟悉了计算机的一些内容，也会喜欢上这方面的内容。

2）注意的自我锻炼

信息管理者注意心理品质不好，主要表现为办事不专心，对身边的事熟视无睹、充耳不闻。其原因是有意注意不能持久，无意注意不能及时转化。

要克服有意注意不能持久的毛病，则依赖于优秀的兴趣品质和意志品质。要保持自己对于某事的有意注意，首先激发兴趣，使自己对某事产生直接兴趣，然后提高意志水平，以意志力保持对某事的长时间有意注意。如果在这件事情上保持了较好的有意注意，在那件事情上也保持了较好的有意注意，这样的情形一多，有意注意不能持久的问题就迎刃而解了。

许多人不懂得有意注意和无意注意可以相互转化的规律，在无意注意出现的时候，无动于衷，忽视了对产生无意注意的信息进行分析，以致由于无意注意不能及时转化而丧失许多有用信息和机会。

无意注意的出现，是产生刺激的信息与管理者内心世界的一种碰撞，是下意识的，是管理者在主观上尚未意识之前就产生的，因此它很可能与管理者已有的知识储备和心理需求相一致，或者说它本来就是一种潜在需求。如果管理者能及时加以分析就很可能发现自己需要的、平时没有意识到的有用信息。

所以，在无意注意出现的时候，不要马上放弃，应该抓住不放，稍微做一下分析，如果引起无意注意的信息确实与自己无关，就及时地予以放弃；一旦发现有用的信息，就及时转化为有意注意，盯住不放。必须明白，并不在于每一次这样想都有用，而在于每次都能这么思考，这样久而久之，无意注意的品质就会得到锻炼，获得明显的提高。

3）情绪的自我调控

信息管理者情绪心理品质不好，主要表现是管理者在管理中情绪波动的幅度大，持续时间长，影响管理工作。其原因，主要是对所做之事的期望值过高，以致到时没有能够达到期望值，而产生情绪波动；加之情绪自我调控能力弱，以致情绪持续时间长，影响管理工作。

管理者自我调控情绪的方法有以下 6 种。

(1) 调整期望值避免情绪发生。因为情绪的发生是由于信息管理者对所做之事的期望值过高，结果没有达到期望值，以致产生情绪波动。调整和降低期望值期望也就很容易实现，就会减少情绪发生的概率。

(2) 学会及时地意识到自己情绪的变化。在实践中，人处在过激、激情、悲观、烦躁的状态下往往并不自知。所以，及时意识到自己的情绪失常，是进行情绪自我调控的前提。管理者应学会在出现情绪波动时能够马上意识到、并能控制住。

(3) 以信息或理智控制情绪发生的强度。情绪是由于现实不能满足主体意愿和需求而发生的，只要产生情绪刺激的事实一出现，情绪的发生已不可避免，所以下面的问题是能否及时意识到情绪的发生和怎样减小情绪发生的强度。

通常的方法是以信息或理智提醒自己。比如，可以回忆自己过去因情绪不当带来的不愉快和教训，可以回想某人善于自制的形象，以这些信息及时地把刚刚出现的不当情绪控制住，控制情绪的发展和恶化。

比如，电影《林则徐》中，林则徐刚到广州，在听到某钦差大臣同洋人私通，倒卖鸦片时，立即愤怒地抓起桌上的茶壶就要往地上摔，这时他看到墙上挂着他亲笔书写的"制怒"条幅，就缓缓地把茶壶放回桌上，控制住自己的愤怒情绪，安排下一步工作。这就是以语词信息来缓和自己情绪不当发展的实例。

(4) 极端思维法调控情绪。管理者情绪发生波动，很多时候是对即将发生的事做出"估计"而产生的。"估计"得过好，会盲目乐观，忘乎所以；"估计"得过坏，会盲目自卑，以至抑郁不乐，甚至愤怒至极，不可抑制。这个时候采取极端思维法，很有好处。所谓"极端思维"，就是索性把"估计"推到极端，推到最好，看看能好到什么程度；推到最坏，看看能坏到什么地步。如果这种极端的结局也是可以接受的，那么现在这种"估计"又有什么值得高兴或愤怒的呢？想到这些，情绪也就会平静下来了。

(5) 多角度思维法调控情绪。在管理实践中，有时一个问题发生后，从某一个角度来看可能会引起情绪波动，从另一个角度去看，可能就能够接受，也就不会"动肝火"了。有人又称这种方法叫"焦点转移法"。

我国古代有一则寓言故事，说的是一个老太太有两个儿子，大儿子是卖伞的，二儿子是晒盐的。天晴的时候，老太太担心大儿子的伞卖不出去。下雨的时候，老太太担心二儿子的盐晒不出来。所以，老太太一年到头没有心情好的时候。后来一位智者告诉她，天晴的时候想想二儿子，可以晒很多盐了。下雨的时候想想大儿子，可以卖很多伞了。果然不错，老太太从此就天天都很高兴了

这就是多角度思维法调控情绪。在企业与企业间的交往中，在企业内员工之间的交往中也是如此。这一次对方可能会有某些不到之处，要能够予以谅解。不要对方答应合作就高兴，不答应合作就不高兴，交个朋友，下次再合作嘛。

(6) 端正情绪体验，防止不当情绪再度发生。情绪体验，指的是在某一信息的刺激下产生了某种情绪，以后每次出现这一信息刺激时都会产生同样的情绪反应。所谓"一朝被蛇咬，三年怕草绳"，就是情绪体验不当造成的。

端正情绪体验，是指某种情绪在第一次结束之后，及时地予以总结，分析这次情绪波动的原因，诱发因素是什么？有些什么教训等。这样，当产生本次情绪刺激的信息再次出现时，就能理智地控制自己而不会再产生情绪波动了。

人生几十年，每一个人在自己成长的过程中，那些自己不称心、感到冤枉、委屈的事情不知道会发生多少次，如果每一次都要情绪波动一番，对自己的工作和身体健康都是十分不利的，应该学会端正情绪体验，进行情绪调控。

通过上述六个方法，管理者的情绪是可以自我调节和控制的。

这里说的情绪波动，不只是指同管理工作有关的情绪，而是指管理者的一切情绪变化。因为，不论是什么原因引起的情绪波动都会影响管理者的管理行为。

4）意志的自我磨练

信息管理者意志心理品质不好指的是意志水平不高，如自觉性不强、持续时间短、决策不果断、自制力不够等。人的意志素质不是天生的，是后天在生活中逐渐形成的。管理者完全可以通过自我磨练来提高意志水平。

意志的自我磨练可以从以下4个方面入手。

（1）从培养自觉性入手，提高意志力。自觉性是四大意志品质之一。因为意志，意味着自觉、坚持，那么不解决为谁坚持、为什么坚持的问题，是坚持不下去的。坚持不了，也就谈不上自觉。只有确立了正确的行为目标，就会克服困难，自觉地坚持做下去。那么，管理者如果能清楚地认识管理工作的意义、目的，也就可以提高从事管理工作的自觉性。有了自觉性，坚持、果断、自制的意志品质也就会相应得到磨练。

（2）提高自我意识水平是磨练意志的重要方法。因为意志是人们"自觉地组织自己行为"的心理过程。这个过程的实现，完全是在自我意识的控制下完成的。行为主体自身没有强烈的自我意识，就谈不上自己来组织自己的行为；不意识到存在的困难，就谈不上自己去设法克服这些困难。如果在实际的管理过程中，行为主体能够意识到某一行为过程需要意志心理过程来保证，就能果断地决策，就能自我控制自己的行为。

（3）向先进人物学习。向古今中外的名人、伟人、专家、学者学习，通过将自己和这些人作比较，寻找自己的不足，确立"别人能做到的我也能做到"的理念，在自己工作遇到困难时，以此来激励自己把工作做下去。或者就在自己的身边寻找"先进人物"，只要在某一方面比自己先进，就可以向他学习。还可以经常用古今中外的名人警句、名言、语录来对照自己，检查自己。

（4）按计划行事。管理者可按月、或按季、或按半年一次地制订自己的工作计划。拟订计划方案时量力而行，既有目标又有进度。计划一旦确定之后，就不轻易变动，坚持按计划行事。这就是磨练意志的一种方法。

这里的关键是计划目标，定得太低，容易实现，磨练意志的效果不大；定得太高，难以实现，半途而废，对磨练意志不利。所以确定的目标应是经过努力可以实现的。

在心理素质自我提高这一部分，是为了叙述的方便，才将四大素质分开来说的。实际上，四大心理素质在管理者身上随时都是同时存在，是综合产生作用的。

比如，本书在前面提到的"信息搜索意识"就是优秀心理素质综合产生的效果。信息搜索意识实际上是管理者自我对信息管理工作的兴趣心理品质、忠于职守的职业道德素质、对信息搜索工作实施的自觉性心理品质、对信息感知的无意注意心理品质和信息激活使用能力的总和。

综上所述：高度自觉和坚定的意志水平，积极的情感体验，浓厚的兴趣和有效的注意，以及强烈的自我意识，随时使自己处于最佳的情绪心理状态，是一个管理者高水平心理素质的体现。

8.3.3 信息管理者修养的自我提高

修养是后天形成的。所以，修养可以通过管理者的自我努力得到提高。修养的自我提高，首先是修养的获取，然后是修养的记忆，最终是修养的利用。

1. 管理者修养自我提高通论

1）修养的获取

这指的就是知识信息的采集。有阅读、观察、师承、自悟和咨询。

阅读，是获取理论修养、知识修养最主要的方法。获取阅读资料的途径包括购买、索取、交换、借阅、委托、委托复制、网上检索、使用工具书。阅读，通常需要兴趣心理品质来保证。

观察，就是观察环境、观察他人行为所显示出来的知识。

师承，是向他人学习隐性知识。不论是在什么岗位，大量的业务知识存在于实际运作和口头交流中，是不见诸于文字的隐性知识，需要信息管理者积极参与，有心去观察、询问和倾听。观察、师承需要无意注意心理素质来保证。

自悟，是及时总结，从个人的经历和实践中学习。许多人在做完一件事之后都会有"要是再做这件事我就不这样做了"的感受。企业内的项目团队在任务结束后，知识会因团队的解散而流失。所以，个人的自悟、团队的及时总结，对于提高知识修养很重要。自悟需要自觉性意志品质来保证。

咨询，是指自己不懂的，要知道向他人询问。此法用于解决在获取修养时遇到自己不懂的问题。咨询需要谦虚好学的自我评价素质来保证。

2）修养的记忆

首先要正确理解，然后是适当记忆。

当然，最好是脑记。但是不可能什么都能记得住。可以通过记笔记、整理笔记、写综述、复习笔记和对他人讲述等办法来增强记忆。

3）修养的利用

首先，修养是能力得以发挥的条件。本章"开篇案例"中，哈默如果没有美国铅笔价格的知识、没有苏联政府号召人民学习文化的知识，就不会意识到苏联潜藏着巨大的铅笔市场，也就表现不出他办铅笔厂的能力。

其次，修养不会自动发挥作用，修养作用发挥的关键在于思路，而最佳思路的获得往往又取决于素质。关于这一点，本书7.5节中已经介绍过了。

2. 管理者修养自我提高各论

1）理论修养的自我提高

要提高理论修养水平，必须加强学习，学习马克思主义哲学理论，学习历史唯物主义和辩证唯物主义，学习形式逻辑和辩证逻辑，学习管理学理论等，不断充实自己，日积月累，以求提高。

要提高理论修养水平，还在于应用，将学到的理论马上用于实践，并注意收集应用的反馈信息，向社会学习，向被管理者学习，以求提高理论修养水平。

2）业务修养的自我提高

业务修养与文化知识修养不同，文化知识修养有所欠缺，工作还可照做；业务修养欠缺，管理工作就会受到损失。由于不同类型企业有不同的业务，而且业务知识的存在方式又是多种多样的，仅靠读书并不能解决全部问题。

有关企业业务工作的专门书籍很少。我们看到的"企业管理学""会计学"、"人力资源管理学"等书籍，并不是阐述某一个企业的业务工作，要获取企业业务知识靠这些书籍不解决问题。

企业业务知识的书面资料，主要是岗位说明书、政策性文件，大量的业务知识存在于企业成员的口头交流中和实际操作中。还有一些存在于上级领导、老员工、退休员工的脑袋里，即所谓"隐性知识"。可见，业务修养的自我提高，需要管理者积极参与各项企业活动，在参与中有心去观察、去倾听；需要管理者有心去向上级领导、老员工、退休员工询问。

可见，业务修养的自我提高，需要管理者通过阅读、观察、参与去获得，并且要学会在参与中自悟。

3）知识修养的自我提高

知识修养的一个明显特征在于它的形成和提高全部依赖后天的学习，上学、培训或自学。即所谓"学而知也"。但是，也不能盲目，不能死读书、读死书，在读书的过程中，必须注意对所读内容的思考，真正理解知识的内容。

（1）急用先学。知识修养自然是越全越好，但是总不能等全部学完了之后才去应用。所以，应该是急用先学，结合管理工作的具体任务，有目的地首先选读那些与个人现实管理任务相关的知识。由于马上要用，容易形成有意注意，读后记得比较牢固。如果每次工作任务都能如此做，时间一长，知识修养就会得到丰富和提高。

（2）同步更新。当今社会已进入信息社会，各行各业的信息量猛增，新成果日新月异，知识更新周期比以往任何时候都要短，这就要求管理者在进行知识修养时不能墨守成规，要与时俱进，利用各种手段去采集新信息，不断开拓视野和补充新知识。

（3）系统有序。这一点包括两层含义，一是要使获得的知识能够形成从基础理论知识、技术基础知识和专业知识的系统结构，另一方面是形成以本专业知识为核心的不断向四周扩充的知识网络体系。不论哪种体系，可以是反映学科内在结构的客观系统，也可以是根据管理者需求自行设计的有序体系。

这种体系不是一次就完成的，也不是确定应该是什么样的体系，不求全，开始时可能非驴非马，但是，它是管理者的经验、体会、顿悟和感想。

4）语言和艺术修养的自我提高

语言修养的提高，主要方式就是"阅读、观看、聆听"。它和理论修养、知识修养的提高不同，它不可"急用先学"，因为无法确定急用的是语法还是修辞，是词法还是造句；

它不需要理性思维、抽象思维，它依赖于大量的阅读、观看和聆听，而且主要是阅读文艺作品、中外古典名著、现代佳作，多看电影、电视剧，多欣赏一些绘画、书法作品，多听一些经典音乐作品。这里的关键不是看故事情节，而是伴随着阅读、观看、聆听，对语言和艺术进行思考。

8.3.4 信息管理者能力的自我培养

能力对信息管理者是至关重要的。我们说素质很重要，是因为素质是能力提高的前提和基础。我们说修养很重要，是因为修养是能力发挥的条件和依据。这都是从"能力"角度提出问题的。所以，要提高信息管理者的管理水平，归根结底是要提高管理者的能力。

所有的能力都是后天形成的，能力可以通过管理者的自我努力得到提高。

1. 信息能力的自我培养

首先，提高对获取和处理信息的认识。提高认识，确立工作责任感，提高对信息采集的有意注意，培养对信息工作的兴趣，使自己的心理素质得到提高，就会获得敏锐的观察力，如果思维能力能同时提高，则信息敏感能力、信息激活能力、信息利用能力等就会大大提高。

其次，学习和掌握获取和处理信息的方法。获取信息的方法很多，如自我总结法、社会调查法、现场观察法、文献阅读法等。本书在第 7 章已经作过介绍。处理信息的方法也很多，本书的绝大部分章节，都说的是信息处理的方法。现在有了互联网，查找信息方便得多。管理者也应该学会使用。信息能力只能是在管理的过程中边干、边学、边掌握。比如，管理者要学会通过参加展销会来获取竞争对手的信息，不可能有个专门培训"怎样参加展销会"的训练班供你去学习，只能是在参加展销会的过程中学习通过展销会来获取需要的信息。

2. 思维能力的自我培养

思维是智力的核心，尤其是抽象的逻辑思维能力，更是管理者智力水平的首要标志。思维的物质基础是大脑，但是思维能力的提高是后天可以实现的。

下面是思维能力自我培养的 4 个方法。

1）四面发散，广开思路

在企业信息管理中，不论是大的决策还是小的决策，总是先将要解决的问题明确起来，然后把所有解决这一问题的可能方案都提出来，再在提出的方案中选择出希望获得解决该问题的最满意的方案。这就是通常所说的决策过程。从思维科学的角度来看，就是"先进行发散思维，再进行收敛思维"的过程。

"四面发散"指的是发散思维，就是充分发挥自己的想象力，从需要解决的问题出发，向四面八方想开去。诸如，到底能有几种方案可以使用？这一种方案为什么是最好？那一种方案为什么是最差？每种方案都包括哪些环节？每个环节在现有条件下是否可行？能不能获得结果？会是什么结果？这种结果是否正确？等等，既无一定方向限制，也无一定范围限制，海阔天空、异想天开、标新立异都可以，把一切和该问题相关联的方方面面，正面的，反面的，表面上有联系的，内容上有联系的，都思考到，并记录下来，直到思路枯竭，实在想不出来时才停止"发散"。显然，只有这样"发散"，才可能拓宽思路。只有最初"发散"得越广越多，最后获得的结果才可能越满意。

发散思维结束后，即转入收敛思维，将发散思维时想到的方方面面进行归类，从而可以获得若干个平行的解决该问题的方案，然后再将这些方案加以比较，从其中挑出最满意的一个方案。

如果能够在每次遇到问题时都能这样"发散"一通，虽然每次具体内容并不相同，发散的效果也不尽相同，但思维的方式相同，次数一多，时间一长，发散思维能力就会大大提高，遇事就会思绪活跃，思路大开。

2）克服障碍，疏通思路

在管理决策实践中，常常会出现思路阻塞的情况。导致思路阻塞的障碍有两种：心理定势障碍和修养不足的障碍。要疏通思路就要设法克服这两种障碍。

（1）心理定势障碍的克服。心理定势，又称"心向"，是人类个体进行活动的一种准备状态或行为倾向，通常在行为主体意识不到的情况下产生作用。

影响管理者思维的心理定势主要是知觉定势和思维定势。

知觉定势是指行为主体按照自己的期望和背景、而不是按照实际物理刺激去感知刺激。知觉定势并不一定造成思维障碍。当后一感知对象和前一感知对象属于同类同一性质时，则知觉定势有利于感知的进行。如果后一对象和前一对象不属于同类事物，则对后一对象的感知可能会产生误导，形成思维障碍，阻塞思路。实践中人们听到的往往是他想听到的，看到的往往是他想看到的，就是知觉定势造成的。管理者的需要、价值观、情绪、习惯都可能造成知觉定势。

思维定势指的是行为主体按照自己正在思维的模式、而不是按照实际需要的模式去思维。思维定势也不一定造成思维障碍。当后一思维对象和前一思维对象属于同类同一性质时，则思维定势可以加快思维的进程。相反，如果后一思维对象和前一思维对象不属同类事物，则对后一思维对象可能会产生误导，使思维结论错误或百思不得其解。

要克服心理定势障碍，方法有三：一是既要破除对专家权威的迷信，又不要过分自信，管理者在管理工作中应该抛开一切已有知识、观念的束缚，从客观存在的事实出发来思考问题。二是当左思右想不得结果或不明白结果的道理时，作冷处理，暂时放一放，以消除刚刚发生的经验对正在进行的思维活动的影响。三是当发觉自己思路阻塞时，应立即分析是否是心理定势所致。若确实是心理定势所致，就要改用他法，提高思维的灵活性。

（2）修养不足障碍的克服。修养的类别不同，形成的障碍也不同。由于理论修养不足，难以思考到问题的本质，甚至张冠李戴；或者过多地相信经验，以致以点代面。由于业务修养不足，对管理对象了解不全面，会导致决策失误。由于知识修养不足，或者对知识的理解不全面，或者掌握的信息量不足，都会导致思维结论的错误。克服修养不足的障碍比较简单，当明白自己缺哪一方面的知识修养时，尽快补上即可。不过，难的是管理者能否意识到自己的思路阻塞确实是修养不足造成的，并能进一步意识到是什么修养不足。

3）拟写提纲，理顺思路

思维是在大脑中进行的，看不见，摸不着，瞬息即逝，思维一结束只留下一丝模糊不清的记忆。无论是在发散思维或收敛思维中，还是在排除了障碍的思维中，都具有这种瞬息即逝的特点。只有用文字把每一次思维的过程和内容记载下来，才好比较若干次思维的优劣，才能逐渐地把思路理顺。

拟写提纲是记录思维的最好办法。提纲拟写，简单易行，费时不多，改动起来也很方便，很适合记录思维过程中思维结构顺序的变化。当用提纲把前一次思维结果记录下来后，就可以通过审读、修改提纲来修改前一次思维，从而获得新的更合理的思维结果。因此，提纲最能帮助人理顺思路。经常拟写提纲的人，思路就比较清晰顺畅，而且也富有逻辑性。

4）虚心学习，记录思路

这是指学习别人的思维方式和过程。如听老师讲课、听专家作报告、听领导讲话，都可以从学习他人思路的角度去听，想一想别人为说明问题采用怎样的思路，有什么独特可供借鉴的地方并记录下来，这对提高思维能力很有用。

自己坚持写"思维日记"，就是以日记的形式记录每天有代表性的一两个思维过程，是进行思维自我锻炼的好方法。作为一个管理者，能把管理过程中发现问题、解决问题的过程写下来，这实际上就是一次思维的记录。这些记录，不仅在记的时候，其本身就是一种思维的锻炼，而且记录的内容，对以后的工作还有参考意义，有时在记录时还会产生顿悟，获得新颖的结论。

3. 学习能力的自我培养

1）在他人指导下学习的学习能力培养

在他人指导下的学习能力主要是理解能力和提问水平。因为这时的学习已经变成听讲和理解，听得懂，理解得快，理解得深，学习能力就强。当学习者还没有理解时，还要敢于问，善于问，善于把自己不理解的部分清晰地表述出来。

2）自学能力的自我培养

一是明白"自学就是自己学"。自己选择学习内容，自己安排学习进度，自己解决疑难问题，自己确认自学成果。在出现疑难问题时，不要急于去问别人，可以先放一放，或者跳过去，先看别的内容，过几天再来看这一内容可能就会理解了；也可以去查阅各种工具书、参考书。实在还是不能理解才去询问他人。

二是学会在自学中自我控制。由于自学没有人检查、督促，全靠自己自觉，如果不能自我控制，最容易自己原谅自己，放松执行自学计划，不能完成规定的自学任务。诸如"今天是特殊原因，少学了一点，明天多学一点就补回来了"，"来日方长，有的是时间，何必在乎今天这一次"等，结果明日复明日，自学计划等于空设。所以，自学中的自我控制能力是提高自学能力的保证。

三是自学中要坚持自信、独立思考、坚忍不拔和认真严谨。自信自己可以通过自学获得知识。对自学内容的概念、判断、规律、理论等都是经过自己思考之后理解的，自学的技能都是通过自己实践之后掌握的。在自学中遇到困难，能够设法克服，并且十分认真、严谨地撰写自学笔记和自学心得体会。

不论哪种学习方法，学习能力的高低，主要体现在对所学知识的使用上。最后确认自己的学习能力是否有了提高，就看自己能不能使用学过的知识。

4. 记忆能力的自我培养

记忆力的自我培养可有以下思路：一是确立提高记忆力的信心。要明白记忆力是后天的，坚信自己的记忆力经过努力是可以提高的。同时，自信能使人精神饱满，情绪高涨，促使脑细胞活动能力大大加强，记忆力也就会相应提高。

二是培养对记忆对象的兴趣。从事信息管理工作，强化做好信息管理工作的动机，培养对信息管理工作的直接兴趣，可以促进对管理对象内容的记忆。

三是讲究记忆方法。提高记忆力的方法很多。比如，理解记忆，通过细致的观察、阅读和分析，了解记忆对象的本质、细节和特征，在理解的基础上记忆。逻辑记忆，注意了解组成记忆对象各元素之间的逻辑联系，运用推理、联想等逻辑方法帮助记忆。背诵记忆，有些知识的记忆需要"死记硬背"。

四是保持平静乐观的情绪。大脑在平静状态时能够中断与过去的联系，最容易容纳新的信息；愉快的心情可以使人消除枯燥感，把需要记忆的枯燥信息与愉快的事情联系在一起，可以化枯燥为兴趣，提高利用效率。所以，注意积极休息，不让大脑过于疲劳，也是提高记忆力的一个方法。

5. 表达能力的自我培养

培养口头表达能力并不困难，在日常工作中讲话时，尽可能不用讲话稿，事先只把要讲的内容写成提纲，然后看着提纲演讲。在讲的过程中，不担心自己的话不符合语法，也不用担心讲不好，讲的次数多了口头表达能力就提高了。

培养书面表达能力，要做到以下两条。

（1）学习写作知识。写作知识是前人在写作实践中总结提高而得的。在写作知识的指导下学习写作，提高书面表达能力，可以少走弯路，提高较快。

（2）"多读、多写、多修改"。多读。就是读范文，要善于读，解决读什么、怎样读的问题。读什么，是指要学会选范文，只有读的是范文，是精品，读了才有收益，有所借鉴。怎样读，是说读的方法。为学习写作读范文，不是读内容情节，而是读文章的格式、表达手法、构思技巧、语言风格，从中吸取对写作有用的东西。反复阅读，细心揣摩，才会有所得。

多写。写作能力是在写作实践中提高的，只有坚持多写才有提高的可能。

多修改。多写有益于写作能力的提高，是以多修改为前提的。要想使多写真正产生作用，必须在每次写作之后进行修改。不愿修改的人，写得再多也没有用，若有毛病，只会一犯再犯，不得改正，不能提高。修改，可以是自己改，也可以请别人改，尤其是请别人改，最容易暴露自己的毛病，提高也就会快些。

有人说，多写日记可以提高写作能力。这话并不全面。因为"多写"是会有作用，但是日记是只写给自己看、不给别人看的。这样写下去，自己在写作上有什么缺点和不足，自己发现不了，又没有人给指出，那么缺点和不足就会在一天天的日记写作中得到强化，写作水平难以提高。

6. 管理能力的自我培养

管理能力的内容十分丰富。从管理的职能出发就有计划能力、组织能力、用人能力、领导能力和控制能力。还有决策能力、预测能力、沟通能力、协调能力、应变能力、社会交际能力、危机处理能力等。

对于信息管理者来说，本书的全部内容都是信息管理业务的基本功知识。要掌握这些基本功，一要以素质、修养的提高作为前提，二要以基础能力的提高来奠定坚实的基础，三要在学习管理学业务知识的同时，在管理实践中做有心人，随时总结提高，加深对管理业务的理解，以求提高管理能力。

案例分析

案例 8.7　中文系毕业的主编是怎样发现科普文章问题的

安徽某科普期刊的主编梁编审拿着一篇稿子去找他的好朋友、物理系的张教授："老张，你帮我看看，这篇稿子的科学性有没有问题？我有点拿不准。"

张教授接过稿子，半开玩笑地说："呵呵，你的责任心真强。好样的。"说完就认真看了一遍，说："还可以，就这一句话有点问题。"

梁主编向张教授身边靠近了一些，张教授指着稿子说：

"就这句话：新发现的围绕着天琴屋座运转的这一云状物天体延展 80 个天文单位，由于冥王星到太阳的距离是 40 个天文单位，所以它的面积是太阳系的两倍。

"这句话有两个错误：一个是'围绕着天琴星座运转'的提法不妥。因为星座是人为划定的，是人们为了研究方便，把天空划分成许多个区域，每个区域起一个名字，某某星座。同一星座的星体相距非常遥远。就说稿子中提到的天琴星座，两个主星就是牛郎星和织女星，这两颗星相距 8 光年，以每秒钟要跑 30 万公里的速度也要跑 8 年的距离，你想想这有多远。说某一个星体绕天琴星座运行不合适，说绕着天琴星运转是可能的。

"再一个就是'两倍'的提法不对。首先，这里的'延展'，含义不清，是直径，还是半径。如果是直径，那这个天体的直径和太阳系的直径相等，面积也就应该相等；如果是半径，那这个天体的半径是太阳系半径的两倍，半径是两倍，面积应该是 4 倍。所以，稿子上说两倍是错的。"

"噢，是这样。"梁编审十分高兴，连声感谢。

"这篇稿子，谁是责任编辑？"张教授问。

"黄铭利。"

"他不是师大物理系毕业的吗？这两个问题，他应该懂的。"

"不知道他怎么没有看出来。"梁主编也说不清楚，"幸亏我请你看一下，不然就出错了。"说完千恩万谢地回编辑部去，对稿子作了修改。

（本书作者根据个人亲身经历之事编写）

讨论题：

案例中，物理系毕业的责任编辑所拥有的科学技术知识修养，足以能够判断这两处错误，结果却没有发现问题。主编的知识修养不足，却发现问题、解决问题了。这反映了行为主体的素质、修养、能力之间怎样的关系？

[思考题]

1. 什么是企业信息管理者？它包括哪些方面？
2. 企业 CIO 有什么特点？他有哪些职责？企业 CIO 管理体制内容有哪些？

3. 什么是企业信息管理师？它包括哪三个等级？

4. 你对管理者素质、修养、能力方面的研究现状有什么看法？你认为这些成果能不能解决你在实际中遇到的问题？应该如何进一步深入研究？

5. 管理者素质、修养、能力结构包括哪些内容？三者有什么区别和联系？

6. 管理者素质、修养、能力三者之间的作用机制是什么？

7. 什么是管理者的自我提高？为什么说管理者的提高只能是自我提高？

8. 什么是自我意识？为什么说确立自我意识的意义大于掌握方法的意义？

9. 什么是自我管理？为什么说实施自我提高需要学会自我管理？

10. 阅读本章的"开篇案例"，回答下面的问题：

哈默的成功，反映了哈默个人的素质、修养和能力水平高。运用案例中具体的事实来说明哈默在这次商务活动中表现出哪些素质、修养和能力？在这次活动中，哈默的素质、修养和能力之间表现出怎样的关系？

主要参考文献

陈耀盛，等. 1999. 信息管理学概论[M]. 北京：中国档案出版社
程刚. 2005. 现代企业信息管理创新[M]. 合肥：合肥工业出版社
杜栋. 2007. 信息管理学教程[M]. 3版. 北京：清华大学出版社
霍国庆. 2001. 企业战略信息管理[M]. 北京：科学出版社
柯平，高洁. 2007. 信息管理概论[M]. 2版. 北京：科学出版社
李冠. 2014. 现代企业信息化与管理[M]. 北京：清华大学出版社
李国秋，等. 2011. 企业竞争情报理论与实践[M]. 北京：清华大学出版社
李兴国. 2007. 信息管理学[M]. 北京：高等教育教出版社
刘红军. 2009. 信息管理基础[M]. 2版. 北京：高等教育教出版社
娄策群. 2009. 信息管理学基础[M]. 2版. 北京：科学出版社
卢泰宏，等. 1999. 信息资源管理[M]. 兰州：兰州大学出版社
孟广均，等. 1999. 信息资源管理导论[M]. 北京：科学出版社
濮小金，等. 2007. 信息管理学[M]. 北京：机械工业出版社
司有和. 2001a. 信息产业学[M]. 重庆：重庆出版社
司有和. 2001b. 信息管理学[M]. 重庆：重庆出版社
司有和. 2003. 行政信息管理学[M]. 重庆：重庆大学出版社
司有和. 2006. 现代管理概论[M]. 北京：科学出版社
司有和. 2009a. 信息管理学通论[M]. 北京：机械工业出版社
司有和. 2009b. 竞争情报理论与方法[M]. 北京：清华大学出版社
宋玲. 2001. 信息化水平测度的理论与方法[M]. 北京：经济科学出版社
宋玉贤. 2005. 企业信息化管理[M]. 北京：北京大学出版社
托马斯·巴克霍尔兹. 2000. 明天的面孔——信息水平：开启后信息时代的钥匙[M]. 黄瑾，等译. 北京：北京工业大学出版社
王伟光，等. 2013. 企业信息管理学学科前沿研究报告[M]. 北京：经济管理出版社
王悦. 2010. 企业信息管理[M]. 北京：中国人民大学出版社
王悦. 2014. 企业信息管理与知识管理系统构建研究[M]. 北京：中国人民大学出版社
乌家培. 2005. 论信息化活动的管理[R]. 在重庆大学经济与工商管理学院的讲演
夏洪胜，等. 2014. 企业信息管理[M]. 北京：经济管理出版社
谢静波. 2009. 制造企业信息管理[M]. 长沙：湖南科学技术出版社
杨善林，等. 2003. 信息管理学[M]. 北京：高等教育出版社
杨志. 2005. 企业信息管理[M]. 北京：清华大学出版社
岳剑波. 1999. 信息管理基础[M]. 北京：清华大学出版社
查先进. 2000. 信息分析与预测[M]. 武汉：武汉大学出版社
张广钦. 2005. 信息管理教程[M]. 北京：北京大学出版社
张金隆. 2012. 管理信息系统[M]. 2版. 北京：高等教育出版社
张维明. 2001. 信息技术及其应用[M]. 北京：中国人民大学出版社
赵守香，等. 2012. 企业信息管理[M]. 北京：人民邮电出版社